Hugo Botstiber

Joseph Haydn

2. Band

Hugo Botstiber

Joseph Haydn
2. Band

ISBN/EAN: 9783744642866

Hergestellt in Europa, USA, Kanada, Australien, Japan

Cover: Foto ©ninafisch / pixelio.de

Weitere Bücher finden Sie auf **www.hansebooks.com**

Joseph Haydn

von

C. F. Pohl.

Zweiter Band

(resp. Band I. 2. Abtheilung.)

Mit einem Portrait

Leipzig,

Druck und Verlag von Breitkopf und Härtel.

1882.

Inhalt.

~~~~~~

Beilagen.

Chronologisch-Thematisches Verzeichniss

der in den Jahren 1766–1790 entstandenen

Tonwerke Joseph Haydn's

nach den folgenden Rubriken:

A. INSTRUMENTAL.

a. Symphonien._ b. Ouverturen._ c. Divertimenti._

d. Streichquartette._ e. Concerte._ f. Claviersonaten._

g. Claviersonaten mit Violine._ h. Clavier - Trios._

i. Clavierconcerte._ k. Kleinere Clavierstücke.

B. VOCAL.

l. Messen._ m. Kleinere Kirchenmusikstücke._

n. Einstimmige Cantaten, Arien._ o. Lieder und Gesänge.

A. INSTRUMENTAL.
a. Symphonien.

b. Ouverturen.

4

c. Divertimenti.

d. Streichquartette.

e. Concerte.

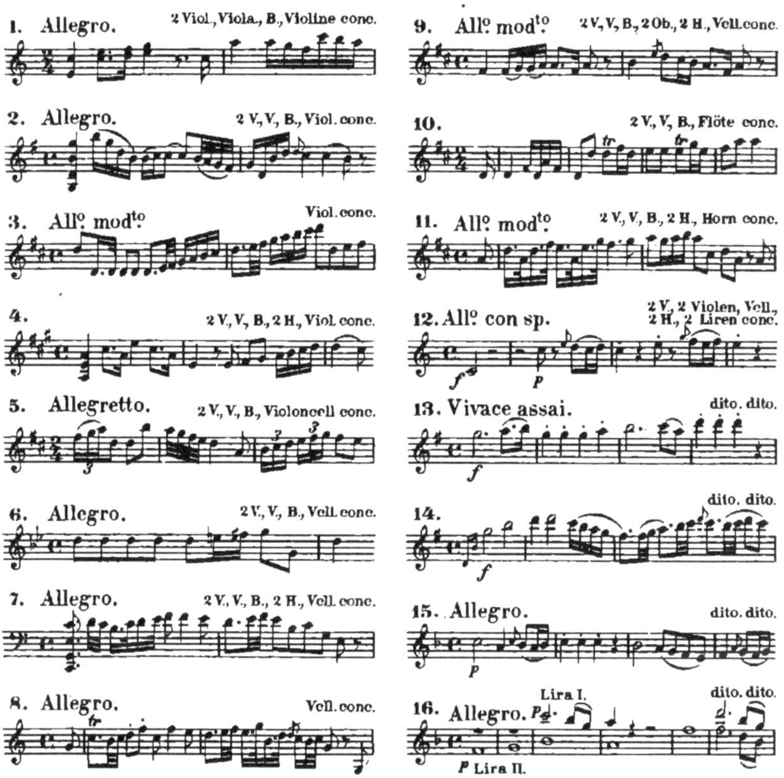

f. Claviersonaten.

*) Anm. № 1-4 vergl. Bd. I. S. 351 f.

**) Die Seitenzahlen weisen auf jene im Haupttexte hin.

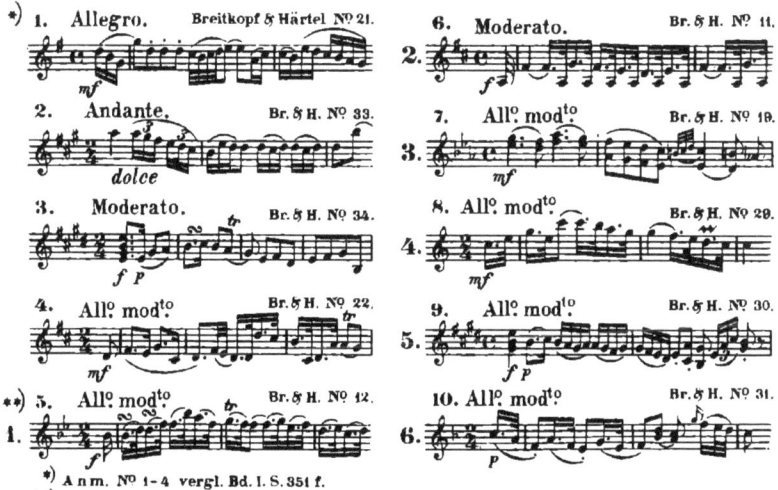

8

g. Claviersonaten mit Violine.

h. Clavier-Trio's.

*) 1. Modto. molto. Br. & H. Nº 16.

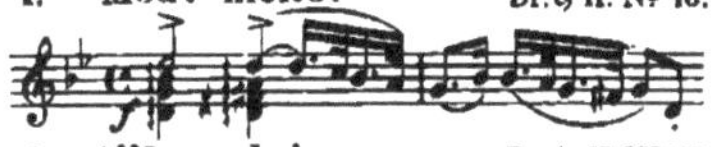

2. Allº. con brio. Br. & H. Nº 27.

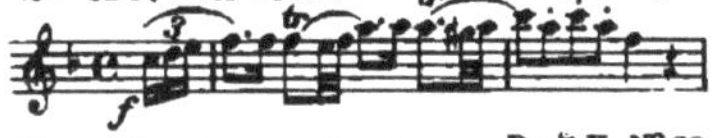

3. Adagio non tanto. Br. & H. Nº 28.

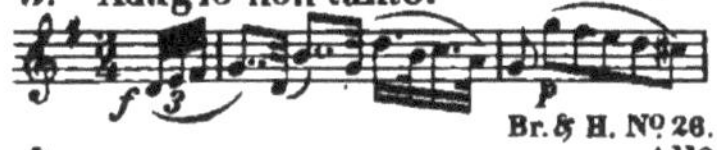

Br. & H. Nº 26.

4. Adagio. Allº.

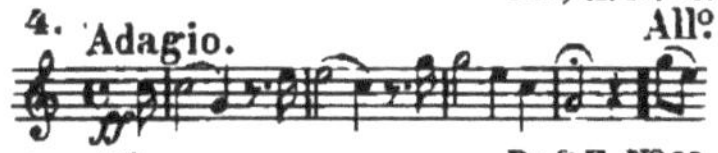

5. Allegro. Br. & H. Nº 25.

1. 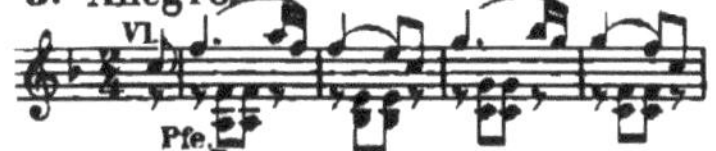
Vl.
Pfe.

6. Vivace. Br. & H. Nº 23.

2. 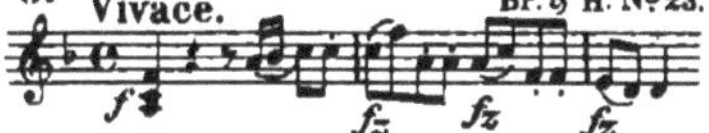

7. Andante. Br. & H. Nº 21.

3. 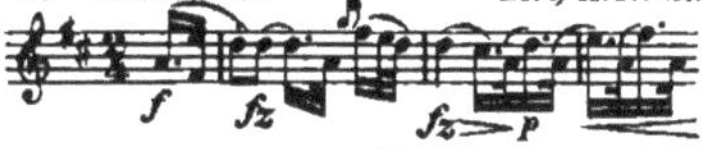

8. Allº. modto. Br. & H. Nº 22.

4. 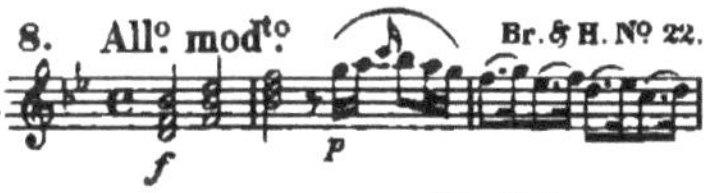

9. Adagio. Br. & H. Nº 9.

5. 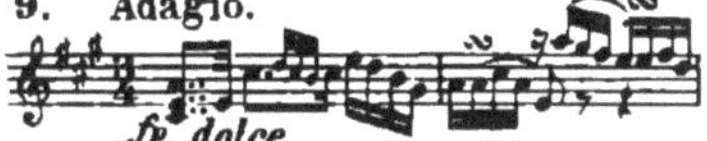
fp dolce

10. Allº. modto. Br. & H. Nº 17.

6. 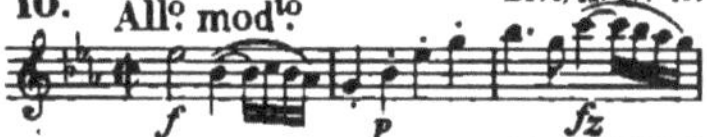

11. Andante. Br. & H. Nº 8.

7. 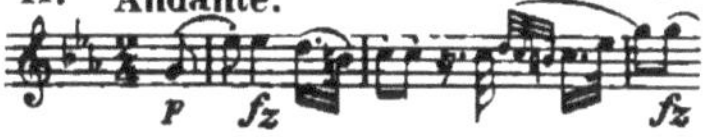

12. Allº. modto. Br. & H. Nº 10.

8. 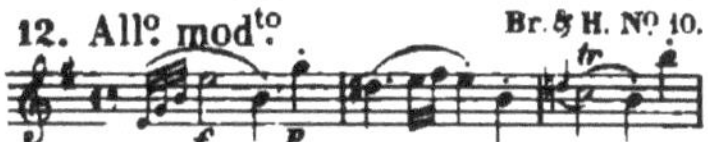

13. Allº. modto. Br. & H. Nº 11.

9. 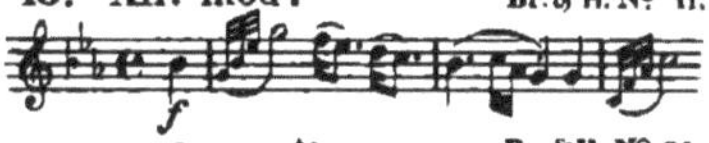

14. Allº. modto. Br. & H. Nº 24.

10. 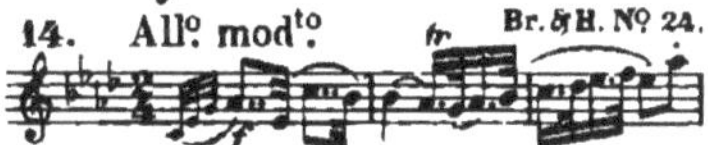

15. Allegro. Br. & H. Nº 30.

11. 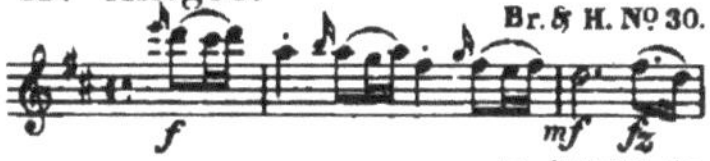

16. Allegro. Br. & H. Nº 31.

12. 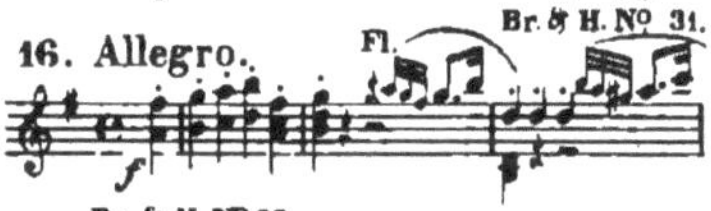
Fl.

17. Allegro. Br. & H. Nº 29.

13. 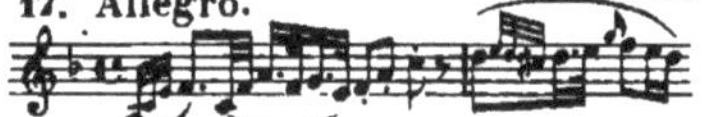

*) Anm. Siehe Bd. I. S. 353.

i. Clavierconcerte.

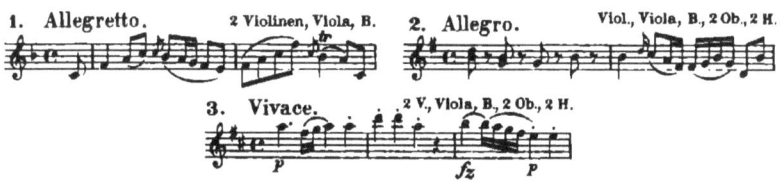

1. Allegretto. 2 Violinen, Viola, B.

2. Allegro. Viol., Viola, B., 2 Ob., 2 H.

3. Vivace. 2 V., Viola, B., 2 Ob., 2 H.

k. Kleinere Clavierstücke.

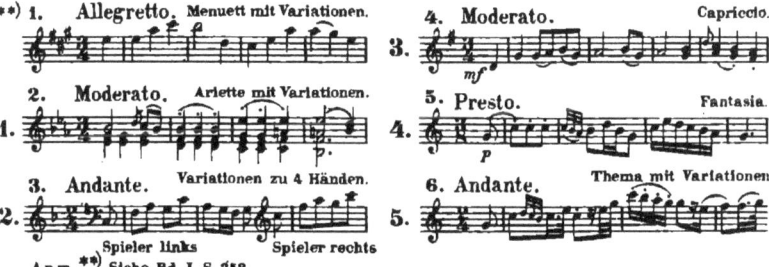

**) 1. Allegretto. Menuett mit Variationen.

2. Moderato. Ariette mit Variationen.

1.

3. Andante. Variationen zu 4 Händen.

2.
Spieler links
Spieler rechts

4. Moderato. Capriccio.

3.

5. Presto. Fantasia.

4.

6. Andante. Thema mit Variationen.

5.

Anm. **) Siehe Bd. I. S. 352.

B. VOCAL.

1. Messen.

Missa solemnis ad honorem Beat. Virg. Mariae.
4.*) Allo modto
Grosse Orgelmesse.
2 V., V., B., 2 engl. H., 2 H., 2 Tromp. Org. conc.

Missa St. Nicolai.
5. Allo modto
2 V., V., B., 2 Ob., 2 H., Org.

Missa St. Joannis de Deo.
6. Adagio.
Kleine B-Messe mit obl. Orgel.
2 V., V., B., Org. obl.

Missa Sta Caecilia
7. Largo.
2 V., V., B., 2 Ob., 2 H., 2 Tromp., Pauk., Org.

Missa Cellensis.
8. Adagio.
2 V., V., B., 2 Ob., 2 Fag., 2 Tromp., Tymp., Org.

Anm.*) N. 1. 2. 3 siehe Bd. 1. S. 359, 962.

III. Kleinere Kirchenmusikstücke.

*) 1. Allo modto
Rec.
Andte Quartetto.
2 V., V., B., 2 Ob., 2 Tromp., Tymp.
Rec. Quae admiranda res. Quartett: Christus ooeli atria tandit reserere.

Bass-Arie.
2. Allo con sp.
2 V., V., B., 2 Ob.
Resonant tympanae.

Sopr. Alt conc. Ten. B. rip.
3. Andante modto
2 V., V., B., 2 Ob.
Dictamina mea.

Motette (Chor)
4. Allegro.
2 V., V., B., 2 Ob., 2 Tromp., Tymp.
O Jesu, te invocamus. (urspr.: O coelites! vos invocamus.)

Salve Regina.
5. Adagio.
2 V., B., Org.
Sopr. conc., A. T. B. rip.

Salve Regina.
6. Allegretto.
V., Viola obl., B., Org.
Sopr. A. T. B.

Ave Regina.
7. Andante.
2 V., Org.
Sopr. conc., A. T. B.

Anm.*) N. 1-4 aus der lat. Festcantate (Applausus)

8. Moderato. 2 V., Viola obl., B., 2 Ob., 2 H., Org.

Cantilena pro Adventu. — „Ein' Magd, ein' Dienerin" (Sopransolo.)

9. Adagio. 2 V., B., Org.

Aria pro Adventu. — „Mutter Gottes, mir erlaube" (Sopr., Alt.)

10. Adagio. 2 V., V., 2 Fl., Org.

Aria de Venerabilis. — Lauda Sion salvatorem (Altsolo.)

11. Adagio. 2 V., V., B., Org. obl. (oder 2 Ob., Fag.)

Salve Regina. — Sopr., Alt, Ten., B.

12. Largo. 2 V., V., B., 2 Ob., 2 engl. H., Org.

Stabat mater. — Soli u. 4 st. Chor.

*) **13. Poco Allo.** Fuga. Allo con brio.

Offertorium. (Chor.) — Audi clamorem nostrum Fuga: Auffer bella et pacem da tuo populo.

14. Allo modto.

Offertorium. (Sturmchor.) — Insanae et vanae curae (Des Staubes eitle Sorgen)

15. Allo non troppo.

Offertorium. (Chor.) — (Hallelujah! seinem Namen sei Preis und Ehre.)

16. Allegro. 2 V., Viola obl., 2 Tromp., Tymp., Org. Allo molto.

Motetto de tempore. — Rec.: Super flumina Allo molto: Agitatos perturbatos (Alto conc., S., T., B. rip.)

17. Allegro. 2 V., V., B., 2 Ob., 2 Tromp., Tymp., Org.

Offertorium. (Chor.) — Animae Deo gratae

18. Allegro. 2 V., Vcll. conc., B., 2 Tromp., Tymp., Org.

Regina coeli. — 2 Sopr. conc., A., T., B.

19. Allegro. 2 V., 2 Tromp., Tymp., Org.

Motetto de tempore. (Chor.) — Salus et gloria et virtus

20. Allegro. B., 2 Ob., Org.

Offertorium. (Chor.) — Ad aras convolate

21. Allegro. 2 V., V., B., 2 Ob., 2 Pos., Org.

Hymne. (Chor.) — Ens aeternum attende votis (Walte gnädig, ew'ge Liebe)

Anm. *) No 13—15 aus dem Oratorium „Tobias."

n. Einstimmige Cantaten, Arien.

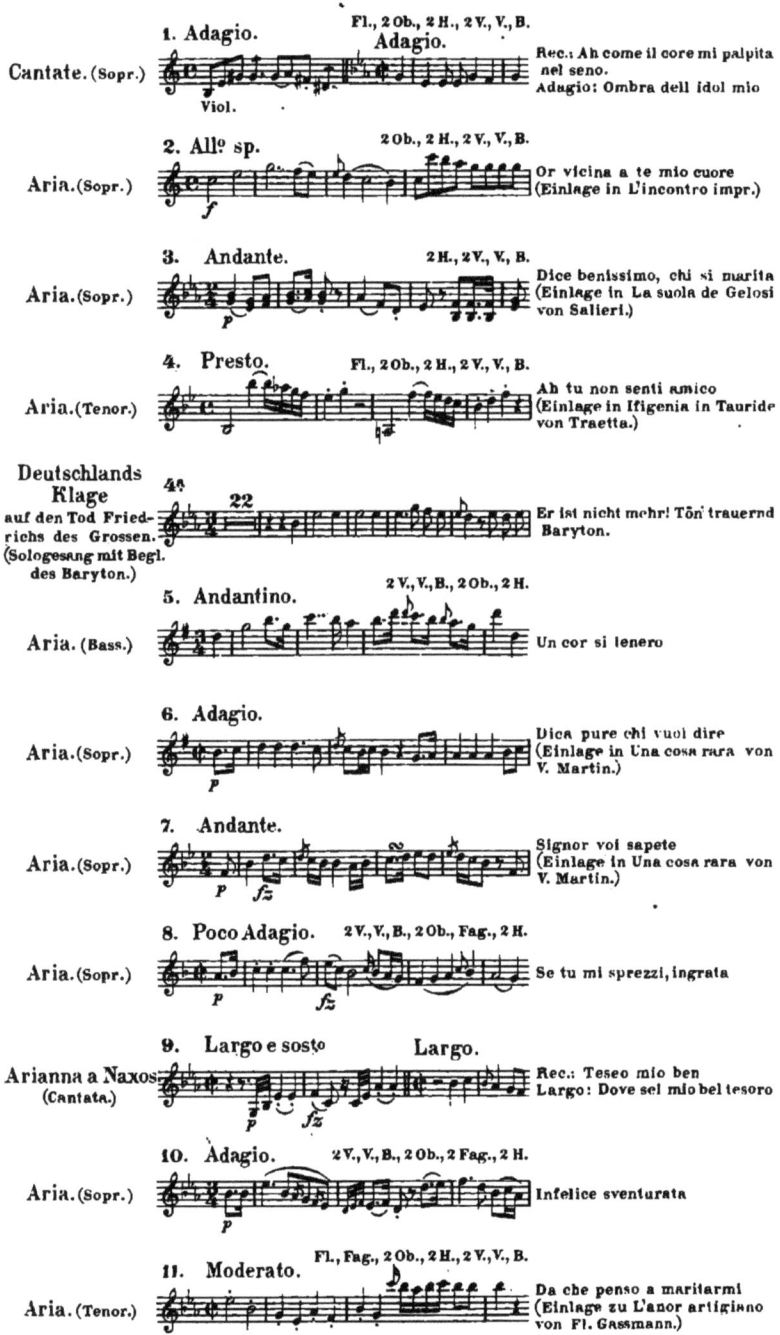

Cantate. (Sopr.)
1. Adagio. Fl., 2 Ob., 2 H., 2 V., V., B. Adagio.
Viol.
Rec.: Ah come il core mi palpita nel seno.
Adagio: Ombra dell idol mio

Aria. (Sopr.)
2. Allo sp. 2 Ob., 2 H., 2 V., V., B.
Or vicina a te mio cuore
(Einlage in L'incontro impr.)

Aria. (Sopr.)
3. Andante. 2 H., 2 V., V., B.
Dice benissimo, chi si marita
(Einlage in La suola de Gelosi von Salieri.)

Aria. (Tenor.)
4. Presto. Fl., 2 Ob., 2 H., 2 V., V., B.
Ah tu non senti amico
(Einlage in Ifigenia in Tauride von Traetta.)

Deutschlands Klage auf den Tod Friedrichs des Grossen. (Sologesang mit Begl. des Baryton.)
4ª 22
Er ist nicht mehr! Tön trauernd Baryton.

Aria. (Bass.)
5. Andantino. 2 V., V., B., 2 Ob., 2 H.
Un cor si tenero

Aria. (Sopr.)
6. Adagio.
Dica pure chi vuol dire
(Einlage in Una cosa rara von V. Martin.)

Aria. (Sopr.)
7. Andante.
Signor voi sapete
(Einlage in Una cosa rara von V. Martin.)

Aria. (Sopr.)
8. Poco Adagio. 2 V., V., B., 2 Ob., Fag., 2 H.
Se tu mi sprezzi, ingrata

Arianna a Naxos (Cantata.)
9. Largo e sosto Largo.
Rec.: Teseo mio ben
Largo: Dove sei mio bel tesoro

Aria. (Sopr.)
10. Adagio. 2 V., V., B., 2 Ob., 2 Fag., 2 H.
Infelice sventurata

Aria. (Tenor.)
11. Moderato. Fl., Fag., 2 Ob., 2 H., 2 V., V., B.
Da che penso a maritarmi
(Einlage zu L'amor artigiano von Fl. Gassmann.)

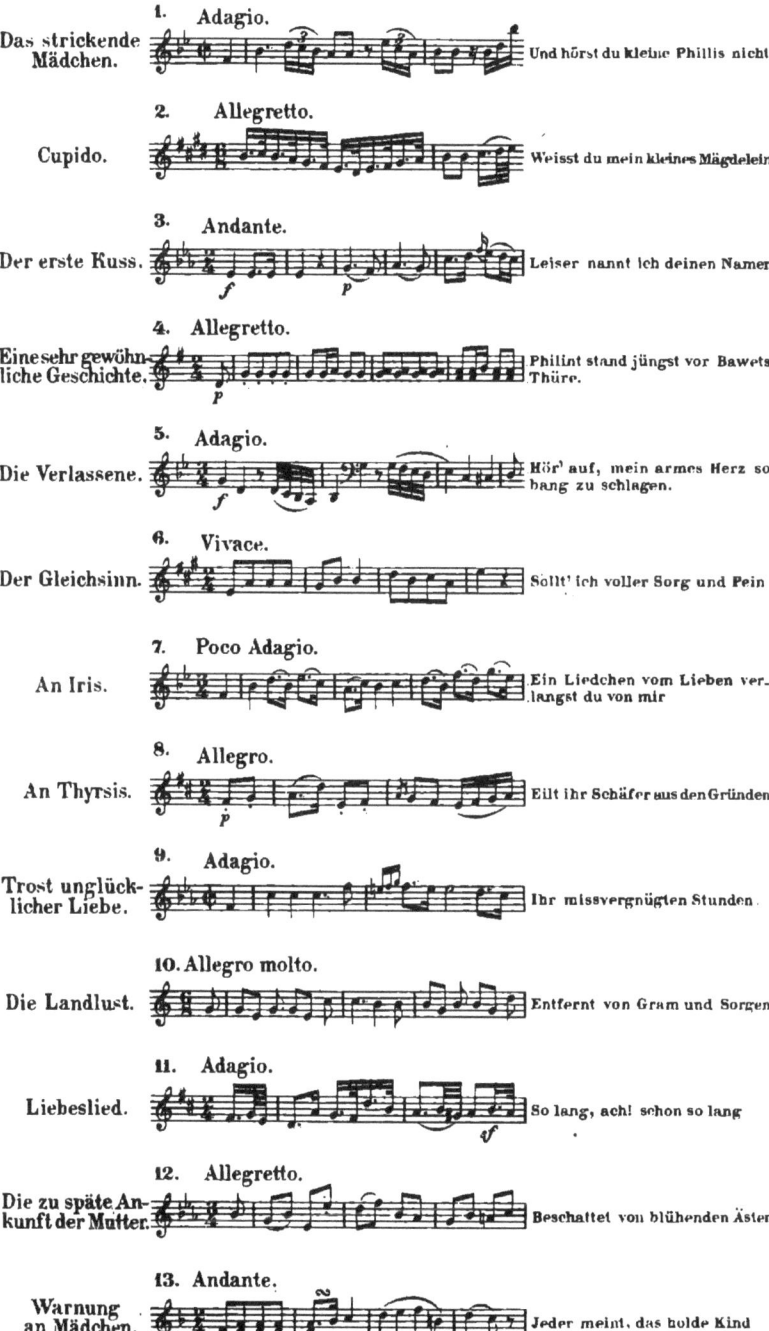

13

0. Lieder und Gesänge.

1. Adagio.
Das strickende Mädchen. — Und hörst du kleine Phillis nicht

2. Allegretto.
Cupido. — Weisst du mein kleines Mägdelein

3. Andante.
Der erste Kuss. — Leiser nannt ich deinen Namen

4. Allegretto.
Eine sehr gewöhnliche Geschichte. — Philint stand jüngst vor Bawets Thüre.

5. Adagio.
Die Verlassene. — Hör' auf, mein armes Herz so bang zu schlagen.

6. Vivace.
Der Gleichsinn. — Sollt' ich voller Sorg und Pein

7. Poco Adagio.
An Iris. — Ein Liedchen vom Lieben verlangst du von mir

8. Allegro.
An Thyrsis. — Eilt ihr Schäfer aus den Gründen

9. Adagio.
Trost unglücklicher Liebe. — Ihr missvergnügten Stunden.

10. Allegro molto.
Die Landlust. — Entfernt von Gram und Sorgen

11. Adagio.
Liebeslied. — So lang, ach! schon so lang

12. Allegretto.
Die zu späte Ankunft der Mutter. — Beschattet von blühenden Ästen

13. Andante.
Warnung an Mädchen. — Jeder meint, das holde Kind

14

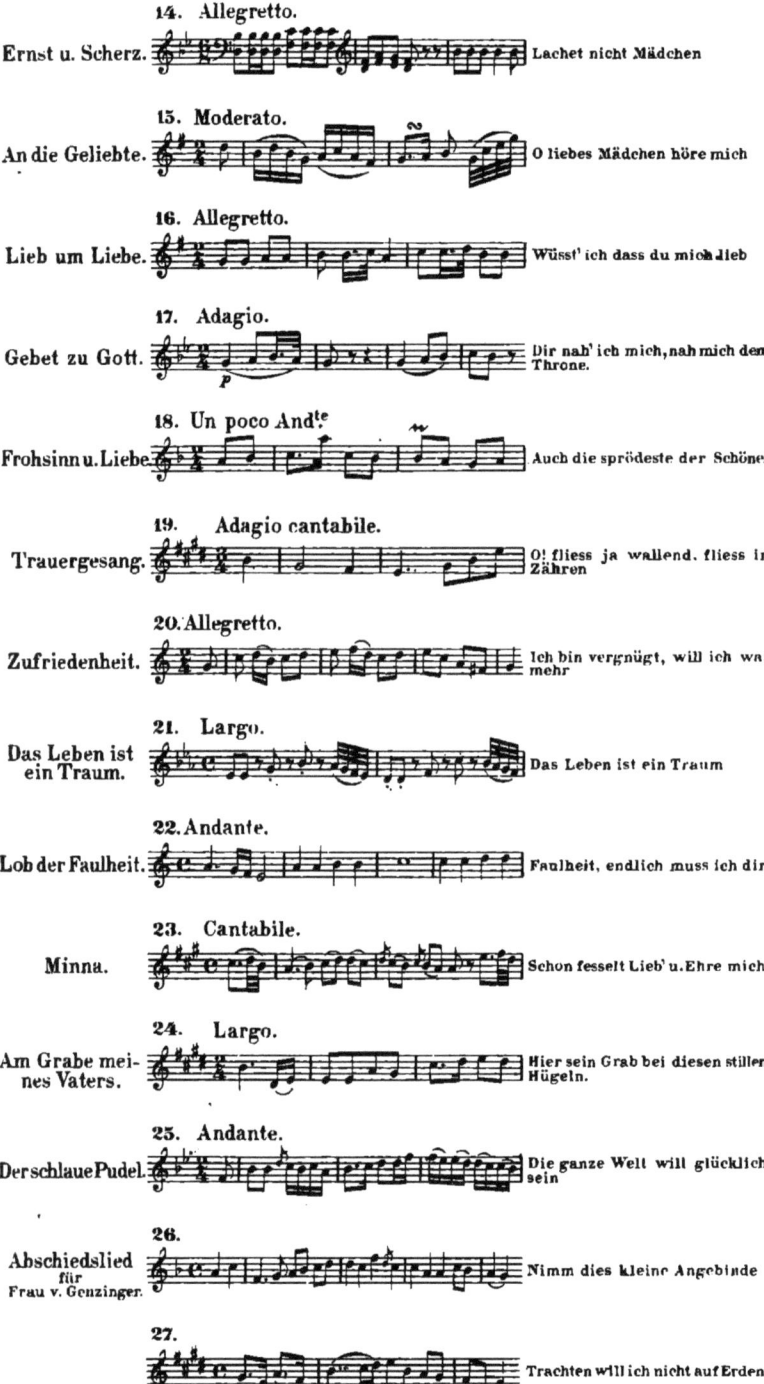

- 14. Allegretto. — Ernst u. Scherz. — Lachet nicht Mädchen
- 15. Moderato. — An die Geliebte. — O liebes Mädchen höre mich
- 16. Allegretto. — Lieb um Liebe. — Wüsst' ich dass du mich lieb
- 17. Adagio. — Gebet zu Gott. — Dir nah' ich mich, nah mich dem Throne.
- 18. Un poco And.te — Frohsinn u. Liebe. — Auch die sprödeste der Schönen
- 19. Adagio cantabile. — Trauergesang. — O! fliess ja wallend, fliess in Zähren
- 20. Allegretto. — Zufriedenheit. — Ich bin vergnügt, will ich was mehr
- 21. Largo. — Das Leben ist ein Traum. — Das Leben ist ein Traum
- 22. Andante. — Lob der Faulheit. — Faulheit, endlich muss ich dir
- 23. Cantabile. — Minna. — Schon fesselt Lieb' u. Ehre mich
- 24. Largo. — Am Grabe meines Vaters. — Hier sein Grab bei diesen stillen Hügeln.
- 25. Andante. — Der schlaue Pudel. — Die ganze Welt will glücklich sein
- 26. — Abschiedslied für Frau v. Genzinger. — Nimm dies kleine Angebinde
- 27. — Trachten will ich nicht auf Erden

Esterház.

I.

——————

Im Jahre 1720 ließ Graf Joseph Anton Esterházy am südlichen Ende des Neusiedler-Sees im Ödenburger Comitat in Nieder-Ungarn ein einfaches Jagdgebäude aufführen. Nahe dabei lagen die kleinen Dörfer Süttör (gegen Osten), Szeplak (gegen Westen) und Schrollen (gegen Norden und damals noch nahe dem See). Nach ersterem Orte wurde das Gebäude dann benannt. Die Gegend rundum war so unwirthlich wie nur denkbar: weite Flächen Landes, überwuchert von Schilf und Rohr, Gestrüpp und niederem Gras, langgestreckte Moräste und schwimmender Rasen (Hanság genannt) dehnten sich unabsehbar aus. Die Einwohner schlichen gleich Gespenster herum, geplagt von verderblicher Sumpfluft, von Insecten aller Art und namentlich im Frühjahr heimgesucht vom kalten Fieber. Aber all' diese Übel kamen bei dem Grafen, einem leidenschaftlichen Jagdfreunde, nicht in Betracht im Hinblick auf die Nähe des Sees, der eine reiche Ausbeute an wildem Geflügel versprach.[1] Dem Erbauer war es nur kurze Zeit vergönnt, sich seines Besitzes zu erfreuen, denn nach dem Ableben seines Bruders Michael (24. März 1721) als Fürst die Regierung übernehmend, starb auch er zehn Wochen später am 7. Juni. Um so länger profitirte sein Sohn und Nachfolger, Paul Anton, von dem auch ihm lieb gewordenen Aufenthalt. Paul Anton starb am 18. März 1762 und nun erst gelangte der Besitz durch seinen Bruder, Fürst Nicolaus, zu seiner eigentlichen und ungeahnten Bedeutung. Wie bereits er-

---

1 Der seit undenklichen Zeiten launenhafte See trocknete zu Zeiten derart aus, daß der Boden mit Feldfrüchten bebaut und Jagden abgehalten werden konnten (zuletzt 1874); dann wiederum schwoll er an, tief genug, um bei Festlichkeiten zu Seeschlachten zu dienen (1797).

wähnt,[2] war dieser prachtliebende Fürst im Jahre 1764 in Frank=
furt a. M. bei der Wahl und Krönung des Erzherzogs Joseph
zum römischen König als Botschafter zugegen und hatte zuvor
bei einem Besuche in Paris auch Versailles kennen lernen. Sich
einen ähnlichen Sitz zu schaffen war nun sein glühender Wunsch.
Merkwürdigerweise wählte er dazu, vielleicht des Contrastes hal=
ber, den dazu am wenigstgeeigneten Punkt seiner zahlreichen Be=
sitzungen, jenes Jagdschloß Süttör, das er mit enormen Unkosten,
verzehnfacht durch seine entlegene Lage, zu einem prachtvollen
Sommer=Palais umgestaltete und ihm im Januar 1766 nach dem
Stammorte der fürstlichen Dynastie zum erstenmale den Namen
„Efterház" beilegte.[3] Hier hielt sich der Fürst den weitaus größten
Theil des Jahres auf, um sich versammelt seinen Hofstaat, seine
Musikkapelle und die Sänger von der Oper; nur die Chormusik
für die Kirche blieb in Eisenstadt zurück.

Efterház,[4] das wir nun eingehender kennen lernen, war in
der That eine wunderbare Schöpfung des Fürsten. „Vielleicht
ist außer Versailles in ganz Frankreich kein Ort, der sich in
Rücksicht auf Pracht mit diesem vergleichen ließe", schrieb ein oft
genannter Reisender,[5] und in ähnlicher Weise äußerte sich der
französische Botschafter Prinz Rohan: „in Efterház habe er Ver=
sailles wiedergefunden".

Denken wir uns in die, beiläufig den Höhepunkt der Herr=
lichkeit von Efterház bildende Zeit zurück und betrachten wir nun
den Fürstensitz mit dem Auge des damaligen Beschauers.

2 Halbband I. S. 241. — Fortan gilt für die Bezeichnung „Halbband"
durchgehends die Abkürzung Band, oder Bb.

3 Vergl. Band I. S. 249.

4 Efterház erreicht man heutzutage mittelst Eisenbahn per Ödenburg,
Groß=Zinkendorf und Szerbahely. Beschreibungen vom Schlosse und seinem
angrenzenden Park, einen Flächenraum von über 6000 Klafter einnehmend,
erschienen zunächst in französischer Sprache (1775 u. 84). Eine „Beschreibung
des Hochfürstlichen Schlosses Esterházy im Königreiche Ungern", Preßburg 1784,
mit in Kupfer gestochenen Illustrationen besorgte der Fürst selbst. Auch Joh.
Matth. Korabinsky's „Geographisches=Historisches=Producten Lexikon von Ungarn",
Preßburg 1786, bringt einen ausführlichen Artikel. Die Daten der abgehal=
tenen Feste sind in keinem einzigen dieser Werke genau und zudem unvoll=
ständig.

5 R(isbeck), Briefe eines reisenden Franzosen über Deutschland. 2. Auflage
1784, I. 354.

Auf der Ödenburger Straße das Dorf Szeplak erreichend, folgen wir einer prächtigen 450 Klafter langen Lindenallee, die sich noch längs dem Dorfe Esterház hinzieht. Dieser Ort entstand erst während dem Neubau des Schlosses und besteht aus zwei Reihen schmucker Häuschen, die der Fürst damals für die deutschen Handwerksleute erbauen ließ. Wir passiren den herrschaftlichen Gasthof, das weitläufige Musikgebäude für die Mitglieder der Kapelle und der Oper, den riesigen Marstall mit Sommer- und Winterreitschule, die Wohnungen für den Hofstaat und stehen nun vor einem Thor aus kunstvoll getriebenem eisernem Laubwerk, dem Haupteingang zum Schloßhof, dem gegenüber sich rechts und links die Wachthäuser für die fürstliche Grenadiergarde befinden. Den Schloßhof betretend, gewährt das im italienischen Geschmack erbaute, reich mit Statuen, Reliefs und Säulen geschmückte Hauptgebäude mit seinen Seitenflügeln, in einer Breite von 54 Klafter sich ausdehnend, einen wahrhaft imposanten Anblick. Eine freie Hauptstiege führt beiderseits zu einem weiten, auf acht paarweise gekoppelten Säulen ruhenden Balcon. Hier im ersten Stockwerke befindet sich der Paradesaal, vollkommen weiß und mit verschwenderischer Pracht ausgestattet. Grundmann, des Fürsten Cabinetsmaler,[6] schmückte den Plafond mit Frescomalereien, der Mythologie entlehnt; lebensgroße Statuen der vier Jahreszeiten mit golddurchwirkten Gehängen geziert, Urnen von Alabaster, Vasen von Chalcedon, mit kostbaren Steinen ausgelegte Uhren fesseln die Aufmerksamkeit. Einen reizenden Gegensatz bildet der ebenerdige Sommersaal (sala terrena) von durchbrochenen viereckigen Säulen unterstützt, zwischen denen hohe Alabaster-Urnen stehen. Der Boden ist mit weißen Marmortafeln ausgelegt; die Decke schmücken auch hier von Grundmann gemalte mythologische Darstellungen. Breite Wandspiegel ruhen auf Tischen von weißem Marmor, mit Gruppen und Einzelfiguren aus feinstem Porzellan besetzt. An den Seitenwänden befinden sich mit Spiegelglas ausgelegte Nischen, in denen auf felsigem Grunde marmorne Becken mit wasserspeienden Drachen und Schwänen ruhen. Es ist dies der Saal, in dem bei festlichen Gelegenheiten Musikaufführungen stattfanden. Das Schloß enthält außerdem in seinen drei Stockwerken 126 reich vergoldete

6 Siehe Band I. S. 231. Anm. 25.

mit japanischem oder indianischem Tafelwerk ausgelegte Zimmer. In jedem derselben wird das Auge überrascht von unzähligen Ausschmückungs=Gegenständen, die in Wahl und Anordnung den feinsten Geschmack verrathen. Die Aufmerksamkeit fesseln ferner noch eine mit kunstvollen Arbeiten angefüllte Raritätenkammer, ein Ca=binet mit überaus kostbaren chinesischen und japanischen Gefäßen, die Bibliothek, reich an Handschriften, seltenen Kupferstichen, Handzeichnungen, Landkarten und Globen, an Werth vielleicht noch überragt von der Bildergallerie mit Werken italienischer und niederländischer Meister.

Dem Schlosse reihen sich unmittelbar Garten und Lustwald an. Natur und Kunst unterstützen sich hier gegenseitig. Vom großen, reich geschmückten Blumen=Parterre aus laufen nach allen Richtungen Gänge, geschmückt mit Pavillons, Lauben, Grotten, Cascaden und Statuen. Zn beiden Seiten des rückwärtigen Schloßgebäudes zieht sich eine Doppelallee wilder Kastanienbäume hin. Am Rande der rechtsseitigen Allee steht das Operngebäude und daneben ein Kaffeehaus, der Sammelplatz der Künstlerwelt. Der Oper gegenüber befindet sich das Marionetten=Theater, an das sich die mit den seltensten Gewächsen angefüllten Treibhäuser anreihen.

Hier endet der Ziergarten und beginnt nun der umfangreiche Lustwald voll herrlichen Baumschlags und üppiger Wiesen. Pracht=voll ausgestattete Phantasie=Gebäude zieren die freien Plätze: der Sonnen=, der Dianentempel, die Eremitage, das chinesische Lust=haus (Bagatelle) und nahe dem Ausgang zum Thiergarten der Fortuna= und Venustempel. So umfangreich ist dieses Laby=rinth von Gängen, daß bei Festlichkeiten Fächer an die Gäste vertheilt wurden, auf denen zur Orientirung der Grundriß der Anlagen aufgezeichnet war. — Der von Hirschen wimmelnde Thier= sowie der Fasangarten bildet eine Fortsetzung des Lust=waldes, in südlicher Richtung bis in die Nähe des Ortes Szerda=hely sich hinziehend. Weiter hinab liegt St. Miklo (Fertösz=Miklos) und noch weiter südlich das reizende fürstliche Jagdschloß Monbijou, an einen namentlich mit Damhirschen bevölkerten Erlenwald gelehnt.

Hatte des Fürsten Machtgebot soweit ein bis dahin ver=wahrlostes Terrain in einen Prachtsitz umgeschaffen, bildete die Nachbarschaft nach Osten hin noch immer einen um so schreienderen

Contrast. Ein im Umfang von sechszehn Quadratmeilen schwim=
mender mit Rohr bewachsener Morast, jener schon erwähnte Han=
ság, hinderte noch immer jeden Verkehr und vergiftete die Luft.
Auch hier griff der Fürst durch und erwies sich als Wohlthäter
des Landes. Durch seinen Ingenieur Anton von Traut ließ er
von Esterház aus bis zu dem Orte Pamhaggen (Pomogy) in der
Richtung nach Preßburg einen 4300 Klafter langen Damm an=
legen und zu beiden Seiten mit Weiden= und Erlenbäumen be=
pflanzen. Derselbe wurde am 17. Herbstmonat 1780 durch den
Fürsten selbst und seinem Gefolge zum erstenmale zu Wagen be=
fahren und dieser Tag durch die dankerfüllten Bewohner jener
Gegend in festlicher Weise gefeiert.[7] Damit nicht zufrieden, ließ
der Fürst zwei Jahre später mit enormen Kosten von obigem Orte
aus drei Kanäle zur allmähligen Aufsaugung des Wassers graben,
deren größter, 15000 Klafter lang, in die Rabnitz führte, so daß
man auf dieser Strecke mit kleinen Plätten bis Raab gelangen
konnte und Wiesen und Viehweiden entstanden, wo sonst kein
menschlicher Fuß sich hinwagte. Durch diese weitgreifenden Maß=
regeln wurde aber auch der bis dahin geradezu gesundheitsschäd=
liche Aufenthalt im Bereich des Schlosses wesentlich verbessert.

Hiermit das ungewöhnlich landschaftliche Bild abschließend,
das uns nun zur musikalischen Darstellung eines in dieser Art
wohl nie mehr wiederkehrenden fürstlichen Hoflebens als Hinter=
grund dienen wird, kehren wir zunächst zum Opern= und Schau=
spielhause zurück, das nach den gleichzeitigen Berichten schon von
außen einen gewinnenden Eindruck machte. Die Façade war mit
römischen Wandpfeilern und einem auf jonischen Säulen ruhenden
Balcon, der Giebel mit Vasen und Blumengehängen und einer
Gruppe musicirender Engel geziert. Das Innere war mit fein=
stem Geschmack ausgestattet. Über dem Eingang zum Parterre,
das bei 400 Zuschauer faßte, ruhte auf rothen, stark vergoldeten
römischen Marmorsäulen die fürstliche Loge. Zu beiden Seiten
reihten sich Gallerien an mit Logen für vornehme Gäste, eine jede
im Fond mit kostbar eingerichteten Cabinetten versehen. Die
Bühne hatte ansehnliche Breite und Tiefe; Dekorationen und
Costumes waren vortrefflich. Täglich fanden hier, so lange der

---

7 Wiener Diarium 1780, Nr. 78 u. 103; ferner Wiener Zeitung 1782,
Nr. 94.

Fürst in Esterház weilte, Vorstellungen statt; zweimal in der
Woche (Donnerstag und Sonntag) war Oper, die übrigen Tage
Schau= oder Lustspiel; der Anfang war um sechs Uhr; Zutritt
hatten alle fürstlichen Beamten und Diener, wie auch die zufällig
anwesenden Fremden. Die Sänger, meist Italiäner, benützten
die kurze Pause im Winter zu einer Reise in die Heimath, um
ihre durch den Aufenthalt in Esterház geschädigten Stimmen zu
kräftigen. Durchschnittlich bestand das Personal aus circa 5—6
Sängern und eben so vielen Sängerinnen. Als Dekorationsmaler
war Pietro Travaglia, ein Schüler der berühmten Brüder
Galliari vom Hoftheater in Wien, angestellt[8]; als Balletmeister
fungirte einige Zeit Ludovico Rossi; in den 80er Jahren ist
der italienische Theaterdichter Nunciato Porta als Director
der Oper genannt; der fürstliche Bibliothekar P. G. Bader
führte die Oberleitung über Garderobe, über die Trabanten und
Zimmerleute; auch lieferte er zu einigen italienischen Opern=
Textbüchern die deutsche Übersetzung, die dann in Wien, Preß=
burg oder Ödenburg gedruckt wurden und auch die Namen der
auftretenden Personen enthielten. Ein Theil derselben hat sich
erhalten und wir ersehen aus ihnen, daß beim Repertoire meistens
die Wiener Oper bestimmend war, soweit eben die Kräfte in
Esterház ausreichten. Dem Geschmack des Fürsten entsprechend
herrschte die heitere Oper (*dramma giocoso*) vor; neben ihr er=
scheint auch die heroisch=komische (*eroi-comico*), aber nur selten
die ernste oder tragische Oper (*dramma per musica, dramma
tragico*). Von Haydn abgesehen finden wir, soweit die Text=
bücher vorliegen, folgende Componisten mit ihren Opern ver=
treten — Sacchini: *L'isola d'amore; L'amore soldato;* Pic=
cini: *La buona figliuola; Il finto pazzo; L'astratto;* An=
fossi: *Il geloso in cimento; Metilde ritrovata; La forza
delle donne; Isabella e Rodrigo; Il matrimonio per inganno;
Le gelosie fortunate;* Dittersdorf: *Lo sposo burlato; Il
barone di rocca; Arcifanfano;* Gaßmann: *L'amore artigiano;*

---

8 Im Textbuche von Gluck's „Alceste" (1. Aufführung 1768) heißt es:
Inventori delle scene i Sig. fratelli Galliari. Travaglia malte auch die
drei ersten Decorationen zu Mozart's „Titus" zur Prager Aufführung. (O. Jahn's
Mozart, Bd. II. 469. Anm. 37.) Er war noch 1798 in fürstl. Esterhazy'schen
Diensten.

Paisiello: *La frascatana; Le due contesse; L'amor contrastato;* Gazzaniga: *Lo locanda; L'isola d'Alcina; La Vendemmia;* Sarti: *Le gelosie villane; Giulio Sabino; Idalide;* Salieri: *La scuola de' Gelosi;* Traetta: *Il cavaliere nell' isola incantata; l'Assedio di Gibilterra; Ifigenia in Tauride;* Cimarosa: *L'amor costante; Chi dell' altrui si veste; I due baroni; Giulio Bruto; Il marito disperato; L'impresario in angustie;* Righini: *L'incontro inaspettato;* Bianchi: *Il disertore;* Bertoni: *Orfeo ed Euridice.*

Das Marionettentheater[9] glich innen und außen einer Grotte; die Wände waren mit bunten Steinen, Schalthieren, Schnecken und Muscheln ausgelegt, deren phantastisches Farbenspiel im Widerschein einer glänzenden Beleuchtung sehr passend mit dem drolligen Spiel auf der Bühne harmonisirte. Ausgezeichnet und wahrhaft überraschend waren die Decorationen und Maschinerien, sowie die kunstvoll gearbeiteten, reich gekleideten Figuren von ansehnlicher Größe. Theatermaler und Decorateur war auch hier Travaglia; Bienfait, vordem beim französischen Singspiel in Wien, war Pantomimenmeister. Die Rollen wurden hinter der Scene 'von Mitgliedern des Schauspiels gelesen und gesungen. Die Stücke lieferten Bader und vornehmlich Pauersbach, die Seele des ganzen Unternehmens. Joseph Karl von Pauersbach, Secretär beim n. ö. Landrecht in Wien, schrieb auch Lustspiele, die in der Hauptstadt aufgeführt wurden,[10] und arbeitete jahrelang an einem Marionettenspiel, das ihm dann Fürst Esterházy abkaufte unter der Bedingung, es Jahr und Tag selbst in Esterház zu dirigiren. Für das Marionettentheater schrieb er die Parodien Alceste, Dido,[11] Demophon, Arlequin der Hausdieb, die Probe der Liebe, *Alcide al Bivio,* das ländliche Hochzeitsfest, Genovefens 1. 2. 3. u. 4. Theil, der Hexenschabbes. Im J. 1778 heirathete er die damals in Esterház engagirte Sängerin Marianne Tauber und ging mit ihr nach Rußland. Wie ernst

---

9 Über Marionetten siehe Bd. I. S. 101. Heinrich von Kleist schrieb „Über das Marionettentheater", ein anregendes Zweigespräch (siehe dessen Ges. Schriften, herausg. v. Tieck, rev. v. Julian Schmidt, Bd. III. S. 303 ff.)

10 Die indianische Wittwe (1771); Die zwo Königinnen (1772); Schach Hussein (1773); Der redliche Bauer nnd großmüthige Jude (1774).

11 1776 gab die Moll'sche Truppe aus Preßburg im Theater nächst dem Kärnthnerthor „Dido", Schauspiel „eines hiesigen Dichters".

man es mit den Unterhaltungen auf dem Puppentheater nahm, zeigt eine vieractige Operette „Die Fee Urgele, oder: Was den Damen gefällt",[12] nach dem Französischen des Favart, die im Wintermonat 1776 in Esterház aufgeführt wurde. Die Musik war von Ignaz Pleyel, der damals bei Haydn Composition studierte. Nach dem Textbuch enthielt die Operette bei dreißig Musiknummern, darunter Arien (19), Duette, Terzette, Chöre und Finales. — Die Puppenkomödien in Esterház wurden weit und breit gerühmt; selbst die Kaiserin Maria Theresia fand Gefallen an der trefflichen Darstellung und bat sogar den Fürsten, ihr den ganzen Apparat, Dekorationen, Maschinerien sammt dem „Personal" nach Schönbrunn zu schicken, um daselbst eine Vorstellung zu geben. Haydn's Vorliebe für diese Art parodistischer Darstellungen ist bekannt; die ätzende Art, mit der hier so manche Vorgänge auf der Bühne (und wohl auch im gewöhnlichen Leben) in drastischer Weise sich persifliren lassen, entsprach so recht seinem, der Ironie leicht zugänglichen Wesen. Es kann daher nicht Wunder nehmen, daß er dem losen Spiel nicht nur seine Feder lieh, sondern auch zu seinem Privatvergnügen sich sogar selber als Director gerirte. Wir lesen darüber Folgendes in einem Bericht des Fürsten (dat. Wien, März 1775) an seinen Wirthschaftsrath von Rahier: „Es ist mir wissend daß der Capellmeister Hayden ein kleines Marionetten-Theater hat, welches er im vergangenen Fasching durch die Musicis hat spielen lassen. Da ich nun solches auf gleiche Art den zwanzigsten als dem Vorabend des Geburtstages meiner Frau möchte von denen nämlichen im Schlosse Eisenstadt produciren lassen, so wäre nothwendig mit dem Hayden die Sache alsogleich, jedoch solchergestalt richtig zu machen, daß die Fürstin nichts davon erfahren möchte. Ich erwarte danenhero ihre Antwort hierüber." — Haydn schrieb die Musik zu „Philemon und Baucis", „Genovefens 4. Theil", „Dido" und wohl noch zu einigen andern Stücken. — Nach Pauersbach's Weggang (1778) erlosch auch das Reich der Marionette und trat dafür die Oper mehr in den Vordergrund.

---

12 *La Fee Urgele*, ein mit Arien untermischtes Lustspiel in 4 Acten, wurde im Dec. 1765 in Paris von italienischen Komödianten aufgeführt. Den Stoff dazu gab Voltaire's *»Ce qui plait aux dames«* (Lessing, Hamburg. Dramaturgie). „Die Fee Urgele", Oper in 4 Acten, Musik von Kapellmeister Schulze wurde 1789 in Berlin aufgeführt.

Die Theaterunterhaltungen in Eſterház erſtreckten ſich auch auf
die Vorſtellungen wandernder Schauſpielertruppen. Während
„draußen im Reich“ die Geſellſchaften Schuch, Schönemann,
Ackermann, Koch, Wäſer, Seyler und namentlich jene des
Döbbelin, dem die Bühne ſo vieles zu danken hat, als die
bedeutendſten genannt wurden, gab es ſolche, die ausſchließlich
Öſterreich zu ihrem Wirkungskreis erwählten und Wien, Brünn,
Graz, Salzburg, Wiener = Neuſtadt und die ungariſchen Städte
Peſt, Temesvar, Ödenburg, Preßburg bereiſten. Die vorzüg=
lichſten Truppen beſaßen die Principale Hellmann und Ko=
berwein, Paſſer und Wahr, Paul und Meyer, Di=
waldt, Laſſer, und Mayer. Wir finden ſie ſämmtlich der
Reihenfolge nach in Eſterház, wo ſie oft auf eine Reihe von
Monaten engagirt wurden. Sie machten ſich zur Aufführung
von Trauer=, Schau= und Luſtſpiel, zu Singſpiel und Pantomime
verbindlich und mußten täglich bereit ſein, den Fürſten „mit einer
Komödie zu bedienen“. Zudem mußten ſie, wie wir geſehen, für die
Rollen im Marionettentheater die erforderlichen Perſonen ſtellen.
Die Truppe beſtand durchſchnittlich aus 10 bis 14 Perſonen
und erhielt Wohnung (5—7 eingerichtete Zimmer nebſt „mode=
rirter Holz= und Licht=Nothdurft“) im Muſikgebäude oder, wenn
dieſes beſetzt war, im Gaſthof. Der Principal, der immer auch
ſelbſt Schauſpieler war, bezog für ſich und ſeine Leute wöchent=
lich 100 Gulden. Das Repertoire umfaßte die beliebteſten und
neueſten Stücke, von denen ſich manche (z. B. „der Schneider und
ſein Sohn“, „der Hausvater“, „der Juriſt und der Bauer“, „der
Bettelſtudent“) jahrzehntelang auf allen Bühnen behaupteten,
andere längſt verſchollen ſind. Mit Genugthuung findet man
aber auch Werke wie „König Lear“, „Hamlet“, „Götz von Ber=
lichingen“, „Stella“, „Emilia Galotti“, „Minna von Barnhelm“,
„Fiesco“, „Kabale und Liebe“, „Maria Stuart“. Der Fürſt liebte
es, wenn die Schauſpieler ihren Witz etwas derb auftrugen, ließ
aber niemals Gemeinheiten zu; Hanswurſtiaden und extemporirte
Stücke, damals ohnehin im Abſterben begriffen, waren in vor=
hinein ausgeſchloſſen. Über die genannten Principale bleibt noch
einiges zu ſagen übrig. Franz Paſſer kam von Graz und ſpielte
im Sommer 1770 und 71. Als Kaiſer Joſeph im erſteren Jahre
die königliche Freiſtadt Ödenburg beſuchte, die ſeit 1681 kein
gekröntes Haupt in ihren Mauern geſehen hatte, ließ der Fürſt

Passer und seine Truppe dorthin kommen, wo sie die Auszeich=
nung genossen, im Stadttheater vor dem Kaiser zu spielen und
dann fürstlich belohnt wurden. (W. Diarium.) Karl Wahr
hielt sich in den Jahren 1772, 76 und 77 in Esterház auf und
ging dann nach Preßburg zum Grafen Georg Csaky, einem pas=
sionirten Kunstfreunde, der für sich eigens ein Theater aus Stein
erbauen ließ. Unter Wahr's Truppe befand sich der Schauspieler
Christ. Ludwig Seipp, der später selbst Principal wurde und
viele Theaterstücke schrieb; er soll 1774 der erste gewesen sein,
der Shakespeare's „König Lear" für die deutsche Bühne bearbeitete,
worüber sich Wieland im „Deutschen Merkur" aufhielt. Seipp
übernahm 1793 das damalige Theater in der Vorstadt Land=
straße und starb daselbst am 20. Juni allgemein geschätzt als
charakterfester Mann.[13] Für die Wahr'sche Truppe schrieb Haydn
u. a. die Musik zu Hamlet, Lear, Götz von Berlichingen. Franz
Diwaldt's Truppe begann im October 1778; mit ihr wurde
dann jährlich der Contract erneuert bis 1785; auch diese Truppe
hatte in Schletter ihren Theaterdichter. Im Repertoire Di=
waldt's sind bis 1785 „Fiesco", „Kabale und Liebe" und „Maria
Stuart" genannt; unter ihm hielt sich im J. 1780 der Schau=
spieler Jos. Kettner auf, der 1790 bei Schikaneder spielte und
im April 1791 auf kurze Zeit das obige Vorstadttheater (auf der
Landstraße) übernahm, das nach ihm seine in Esterház erheirathete
Frau Elise weiterführte. Unter dem Personal des Principals
Lasser (1787) ist Gieseke genannt, der dann im Schikaneder=
Theater in die Entstehungsgeschichte der „Zauberflöte" verwebt ist.
Noch ist Berner mit seiner Kindertruppe zu erwähnen, der vor=
übergehend in Esterház spielte; es ist derselbe, dem wir schon
früher (Bd. I. S. 160) begegnet sind und der viele Städte
Deutschlands mit Haydn's „Asmodeus" bekannt machte. — Außer
den oben genannten Bühnenwerken sind noch „die Feuersbrunst"
(1774) und „der Zerstreute" (1776) zu nennen, für die Haydn
die Musik zu den Zwischenacten schrieb und die dann als selbst=
ständige Symphonien erschienen.[14] Auf letzteres Stück kommen
wir seinerzeit noch zurück.

---

13 Seine Biographie bringt der Gothaer Theater=Kalender 1794, S. 113 f.;
er selbst schrieb über seine Reisen im Jahrgang 1788, S. 204.

14 Scheibe wird als der erste genannt, der 1738 für die Neuberin (Ka=
roline Weißenborn) Symphonien zu Schauspielen schrieb, die mit dem Inhalt

Die Mufikkapelle zählte durchschnittlich 16 bis 22 Mitglieder;
die Geigen waren doppelt oder höchstens dreifach besetzt; Viola
und Contrabaß doppelt, Violoncell einfach. Zu den Blasinstrumenten zählten Flöte, Oboen, Fagotte und Waldhörner (letztere
meist vierfach) und nach Bedürfniß Trompeten und Pauken (Klarinetten waren nur in den Jahren 1776—78 in Gebrauch). Die
Proben wurden Vormittags abgehalten; Productionen vor dem
Fürsten oder vor Gästen fanden Nachmittags statt; gemischte
Akademien (Vocal= und Instrumental) zuweilen Abends. Der
große Prachtsaal diente bei außergewöhnlichen Festen zur Tafelmusik, wie sie nach damaliger Sitte auch am kaiserlichen Hofe
gang und gäbe war.[15] Zu kleineren Familien=Diners wurden
einzelne Sänger und Virtuosen in die Appartements beschieden.
Für seine eigene Person behielt sich der Fürst das Streichquartett
vor, das sich ausschließlich im fürstlichen Musikzimmer producirte,
wobei Tommasini, des Fürsten Liebling, immer am ersten
Pult. Hier war es auch, wo der Fürst im engsten Kreise die
eigens für ihn componirten Barytonstücke von Haydn, Tomasini, Kraft und Pichl spielte, wobei ihm die Kapellmitglieder
Franz oder Liedl und nach ihnen Anton Kraft auf demselben
Instrument secundirten. Bei den Trios für Baryton, Viola und
Baß mag wohl auch Haydn häufig die Viola gespielt haben.
Daß er sich einmal unterfing, auch auf dem Baryton vor dem
Fürsten zu glänzen, haben wir schon erfahren.[16]

Der fast gänzliche Mangel an lohnenden Ausflügen, die
Entbehrung jeder Unterhaltung kettete die Leute enger zusammen;
der ganze Musikerstand bildete sozusagen eine einzige große Familie, die in gegenseitiger Erheiterung einen Ersatz suchte für den
Mangel freierer Bewegung. Obwohl der Fürst streng auf Ordnung hielt, mag das Leben mitunter doch wohl locker gewesen
sein und man erzählt sich hierüber manche nicht wiederzugebende
Anekdote, die glaubwürdig erscheint, wenn man bedenkt, daß das
ganze Personal, Musiker und Sänger, in einem einzigen Hause

---

derselben übereinstimmten. Hertel und Agricola folgten dem Beispiele. (Lessing's Ansicht über dieses Verfahren, siehe dessen Hamburg. Dramaturgie,
26—28. Stück.)

15 Vergl. Bd. I. S. 82.
16 Siehe Band I. S. 253.

in engster Beziehung zu einander lebte. Dieses Musikgebäude
enthielt zu ebener Erde 17, im oberen Stockwerk 37 Zimmer.
Ein Concept, vermuthlich aus dem Jahre 1776, zeigt uns die
Verwendung dieser Räume. Außer dem Vice = Pfleger, Maler,
Copisten und zwei Scholaren, Dienstboten und den für die Ko=
mödianten reservirten Zimmern war der Rest ausschließlich von
den Sängern, Sängerinnen und Musikern bewohnt. Wir finden
hier 11 Ehepaare (jedes mit 2 Zimmer), 16 Musiker (je 2 in
1 Zimmer), Sänger, Sängerinnen und einige Musiker (jedes
1 Zimmer); nur Haydn mit seiner Frau hatte drei Zimmer zur
Verfügung.

Ein anschauliches Bild einer in Esterház durchlebten Saison
bietet uns das vielleicht einzige noch erhaltene in der Beilage I
mitgetheilte Verzeichniß der im Jahre 1778 aufgeführten Opern,
Schauspiele, Marionettenspiele und Concerte. Wir ersehen auch
daraus, daß der Aufenthalt in Esterház sich in einer Weise aus=
dehnte, die im Hinblick auf die dortigen klimatischen Verhältnisse
der gesammten Künstlerwelt manchen Stoßseufzer entlockt haben
mag. —

Fassen wir nun Musikkapelle und Oper in engerem Rahmen
zusammen. Das Verzeichniß der Mitglieder ist in der Reihen=
folge ihres Eintrittes in die fürstlichen Dienste in der Beilage II
zusammengestellt. Die jährlichen Ausgaben für den Gesammt=
körper betrugen bis in die 70er Jahre sammt Werth der Natu=
ralien=Zugaben gegen 10,000 Gulden rhein. und erhöhten sich
im nächsten Jahrzehnt um einige Tausend. Zu Ende 1775 wur=
den alle Resolutionen uud Contracte cassirt und am 1. Januar
1776 erneuert,[17] wobei auch in einzelnen Fällen die Gehalte er=
höht wurden. Wenn wir vorerst das Orchester betrachten, so
finden wir, daß diese Gehalte durchschnittlich jenen im Wiener

---

17 Das Contract=Formular lautete: 1. Soll der Herr Contrahent einen
auferbaulichen christlich gottgefälligen Lebenswandel führen. 2. Hat er dem
Kapellmeister Hayden in Allem Gehorsam zu leisten. 3. Soll er aller Orten
und zu allen Zeiten, wo und wann es S. D. gefallen wird Musique zu ma=
chen, sich in seiner Art und Gattung in der Musique gebrauchen lassen. 4. Soll
er ohne besondere Erlaubniß S. D. seinen Dienst nicht verabsäumen, oder
anderwärts Musique machen, oder von dem Ort wo S. D. Musique haben,
sich entfernen. 5. Wird beiden unterschriebenen Theilen eine wechselseitige
halbjährige Aufkündigung vorbehalten.

Hof-Operntheater selbst noch in den 30er Jahren unsers Jahrhunderts gleichkamen und sie mitunter selbst überstiegen. Es be-
zogen beispielsweise in Esterház ein Violinist 250—480 Gulden
rhein.[18] (gegen 250—300 in Wien); ein Cellist 430 Gulden (gegen
250—300); ein Contrabassist 400 Gulden (gegen 300); ein Fagottist 300—400 Gulden (gegen 250—350); ein Waldhornist 300
—500 Gulden (gegen 250—350), wobei, wohlgemerkt, in Esterház
noch freies Quartier, Naturalien (6—9 Eimer Wein, 20—30
Pfund Kerzen, 3—6 Klafter Brennholz „gut authentisches") und
alle 2 Jahre eine Sommer- oder Winter-Uniform hinzukamen.
Das Orchester zählte durchaus tüchtige Kräfte, und wenn auch
nicht Alle Virtuosen waren, was dem Ganzen eher schadet als
nützt,[19] so erlangten sie doch schon durch das tägliche Zusammen-
spielen eine Routine, daß man sich die Ausführung wohl nicht
anders als vorzüglich denken kann. Viele waren in doppelter
Eigenschaft thätig: bei der Geige oder dem Contrabaß halfen die
Bläser oder auch einige der untergeordneten Sänger aus und bei
den Bläsern wurde nach Bedarf die Feldharmonie zugezogen.
Für die Pauke fand sich jederzeit eine Aushülfe und ist daher
nach dem Tode des wunderlichen Adamus Sturm (I. 214) kein
Pauker mehr namhaft gemacht. Manche Mitglieder findet man
später in Wien im Opernorchester und in der Hofkapelle, oder
als Virtuosen concertirend, und wiederum wurden andere von dort
verschrieben. Die schon erwähnte bescheidene Besetzung (16—22
Mitglieder) hat man sich stets vor Augen zu halten bei der Be-
urtheilung der meisten früheren Symphonien Haydn's, auf welche
die Tonstärke unseres heutigen Orchesters (häufig allein schon
40 Violinen und 10 Bässe!) erdrückend wirken muß. Als die
bedeutendsten Musiker, die bis zum Jahre 1790 erscheinen, sind
zu nennen: Tomasini, Rosetti, Fuchs, Mestrino,
Mraw (Violine); Weigl, Küffel, Marteau, Kraft,
Bertoja (Cello); Schieringer (Contrabaß); Hirsch (Flöte);
beide Griesbacher (Klarinette); Colombazzo, Poschwa,
Czerwenka (Oboe); Peczival (Fagott); Steinmüller,
Franz, Oliva, Pauer, Eckhardt, Lendway (Waldhorn).

---

18 Concertmeister Tomasini hatte in steigender Gage 800 Gulden.
19 „Eine Welt von Königen, die keine Herrschaft haben", nennt Schubart ein solches Orchester. (Ideen zu einer Ästhetik der Tonkunst.)

Zur speciellen Kammermusik des Fürsten gehörten Libl und Franz (Baryton) und Joh. Bapt. Krumpholtz (Harfe). Am längsten (bis zur Auflösung der Kapelle im J. 1790) dienten außer dem uns schon bekannten Tomasini, der bis zu seinem Tode (1808) in der Kapelle verblieb, der Contrabassist Schieringer (seit 1767), die Waldhornisten Oliva und Pauer (seit 1769), Flötist Hirsch (seit 1776) und Cellist Kraft (seit 1778.)

Wir wenden uns dem Gesang-Personal der Oper zu. Die Mitglieder waren auf 1, 2 und 3 Jahre engagiert und ihr Contract wurde dann nach Umständen erneuert. So finden wir unter den Sängerinnen Saffi (mit 5 Jahren), Spangler, Prandtner, Valdesturla (6), Metilda Bologna (9). Noch ausdauernder waren die Sänger: Moratti (8 Jahre), Braghati (9), Lambertini (10), Totti (12), Bianchi und Ungricht (14), ja selbst, weit über unser gestecktes Ziel hinaus, der Tenorist Dichtler und der unverwüstliche Bassist Specht (36 und 38 Jahre, von denen allerdings nur 22 Esterház angehörten). Die Gehalte[20] betrugen 500—1000 Gulden rhein.; bei Ehepaaren (häufig die Männer im Orchester) bis zu 1300 Gulden. Auch hier waren damit freies Quartier und die üblichen Naturalien verbunden; einzelne Sängerinnen erhielten überdies jährlich ein Kleid „nach hohem Wohlgefallen" (oder nach Belieben dafür 100 Gulden). Die vorzüglichsten Mitglieder lassen sich etwa nach Maßstab der ihnen zugetheilten Rollen und ihrer Gehaltshöhe bestimmen. Von den Sängerinnen: Weigl, Spangler (mit Friberth vermählt), Cellini, Jermoli, Tauber, Ripamonti, Valdesturla, Tavecchia, die Schwestern Bologna, Speccioli, Delicatti, Saffi, Raimondi, Benvenuti, Zecchielli, Melo. Von den Sängern: Friberth, Bianchi, Jermoli, Pesci, Pezzani, Rossi, Braghati, Negri, Speccioli, Manchini, Moretti, Nencini, Paolo, Prizzi, Amici, Majeroni.

Faßt man dieses Personal, das sich aus den verschiedensten

---

20 Sie wurden häufig in Ducaten bemessen: 1 ♯ ordinär, holländ. oder kaiserlich = 4 Gulden 14 Kr. rhein.; 1 ♯ Kremnitzer = 4 Gulden 22 Kr. (vor dem Patent vom 1. Sept. 1783 nur 4 Gulden 18 Kr., Fr. Nicolai IV. S. 487), 1 Zechine = 4 Gulden 22 Kr., ganze Souverain = 12 Gulden 40 Kr.

Ländern fortwährend erneuerte, in seiner Gesammtheit auf, so wird man zugeben müssen, daß eine ähnliche Privat-Kapelle vordem kaum irgendwo existirte; überboten wurde sie allerdings noch vom zweiten Nachfolger des Fürsten in ihrer Zusammenstellung in den Jahren 1800—13. Man darf aber auch annehmen, daß die Gegenwart so mancher hervorragender Mitglieder nicht ohne veredelnden Einfluß auf den Gemeingeist dieser, durch Dienstpflicht und örtliche Verhältnisse so eng verbundenen Künstlerschaar bleiben konnte. Andererseits aber empfing auch Haydn durch den steten Wechsel des Personals fortwährend erfrischende Anregung, sowie Vertrautheit mit dem auswärtigen Musikleben. Er selber kam bis zu seiner Reise nach London nicht über die Grenzen des Vaterlandes hinaus, aber seine Untergebenen trugen seinen Namen allüberall hin und bekräftigten den Ruf, den ihm seine Compositionen längst schon erworben hatten.

Zum Schlusse mögen hier noch einige Daten über solche Mitglieder folgen, die dazu Anlaß bieten und über deren Aufenthalt in Esterház bisher wenig oder nichts bekannt wurde. Vom Orchesterpersonal sind es die Mitglieder Tomasini, Mestrino, Mraw, Fuchs, Marteau und Libl.[21] Rosetti (dessen Namen man nicht ohne einiges Befremden hier finden wird), Kraft und Krumpholtz sind unter die Zahl der Schüler Haydn's zu Ende des Jahres 1779 aufgenommen.

Über Luigi Tomasini's Talent und Stellung wurde schon früher (Bd. I. S. 261) gesprochen. Weitere Nachforschungen ergaben seitdem, daß er 1741 zu Pesaro in Italien geboren und 1757 vom Fürsten Paul Anton von Italien aus als Kammerdiener nach Eisenstadt mitgenommen wurde. Dieser Umstand macht es nun erklärlich, warum über ihn nirgends ein Anstellungsdecret als Mitglied der Kapelle aufzufinden war. Es bleibt unerklärlich, daß der Fürst, der doch dessen Talent gekannt haben mußte und ihn vielleicht aus eben diesem Grunde in seine Dienste aufnahm, nicht schon früher ihn der Kapelle einverleibte. Freilich: diese erhielt erst durch Haydn's Anstellung ihren ersten kräftigen Anstoß und der neue Kapellmeister mochte nicht wenig erfreut gewesen sein, im Schlosse selbst ein so erwünschtes Talent zu entdecken.

---

21 Band I wurden schon erwähnt: Weigl (S. 264), Steinmüller (S. 266), Franz (S. 267).

Die wenigen bisher bekannten Daten über Nicolo Me=
strino aus Mailand, den ausgezeichneten Violinvirtuosen und
Componisten für sein Instrument, finden hier eine gewiß uner=
wartete Ergänzung. Mestrino wurde im November 1780 auf
zwei Jahre in die Kapelle aufgenommen, blieb aber bis Ende
Januar 1785. Er ging dann, wie wir später sehen werden,
nach Preßburg zum Grafen Ladislaus Erdödy und soll 1790
in Paris gestorben sein. Sein Gehalt in Esterház zählte zu den
bedeutenderen: 480 Gulden nebst den üblichen Emolumenten. In
der Kapelle war er sehr geschätzt und der Fürst nannte ihn nur
seinen „Nicoletti".

Franz Mraw (Mraf), ein vorzüglicher Violinist aus Böh=
men, war in den Jahren 1784—86 in der Kapelle und hatte
gleichen Gehalt mit Mestrino; er war vordem in der Kapelle des
Grafen Kolowrat in Prag, ging von Esterház aus zum Fürsten
Batthyáni und starb (nach Dlubacz und Rieger, die allein seiner
erwähnen [22]) 1792 in Diensten des Fürsten Grassalkovics.

Peter Fuchs (Fur), ebenfalls ein vortrefflicher Violinspieler
aus Böhmen und auch vorzüglicher Lehrer, wurde (nach den Ac=
ten der Tonkünstler=Societät) am 22. Jan. 1753 geboren. Er
bildete sich in Prag aus, war 1781 und 82 in Esterház und
trat 1787 in die kaiserliche Hofkapelle zu Wien, wo er bis zu
seinem Tode (15. Juli 1831) verblieb. [23]

Franz Xaver Marteau (recte Hammer), ein sehr geschätzter
Violoncellist und Componist, war in der Kapelle von März 1771
bis Ende 1778. Auch ihn werden wir in Preßburg wieder=
finden. Er war Mitglied der Tonkünstler=Societät in Wien von
1776 bis 1813. Weder Geburts= noch Todesjahr von ihm ist
bekannt.

Andreas Lidl, Virtuose auf dem Baryton, war beim Für=
sten in den Jahren 1769 bis 74. Schubart hörte den „süßen"
Baryton 1776 in Augsburg. [24] 1778 trat Lidl in London auf,
wo er auch starb; Nachkommen von ihm leben daselbst noch jetzt.

---

22 Künstlerlexikon für Böhmen. Bd. II. S. 341. Statistik von Böhmen
(Rieger). S. 260.

23 Das hier und da mit 1804 angegebene Todesjahr ist dahin zu be=
richtigen.

24 Schubart's Leben und Gesinnungen, herausg. von dessem Sohne
Ludwig. Stuttgart 1793. S. 29 u. 122.

Lidl's Vortrag bezauberte durch „füße Anmuth, mit deutscher Kraft verbunden, durch überraschende Bindungen mit der harmonie= vollsten Melodie". Er vervollkommnete sein Instrument in der Art, daß er die unteren Saiten, welche die Begleitung ausmachen, bis auf 27, worunter auch die halben Töne begriffen sind, ver= mehrte.[25]

Vom Gesangpersonale seien nur die Sängerinnen Tauber, Ripamonti, Valdesturla und Bologna hervorgehoben.[26]

Maria Anna Tauber, 1777 auf ein Jahr engagirt, bringt uns mit dem, von Kaiser Joseph kaum erst gegründeten National= Singspiel zusammen. Sie sang im März 1778 in einer Akademie der Tonkünstler=Societät (in Metastasio's Oratorium *La Pas- sione del Redentore*, Musik von Jos. Starzer) und hatte das Glück, dem Kaiser zu gefallen, der sie seinem Regisseur Müller mit den Worten empfahl: „Ich habe eine gewisse Tauber aus Esterház singen gehört, die eine gute Stimme hat und aus der etwas werden kann. Hier haben Sie eine kleine Oper; lassen Sie diese gleich einstudieren und geben Sie der Tauber die Rolle der Lucile".[27] Die Oper war das einactige Singspiel „Lucile" von Grétry. Die Tauber trat bei der ersten Aufführung im National=Hoftheater am 29. Juni 1778 auf, erhielt aber nicht den erwarteten Beifall; die Rolle wurde ihr abgenommen und der Marianne Lange (der ersten Frau des Hofschauspielers Lange) übergeben. Wie wir früher gesehen, reiste die Tauber dann als Frau des Marionetten=Directors Pauersbach nach Rußland.

Von Barbara Ripamonti, im April 1778 mit ihrem Manne, Violinist Franziscus Ripamonti, auf 3 Jahre, dann 1784—86 allein (mit 200 Kremnitzer Ducaten = 480 Gulden) engagirt, liegen zwar keine näheren Daten vor, doch rühmt sie die Tradition als eine vorzügliche Sängerin. Haydn schrieb für sie die Rolle der Costanza in *l'Isola disabitata*. Sie sang da= mals (am 6. Dec. 1779) in vorgerückter Schwangerschaft, denn schon am 12. Jan. 1780 wurde sie in Esterház von Zwillingen entbunden.

---

25 Musikal. Almanach auf das Jahr 1782 (Junker), S. 30. Gerber's Lexikon 1790. S. 805. Über das Baryton siehe Bd. I. S. 249—257.

26 In Bd. I wurden erwähnt: Die Ehepaare Weigl (S. 264), Fri= berth (S. 270) und Dichtler (S. 271).

27 Müller's Abschied von der Bühne, S. 259.

Costanza Valdesturla aus Pisa, von Juli 1779 bis Juli 1785 in Esterház, hatte vordem in Italien Triumphe gefeiert. Haydn schrieb für sie die Hauptrollen in seinen drei letzten Opern. Von Esterház ging sie nach Leipzig, wo sie 1786 J. G. Schicht, den späteren Cantor der Thomasschule (1810—23) heirathete. Sie war durch 19 Jahre eine der bedeutendsten Sängerinnen der Gewandhausconcerte. 1788 sang sie Haydn's Cantate „Deutsch= lands Klage auf den Tod Friedrich des Großen", begleitet von Karl Franz auf dem Baryton. (Bd. I. S. 257).

Das vorzügliche Schwesterpaar Maria und Matilde Bo= logna wurde im Mai 1781 engagirt und bezog 300 Kremnitzer Ducaten (= 1290 Gulden) Gehalt. Maria starb in Esterház am 17. Mai 1784, 30 Jahre alt. Vergebens wünschte der Fürst, ihre Stelle durch eine dritte Schwester zu ersetzen, behielt aber Matilde bei bis 1790 mit erhöhter Gage (1000 Gulden). Ma= ria sang in Haydn's *Orlando Paladino* und *Armida*, in Traet= ta's *Ifigenia in Tauride* die Titelrolle und blieb neben der Saffi und Benvenuti das vorzüglichste Mitglied der Oper in der letzten Zeit der Kapelle.

Vergegenwärtigen wir uns nun Haydn selbst inmitten seiner Umgebung; sehen wir was seine Amtsthätigkeit erheischte, wie er die wenigen freien Stunden für sich verwerthete und wie er sich den Licht= und Schattenseiten seiner Lage gegenüber verhielt. Die Gleichförmigkeit des Lebens im Allgemeinen unterbrachen häufige Besuche aus den höheren und höchsten Ständen, die zu Unter= haltungen im engeren Kreise, oder auch zu glänzenden Festen Veranlassung gaben. Hier sowie an den Gedenktagen in der fürstlichen Familie spielte die Musik stets eine Hauptrolle, wobei Haydn Alles anzuordnen und vorzusorgen hatte. Auch außerdem galt es, Proben mit der Oper und mit dem Orchester abzuhalten, den Sängern und Sängerinnen ihre Rollen einzustudieren, aus= tretende Künstler durch neue zu ersetzen, Streitigkeiten zu schlich= ten, Überhebungen entgegen zu treten, den Bedürftigen ein Für= sprecher beim Fürsten zu sein, ja selbst um den Souffleur sich zu kümmern.[1] Bei so vielseitigen, aufreibenden Anforderungen mag man wohl staunen, wie Haydn im Stande war, auch noch so zahlreiche Werke zu schreiben und dazu die nöthige Frische und Freudigkeit zu bewahren.

Mit seinem Orchester war Haydn ein Herz und eine Seele; er nannte die Mitglieder seine Kinder und sie ihn Papa. Es ist ein kleiner aber bezeichnender Zug von liebenswürdiger Collegialität, wenn Haydn im Adagio einer Symphonie in der Flöten= stimme seinem Untergebenen (Hirsch) mit eigener Hand zur Orien= tirung mit den Worten nachhilft: „Freund! Suche das Erste Allegro." (Dies ist nämlich angehängt an das Finale und von Haydn selbst geschrieben.) Bei den Proben nahm er es sehr ge= nau; ließ einzelne Stellen so lange wiederholen, bis die Aus= führung seinem Wunsche entsprach, ohne aber dabei je heftig oder ungeduldig zu werden; lautes Rufen kam nie vor. Er dirigirte vom ersten Violinpulte aus und griff gelegentlich auch selbst mit ein. In England gab er nach damaliger Sitte vom Clavier aus den Takt, welche Art er dann beibehielt. Bei humoristischen Stellen, auf die er beim Componiren besonderes Gewicht gelegt hatte, schmunzelte er im Voraus und beobachtete den Eindruck, den sie hervorriefen. Aber auch sonst gab sich in seinen Mienen kund, wie seine Seele beim Schaffen bewegt war. Dies zeigte sich in erhöhtem Grade bei Werken, die er mit seinem Herzblut geschrieben hatte, wie z. B. später bei der „Schöpfung". „Mir war seine Mimik höchst interessant (schreibt ein Correspondent bei Gelegenheit der zweiten öffentlichen Aufführung); er hauchte da= durch dem Personal der Tonkünstler den Geist ein, in welchem sein Werk componirt war und aufgeführt werden mußte. Man las in allen seinen, nichts weniger als übertriebenen Bewegungen sehr deutlich, was er bei jeder Stelle gedacht und empfunden haben mochte." Den Sängern und Instrumentalisten gestattete er nicht, ihre Parthien mit Verzierungen auszuschmücken, und wenn es hin und wieder versucht wurde, sagte er: „Ich kann das schon

---

1 „Was Musik und Acteurs, sowie das Souffliren betrifft, wird der Kapellmeister Haiden sorgen und Ordnung zu halten wissen." (Verordnung aus den 70er Jahren.) Die Fama bürdet ihm auch das Clavierstimmen auf, wo= für jedoch der Bassist Specht eigens honorirt wurde, sowie er auch die Kunst= uhren im Schlosse und im Mon-Bijoux in Stand zu halten hatte.

auch und wenn ich es gewollt hätte, würde ich es so geschrieben haben."

Wir erfuhren schon früher,[2] daß Haydn sich den Umgang mit Dittersdorf für sein Violinspiel zunutze gemacht hatte; nun sehen wir ihn auch in Esterház bei der Kammermusik abwechselnd die Violine oder Viola übernehmen. Ebenso liebte er es, bei seinen Wiener Besuchen im Quartett mitzuwirken, wie z. B. bei Kelly, Tenorist bei der italienischen Oper 1783—87; Ditters= dorf, Mozart und Vanhal waren seine Partner, Paisiello und der Operndichter Casti waren zu Gast.[3] In den Familien Neuwirth[4] (kais. Beamter), Andreas Scherzer (kais. Appella= tionssecretär), v. Genzinger (viel gesuchter Damenarzt) blieben die Quartettabende mit Haydn in lieber Erinnerung. Haydn hatte später in Wien auch im eigenen Hause Quartett, bei dem er die Viola spielte. Der damals jugendliche Karl Khym[5] spielte dabei die erste Violine und als er sich einmal ängstlich zeigte, munterte ihn Haydn mit den Worten auf: „Nur Courage, Junge! du wirst dich doch nicht vor mir fürchten, ich bin ja selber nur ein schlechter Spieler". — Ein einzigesmal finden wir Haydn auch als Solospieler erwähnt. Zinzendorf,[6] der am 28. Mai 1772 Esterház besuchte, beschreibt in seinem Tagebuche

---

2 Bd. I. S. 140.

3 Kelly, *Reminiscenses*, vol. I. p. 241.

4 Die Familie bewahrte noch die autographe Partitur von 6 Streich= quartetten, comp. 1771, nunmehr dem Archiv der Gesellschaft der Musikfreunde in Wien gespendet.

5 Nachmaliger kais. Rath und Cammeral=Zahlmeister, Schwiegervater des Primararztes Dr. Joseph Ritter von Standthartner.

6 Karl Graf von Zinzendorf und Pottendorf, wirkl. geh. Rath, Staats= und Konferenz=Minister, Ritter des hohen deutschen Ordens, Land=Kommenthur der Balley Österreich, geb. zu Dresden 1739, 5. Januar, gest. zu Wien 1813, 5. Januar. Die hohe Stellung, die dieser Staatsmann bekleidete, brachte es mit sich, daß derselbe unablässig mit den Kreisen des höchsten Adels, der Kunst und Wissenschaft verkehrte, leider nur zu oft und zu lange unterbrochen durch seine Reisen ins Ausland. Gewohnt, von frühester Jugend an bis zu seinem Lebensende ein Tagebuch zu führen, sind uns dadurch nach jeder Richtung hin zahllose werthvolle Aufzeichnungen erhalten. Auch die Musik ging nicht leer aus, und wenn auch gerade hier die Quellen spärlicher und bescheidener fließen, so bieten sie doch so manche schätzenswerthe Gabe, sei es auch nur, um mit= unter bisher zweifelhafte Daten zu berichtigen oder festzustellen. Einen aus= führlichen Nekrolog über Zinzendorf bringt die Wiener Zeitung 1813, Nr. 7.

Schloß und Park. Um 6 Uhr nach der Tafel, der auch die Für=
sten Louis und Ottokar S t a r h e m b e r g beiwohnten, war Musik:
»*Deux chanteuses chanterent fort bien; Hayden joua de violon*«.
Die kleine Gesellschaft besuchte dann auch das Theater, wo „der
Postzug" gegeben wurde. — Wir können hier auch den Fall an=
reihen, wo Haydn ein einzigesmal Clavier öffentlich spielte. Es
war in London am 1. Juni 1792, wo er (wie sein Tagebuch
erwähnt) im Benefice der Sängerin M a r a derselben „ganz allein
mit dem Pianoforte eine sehr *difficult* englische Arie von Purcell"
[*from Rosy Bowers*] begleitete. Einmal sah sich Haydn auch
genöthigt, eine seiner Compositionen vor dem Fürsten zu spielen.
„Vor 3 Tagen (schreibt er 1790 an seine verehrte Freundin
v. Genzinger) mußte ich diese Sonate bei unserer Mademoiselle
N a n e t t e in Gegenwart meines gnädigsten Fürsten abspielen."
Nach Aussage P r i n s t e r's (Mitglied der Kapelle) spielte Haydn
nach seiner Rückkehr von London nie mehr Solo, weder auf der
Violine noch auf dem Clavier; doch blieb letzteres für Augen=
blicke der Dolmetsch seiner seligsten Empfindungen noch kurz vor
seinem Tode.

Trotz seiner angestrengten Amtsthätigkeit fand Haydn noch
Zeit zum Unterricht; seine Schüler in Composition sind schon
genannt. Außer diesen nöthigte ihn seine Stellung, auch vor=
nehme, dem Fürsten verwandte Häuser zu übernehmen. Wir er=
sehen dies aus einer von ihm ausnehmend schön geschriebenen
Bittschrift an den Fürsten (dat. 1776), in der er ihm zu wissen
macht, daß ihm vom Grafen E r d ö d y „wegen Zufriedenheit sei=
nes Scholarens" zwei Pferde und ein Wagen geschenkt worden
seien. Da er aber außer Stande sei, die Pferde zu erhalten, so
bitte er den Fürsten, ihm „nach höchster Willkühr Heu und Haber
zu resolviren". Die benöthigte Fourage wurde ihm denn auch
in Gnaden zugestanden und bis zu des Fürsten Tod jährlich
seinem Gehalte zugeschlagen. Daß Haydn das Geschenk auch prak=
tisch ausnutzte, zeigt uns ein Brief, dat. 1786, an seine eben
genannte „allerliebste Nanette" (Peyer, Kammermädchen des Grafen
Appony), worin er ihr seinen Besuch in Preßburg ankündigt.
Haydn nahm den Weg längs der östlichen Seite des Neusiedler
Sees, jener einst trostlosen Gegend, die vor Errichtung des er=
wähnten Dammes bis Pomaggen geradezu unpassirbar war.
Haydn schreibt, er werde mit seinen „eigenen Pferden" von Ester=

ház (über Pomaggen) bis Frauenkirchen fahren und von da ab
mit gräflicher Gelegenheit den Weg bis Preßburg fortsetzen.
Vier Jahre später (1790) schreibt er an Frau v. Genzinger: „ich
habe meinen getreuen ehrlichen Kutscher verloren".

·   Auch als Organist lernen wir Haydn kennen. Hatte er
einen freien Sonntagsmorgen, so ging er nach dem Orte Szep=
lak und spielte dort zu seinem Vergnügen die Orgel, wovon
noch der uralte dortige Schullehrer zu erzählen wußte.[7] Wir
werden später sehen, daß Haydn in Eisenstadt als »qua Organista«
zu seinem jährlichen Gehalt ein ausgiebiges Quantum an Natu=
ralien bezog.

   Wenn der Fürst nach Wien reiste, nahm er zuweilen auch
Haydn mit, dem dann die Zeit nur allzu rasch verflog. Oper
und Concert mußte er schon im eigenen Interesse besuchen, um
sich in Rapport zu erhalten mit dem Stand der Musik in der
Kaiserstadt. Die Orchester-Übungen seines schon früher (Bd. I.
S. 91. Anm. 16) erwähnten Freundes, Hofrath v. Kees,[8] dem
er häufig seine Symphonien zum Durchspielen zusandte, waren
ihm natürlich von besonderem Werth. Mit Artaria und an=
dern Musikalienverlegern gab es Geschäftliches abzumachen; dann
waren es die Häuser v. Greiner, v. Genzinger, Martines
(seine ehemalige Schülerin), Weigl und Friberth (die ehe=
maligen Mitglieder seiner Kapelle), die ihn anzogen. Oft aber
brach der Fürst, zum großen Leidwesen Haydn's, seinen Besuch
rasch ab. „Die gähe entschließung Meines Fürsten (schreibt er
an Artaria) sich von dem verhaßten Wienn zu entfernen, ver=
ursachte meine schleunige Reise nach Estoras,[8a] und hinderte
mich von dem größten Theil meiner Freunde nicht beurlauben zu

---

   7 Mitgetheilt von Consistorialrath Fabian, der früher in Szeplak und
vor seinem Tode (1871) in Süttör als Dechant fungirte.
   8 Vielleicht war es hier, wo Haydn (nach Dies' Überlieferung), von
Eisenstadt kommend, in einer Straße nächst dem Stadtthore vor einem Gebäude
Halt machte, aus dem ihm eine seiner Symphonien, vom Orchester ausgeführt,
entgegentönte. Vom Diener in seinem verstaubten, abgetragenen Reisegewand
nicht erkannt, gelang es ihm doch durch ein Trinkgeld die Erlaubniß zu er=
wirken, an der Thüre des Saales zu horchen. Dem Diener wurde endlich der
Fremde unbequem und er wollte ihn eben abfertigen, als die Thüre sich öffnete
und einer der Heraustretenden Haydn erkannte und ihn in den Saal führte,
wo er jubelnd begrüßt wurde.
   8a Wegen der Schreibweise Estoras (Esterház) siehe Bd. I. S. 206. Anm. 7.

können, derohalben werden auch Sie mich hierinfalls excursiren." Die Besuche des Fürsten beschränkten sich zuletzt fast nur noch auf die übliche Vorstellung bei Hofe am Jahreswechsel, wo der Fürst als Capitain der ungarischen Garde im Schmuck seiner reich mit Juwelen besetzten Uniform erschien und der Garde einige Tage später in ihrem Palais (Fürst Trautsohn'sche Palast vor dem Burgthor) ein glänzendes Fest gab. .

Haydn fand in Wien durchaus nicht alles für ihn gestimmt; viele der tonangebenden Musiker betrachteten ihn mehr als einen Fremden, eine Folge seiner Stellung und seinem Aufenthalt in Ungarn. Sie wollten ihn, wie wir schon geschehen haben (Bd. I. S. 274), lange nicht als ihnen ebenbürtig oder gar überlegen anerkennen. Und als obendrein sein Ruf vom Auslande her, wo seine Werke rasche Verbreitung fanden, mehr und mehr nach Wien drang, da wuchs auch die Zahl seiner Neider und Feinde. Neider ("deren ich eine Menge habe" — schreibt er an Artaria) konnten ihm allerdings wenig anhaben, aber die Feinde fanden Mittel und Wege, der Verbreitung und Anerkennung seiner Werke zu schaden. Haydn empfand dies (wie wir später sehen werden) zunächst bei einer Oper, die er im Auftrag des Kaisers, zu einer Zeit da dieser noch nicht von anderer Seite gegen ihn beeinflußt war, für das Nat.-Hoftheater geschrieben hatte und deren Aufführung hintertrieben wurde. Specielle Gegner hatte Haydn in den 80er Jahren im Musikzimmer des Kaisers, wo Musikdirector Franz Kreibich (der bei der Kammermusik die erste Violine spielte) und Kammerdiener Strack alles aufboten, Haydn's Quartette fern zu halten, was ihnen nicht schwer hielt, da der Kaiser ohnedies von Haydn's "Späßen" (wie er sich gegen Reichardt ausdrückte) nicht viel hielt.[9]

Gegenüber der bekannten späteren Lebensweise Haydn's, zur Zeit da er nach Wien übersiedelt war, sind wir in Esterház nur auf weniges beschränkt. Von jener Regelmäßigkeit in der Tagesordnung, die er im Alter beobachtete, konnte in Esterház nicht die Rede sein; wohl aber hielt er seine frühere Gewohnheit bei, zeitig aufzustehen und die Frühstunden dem Componiren zu wid

---

9 „Ich dachte, ihr Herren Berliner liebt solche Späße nicht: ich hab' aber auch nicht viel dran." Gespräch mit Kaiser Joseph in Wien 1783. (Allg. Mus. Ztg. XV. S. 667. Reichardt's Autobiographie.)

men. Er lebte sehr mäßig, bewegte sich gern im Freien und
unterhielt sich zuweilen unter Freunden mit Kegelschieben. Griesinger erzählt uns auch (S. 29), daß Jagd und Fischfang in
Ungarn seine Lieblingserholungen gewesen seien. So konnte er
es nie vergessen, daß er einst mit einem Schuß drei Haselhühner
erlegt habe, welche auf die Tafel der Kaiserin kamen. Weniger
glücklich war er ein anderesmal mit einem Hasen, dem er nur
die Ruthe abschoß; aber er tödtete zugleich einen Fasan, den
sein Unglück in die Nähe führte, während Haydn's Hund, der
den Hasen verfolgte, sich in einer Schlinge erwürgte. Reiten
hatte er seit seinem Fall vom Pferde auf den Gütern des Grafen
Morzin längst aufgegeben.[10]

Bei seinen Spaziergängen war Haydn auf den fürstlichen
Park oder weiterhin, nach Süd und West, auf die weite, von
der Kultur noch unbeleckten Pußta mit ihrem eigenthümlichen
Gepräge, wie es nur im Ungarlande zu finden ist, angewiesen.
Sei es nun der Blick auf unabsehbare sonnenerglühte Flächen,
sei es der sternenflimmernde unermeßliche Horizont mit seiner erhabenen Stille: ein Gemüth wie es Haydn besaß, konnte für
solche Eindrücke nicht unempfänglich bleiben. Sie mußten ihm
einen Ersatz bieten für die aufreibenden Unruhen, die seine Stellung
mit sich brachte, einen Ersatz für den Mangel häuslichen Glücks;
sie mußten in ihm jene innere beseligende Ruhe erzeugen, die
aus so manchen seiner andachterweckenden getragenen Sätze so
vernehmlich zu uns spricht. Ist doch die ihn umgebende Natur
stets von wesentlichen Einfluß auf den schaffenden Künstler.
Wiederum mußte er sich in lautem Gegensatz zu solchen Momenten von der charakteristischen ungarischen Nationalmusik herum-
ziehender Zigeuner angezogen fühlen, von der sich gleichfalls
Nachklänge in seinen Werken vorfinden. — Sein Weg wird ihn
wohl auch öfters zu seinen Verwandten geführt haben. Lebte
doch seine verheirathete älteste Schwester Franziska im nahe-
gelegenen St. Nicklo, und deren älteste Tochter Anna Maria
als verheirathete Wirthin zu Uzkér; endlich in Esterház selbst die
dort verheirathete Tochter seiner jüngeren Schwester Anna Maria. Diese Verwandten, meistens in ärmlichen Verhältnissen,
unterstützte Haydn ohn' Unterlaß und natürlich ohne Wissen

10 Vergl. Bd. I. S. 194.

seiner Frau. Auch wurde er von ihnen, wie nicht minder von den Musikern und Sängern bei Taufen und Hochzeiten als Pathe oder Beistand selten umgangen; sah ihn doch die kleine Dorf= kirche von Süttör oft genug als opferwilligen Zeugen. Trieb ihn der Verdruß außer Haus, so fand er reichen Ersatz in der Anhänglichkeit einer von ihm leidenschaftlich geliebten Freundin, einer Sängerin, der wir später begegnen werden.

Versuchen wir Haydn bei der Arbeit zu belauschen. Wie fromm=gläubig er sein Tagewerk begann, erfahren wir aus seinem eigenen Munde. Als ihn der durch seine volksthümlichen Lieder bekannte Componist Schulz im J. 1770 in Esterház besuchte, zeigte ihm Haydn zahlreiche fertige und noch unbekannte Arbeiten. Schulz erstaunte über deren Originalität wie auch über Haydn's Fleiß. Die Frage aber, wie er es anfange, so viele an Eigen= heit so reiche Sachen zu componiren, nahm der echt altdeutsche Künstler in einem ganz andern Sinne als sie gemeint war und erwiederte mit rührender Naivetät: „Ja sehen Sie, ich stehe früh auf, und sobald ich mich angekleidet habe, fall' ich auf meine Kniee und bete zu Gott und zur heiligen Jungfrau, daß es mir heute wieder gelingen möcht'. Hab' ich dann etwas gefrühstückt, so setze ich mich an's Clavier und fange an zu suchen. Find' ich's bald, dann geht es auch ohne viele Mühe leicht weiter. Will es aber nicht vorwärts, dann sehe ich, daß ich die Gnade durch irgend einen Fehltritt verwirkt habe und dann bete ich wieder so lange um Gnade bis ich fühle, daß mir verziehen ist."[11] So erzählt auch Griesinger, daß sich Haydn völlig angekleidet des Morgens ans Clavier setzte und so lange phantasirte, bis er sei= nem Zweck entsprechende Ideen fand, die er sofort zu Papier brachte.[12] Die Nachmittagsstunden verwendete er dazu, die ent=

<hr />

11 Nach Reichardt's Erzählung (Allg. Mus. Ztg. 1800. S. 173). Joh. Abraham Peter Schulz reiste damals als Begleiter der polnischen Fürstin Sa= pieha (Woiwodin von Smolensk), die er im Clavier unterrichtete. Reichardt erzählt auch, daß keiner der Künstler, die Schulz auf seiner Reise kennen lernte, so mächtig auf ihn gewirkt habe wie Haydn, dessen übergroße Bescheidenheit ihn anfangs in nicht geringe Verlegenheit setzte.

12 Nach Elßler's Aussage gegen Griesinger und Dies pflegte Haydn sein Phantasiren meistens im Baß abzuschließen. „Er arbeitete dann im Groben", wie der treue Diener sich ausdrückte, und jetzt erst gestattete er den harrenden Fremden den Zutritt zu Haydn's Zimmer. Wie Elßler seine unbegrenzte Ver= ehrung zu seinem Herrn zu bezeugen pflegte, sahen wir früher (Bd. I. S. 268).

worfenen Skizzen im Geiste so lange zu überdenken, bis Form
und Entwickelung klar vor ihm standen; dann erst schrieb er die
Arbeit sogleich rein und deutlich nieder, daher eine jede wie aus
Einem Guß fertig in sich abgeschlossen erscheint und sich nur
selten Correcturen vorfinden. „Das rührt daher, weil ich nicht
eher schrieb, als bis ich meiner Sache gewiß war.“ Dieser Vor-
gang berichtigt zugleich die gewöhnliche Annahme, Haydn habe
seine Werke „am Clavier componirt“. Das Clavier diente ihm
vielmehr nur dazu, seine Ideen zu entfesseln, nicht aber zur Ausarbeitung — ein unkünstlerisches Verfahren, das nur zu Stück-
werk führt. „Hatte ich eine Idee erhascht, so ging mein ganzes
Bestreben dahin, sie den Regeln der Kunst gemäß anzupassen
und zu souteniren. So suchte ich mir zu helfen und das ist es,
was so vielen unserer neuen Componisten fehlt, sie reihen ein
Stückchen an das andere, brechen ab, wenn sie kaum angefangen
haben: aber es bleibt auch nichts im Herzen sitzen,
wenn man es angehört hat.“ — Bei seiner Art, am Clavier
sein Gemüth, je nachdem er ernst oder heiter gestimmt war, an-
zuregen, war übrigens auch die Güte des Instrumentes von Einfluß, so daß es vorkam, daß er, wie schon früher erwähnt (Bd. I.
S. 354), um besonders gut zu componiren, sich sogar ein neues
Fortepiano kaufte. Sein Lieblings-Claviermacher war Wenzel
Schanz, und wie sehr er sich gewöhnt hatte, seine Compositionen
dem Charakter von dessen Instrumenten anzupassen, zeigen seine
entschuldigenden Worte bei Übersendung eines Werkes an seine
Verehrerin, Frau v. Genzinger. „Ich weiß, daß ich diese
Sonate hätte auf die Art Ihres Claviers einrichten sollen, allein
es war mir nicht möglich, weil ich es ganz aus aller Gewohn-
heit habe.“

Nach Obigem müssen wir jedoch nicht annehmen, daß Haydn
ausschließlich das Clavier als Aushülfe zum Componiren diente.
Im Geiste sammelte er vielmehr oft lange Zeit Ideen zu einer
Arbeit, die nur des rechten Zeitpunktes ihrer Verwirklichung
harrten. Als eine Symphonie, die Haydn seiner genannten Verehrerin zu ihrem Namenstage versprochen hatte, wegen überhäuf-
ter Arbeit für diesen Tag nicht zu Stande kam, versichert er:
„Diese arme versprochene Sinfonie schwebt seit Ihrer anordnung
stets in meiner Fantasie, nur einige (leyder) bishero nothdrin-
gende Zufälle haben diese Sinfonie noch nicht zur welt kommen

lassen." — Daß Haydn zuweilen in seinen Compositionen be=
stimmte Vorstellungen ausdrücken wollte, wurde oft versichert.
Griesinger und Dies erzählen ebenfalls, daß ihnen Haydn von
Symphonien sprach, in denen er moralische Charaktere geschildert
habe, so z. B. im Adagio einer seiner ältesten, die er aber nicht
anzugeben wußte, sei die Idee vorherrschend, wie Gott mit einem
verstockten Sünder spricht, ihn bittet sich zu bessern, der Sünder
aber in seinem Leichtsinn den Ermahnungen kein Gehör giebt.
Die Gottheit (sagt Haydn später) habe er durch die Liebe und
Güte ausgedrückt.[13] — Daß ihn häufig bestimmte Empfindungen
drängten, ihnen durch künstlerisches Schaffen Ausdruck zu geben,
lassen so manche Sätze seiner Instrumental = Werke vermuthen.
Er selber sagt von einem Adagio, das er zu einer Sonate für
Frau v. Genzinger neu componirt hatte: „Es hat sehr vie=
les zu bedeuten, welches ich Euer Gnaden bei gelegenheit
zergliedern werde." Eben solche Sätze, in denen der Ausdruck der
Ergebung, der feierlichen Ruhe vorwaltet, bilden den schreiend=
sten Contrast zu Haydn's nächsten Begegnissen im häuslichen Leben,
dessen Fesseln sein Genius siegreich löste. Es ist (wie Otto Jahn
so schön bemerkt[14]) „ein glänzender Beweis, wie die Kraft zu
schaffen den Künstler vom Druck des Lebens frei macht und ihn
in die Region des Schönen erhebt, in welcher allein das wahre
Kunstwerk geboren wird".

Man würde irren, wenn man aus der großen Anzahl Com=
positionen, die Haydn schrieb, schließen wollte, daß ihm die Ar=
beit leicht von statten ging. Dies war keineswegs der Fall.
Wie schon bemerkt (Bd. I. S. 365), sagte Haydn selbst, daß er
„nie ein Geschwindschreiber war und immer mit Bedächtlichkeit
und Fleiß componirt habe". Der Reichthum an immer neuen
Ideen, der aus seiner Feder floß, hat von jeher Staunen erregt;
nur höchst selten wird man auf Wiederholungen stoßen. Auf
Melodie und namentlich auf volksliederartige Themen richtete er
sein Hauptaugenmerk. „Es ist die Melodie welche der Musik
ihren Reiz giebt (sagte er zu Kelly[15]) und sie zu erzeugen ist

13 Sollte hier etwa das eigenthümliche Recitativ der Symphonie C-dur
»Le Midi« gemeint sein? Band I. S. 287 ist schon darauf hingewiesen.
14 Mozart, zweite Auflage (auf die auch weiterhin hingewiesen wird),
Bd. I. S. 686.
15 *Reminiscences vol.* I. p. 190.

höchst schwierig; das Mechanische in der Musik läßt sich durch
Ausdauer und Studium erlernen, doch die Erfindung einer hüb=
schen Melodie ist das Werk des Genius und eine solche bedarf
keiner weiteren Ausschmückung um zu gefallen; willst du wissen
ob sie wirklich schön ist, singe sie ohne Begleitung.“[16]

Haydn war kein Pedant in Regeln; grammatikalische Frei=
heiten findet man häufig genug bei ihm und oft wiederholt er
dieselbe Stelle absichtlich, um anzudeuten, daß er sie wirklich so
gewollt habe. Über Albrechtsberger's Strenge, alle Quarten=
folgen aus dem reinen Satze zu verbannen, äußerte er sich gegen
Griesinger: „Was heißt das? die Kunst ist frei und soll durch
keine Handwerksfesseln beschränkt werden. Das Ohr, versteht
sich ein gebildetes, muß entscheiden, und ich halte mich befugt
wie irgend Einer, hierin Gesetze zu geben. Solche Künsteleien
haben keinen Werth; ich wünschte lieber, daß es Einer versuchte,
einen wahrhaft neuen Menuett zu componiren.“ — Und gegen
Dies: „Wenn ich etwas für schön hielt, so daß das Gehör und
das Herz nach meiner Meinung zufrieden sein konnten und ich
eine solche Schönheit der trockenen Schulfuchserei hätte aufopfern
müssen, dann ließ ich lieber einen kleinen grammatischen Schnitzer
stehen.“ Die gleiche Freiheit gestand er aber auch anderen ihm
ebenbürtigen Componisten zu. Sein Urtheil über die unharmo=
nischen Querstände in der Einleitung zu Mozart's C=dur=Quartett
lautete kurz und bündig: „Hat Mozart es geschrieben, so hat er
seine gute Ursache dazu.“

Einen wahren Widerwillen hatte Haydn gegen alles Ästhe=
tisiren, und wer ihn von seiner Kunst nur reden hörte, hätte in
ihm den großen Künstler kaum geahnt. Auch auf die Recensen=
ten war er nicht gut zu sprechen. Als er davon hörte, daß ihm
in einer seiner Compositionen eine falsche Quinte zur Last gelegt
wurde, versetzte er ruhig: „Die Herren dünken sich wohl bei sol=
chen Entdeckungen sehr weise; ach! wenn ich mich auf's Kritisiren
verlegen wollte, wie vieles fände ich da zu tadeln.“ Gegen Neu=
komm äußerte er sich in seiner launigen Weise noch schärfer gegen
ihre „spitzigen und witzigen Federn“. Wie er auf die Berliner
Kritik zu sprechen war, haben wir aus seiner eigenen Lebens=

---

16 In ähnlicher Weise äußerte sich auch Mozart gegen Kelly über Me=
lodie. (*Reminisc. vol. I. p.* 228.)

skizze gesehen.[17] Dagegen hoffte er, gerade auf dem Gipfel seines
Ruhmes, in bescheidener Weise bei Übersendung seiner „Schö=
pfung" an Breitkopf, daß die Herren Recensenten sein Werk „nicht
allzustreng anfassen und ihm dabei zu wehe thun mögen." Noch
ein Jahr vor seinem Tode klagte er dem ihm besuchenden Mu=
siker Nisle, daß ihn die Herren „oft hart mitgenommen hätten
und daß es ihm überhaupt unmöglich geschienen, Alles zu be=
friedigen. Später jedoch (setzte er gelassen hinzu) beruhigte ich
mich mit dem Gedanken: du willst schreiben, wie es dir das
Herz diktirt, und ich befand mich wohl dabei."

Die Verdienste anderer Meister fanden bei Haydn jederzeit
gerechte Anerkennung. Wie dankbar er stets des Nutzens ge=
dachte, den er aus Phil. Emanuel Bach's Werken geschöpft,
haben wir schon früher gesehen (Bd. I. S. 132); von Gluck
und Händel sprach er mit der größten Verehrung (letzteren sollte
er erst in London recht kennen lernen). Sein Verhältniß zu
Mozart, der doch seine eigene Künstlerbahn durchkreuzte, war
so einzig in seiner Art, daß es für alle Zeiten wie eine Leuchte
der edelsten Charaktererscheinung dasteht. Wir werden darüber
seinerzeit Ausführlicheres erfahren. Jüngere Talente mußte er
durch sein Lob mündlich und schriftlich anzuspornen, verschaffte
ihnen Verleger oder Anstellung, suchte ihnen durch seine Empfeh=
lung den Beginn ihrer Laufbahn zu erleichtern und war ihnen
überhaupt ein väterlicher Freund. So war es, wie wir schon
gesehen (Bd. I. S. 228), mit den Mitgliedern seiner Kapelle;
dann aber auch mit einer Reihe angehender Componisten, mit
Gyrowetz, Pleyel, Eybler, seinem Pathen Weigl, Ed=
mund von Weber, Andreas Romberg, Johann Fuchs (sei=
nem späteren Nachfolger im Amt), Ignaz von Seyfried und
vielen Andern, die wir noch kennen lernen werden.

Bei aller sonstigen Bescheidenheit war Haydn doch von ge=
rechtem Selbstbewußtsein erfüllt. Er erkannte vollkommen, wie
sehr er der Tonkunst förderlich war und wohl konnte er sich hier=
über im Alter Griesinger gegenüber äußern: „Ich weiß es, daß
mir Gott einen Antheil verliehen hat und erkenne es mit Dank;
ich glaube auch meine Schuldigkeit gethan und der Welt durch

---

17 Band I. Beilage II. S. 382.

meine Arbeiten genützt zu haben; mögen nun Andere dasselbe thun."

Aber für ihn gab es keinen Stillstand im Vorwärtsschreiten seiner Kunst. Wie wäre es sonst möglich gewesen, daß er, bereits ein hoher Sechziger, in dem erwähnten Brief an Breitkopf schreiben konnte, es komme ihm vor, als ob mit der Abnahme seiner Geisteskräfte seine Lust und der Drang zum Arbeiten zunähme. „O Gott! (fährt er fort) wie viel ist noch zu thun in dieser herrlichen Kunst, auch schon von einem Manne, wie ich gewesen!" In ähnlichem Sinne hörte ihn später noch Griesinger sagen: Sein Fach sei grenzenlos; das, was in der Musik noch geschehen könne, sei weit größer als das, was schon darinnen geschehen sei. Ihm schwebten öfters Ideen vor, wodurch seine Kunst noch viel weiter gebracht werden könnte, aber seine physischen Kräfte erlaubten es ihm nicht mehr, an die Ausführung zu schreiten. — Auch gegen Kalkbrenner äußerte er als alter Mann, wie traurig es sei, daß der Mensch sterben müsse, ohne erreichen zu können was er erstrebe: „In meinem Alter habe ich erst gelernt, die Blasinstrumente zu gebrauchen; nun da ich's verstehe, muß ich fort und kann es nicht anwenden." Mit Bewunderung und Hochachtung stehen wir vor einem Greis, der seinen Beruf so hoch achtet und stets nur die Verherrlichung desselben vor Augen hat. So wird auch hier der Ausspruch des Dichters zur Wahrheit: „Jahre lang bildet der Meister und kann sich nimmer genug thun."

Haydn's pekuniäre Lage entsprach gewiß nicht seinem hohen Werthe als Künstler und den an ihn gestellten Anforderungen, doch wird sie viel zu düster geschildert. Über seine Stellung als Kapellmeister sind wir schon unterrichtet; auch über die Verwerthung seiner Compositionen läßt sich vieles nachweisen. Allerdings fehlt uns bis zu Ende der 70er Jahre jeder Anhaltspunkt, ob Haydn irgend einen Nutzen zog aus seinen in Leipzig, Berlin, Speyer, Amsterdam, Paris und London erschienenen Compositionen. Nun aber ersehen wir in vielen Fällen, wie Haydn dabei verfuhr und wie er auch zu rechnen verstand. Fassen wir zunächst seine Verbindung mit Artaria ins Auge. Haydn erhielt z. B. für 3 Clavier-Trios jedes „wie gewöhnlich 10 ♯" (Ducaten) Honorar; für 12 Menuetts sammt Trios 12 ♯; für das bekannte Capriccio in C 24 ♯ („der Preis ist etwas hoch",

beschwichtigt Haydn, meint aber, Artaria werde schon seinen
Nutzen daraus schöpfen). Für 6 Claviersonaten (Trios) 300 Gulden. Für 6 Streichquartette (1784) willigt Haydn in die zugesagten 300 Gulden, obwohl er „jedesmal mit der Pränumeration
mehr denn 100 # erhielt, welche mir auch Herr Willmann (in
Paris) zu geben versprach". Für die nächstfolgenden 6 Quartette (1788) „bleibt der alte Preis von 100 #". [18] — Dies waren
für jene Zeit immerhin ansehnliche Honorare, obwohl auch Haydn
sich einmal gegen Artaria äußerte, daß er „nicht hinlänglich bezahlt sei" und er daher trachten müße, sobald die Stücke gestochen
seien, noch einigen Gewinn zu erzielen, da er dazu mehr Recht
habe als die Unterhändler. Schade, daß wir über die Honorare
für Symphonien (die „englischen" kommen hier nicht in Betracht)
so wenig erfahren, nur von den 5 Ouverturen (als Symphonien
bezeichnet) wissen wir, daß sie Haydn an Artaria für 25 #
überließ, obwohl „ich für diese 5 Stück von einem andern Verleger 40 # haben könnte". Von Gesangswerken ist nur das
Honorar für die ersten 12 Lieder bekannt; es betrug 12 #
(Haydn hatte anfangs 30 # begehrt). Da es einem Verleger
in jener Zeit des Nachdrucks darum zu thun sein mußte, soviel
wie möglich sich zu schützen, so suchte er sich vor allen Dingen
des Componisten zu versichern. Zwei Vollmachten liegen in
dieser Hinsicht bei Artaria vor: Haydn verpflichtet sich 1790 das
Original-Manuscript von 3 Clavier-Trios an ihn mit allen
Rechten des alleinigen Eigenthumsrechtes für 135 Gulden zu
überlassen und solle Haydn nicht befugt sein, „selbe weder hierorts
noch anderwärts an Andere zu geben". Ebenso war es mit
12 Redoutt-Menuetts sammt Trios (1792), wofür Haydn 24 #,
also das doppelte des obigen Preises, erhielt. — Kurz nach
Artaria (1780) trat Haydn in Verbindung mit Paris (Willmann, Nadermann, Sieber), wohin er seine Symphonien,
Quartette und Clavierstücke ebenfalls gut verkaufte; nicht minder
mit London (Forster, an den er im Jahre 1786 verschiedene
Werke für 70 Pf. Sterling verkaufte, mit Longman & Broderip
und mit Bland). Es waren dies, wohl zu beachten, häufig
dieselben Werke, aus denen er also dreifachen Nutzen zog. Ob

---

18 Soviel erhielt auch Mozart für seine 6, Haydn gewidmeten Quartette, gedr. bei Artaria. (Jahn, Mozart, Bd. I. S. 734.)

er aus seinen Opern, die doch auch auswärts häufiger gegeben
wurden, als man annimmt, einen nennenswerthen Gewinn er-
zielte, ist sehr fraglich.   Sie waren übrigens, wie ja auch die
Symphonien, im Dienste des Fürsten geschrieben, der seinem Kapellmeister freie Hand ließ, mit ihnen nach Belieben zu verfügen
— ein nicht zu unterschätzender Umstand. — Wenn trotzdem Dies
behauptet, Haydn's Noth habe bis zum 60. Lebensjahre gedauert,
so ist dies jedenfalls übertrieben.   Noch weiter geht Griesinger,
indem er sagt, daß Haydn bis dahin (bis zur Abreise nach London) seine meisten Compositionen entweder gar nicht oder nur
sehr mittelmäßig bezahlt wurden, was schon obige Daten wider-
legen.   Griesinger meint auch, daß Haydn vor der Abreise noch
kaum 2000 Gulden eigenes Capital hatte.   Dieses dagegen können
wir ihm aufs Wort glauben und eher bezweifeln, ob er überhaupt so viel hatte; denn wir dürfen uns nur daran erinnern,
welches Regiment zu Hause seine Frau führte; wie häufig Haydn
in die Lage kam, seine armen Verwandten unterstützen zu müssen,
wie er an einen derselben, einem ausgesprochen liederlichen Gesellen, nach und nach über 5000 Gulden verschwendete.   Dazu
sein Bruder Johann, den er jährlich ins Bad schickte und ihn
ohn' Unterlaß unterstützte und überdies noch eine unselige Liebe
zu einer Sängerin, die seine Leidenschaft durch 20 Jahre auszunutzen verstand.   Wir sahen (Bd. I. 225), daß Haydn selbst
den Vortheil anerkannte, immer ein Orchester zur Hand zu haben;
es war ihm eine lebendige Partitur, in der er nach Belieben
streichen und hinzusetzen konnte.   Er übergab wohl auch selten
eine Arbeit zum Druck, ehe er sie dieser sichersten Prüfung unter-
zogen hatte.   So bemerkt er ausdrücklich, eine Serie Symphonien
an Artaria abschickend: „Ich habe sie selbst mit meinem Orchester
probirt".   Ein andermal: „Die Quartette, so ich eben heute
abspielen ließ, werde ich Ihnen senden". — In Ermangelung
eines eigentlichen Publikums hatte Haydn um so mehr auf die
Anerkennung seines Orchesters Gewicht zu legen, dessen Theilnahme ihm der belebende Quell für sein künstlerisches Schaffen
sein mußte.   Und gewiß waren es für ihn selige Stunden wahrer Befriedigung und Genugthuung, wenn er die gewünschte
Wirkung eines neuen Werkes aus den Mienen seines Häuflein
Unterthanen ablesen konnte.   Hatte er dann auch seines Fürsten
Sinn getroffen, so war sein Werk nicht umsonst gethan und

höher und immer höher trieb es ihn, die selbst geschaffenen Pfade zu erweitern und zu befestigen. Gleich Michael, seinem Bruder, äußerte sich auch Abt Vogler gar oft, daß Haydn wohl um nichts so sehr zu beneiden sei, als um seine Stellung, in der er bei seinen Talenten ein großer Mann habe werden müssen. Wohl fühlte sich dieser im Ganzen auch glücklich in derselben und hörten wir schon (Bd. I. 225), wie er sich darüber äußerte und versicherte, nur so habe er original werden können.

Gleichwohl kamen Stunden, in denen er die Schattenseite seiner Lage nur zu sehr fühlte. Seiner Sehnsucht nach Italien, welche der Fürst stets zu beschwichtigen mußte, wurde schon früher (Bd. I. 223) gedacht. Ein Blick in seine Briefe verräth uns noch gar Manches. Mit seiner Klage gegen Artaria (bei Gelegenheit seiner Opern): „mein Unglück ist nur mein Aufenthalt auf dem Lande" läßt er durchblicken, wie er überzeugt war, viel mehr bekannt zu werden, wenn er in der Stadt leben könnte. Artaria auf seine Ankunft in Wien vertröstend, lesen wir ferner, wie er zu Zeiten seine ganze Abhängigkeit empfand. „Das größte Hinderniß in allem ist der lange Aufenthalt meines Fürsten in Estoras, ohngeachtet derselbe sehr wenig Unterhaltung hat, indem die Hälfte des Theaters theils krank theils abwesend ist: Sie können sich darnach vorstellen, wie ich stets sorgen muß Hochdenselben zu unterhalten." Von seiner „Einöde" aus schüttet er sein Herz noch offener aus in den Briefen an seine verehrte Freundin von Genzinger. Da hören wir (Mai 1790), daß, so oft auch der Fürst sich von Esterház entfernt, Haydn nie die Erlaubniß erhalten kann, nur auf 24 Stunden nach Wien gehen zu dürfen. „Es ist kaum zu glauben und doch geschieht diese weigerung auf die feinste arth, und zwar auf solche, daß ich außer stand gesetzt werde, die Erlaubniß zu begehren". Und in demselben Briefe bittet er die Freundin, ihn „mit dero so angenehmen Briefwechsel zu trösten, indem mir dieser zur aufmunterung in meiner Einöde meines öftern sehr tief gekränkten Herzens höchst nothwendig ist. O könnt ich nur eine Viertelstunde bey Jhro Gnaden seyn, um meine widerwärtigkeiten auszuschütten und von Euer Gnaden Trost einzuhauchen. Ich unterliege bey unserer dermahligen Regierung vielen Verdrießlichkeiten, welche ich aber hier mit stillschweigen übergehen muß. Der einzige Trost, so mir noch übrig bleibt, ist daß ich Gott lob,

3*

gesund, und thätige Lust zur arbeith habe". Und einen Monat
später mehrt sich der Trübsinn: „Nun trifft es sich abermahl,
daß ich zu Hauß bleiben muß. was ich dabey verliehre, können
sich Euer Gnaden selbst einbilden. es ist doch traurig, immer
Sclave zu seyn: allein, die Vorsicht will es. ich bin ein armes
geschöpf! stets geplagt von vieler arbeith, sehr wenige erholungs=
stunden. Freunde? was sag ich — einen ächten? es giebt ja
gar keine ächten Freunde mehr — eine Freundin? o ja, es mag
wohl noch eine seyn. Sie ist aber weit von mir. J nun, ich
unterhalte mich in gedanken; Gott segne Sie, und mache, daß
Sie auch meiner nicht vergesse!" — Und noch von London aus
zittert die wehmüthige Saite nach. Das Bild von Esterház tritt
vor Haydn und inmitten der schönsten Natur und einer Familie
„die der Genzingerschen gleichet", macht Haydn seinem gepreßten
Herzen Luft. „O meine liebe, gnädige Frau! wie süß schmeckt
doch eine gewisse Freyheit; ich hatte einen guten Fürsten, mußte
aber zu Zeiten von niedrigen Seelen abhangen. Ich seufzte oft
um Erlösung, nun habe ich sie einigermaßen: ich erkenne auch
die Gutthat derselben, ohngeachtet mein Geist mit mehrer arbeith
beschwert ist. Das Bewustseyn, kein gebundener diener zu seyn,
vergütet alle mühe; allein so lieb mir diese Freyheit ist, so gerne
verlange ich bei meiner zurückkunst im Fürst Esterházischen Dienst
zu seyn, blos meiner armen Familie wegen."

Also doch wieder zurück zu seinem Fürsten! Allerdings,
aber gewiß nicht mehr nach Esterház, dessen Tage damals auch
vorüber waren. —

Die Ereignisse daselbst während eines vollen Vierteljahr=
hunderts werden nun in ihrer Reihenfolge an uns vorüberziehen.
Dazwischen fallen wohl einige nicht unwichtige Ausflüge Haydn's
nach Wien, wie auch die nach Band I weitergeführte musikalische
Chronik der alten Kaiserstadt. Die Gesammt = Signatur bleibt
für uns aber dennoch „Esterház" — der Ort, wo Haydn den
Hauptgrund zu seiner künstlerischen Ausbildung legte, mithin der
bedeutungsvollste Zeitabschnitt seines Lebens, der uns gerade hier
bis jetzt die empfindlichste Lücke bot. Daher sagt auch Otto Jahn
mit Recht: [19] „Die Popularität Joseph Haydn's beruht auf den
Werken der letzten zwanzig Jahre seines Lebens; wir kennen ganz

---

19 Beethoven und die Ausgabe seiner Werke. S. 6.

vorzugsweise den nachmozartischen Haydn; der aufstrebende Haydn, der die Instrumentalmusik befreite und aufbaute, ist so gut wie verschollen, wenn man von einer Anzahl seiner früheren Quartette absieht". In gleicher Weise äußert sich Jahn zur Zeit, da er bemüht war, das Material für seine beabsichtigte Haydn = Biographie zu sammeln, in einem Briefe an den ihm befreundeten verdienstvollen Musikfreund Leopold Edler von Sonnleithner in Wien: „Die schwierige Aufgabe ist es, den heranwachsenden und sich ausbildenden Haydn darzustellen, da man von diesem und den obwaltenden Verhältnissen und Einflüssen bis jetzt so gut, wie gar nichts weiß. Der Haydn, den alle kennen, ist nicht Mozarts Vorgänger, sondern sein Zeitgenosse und Nachfolger. Das wissen Sie freilich so gut wie ich".

***

Die ersten Jahre, die Haydn mit seiner Kapelle in Esterház zubrachte, bieten uns nur wenige bemerkenswerthe Momente. Die luxuriöse Ausstattung des Schlosses konnte nur allmälig vor sich gehen und größere Festlichkeiten verboten sich somit von selbst; die Complettirung des Sänger = und Orchester = Personals erforderte Zeit; Haydn hatte somit den Vortheil, sich der Composition mit genügender Muße hingeben zu können.

Sein erstes dramatisches Werk nach *Acide* (Bd. I. 232) war die zweiactige Buffo = Oper *La Canterina* (die Sängerin), in Haydn's Original = Partitur als *Intermezzo* bezeichnet. Sie wurde im Carneval 1767 aufgeführt, „um die K. Hoheiten zu unterhalten". Wo aber die Aufführung stattgefunden, bleibt dahingestellt; weder im Wiener Diarium noch irgendwo ist derselben erwähnt. Vermuthlich war es vorerst nur eine Salon = Aufführung. Das bei Joh. Mich. Landerer in Preßburg gedruckte Textbuch[1] nennt folgende Personen:

Don Pelagio, *maestro di capella* . . . . *Carlo Friberth*.
Gasparina, *canterina* . . . . *Maria Anna Weigl*.
Apollonia, *finta matre di Gasparina* . . *Barbara Dichtler*.
Don Ettore, *figlio d'un mercante* . . . . *Leopoldo Dichtler*.

1 *La Canterina, opera buffa, representata nel tempo di carnevale per divertimento delle Loro Altezze Reali.*

Die Handlung, die sich im Studierzimmer der Sängerin Gasparina ab= spielt, läßt sich in wenigen Worten skizziren. Der Kapellmeister und ein Kauf= mannssohn bewerben sich gleichzeitig um die Gunst der Sängerin, der ihre Schein= Mutter stets die Lehre vor Augen hält, die Situation auszunutzen. Gasparina versteht sich so wohl auf diese Ermahnung, daß keiner der Liebhaber ins Klare kommt, wer der Bevorzugte ist, indem die Diva noch am Schlusse der Handlung nach regelrecht fingirter Ohnmacht wegen vorgeblicher Kränkung mit demselben Lächeln von dem Einen die Börse, von dem Andern Diamanten und Ringe als kräftigende Hausmittel entgegennimmt.

Die Composition dieser Oper fällt übrigens, wie das Auto= graph bezeugt, noch ins Jahr 1766. — In demselben Jahre entstand auch Haydn's 4. Messe, Es=dur [2] (I. 4),[3] die bis dahin umfangreichste, in der auch die Orgel obligat eingeführt ist. Ihr Titel lautet nach Haydn's Entwurf=Katalog: „*Missa solennis ad honorem Beatissimae Virginis Mariae*" dal *Giuseppe Haydn* 1766. In Haydn's Handschrift ist die Messe vom *Sanctus* an vorhanden; das Kyrie wurde von Artaria im Jahre 1835 an einen russischen Edelmann abgegeben. An diese Messe reiht sich ihrem inneren Gehalt nach unmittelbar der im Jahre 1768 componirte *Applausus* an und ist namentlich die Behandlungs= weise, hier des Claviers, dort der Orgel, unverkennbar ein= und derselben Zeit angehörig.

Weitere Compositionen aus diesem Jahre (1767):

2 Symphonien (a. 1, 2). No. 2 Autograph. No. 1 in Ab= schrift erschienen,[4] aber zweifellos gleichzeitig mit 2 früher erwähnten Symphonien (Bd. I. S. 245 und 288) entstanden und wie jene eher als *Divertimento concertante* zu bezeichnen. Somit hätten wir in diesen 3 Stücken den Tag in seinen Ab= stufungen — Morgen, Mittag und Abend vor uns, womit dem Wunsche des Fürsten, der freilich auf „vier Tageszeiten" reflektirte (Bd. I. S. 229) entsprochen war.

---

2 Über die erste Messe siehe Bd. I. S. 123 f. und 358 f., 2. u. 3. Messe Bd. I. S. 361 f.

3 Die arabischen Lettern beziehen sich stets auf die Noten=Beilage.

4 Bezieht sich auf das genannte Jahr, sowie die weiterhin vorkommende Bezeichnung „vorhanden" besagt, daß das Werk im genannten Jahre in Abschrift existirte, ohne Rücksicht darauf, ob und wann dasselbe später in Ab= schrift oder im Druck erschien.

Divertimento a tre, für Waldhorn, Violine und Violoncell (c. 1) in Autograph vorhanden.

2 Claviersonaten (f. 1. 2). No. 1 in Abschrift erschienen; No. 2 Autograph.

Als dritte italienische Oper componirte Haydn *Lo Speciale* (der Apotheker), deren Aufführung im Herbst 1768 stattfand. Das gedruckte Textbuch[1] nennt folgende Mitwirkende:

Sempronio, *speziale*	*Carlo Friberth.*
Mengone, *uomo di spezieria*	*Leopoldo Dichtler.*
Griletta, *pupulla sotto tutela di Sempronia*	*Maddalena Spangler.*[2]
Volpino	*Barbara Dichtler.*

Die Handlung, eine der bessern, spielt in einem Apothekerhause, theils im Laden selbst, theils in einem Zimmer und im inneren Hofraume. Sempronio, ein schon bejahrter Mann, strebt danach seine Mündel Griletta zu heirathen. Zu Rivalen hat er zwei junge Leute, Mengone und Volpino, von denen Ersterer ohne Kenntniß des Geschäfts sich von Sempronio als Ladendiener aufnehmen läßt, um desto sicherer zum Ziele zu gelangen. Beide suchen den eifersüchtigen Vormund, einen Zeitungsnarren, der sich mehr für Indien, Persien und die Türkei als für sein Geschäft interessirt und immer Zirkel und Compaß zur Hand hat, um den Erdball mit einer neuen Ländereintheilung nach seinem Sinn zu beglücken, von dieser schwachen Seite beizukommen und schließlich trägt Mengone den Sieg davon. — Trotz der einfachen scenischen Beihülfe wickelt sich die gut gegliederte Handlung unterhaltend ab und bietet wirksame und für den Componisten dankbare Momente. Jeder Act schließt in erhöhter Lebendigkeit mit einem hübschen Finale, in dem die Charakteristik der einzelnen Personen scharf hervortritt. Namentlich bieten die zwei letzten Actschlüsse, in denen die jungen Leute (im zweiten als Notare, im dritten als Türken verkleidet) den alten Narren zum Besten haben, ein belustigendes Spiel. Wir werden der Oper nochmals, aber in Wien begegnen. —

Die zweite größere Cantate Haydn's entstand im Jahre 1768; die erste haben wir schon früher (Bd. I. S. 243) kennen gelernt. Wie dort ein Fürst gefeiert wurde, so war hier der Held ein geistlicher Würdenträger. In seinem ersten Entwurf-Katalog notirte Haydn dies Werk als *„Applausus in lateinischer Sprache bei Gelegenheit einer Prälatenwahl in Kremsmünster"* (eine Bene-

---

1 *Lo Speziale, dramma giocoso da rappresentarsi a Esterház nel teatro di S. A. il Principe Esterházy de Galantha etc. etc. nell' autunno dell' anno 1768.*

2 Nachmals verehelichte Friberth, siehe Band I. S. 271.

diktiner=Abtei in Ober=Österreich); im Hauptkatalog hat Haydn
auf das Werk vergessen. Die Genesis dieses Applausus ist in
ein mysteriöses Dunkel gehüllt. Abgesehen von Haydn's nicht
zutreffender Bemerkung[1] werden noch andere geistliche Stifte
(Zwettl, Melk, Göttweig) als Urheber genannt. Die Wahr=
scheinlichkeit für Zwettl lag um so näher, als hier die auto=
graphe Partitur und die geschriebenen Auflagstimmen vorhanden
waren, die in den Jahren 1832 und 35 als Geschenk in den
Besitz des Archivs der Gesellschaft der Musikfreunde in Wien ge=
langten. Doch auch Zwettl hatte im Jahre 1768 keine Prälaten=
wahl; dort stand Rainer I. dem Stift als Abt seit 1747 vor,
hielt 1775 seine Jubiläumsfeier und starb ein Jahr darauf;
die Cantate könnte also nur etwa zu seinem Namens= oder Ge=
burtsfeste bestimmt gewesen oder auch dorthin ausgeliehen worden
sein. Auch Melk trefft nicht zu, denn dort regierte Abt Urban II.
von 1763—1785. So bleibt nur noch das uns schon wohl=
bekannte Benediktiner=Stift Göttweig, wo wir zutreffenden Um=
ständen begegnen, denn der 7. August 1768 war hier der In=
stallationstag des Abtes Magnus Klein (gest. 1783). Der
gleichzeitige Prior, P. Urban Schaukögl,[2] der das Textbuch zu
einer, bei Gelegenheit der Sekundiz des jubilirten Abtes Odilio
·Piazol am 29. Juni 1766 aufgeführten lateinischen Oper ge=
liefert hatte,[3] dürfte wohl auch der Verfasser des Textes zu
unserer lateinischen Cantate gewesen sein. Schaukögl, der mit
musterhafter Genauigkeit ein Tagebuch führte, erzählt auch die
Feier am Vorabend der Installirung des Abtes haarklein, mit
der Bemerkung endigend, er wolle dem Festtage selbst eine be=
sonders genaue Beschreibung widmen. Er ließ nun einige Blätter
leer, um sie nachträglich auszufüllen und führte das Diarium
weiter, aber — *habent sua fata libelli* — die versprochene Be=
schreibung ist uns der würdige Prior schuldig geblieben!

Bei der Bestellung des Werkes wurden weder die vorhan=
denen Sänger, noch, wie aus Obigem zu ersehen, Ort und Zeit

---

1 Eine Prälatenwahl konnte 1768 im Stifte Kremsmünster nicht statt=
gefunden haben, denn Berthold Vogl war daselbst Abt von 1759—1771.

2 Er wurde 1769 zum Abt des, seit 1715 Göttweig incorporirten (seit
1878 selbstständigen) ungarischen Stiftes Zala Apáti gewählt und starb 1773.

3 Die Musik war von dem Weltpriester Joh. Georg Zechner. (Wiener
Diarium 1766, No. 54).

genannt, wo und wann dasselbe aufgeführt werden sollte, worüber sich Haydn bitter beklagte. Dennoch widmete er der Ausarbeitung ungewöhnlich viele Mühe und legte sogar bei Einsendung der Original = Partitur eine schriftliche Weisung bei, die jenem ihm unbekannten Dirigenten beim Einstudieren des Werkes zur Richt= schnur dienen sollte. Es ist ein stark vergilbtes Blatt in großem Format, zwei Seiten ausfüllend und durchaus in Haydn's schon damals so zierlicher Handschrift.

Haydn schreibt: „Weilen Ich bey diesen *Applaus* nicht selbst zugegen seyn kan, habe ein und andere Erklärungen vor nöthig gefunden und zwar" — und nun folgen in zehn Absätzen An= leitungen, deren Umständlichkeit beweisen, wie sehr es Haydn darum zu thun war, daß das Werk bei der Aufführung auch einen guten Eindruck mache. Seine Bemerkungen lassen zudem erkennen, welches Gewicht er auf gewisse Einzelheiten bei der Ausführung seiner Compositionen legte. Im Eingang bittet er, daß bei allen Arien und Recitativen das Tempo genau beachtet werde und, da der ganze Text applaudirend, ein und das andere Allegro und Recitativ etwas schärfer wie gewöhnlich zu nehmen sei. Weiterhin ersehen wir, daß Haydn dem Werk eine Sym= phonie (wahrscheinlich eine ältere) zur Einleitung beigelegt hatte. „Wenn mir der Tag der Production bewußt wäre, wurde viel= leicht biß dahin eine neue Sinfonie überschicken". — Bei den Recitativen solle das Accompagnement erst eintreten, wenn der Sänger den Text fertig gesungen, „denn es würde sehr lächerlich seyn, wenn man dem Sänger das worth vom Mund herab= geigete". Bei dem Worte *Metamorphosis* hatte Haydn Zweifel in der Betonung. Er bemerkt: „Unsere Gelehrten in Eisenstadt, deren zwar sehr wenige", disputirten, ob bei dem Worte *Meta= morphosis* die vorletzte Sylbe kurz oder lang sein müsse; unge= achtet aber im italienischen *Metamórfosi* gesagt wird, habe er sich doch der lateinischen Betonung (*Metamphōsis*) bedient.[4] Ferner: Es sollen die verschiedenen Zeichen nach ihrem Werthe wohl beachtet werden „dan es ist ein sehr großer unterschied zwischen *piano* und *pianissimo*, *forte* und *fortissimo*, zwischen *crescendo* und *forzando* und dergleichen." Haydn bringt auch

---

4 Haydn hatte auch wirklich in der Singstimme anfangs die italienische Betonung gewählt, dieselbe aber durch die lateinische ersetzt.

auf Befolgung der „sogenannten Ligaturen, als eine der schönsten
Figuren in der Musik", die von manchen Geigern „jämmerlich
geschändet werden", worüber er sich in verschiedenen Akademien
genug geärgert habe. Es sollen auch immer ihrer zwei die Viola
spielen, da die Mittelstimme in manchen Fällen besonders hervor=
treten muß; „man wird auch in allen meinen Compositionen
sehen daß selbe selten mit dem Baß anhergehet". Ferner müsse
es der Copist so einrichten, daß nicht Alle zu gleicher Zeit um=
wenden müssen „dan dieses nimmt bey einer schwach besetzten
Music viele Krafft hinweg". Haydn empfiehlt auch „denen zwey
Knaben (Solostimmen) eine gute Aussprache, „langsam in Reci=
tativen, damit man jede Sylbe verstehen kann, ingleichen die

arth des Gesanges im Recitiren, z. E.

muß also gesungen werden ⸺⸺ und nicht ⸺⸺ und

auf solche arth in allen Fällen". Noch eine Bemerkung verdient
Erwähnung: „In der Sopran=Aria kan allen fahls der Fagot
ausbleiben, jedoch wäre es mir lieber, wan selber zugegen wäre,
zu mahlen der Baß durchaus *obligat*, und schätze jene *Music*
mit denen 3 Bässen, als Violoncello, Fagot und Violon, höher
als 6 Violon mit 3 Violoncells, weil sich gewisse Passagen hart
distinguiren". Haydn verhofft 3 oder 4 Proben von dem ganzen
Werk und wendet sich schließlich besonders an die „Herren *Musicis*
um meine und Ihre eigene Ehre zu befördern, Ihren möglichsten
Fleiß anzuwenden: Sollte ich etwa mit meiner arbeith den Ge=
schmack derselben nicht errathen haben, ist mir hierinfals nicht
übl zu nehmen, weil mir weder die Persohnen, noch der Orth
bekannt sind; die Verhellung dessen hat mir in wahrheit diese
arbeith sauer gemacht; übrigens aber wünsche ich, daß dieser
applausus sowohl dem Herrn Poeten und denen verehrten Herrn
Tonkünstlern, als auch dem hochlöblichen *Auditorio* gefallen
möge, der ich mit größter *Veneration* allerseitig geharre

dero gehorsambster Diener

*Giuseppe Haydn: Maestro di Cap. di
Sua Alt: Sere: Prencipe d'Estorházy.*

Haydn hat auf dem letzten Blatt seiner umfangreichen Par=
titur, Hochformat (173 Seiten) folgendes Chronogramm beigefügt:

hVnC appLaVsVM feCIt Ioseph haIDn.

Zum Schlusse folgt dann noch eine der von ihm stets
beachteten Formeln:

Finis. O: A: M: D: G: et B: V: M.[5]

Der lateinische Text des *Applausus* führt die vier Cardinal=
Tugenden vor: *Temperantia, Justitia, Fortitudo, Prudentia* (die
Mäßigkeit, Gerechtigkeit, Thatkraft und Klugheit) von den heili=
gen Vätern als die vier Ecksteine jedes geistlichen Hauses bezeich=
net; außerdem *Theologia* (die Theologie) personificirt. Diese
allegorischen Personen besingen das geistliche Gemein=Leben wie
es in den Klöstern gehalten wird, preisen die Hochherzigkeit des
Vorstehers und schließen mit der Bitte: Der Himmel möge ihr
Haus mit gnädigem Wohlwollen in seinem Bestande schützen. —

Die umfangreiche Partitur des *Applausus* scheint Haydn
keine Zeit zu weiteren Arbeiten gelassen zu haben; dafür zeigt
sich das Jahr 1769 um so ersprießlicher. Wir haben folgende
Compositionen zu notiren:

4 Symphonien (a. 3. 4. 5. 6), in Abschrift erschienen.

6 Streichquartette (d. 21—26), in Abschrift erschienen.

2 Violinconcerte (e. 1. 2), in Abschrift erschienen. Nr. 1:
»*fatto per il Luigi*« (Tomasini).

1 Clavier=Trio (h. 1), in Abschrift erschienen (ursprünglich mit
Begleitung von Baryton und 2 Violinen (vergl. Bd. I.
S. 257. Anm. 48).

Den 6 Quartetten gehen Nr. 19 und 20 voraus, die sich
den früheren 18 (Bd. I. S. 334) anschließen. Die bisher be=
obachtete Reihenfolge ist zwar hierdurch gestört, allein, der Schnitt
mußte endlich doch einmal geschehen. Dazu berechtigt folgendes:
Nr. 20 kann nur gleichzeitig mit den ersten Nummern entstanden
sein. In Haydn's Entwurf=Katalog steht dazu die Bemerkung:

----

5 *Omnia ad Majorem Dei gloriam et Beatissimae Virgini Mariae.*
(Vergl. Bd. I. S. 229.)

„Ein nicht gestochenes Quartett", was aber nicht zutrifft; im
Haupt=Katalog ist es unter die Divertimenti (wie Haydn ja auch
früher die Quartette benannte) aufgenommen. Es erschien, wenn
auch nur in Abschrift, bei Breitkopf im J. 1765 als Nr. 6 von
8 Quartetten; ferner gestochen in der *Collection Sieber, livre IV*
und zwar zusammen mit Nr. 19, dem im J. 1786 bei Hoffmeister
in Wien einzeln veröffentlichten Quartett D=moll [1]. Dieses, so
störend in die chronologische Folge des Quartetts eingreifende
kleine Werk gehört seinem Werth nach ebenfalls zu den ersten
18 Nummern. Die hier festgestellte Reihenfolge der Quartette ist
übrigens schon in der erwähnten Ausgabe von Sieber in Paris
und von Sauzay in seinem Werk »*Etude sur le quatuor*« (p. 44)
eingehalten. —

Es war beiläufig im Jahre 1770, daß Haydn, vom hitzigen
Fieber ergriffen, das Bett hüten mußte. Er genaß wohl allmälig,
allein auch jetzt noch hatte ihm der Arzt aufs strengste jede Be=
schäftigung mit Musik verboten. Diese Zeit wurde dem an die
Arbeit gewohnten Manne zur Qual. Die mechanische Handarbeit,
das Notenschreiben, konnte der Arzt allerdings verhindern, nicht
aber die geistige Thätigkeit. Gerade jetzt, wo er ungestört war,
ließ er der Phantasie freien Lauf. In einem solchen Momente
packte ihn plötzlich die Arbeitslust, die Idee zu einer neuen
Sonate nahm ihn gefangen. Aber wie sollte er unter den Argus=
augen seines strengen Weibes das Verbot des Arztes umgehen? —
Da, im rechten Augenblicke, ertönte vom nahen Dorfe Süttör
herüber die Kirchenglocke. Haydn segnete den Sonntag und den
Mann, der die Glocken erfand und drängte die Frau, in der
Kirche für ihn zu beten und als sie fort war, schickte er auch
die überwachende Magd auf den entlegendsten Ort, der ihm
eben einfiel. Endlich allein, eilte er zu seinem lieben Clavier;
in raschen Skizzen lag der erste Satz der Sonate auf dem Papier
und als die Frau zurückkehrte, fand sie ihren Gemal, wie sie ihn
verlassen hatte, fromm und folgsam wie ein Kind mit der un=
schuldigsten Miene von der Welt in den Federn. Noch in seinen

---

1 Bekannt als opus 8 und eingereiht zwischen die 6 sogenannten
„Russischen" opus 33 und die 6 Quartette opus 50.

alten Tagen rühmte sich Haydn gegen seinen Freund Griesinger, dem wir diese Anekdote verdanken,[1] seiner damaligen Schlauheit. Welche Sonate dies aber gewesen, vermochte Haydn nicht anzugeben, nur erinnerte er sich der Vorzeichnung mit fünf Kreuzen, eine Sonate, die wir vergebens bei ihm suchen und die demnach verschollen ist.

Im März 1770 finden wir Haydn mit der fürstlichen Kapelle in Wien, um seine schon erwähnte Oper *Lo Speciale* aufzuführen, aber nicht im Theater, sondern in einem Privathause bei Gottfried Freiherrn v o n S u m e r a u [2], dem Eigenthümer desselben. Es lag in der damals noch spärlich bebauten Vorstadt Mariahilf, Hauptstraße Nr. 12 (Schild: „zum weißen Stern“). Freiherr von Sumerau, ein damals noch junger Mann von 28 Jahren, war mit Clara von Hagen vermählt, bekleidete nie ein öffentliches Amt und starb in seinem Hause 1787, 21. Dec. im 45. Lebensjahre. Was die Veranlassung zu der Opernvorstellung bot, die sogar in Form einer Akademie wiederholt wurde, ist nicht bekannt. Es war d a s e r s t e m a l, daß die fürstliche Kapelle sich vollzählig in Wien producirte und der Erfolg war ein ehrenvoller. Wir lesen darüber im Wiener Diarium Nr. 24: „Als eine besonders angenehme Nachricht hat man hier nicht unangemerkt lassen wollen, daß jüngst abgewichenen Mittwochs den 22. dieses in der Behausung des (Titl.) Herrn Barons von Sumerau nächst Maria Hilf ein von dem fürstlichen Esterhasischen Kapellmeister Herrn Joseph Hayden in die Musik gesetztes Singspiel, der Apotheker genannt, von den sämmtlichen Fürst Esterhasischen Kammervirtuosen diesen Tag aufgeführet und den darauf gefolgten Donnerstag auf hohes Begehren in Gestalt einer musikalischen Akademie, und im Beysein vieler hoher Herrschaften, mit ganz besonderem Beyfall wiederholt worden, eine Sache die gedachten Herrn Ka-

---

1 Biogr. Notizen, S. 27.

2 Kommt auch in der Schreibart Sommerau vor. Ant. Theodor, Hof-Kammerath und Cameral-Referendar, Vogt zu Alten-Sumerau (Dorf in Österreich o. d. Enns) wurde wegen uralt-adeligen und ritterlichen Geschlechtes 1745 in den Reichs- und erbländischen Freiherrnstand erhoben. Anton Thabbäus war Vorberöster. Regierungs- und Kammer-Präsident. (Vergl. öst. Adels-Lexicon v. Mühlfeld, 1822, S. 89, 106; ditto v. Hellbach, 1826, Bd. II. S. 500; Genealog. Tasch. d. freih. Häuser, Gotha 1848, S. 455; Neues allg. deutsch. Adels-Lex. von Prof. Dr. E. H. Kneschke 1870. S. 44 ꝛc. ꝛc.)

pellmeiſter Hayden, deſſen große Talente allen Muſikliebhabern zu Genüge bekannt ſind, wie nicht minder den obgedachten ſämmt= lichen Virtuoſen zur vorzüglichen Ehre gereichet". —

Im September dieſes Jahres wurde in Eſterház das Feſt der Vermählung der Gräfin von Lamberg (Nichte des Fürſten) mit dem Grafen Poggi gefeiert. Dem Wiener Diarium wurde eine Beſchreibung der Feſttage von Oedenburg aus zugeſchickt, der wir Nachſtehendes entnehmen. Sonntag den 16., Nachmittags 5 Uhr verfügte ſich das Brautpaar in Begleitung des Fürſten Eſterhazy und Gemalin und zahlreichen eingeladenen Cavalieren und Damen in die Schloßcapelle, wo die Einſegnung ſtatt fand. Abends wurde im Theater die Oper *Le Pescatrici* (Die Fiſche= rinnen) [1] von Haydn gegeben und erndtete der „durch ſeine vielen ſchönen Werke allſchon ſehr berühmte" Componiſt von allen An= weſenden die größten Lobeserhebungen. Der Oper folgte eine kriegeriſche Feſtvorſtellung der Grenadiere, Beleuchtung geworfe= ner Granaten, militäriſche Muſik und Souper. Montag Abends 6 Uhr nach der Tafel wurde von der in fürſtlichen Dienſte ſtehenden Schauſpielertruppe zwei kleine deutſche mit Arien ver= miſchte Stücke aufgeführt. Die Geſellſchaft fuhr ſodann in den Schloßgarten, wo auf dem größten geſchmackvoll beleuchteten Platz Waſſerkünſte ſpielten. Gruppen von Landleuten erſchienen und führten Tänze und Geſänge auf. Dies Bauernfeſt, bei dem reichlich für Wein und Speiſen geſorgt war, dauerte bis ſpät Abends, worauf im Schloſſe das Souper eingenommen wurde und ein Ball die dazu geladenen 400 Perſonen bis 6 Uhr früh vergnügte. Dienſtag war abermals große Tafel und Abends eine Wiederholung der Oper, Kunſtfeuerwerk und Abendtafel.

Nach dem bei Sieß in Oedenburg gedruckten Opern=Text= buch [2] traten folgende Perſonen auf:

Eurilda, creduta figlia di Mastricco . . . Gertruda C e l l i n i.
Lindoro, principe di Sorento . . . . Cristiano S p e c h t.
Lesbina, pescatrice, sorella di Burlotto . . *Maddalena F r i b e r t h.*
Burlotto, pescatore, amante di Nerina . . Leopoldo D i c h t l e r.

---

1 Piccini's gleichnamige Oper wurde im Theater nächſt der Burg in Wien im Jan. 1769 zum erſtenmale aufgeführt, vordem (1765) in Neapel.

2 *Le Pescatrici, dramma giocoso per musica, da rappresentarsi nell' autunno dell' anno 1770, nel teatro di S. A. S. il Principe Esterhazy de Galantha etc. etc. in Esterház.*

Nerina, pescatrice, sorella di Frisellino ed
    amante di Burlotto . . . .   Barbara *Dichtler.*
Frisellino, pescatore, amante di Lesbina . Carlo *Friberth.*
Mastricco, vecchio pescatore . . . . Giacomo *Lambertini.*

Der Gang des Libretto ist folgender: Lindoro Prinz von Sorrento be=
giebt sich auf eine Seereise, um die Erbin eines Fürstenthrones, die der Sage
nach unter einem Fischervolk leben soll, aufzusuchen. Er landet an einer Küste,
wo er Fischer antrifft, denen er sein Vorhaben mittheilt. Lesbina und Nerina
fühlen bei dieser Nachricht unzweifelhaft fürstliches Blut in ihren Adern rollen
und lassen es ihren bisherigen Liebhabern, Burlotto und Frisellino, entgelten.
Mastricco, ein alter Fischer, gesteht dem Prinzen daß seine vermeinte Tochter
Eurilba, die ihm einst zum Schutze übergeben wurde, die gesuchte sei und daß
sie keine Ahnung von ihrer Herkunft habe. Der Prinz will aber dennoch zu=
vor die zwei Erstgenannten ausforschen und diese benehmen sich mit soviel
Geschick daß der Prinz wankelmüthig wird. Durch sein Gefolge läßt er nun
vom Schiffe Schätze aller Art, Gold und Juwelen und auch einen kostbaren
Dolch bringen und überläßt den Mädchen freie Wahl, sich etwas auszuwählen.
Das Geschmeide findet sogleich seinen Anwerth, nur Eurilba greift ohne wei=
teres Besinnen nach dem Dolche, den sie begeistert schwingt. Lindoro glaubt
sofort in ihr das wahre Fürstenkind zu erkennen, erwählt sie zur Frau und
verläßt mit ihr die Küste unter dem Jubelruf des Fischervolkes.

Weitere Compositionen aus diesem Jahre:

2 Symphonien (a. 7. 8.), in Abschrift vorhanden.

1 Violinconcert (e. 3.), »*fatto per il Luigi*« in Abschrift
vorhanden.

Duetten und Trios für die Laute, 2. Cassationen für
Laute, Violine und Vcll, 1 Harfensonate mit Flöte
und Baß, G-dur, in diesem Jahre angezeigt, sind sämmt=
lich verschollen.

————

Im Jahre 1771 sehen wir Haydn, der bisher so oft für
seine Untergebenen ein Fürsprecher war, zum erstenmale seit seiner
Anstellung dem Fürsten als Bittsteller für seine eigene Person
sich nahen. Der Mangel an Lebensmitteln, der in diesem wie im
vorhergegangenen Jahre in Folge mißrathener Erndte in ganz
Mittel=Europa herrschte und in Böhmen und Schlesien in wahre
Hungersnoth ausartete [3], breitete sich auch nach dem sonst so
fruchtbaren Ungarn aus, wenigstens blieb die Gegend um Ester=
ház von dieser Geisel nicht verschont. Eine Reihe von Gesuchen

————

3 Alfred Ritter v. Arneth, Maria Theresia's letzte Regierungszeit, Wien
1879, Bd. **IV.** S. 42.

aus jener Zeit liegen vor, in welchen die Mitglieder der fürst=
lichen Kapelle „bei dermahliger übermäßiger Theuerung" um Auf=
besserung durch eine Extra=Unterstützung bitten. Was Haydn
betrifft hebt er es in seiner Zuschrift an den Fürsten gleichsam
als mildernden Umstand hervor, daß er von jener Zeit an, seit
er in dessen Diensten stehe, ihn noch niemals für seine Person
mit einer Supplique belästigt habe und er würde sich auch der=
malen die Kühnheit nicht erlaubt haben wenn ihn nicht die Noth
dazu dränge. „Die jetzige sehr theuere Zeit", in welcher aller
Unterhalt doppelte Auslagen erfordert, träfe ihn schon jetzt und
werde ihm voraussichtlich auch noch weiterhin fühlbar werden
und so sei er in der That genöthigt Se. Durchlaucht demüthigst
zu bitten, ihm zum „besseren Auskommen monatlich einen Eimer
Offiziers=Wein und eine halbe Klafter Brennholz" gnädigst an=
zuweisen. Der Bescheid über diesen gewiß unerwarteten Anlauf
gegen fürstliche Großmuth ist aus Wien datirt (1. Dec. 1771)
und lautet: „Wird verwilliget und solle dem Instanten täglich
eine Maas Offiziers=Wein, dann jährlich sechs Klafter Brenn=
holz verabfolgt und an Behörde angewiesen werden."

In diesem Jahre componirte Haydn ein größeres *Salve Re-*
gina, G=moll (m. 11) dessen schon (Bd. I. S. 363) gedacht wurde.
Es stimmt sehr wohl zum Ernst der Kirche; der Ausdruck ist
bald kräftig, bald weich, wie es der liturgische Text erfordert.
Die Stimmen bewegen sich in den verschiedensten Combinationen,
häufig imitatorisch; die Instrumente treten discret auf und die=
nen mehr zur Verstärkung der Singstimmen, mit denen sie ein
unlösbares Ganze bilden. Das Werk hat der Zeit Stand ge=
halten und machte, wo immer es seither aufgeführt wurde, den
besten Eindruck. In Leipzig hatte Joh. Gottfried Schicht, Cantor
der Thomasschule, die Orgel für einige Blasinstrumente, nament=
lich obligate Clarinette „sehr passend und effectvoll" umgesetzt[1].

Dieser, im Stile älterer Italiener gehaltenen Composition

---

1 Haydn's Autograph besitzt die Berliner Hofbibliothek; eine Abschrift
von Elßler's Hand ist im Archiv der Gesellschaft der Musikfreunde in Wien.
Nach der neuesten Ausgabe (Rieter=Biedermann), besprochen von Chrysander
(Allg. Mus.=Ztg. 1871. Nr. 8), kann die Orgel durch Oboen und Fagott
ersetzt werden. Auch sind im Original ausdrücklich vorgeschriebenen Solo=
stimmen *(a quattro voci ma soli)* zum Vortheil des Ganzen abwechselnd auf
Soli und Chor vertheilt.

gingen eine Reihe ähnlicher kleinerer Stücke (m. 5—10) für die Kirche voraus, die sehr ungleich an Gehalt sind und meistens dem Geschmack der Zeit huldigen. Man erkennt auf den ersten Blick, welche aus eigenem Antrieb und welche nur lästigen Rück=sichten nachgebend geschrieben sind. Daß Haydn hierin nur allzu häufig seine bigotte Frau zum Schweigen zu bringen suchte, wurde schon früher (Bd. I. 197) erwähnt.

Weitere Compositionen aus diesem Jahre:

2 Symphonien (a. 9. 10). Nr. 9 Autograph, Nr. 10 in Ab=schrift vorhanden.

6 Streichquartette (d. 27—32), Autograph.

1 Violoncellconcert (e. 4), in Abschrift erschienen.

1 Clavierconcert (i. 1), in Abschrift und im Druck erschienen.

1 Claviersonate (f. 3), Autograph.

Das Jahr 1772 führt uns mit dem Prinzen Rohan,[1] französischen außerordentlichen Botschafter am Wiener Hofe zu=sammen. Von König Ludwig XV. für diesen Posten erwählt, traf der Prinz am 10. Januar in Wien ein, hatte am 12. Au=dienz beim Kaiser und am 19. bei Maria Theresia.[2] Prinz Rohan verstand es, das Leben nur von der heiteren Seite zu fassen; er arrangirte große Feste mit Ball und Feuerwerk in Wien selbst und in Baden in drei eigens hierzu gemietheten Häusern, gab Concerte in seinem Palais, zu denen er besonders eine Reihe junger und schöner Damen aus den hohen Kreisen lud und ließ sich wiederum vom Adel nach seinem Sinne huldigen.[3] Sein lockeres Leben erregte bald das Mißfallen der Kaiserin derart, daß sie auf seine Abberufung drang, die denn auch im Juli 1774 unter des Königs Nachfolger (Ludwig XV. war am 10. Mai gestorben) erfolgte. Die Zeit seiner Besuche bei Fürst Esterházy wird von allen dahin einschlagenden Werken verschieden und un=

---

1 Louis René Edouard, Prinz von Rohan=Guémené, Cardinal und Erzbischof von Straßburg. Es ist derselbe der 1785 in die berüchtigte Halsbandgeschichte verwickelt war.

2 Wiener Diarium Nr. 4 und 7.

3 1772, 25 Mars. Chez l'ambass. de France. Je restais au concert, où il y avait nombre de jeunes et belles dames. — 31 Mars. Au concert chez l'amb. de Fr.; beaucoup de monde. (Zinzendorf's Tagebuch).

richtig angegeben. Für Eisenstadt hilft uns, wenn auch in be=
scheidenem Maße, das Wiener Diarium; für Esterház, das sich
hier besonders glänzend hervorthat, läßt uns dasselbe Blatt un=
erwartet ganz im Stich!; dafür ist letzterer Besuch in einem be=
schreibenden und vorzüglichen ungarischen Gedicht bleibend erhal=
ten. Über die Anwesenheit des Prinzen in Eisenstadt giebt das
Wiener Diarium Nr. 58, 18 Heumonat (Juli) folgende nur allzu
kurze Notiz: „Bey Gelegenheit des von dem kön. franz. Herrn
Botschafter Prinzen von Rohan Guémené erhaltenen Besuches
gaben der Fürst Niklas Esterhazy von Galantha ein
herrliches Festin in dero fürstl. Residenz zu Eisenstadt, wobey der
hohe Adel des kais. kön. Hofes zahlreich zugegen war." — Von
Esterház, wo der Prinz vom 12. bis 16. Juni weilte,[4] war er
wahrhaft überrascht. Seines Ausspruches „Er habe hier Versailles
wiedergefunden" wurde schon gedacht. Aber nicht der Ort allein,
auch die ihm zu Ehren veranstalteten Feste (es wurde in Eile
sogar im Park ein neues Phantasiegebäude, die „Eremitage" er=
richtet), die in Saus und Braus verlebten fünf Tage stimmten
so recht zu seinem Drang, sich in Vergnügungen auszutoben.
Leider wurden sie (wie wir bald sehen werden) um den Preis
eines schweren, unersetzlichen Verlustes für die Kunst erkauft.
Nach dem oben erwähnten Gedichte[5] wurden in Esterház alle
Hebel in Bewegung gesetzt, den Prinzen und die geladenen vor=
nehmen Gäste mit Lustbarkeiten förmlich zu berauschen. Schau=
spiele, Oper, Concert, Kinder=Komödie, Ballet und Marionetten=
theater, Maskenbälle im Schlosse, Bauerntänze im Freien, Feuer=
werk, Illumination, Serenaden wechselten mit Ausflügen in die
Umgegend, Jagden im Walde und zur See (Entenjagd) und da=
zwischen thaten Küche und Keller ihr äußerstes, der Fama vom

---

4 Der Verfasser des Gedichtes giebt die Tage vom 12—16. Juli an und
sagt ausdrücklich *Sz. Jakob havának* (St. Jakobs-Monat, so genannt nach dem
auf den 25. Juli fallenden *St. Jakob major*.) Dieser Zeitangabe widerspricht
aber evident der weiterhin erwähnte Todesfall.

5 *Eszterházi vigasságok* (Lustbarkeiten von Esterház) 8°. gedr. 1772 (Sze=
chen Katalog 7370, Pest, Nat. Museum). Die Vorrede nennt als Verfasser den
ungarischen Lieutenant=Gardist Besenyci György. Er zählte mit Franz
Faludi, Abrah. Bartsai, Freih. Lorenz Ortsy, Alr. Bárötzi, Graf Ad. Teleki,
Freih. Stephan Daniel, Paul Anyos u. A. zu den bedeutendsten Schriftstellern
Ungarns, unter denen im vorigen Jahrhundert bis 1780 die ungar. Literatur
zur höchsten Blüthe gelangte. B. schrieb u. a. »*Hunyadi Lásslo*«.

Reichthum des Hauses Esterházy gerecht zu werden. Von den
Stücken, die das Theater bot, sind zwei namhaft gemacht:
„Heinrich VI.“, von den Schauspielern aufgeführt, und das
Ballet „das Urtheil des Paris“.[6] Letzteres wird überschwenglich
und wohl mit Recht hervorgehoben, denn kein geringerer als der
berühmte Verfasser selbst, Noverre,[7] damals Balletmeister am
Kaiserlichen Hoftheater, war vom Fürsten eingeladen worden,
sein Werk in Scene zu setzen. Er brachte aber auch die drei er=
forderlichen ersten Solotänzerinnen mit, von denen Mlle. Del=
phin[8] in der Rolle der Venus im Gedicht als „das Entzücken
der Wiener“, als „Wunder der Welt“ gepriesen wird. Dieselben
Beinamen legten ihr alle Zeitgenossen bei. Der „Chronik“ vor=
greifend, wo wir über jene glänzende Zeit des Ballets in Wien
mehr hören werden, sei über diese seltene Erscheinung schon hier
das Weitere ergänzt. Mlle. Delphin wird zuerst 1768 unter
den Eleven Noverre’s genannt, dessen Stolz sie werden sollte.
Zwei Jahre später wurde sie in Gluck’s „Alceste“ und »Paride
ed Helena« bewundert.[9] Bei ihrem Spiel im Agamemnon blieb
kein Zuschauer unempfindlich. Sie besaß Stärke, Geschwindig=
keit, Anstand, Lebhaftigkeit, Ausdruck, Grazie und wahre Em=
pfindung; dabei war sie von der höchsten heroischen Manier bis
zum komischen, ja bis zum grotesken eine Meisterin.[10] Die Macht
ihrer Kunst war um so bewunderungswürdiger, als ihr ein Haupt=
Attribut einer Tänzerin, die Schönheit fehlte. (»Elle n'est point
belle« sagt Zinzendorf an anderer Stelle.) Der Besuch in Ester=
ház wurde für sie verhängnißvoll: sie erkältete sich und starb,

---

6 „Das Urtheil des Paris“, ein heroisch=pantomimisches Ballet von der
Erfindung des Noverre, zuerst aufgeführt im Sommer 1771 im Hoftheater
nächst der Burg.

7 Im Gedicht ist er irrthümlich Növer genannt.

8 Im Gedicht als Deffén angegeben.

9 »J'admirais la danse de la Delfine. Quelle force, quelle précision,
combien elle étoit supérieure à toutes les autres« (Alceste). »Quelle diffe-
rence de la danse de la Vigano à celle de la Delphin (Paride et Elena).
Zinzendorfs Tagebuch 1770, 4. u. 15. Dec.

10 Das Urtheil über sie lautet übereinstimmend im Theaterkalender von
Wien 1772 und 73; in Müller’s „Genaue Nachrichten von beyden k. k. Schau-
bühnen“ in Wien 1773, wie auch später in Oehler’s „Geschichte des gesammten
Theaterwesens“ in Wien 1803.

4 *

kaum in Wien angekommen, am hitzigen Fieber am 18. Brach=
monat (Juni) 1772 im fünfzehnten Lebensjahre! [11] —
    Wir begeben uns auf kurze Zeit nach Preßburg, der dama=
ligen ungarischen freien Haupt= und Krönungsstadt. Graf Anton
Grassalkovics de Gyarak,[1] Kronhüter von Ungarn (Schwie=
gervater des Hofkanzlers Grafen Franz v. Esterházy), gab da=
selbst am 16. November 1772 in seinem Gartenpalast dem unga=
rischen Generalstatthalter Herzog Albert und seiner Gemalin,
Erzherzogin Marie Christine[2] ein glänzendes Fest, über
welches das Wiener Diarium Nr. 75 berichtet. Abbate Pellegrini
(Architekt des Grafen von Esterházy), hatte für diese Gelegenheit
eine blendende, nach architektonischen Zeichnungen erfundene Illu=
mination veranstaltet.   Dem vom vornehmsten ungarischen Adel
besuchten Balle, bei dem wiederholt mit Masken gewechselt wurde
und der nur von einer reich besetzten Tafel von nahezu hundert
Gedecken unterbrochen wurde, wohnten auch die damals auf Be=
such in Preßburg weilenden Erzherzoginnen Marianne und
Elisabeth bei.   Sowohl die Hausoffiziere als auch die Musik=
kapelle des Gastgebers waren in reiche Uniform gekleidet und
letztere spielte beim Balle unter der Direction „des berühmten
Haydn" — der einzige Fall, daß seiner als Dirigent einer
Tanzmusik Erwähnung geschieht.
    Es war übrigens nicht das erste und letztemal, daß Haydn
in Preßburg verweilte und wir dürfen wohl annehmen, daß es
ihn drängte, von dort aus die so nahe gelegene Stadt Hainburg
zu besuchen, wo er die erste Schulzeit verlebte und sein Lehrer
Frankh noch lebte.   Bei verschiedenen Gelegenheiten ließ Fürst
Esterházy seine Kapelle nach Preßburg kommen, den Glanz der
dortigen Feste zu erhöhen.   Auch zur Zeit des Landtags hielt sie

---

    11 Wiener Todtenprotokoll, das allein uns auch den Vornamen, Mar=
garethe, nennt. Schon vordem war Delphin, gleich andern Mitgliedern des
Theaters (Stephanie, Huber, Aufresne, Pique, v. Gluck, Müller) durch den
berühmten Arzt Quarin dem Leben wiedergegeben worden. (Vergl. Müller,
Genaue Nachrichten 1772, S. 101, der dem Arzte öffentlich dankte.)
    1 Vermählt am 21. Mai 1758 mit der Tochter des Fürsten Nicolaus
Esterházy, Marie Anna, geb. 27. Febr. 1739, † 1811 in Preßburg. Graf
Grassalkovics † 5. Juni 1794.
    2 Der Herzog, vermählt seit 8. Apr. 1766, ließ seiner Gemalin, die am
24. Juni 1798 starb, jenes schöne Denkmal von Canova in der Augustiner=
kirche zu Wien errichten, das am 24. Juni 1805 enthüllt wurde.

sich daselbst auf und hatte um die Mitte der 70er Jahre Ge=
legenheit, vor der Königin Maria Therefia zu spielen. Die
Stadt hatte der Monarchin gerade im J. 1772 ihre wesentliche
Verschönerung und Vergrößerung zu danken und sie nahm dort
häufig von Wien aus kurzen Aufenthalt. Eine Anekdote von ihr
hat uns der Maler Dies [3] aufbewahrt. Bei einer Mufikproduction
äußerte die Fürstin einmal halblaut, sie möchte wohl sehen, was
aus der Aufführung werden würde, wenn die vornehmen Dilet=
tanten ihrer Hauptstütze beraubt würden. Haydn erfuhr dies,
verabredete sich mit den uns schon bekannten ersten Primgeiger
Tomasini und Beide verließen im bedenklichsten Moment unter
einem schicklichen Vorwand das Orchefter, das auch bald, der
Führung beraubt, ins Stocken gerieth und sich auf Gnade und
Ungnade ergeben mußte, worüber die Monarchin herzlich lachte.

Mufik wurde zu jenen Zeiten ganz besonders in Preßburg
gepflegt. Außer der oben genannten Kapelle, bei der später der
Violinist Schlesinger als Mufikdirector fungirte und die in
Kurzweil einen eigenen Componiften (besonders für Sympho=
nien) hatte, hielten auch Graf Joh. Nepomuk Erdödy, Fürst
Batthyányi und Herzog Albert von Sachsen=Teschen eigene
Kapellen. Graf Ladislaus Erdödy hatte wenigstens einzelne
Mufikvirtuosen, z. B. den uns bekannten bedeutenden Violiniften
Meftrino [4] in seinen Dienften.

Wie in den 70er Jahren Graf Csasky ein eigenes Theater
erbaute und dazu eine Schauspielertruppe in Sold hielt, so
engagirte auch Graf Erdödy im J. 1785 eine Operntruppe,
die in seinem Palais auf einem eigens dazu erbauten niedlichen
Theater zweimal wöchentlich Vorstellungen gab, zu denen der
Adel, das Offizierscorps und zufällige Fremde und Gäste un=
entgeldlich Zutritt hatten. Director der Truppe war Hubert
Kumpf, als Kapellmeister fungirte Joh. Paneck. War im
Schauspielhause [5] keine deutsche Truppe, so erlaubte der Graf seiner

---

3 Biogr. Nachr. S. 64.

4 Er spielte 1786 beim Cardinal Primas während der Mittagstafel zu
Ehren des Kaiserl. Geburtsfestes. W. Ztg. S. 355.

5 Im neu erbauten festlich decorirten Theater (Stadt=Comödienhaus)
wurde am 4. Juni 1764 ein lustiges italienisches Singspiel aufgeführt, das
mit einem großen Ballet endigte. Der Hof war Tags zuvor nach Preßburg
gefahren und ebenfalls anwesend. W. D. Nr. 54.

Oper, daselbst zu ihrem Vortheile Vorstellungen zu geben und
sorgte somit für die öffentliche Unterhaltung der Stadtbewohner.
Der Gothaer Theater=Kalender für 1788 nennt 33 italienische
und deutsche Opern, die innerhalb 1785—87 im gräflichen Pa=
lais sowohl als auch im Stadttheater zur Aufführung kamen.
Die deutsche Übersetzung besorgte der Buffosänger Girzik, der
auch bei den Tänzen mitwirkte. Unter den Opern finden wir
solche von Paisiello, Anfossi, Sarti, Cimarosa, Salieri, Martin,
Gretry, Dittersdorf, Benda, Gluck, Mozart und auch Haydn.
Letzterer war mit 4 Opern vertreten, von denen *Armida* in
Gegenwart Kaiser Joseph's aufgeführt wurde. Wir werden Ge=
legenheit haben, auf diese Kumpf'sche Gesellschaft wiederholt zu=
rückzukommen.

Fürst Joseph von Batthyányi, Cardinal und Primas
von Ungarn hatte sich schon zur Zeit, da er noch Bischof war,
von Dittersdorf eine Kapelle zusammenstellen lassen. Dieselbe
wurde dann bedeutend verstärkt; Kapellmeister war Anton Zim=
mermann, zugleich Organist an der Domkirche, der am 8. Oct.
1781 im 40. Lebensjahre starb; [6] als Concertmeister und erster
Violinist fungirte Jos. Zistler. Unter den Mitgliedern finden
wir ferner den Violinisten Franz Mraw, den ausgezeichneten
Contrabaßspieler Joh. Sperger, die Violoncellisten Marteau
(Hammer) und Max Willmann, den Waldhornisten Karl Franz, [7]
sämmtlich Virtuosen vorzüglichen Ranges. Beim Regierungsan=
tritt des Kaisers Joseph (1780) sah sich der Fürst veranlaßt seine
Kapelle bis auf einige Mitglieder zu entlassen.

Herzog Albert von Sachsen=Teschen und seine Gemalin,
Erzherzogin Marie Christine die Beide musikalisch gebildet
waren, lebten 14 Jahre in Preßburg, verließen die Stadt am
Schluß des Jahres 1780, hielten sich bis zu ihrer Abreise in
die Niederlande, wo der Herzog an die Spitze der Regierung
trat, in Wien auf, kamen aber später wiederholt nach Preßburg.
Mitglieder der herzoglichen sowie der oben erwähnten Musikkapel=
len waren auch in der Wiener Tonkünstler=Societät, in deren
Akademien sie als Solisten und im Orchester mitwirkten. Ohne

---

6 Die Wiener Zeitung, 1781, Nr. 86 widmet ihm einen ehrenvollen
Nachruf.

7 Mraw, Marteau und Franz, vordem in der Esterházischen Kapelle.

Zweifel wurden diese Kapellen zur Verstärkung der Esterházy'schen
auch nach dem Sommerpalais K i t s e e⁸ berufen, wann dessen Besitzer, Fürst Esterházy, daselbst Bälle und Concerte gab, wozu die
Mitglieder des Hofes und der vornehme Adel geladen wurden.
Überhaupt übte der häufige Aufenthalt des Hofes und so vieler
reichbegüterter Fürsten und Grafen auch in musikalischer Beziehung
einen wohlthätigen Einfluß aus auf das gesellige Leben in Preßburg. —

Aus der Beschreibung von Esterház haben wir ersehen, daß
das Musikgebäude für alle Mitglieder der Kapelle kaum aus-
reichte und um so weniger, wenn dieselben auch noch Platz für
Frau und Kind beanspruchten. Diesen Raummangel sowohl als
auch den unausweichlichen Verdrießlichkeiten abzuhelfen, die das
so nahe Zusammenleben ganzer Familien in ein und demselben
Hause erzeugte, mochte wohl zunächst den Fürsten bewogen haben,
darin eine Erleichterung zu treffen. Demgemäß machte er im
Jan. 1772 durch seinen Wirthschaftsrath von Rahier den Musikern schriftlich zu wissen, daß er „künftighin ihre Weiber und
Kinder nicht einmal auf 24 Stunden in Esterház sehen wolle"
und daß diejenigen, denen diese Verordnung nicht behage, sich
melden sollten, um ihre Dimission entgegen zu nehmen.¹ Zugleich mußte dem Fürsten eine Liste der Kapelle vorgelegt werden,
in der er diejenigen bezeichnete, welche er von dem Verbot ausgeschlossen wissen wollte. Es waren dies Kapellmeister H a y d n,
die beiden Kammersänger F r i b e r t und D i c h t l e r und der erste
Violinist T o m a s i n i. Die nächste Folge der fürstlichen Verordnung war, daß die Musiker, nunmehr gezwungen doppelte Menage
zu führen, um eine Aufbesserung ihres Gehaltes baten, die ihnen
auch bewilligt wurde. Sie erhielten ein Jeder 50 Gulden jährliche Zulage mit der ausdrücklichen Bemerkung, daß sie sich nicht
unterfangen sollten, den Fürsten weiterhin zu belästigen oder ihre
Weiber und Kinder etwa in des Fürsten Abwesenheit dennoch

---

8 Der prachtvolle Saal daselbst wurde 1770 durch einen glänzenden
Ball eröffnet bei Gelegenheit eines großen Manövers mit 5 Küraffierregimenter.
W. Diarium Nr. 60.

1 Das Verbot wiederholte sich in ähnlicher Weise noch 1774 wo es heißt:
„Bedeuten Sie (Wirthschaftsrath v. Rahier) denen Musicis, daß sie sich den
letzten dieses wie in verwichenen Jahren und o h n e i h r e n W e i b e r n in
Esterház richtig einfinden sollen."

nach Esterház kommen zu lassen, widrigenfalls diese Wohlthat allsogleich aufhören würde. Als einzigen Trost stellte es ihnen der Fürst frei, die Zeit seiner Abwesenheit von Esterház nach vorausgegangener Bewilligung zur Reise nach Eisenstadt benutzen zu dürfen. Dem Fürsten schien aber gerade damals der Aufenthalt in Esterház so sehr behagt zu haben, daß er nicht ans Fortgehen dachte und überdies denselben weit über den Herbst hinaus ausdehnte.

Der Seufzer und Klagen war nun kein Ende; sie fanden ihren Weg nach Eisenstadt und hallten von dort als getreues Echo in noch trostloserer Weise zurück. Vergebens wandten sich die armen Ehemänner an ihren Papa Haydn, der gegen seine Gewohnheit es diesesmal nicht unternahm, der Fürsprecher seiner Kapelle zu sein. Er hatte für die Musiker nichts als etwa ein schalkhaftes Lächeln, aus dem sie nicht klug wurden, bis ihnen bei einer Probe zum nächsten Orchesterconcert unerwartet ein Hoffnungsstrahl leuchtete. Der Tag der Aufführung kam und klopfenden Herzens begann die Kapelle, die zur Zeit nur aus 16 Mitgliedern (6 Violinisten, je einen Bratschisten, Cellisten und Contrabassisten, 2 Oboisten, 1 Fagottisten und 4 Waldhornisten) bestand, als Schlußnummer eine neue Symphonie ihres verehrten Führers, dem dabei selber bange ums Herz war. Schon die Tonart, Fis-moll, war eine ungewöhnliche. Der erste Satz (*Allo assai* ³/₄) strebt entschlossene Haltung an; im *Adagio* (*A-dur* ³/₈) herrscht Weichheit und Milde, die Violinen gedämpft durch Sordinen, Oboen und Hörner nur an wenigen Stellen die Harmonie ausfüllend; *Menuet* und *Trio* (*Fis-dur*), beide kurz gehalten, suchen wohl den herkömmlichen Charakter beizubehalten, aber die gewohnte freudige Sorglosigkeit kommt nicht recht zum Durchbruch; das *Finale* (*Presto, Fis-moll* ₵) redet sich gewaltsam in den sonst hier sprudelnden Frohsinn hinein; nach kaum hundert Takten machen alle Instrumente auf der Dominante von Fis plötzlich Halt, aber statt des erwarteten Fis-dur oder moll tritt Takt und Tonart des zweiten Satzes (*Adagio, A-dur* ³/₈) ein, diesesmal mit einem neuen Thema in der Oberstimme der nun in vier Gruppen abgetheilten Violinen, die anfangs zu zweien (1. und 3., 2. und 4. Violine) dann aber jede selbstständig auftreten. Noch eine kurze Weile und etwas bis dahin Unerhörtes geschieht: der zweite Hornist und erste Oboist, getreu ihrer Vor-

schrift,[2] packen ihre Instrumente ein und verlassen das Podium;
elf Takte weiter greift der bisher unbeschäftigte Fagottist zu sei=
nem Instrument, aber nur um unisono mit der 2. Violine zwei=
mal die Anfangstakte des ersten Motivs zu blasen, dann löscht
er das Licht an seinem Pulte aus und geht gleichfalls ab. Nach
sieben Takten folgt ihm der erste Hornist und zweite Oboist.
Nun löst sich endlich das Violoncell vom Basse los; beide gehen
geraume Zeit jedes seinen eigenen Weg, bis bei einer Wendung,
wo *Cis* als Dominante eintritt, auch der Baß das Weite sucht.
Wir sind nun wieder in *Fis-dur* und die dritte und vierte Vio=
line bringen in dieser Tonart das frühere Thema des Adagio
(*A-dur*). In kurzen Zwischenräumen verschwinden nun Cellist,
dritter und vierter Violinist und Bratschist.

Es ist fast finster geworden im Orchesterraum; nur an Einem
Pulte brennen noch zwei Lichter; hier sitzen Tomasini (des Für=
sten Liebling) und ein zweiter Violinist, denen das letzte Wort
zugefallen ist. Leise, gedämpft durch Sordinen, erklingt ihr Wech=
selgesang, zuletzt in Terzen und Sexten sich verschlingend wie im
leisesten Hauche ersterbend. — Die letzten Lichter erlöschen, die
letzten Geiger gehen und auch Haydn ist im Begriff, ihnen zu
folgen als der Fürst, der dem Vorgange anfangs befremdet ge=
folgt war, auf ihn hinzutritt, ihm gerührt die Hand reicht und
mit den Worten anredet: „Ich habe Ihre Absicht wohl durch=
schaut, die Musiker sehnen sich nach Hause — nun gut — Mor=
gen packen wir ein.

Im Vorsaale aber harrte die Kapelle in banger Erwartung
ihres Führers und als nun dieser unter sie tritt und sein leuch=
tender Blick ihnen den glücklichen Ausgang verräth — bedarf
es noch der Worte die nun folgende Scene zu schildern, wie
Alle, die Junggesellen mit inbegriffen, sich herzu drängen seine
Hände zu drücken und Haydn selbst die Rührung kaum verbergen
kann — ein glücklicher Vater unter glücklichen Kindern![3]

---

2 In der Partitur: „Nichts mehr"; in den Auflagstimmen: „geht ab".

3 Eine mehrfach erzählte Version über die Veranlassung zu dieser Sym=
phonie, nach welcher der Fürst seine Kapelle aus ökonomischen Rücksichten zu
verabschieden gedachte, ist nicht nachzuweisen. Eine zweite, daß die Ursache ein
Streit der Kapelle mit den Hausoffizieren gewesen sei, würde etwa auf eine
Renitenz derselben hinweisen, die aber erst drei Jahre später stattfand. Das
betreffende Actenstück lautet: „Nachdem ich denen Musicis verziehen und sie

Die Sage läßt Haydn auch ein Gegenstück dieser, seitdem
näher bezeichneten „Abschieds = Symphonie" [4] (a. 11.) schreiben, in
der eine Stimme nach der andern eintritt und in gleichem Maße
die Pulte sich mit Lichter beleben. Beide Symphonien sollen
vom Musikdirector Rust in Dessau zu Anfang und Ende der
Winterconcerte 1785/86 aufgeführt worden sein. [5] Auch Pleyel
und Dittersdorf wird ein ähnlicher Gedanke zugeschrieben. [6]

Die Abschieds = Symphonie diente bei verschiedenen Veran-
lassungen als willkommenes Musikstück. Über den Eindruck einer
solchen Aufführung lesen wir: [7] „Der Redacteur hörte diese Symphonie als ein gewisses musikalisches Institut seine letzte Zusammenkunft hielt. Als sich beim Schlusse erst etliche Blasinstrumente entfernten, ließ man sich's gefallen, manche Zuhörer kam
es sogar komisch vor. Als aber auch die nothwendigen Instru-
mentisten aufhörten, die Lichter auslöschten, leise und langsam

---

samentlich wiederum in Dienst behalten habe, so ist ihre Gage wie ehevor zu
verabfolgen". (Eisenstadt, b. 7. Oct. 1775). — Griesinger (S. 28.) und Dies
(S. 46.) bestättigen nach Haydn die obige erste Erzählung; Neukomm (Anm.
zu Dies) hält trotzdem, und merkwürdigerweise ebenfalls nach Haydn, an der
Verabschiedung der Kapelle fest; Carpani (p. 115.) giebt sogar eine dritte Version an, die von Ungereimtheiten strotzt, erzählt aber auch die ersten zwei Va-
rianten und will alle drei von Personen gehört haben die der Aufführung beiwohnten! — Dies und Carponi lassen die Symphonie durch den ersten Violinisten allein schließen, Neukomm läßt diese Ehre dem Contrabassisten; so
auch Oswald (Beiträge zu Künstler Biogr. S. 128). Andere dichten der Partitur sogar einen Klarinettisten für diesen Moment hinzu (Neues Wiener Blättchen 1787, S. 145, und Almanach der k. k. National = Schaubühne in Wien
auf das Jahr 1788). Endlich noch wird Haydn selbst als abtretender Violinist genannt (Siebigke, S. 11).

4 In Frankreich bekannt als *Symphony des Adieux*, in England als
Farewell - symphony oder *candle overture*. Die bei Andrè erschienene Partitur ist nur der letzte Satz, obendrein nach E-moll transponirt.

5 Siebigke (Mus. ber. Tonk., S. 11.) Auch Neukomm (Bemerkungen zu
Dies „Biogr. Notizen") erwähnt eines solchen Gegenstückes.

6 Carpani (p. 118, *note* 1); Dittersdorf (S. 144) spricht selbst davon. —
Auch von Rossini erwartete man eine Benutzung dieser Idee. Wir lesen da-
rüber: „Eine neue Operette von ihm (Rossini) *»le dernier Musicien«* nach der
Idee von Haydn's Symphonie, in welcher ein Musiker nach dem andern das
Orchester verläßt, Text von Scribe, der sehr witzige Anspielungen auf die
heutige Musik enthalten soll, wird erwartet" (Monatbericht der Gesellschaft der
Musikfreunde. Wien, 1830, Nr. 3, S. 35.)

7 Allg. Mus. Zeitung, 1799, Nr. 1.

sich entfernten — da wurde allen eng und bang ums Herz. Und als endlich auch der Violon schwieg und nur die Geigen — jetzt nur noch Eine Geige (sic) schwach erklang und nun starb: da gingen die Zuhörer so still und gerührt hinweg als wäre ihnen aller Harmoniegenuß für immer abgestorben". — Mendelssohn, der die Symphonie in Leipzig in einem historischen Concerte zum Schlusse aufführte, nennt sie „ein curios melancholisches Stückchen". [8] — Schumann gedenkt derselben nach der Leipziger Aufführung im Winter 1837/38: „Die Musiker (auch unsere) löschten dabei, wie bekannt, die Lichter aus und gingen sachte davon; auch lachte Niemand dabei, da es gar nicht zum Lachen war". [9] — Julius Eberwein schrieb zur Symphonie ein dramatisches Gedicht (in Jamben) in einem Aufzuge, betitelt „Vater Haydn", [10] das in der im Vorwort gegebenen Form in Rudolstadt wiederholt aufgeführt wurde. —

In diesem Jahre schrieb Haydn seine 5. Messe G-dur, auf dem Autograph bezeichnet mit *Missa Sti. Nicolai* 1772 (1. 5.), der Taktart entsprechend gewöhnlich die Sechsviertel- (im Stift Klosterneuburg auch Spatzen-) Messe genannt. Man findet sie auf manchen Chören, der vermeintlich leichteren Lesart halber in Dreivierteltakt umgestaltet, wodurch der Charakter, des unwillkürlich schärfer betonten Takt-Accents wegen, sich mitunter dem Tanzrhythmus nähert. Ihrer leichten Ausführbarkeit verdankt sie es zunächst, daß sie noch heutzutage in katholischen Kirchen häufig aufgeführt wird.

Weitere Compositionen aus diesem Jahre:

6 S y m p h o n i e n (a. 12. 13. 14. 15. 16. 17). Nr. 14. und 16. Autograph. Nr. 12. und 13. in Abschrift erschienen; Nr. 15. und 17. in Abschrift vorhanden und aufgeführt.

M e n u e t t e n für Orchester, in Abschrift oder Stich erschienen.

1 V i o l o n c e l l c o n c e r t (e. 5), in Abschrift erschienen.

1 M o t e t t e d e t e m p o r e (m. 16) in Abschrift vorhanden.

---

8 Brief an Rebecka Dirichlet in Florenz. Febr. 1838.
9 Schumann's „Gesammelte Schriften", Bd. III. S. 46.
10 Leipzig, Verlag von Heinrich Matthes 1863.
        (Im Anhang folgen „Mozart's Dorfmusikanten").

Montag und Dienstag den 26. und 27. Juli 1773 gab Fürst Esterházy zu Ehren des Namensfestes der verwittweten Fürstin Esterházy[1] ein Festin in Esterház, zu dem ein zahlreicher hoher Adel geladen war. Am ersten Tage wurde eine neue burleske Oper in 2 Acten von Haydn »*L'Infedeltà delusa*« (Die getäuschte Untreue) aufgeführt, der eine glänzende Illumination des Schlosses und Parkes und ein Festball folgte. Beim Ball erschienen unerwartet und *en masque* Erzherzogin Christine mit ihrem Gemal Herzog Albert von Sachsen-Teschen und fuhren erst am frühen Morgen nach Laxenburg zurück. Dienstag wurde der Ball wiederholt und ein brillantes Feuerwerk abgebrannt. Das bei Sieß in Oedenburg gedruckte Textbuch der Oper[2] nennt folgende Mitwirkende:

Vespina, giovane spiritosa, sorella di Nanni, ed amante di Nencio	*Maddelena Friberth.*
Sandrina, ragazza semplice, ed amante di Nanni	*Barbara Dichtler.*
Filippo, vecchio contadino, e padre di Sandrina.	*Carlo Friberth.*
Nencio, contadino benestante	*Leopoldo Dichtler.*
Nanni, contadino, amante di Sandrina .	*Cristiano Specht.*

Die Handlung ist matt genug: Der alte Landmann Filippo bestimmt für seine Tochter Sandrina, die in den armen Bauer Nanni verliebt ist, den wohlhabenderen Nencio, der dann einem reichen Cavalier weichen soll. Nencio, dagegen liebt die lebensfrohe Vespina. Intriguen bringen es dahin, daß Jedes sich hintergangen glaubt. Vespina durchblickt zuerst das lose Spiel und ist entschlossen, durch Schlauheit die Wege zu ebnen. Es folgen nun

---

1 Maria Anna Louise, geborene Marchesa von Lunati Visconti aus Lothringen, Gemalin des 1762 verstorbenen Fürsten Paul Anton, (vergl. Band I. S. 211, 213). Die Fürstin war aus den Bädern von Spaa zurückgekehrt, wo sie mit Milady Spenser ein Freundschaftsbündniß geschlossen hatte und bei ihrer Rückkunft in deren Auftrag Metastasio ihr enthusiastisches Lob über den Dichter mittheilte, ihn zugleich um einige Zeilen von seiner Hand ersuchend als Zeichen daß sie die Bitte erfüllt habe, worauf Metastasio eine an diese Dame gerichtete Strofetta schrieb. (*Opere del Sig. Abbate Pietro Metastasio. Nizza 1783. vol. X. pag. 350*).

2 *L'Infedeltà Delusa, burletta per musica in due atti da rappresentarsi in Esterház nell' occasione del gloriosissimo nome di S. A. la Principessa vedova Esterházy nata Lunati Visconti, sul teatro di S. A. il Principe Nicolò Esterházy de Galantha al 26 Luglio dell' anno 1773.* — Dem entgegen bezeichnet das Wiener Diarium Nr. 61 als Veranlassung des Festes den Namenstag der Erzherzogin Marianne.

Verkleidungsscenen und schließlich finden sich beide Paare, Vespina und Nencio, Sandrina und Nanni, nach Wunsch zusammen, indem Vespina eine listig
herbeigeführte Unterzeichnung des Ehecontractes (sie selbst als Notar, Nanni
als Stellvertreter des Cavalier verkleidet) zu Stande bringt. Der alte Filippo
merkt zu spät den Betrug, fügt sich aber willig in's Unvermeidliche. —

Als im August 1773 Franz Nowotny, der bisherige Organist der Schloßkirche in Eisenstadt starb (Bd. I. 261), wurde
der Dienst getheilt. Haydn spielte im Winter (oder ließ sich
vielmehr suppliren), der Schulmeister Jos. Diezl[4] im Sommer
und überhaupt, wenn Haydn von Eisenstadt abwesend war.
Letzterer erhielt den üblichen Organisten-Gehalt (100 fl.), Haydn
aber als »qua-Organista« die bisherigen Organisten-Bezüge an
Naturalien,[5] wofür er (wie es ausdrücklich heißt) zu sorgen hatte
„daß die Eisenstädter Orgel gut versehen werde“. Der Werth der
Naturalien betrug 179 Gulden 15 Xr. rhein.; Haydn hatte somit
die bisher baar bezogenen 782 Gulden 30 Xr. hinzugerechnet, im
Ganzen 961 Gulden 45 Xr., welcher Gehalt bis zum Tode des
Fürsten (1790) unverändert blieb.[6] (Außerdem bezog er noch
jährlich eine Sommer- oder Winter-Uniform.) —

Im September 1773 wurde Fürst Esterházy durch einen
Besuch ausgezeichnet, der ihm und seinem Vorfahren in Eisenstadt und dem Lustschlosse Kittsee (Köpcsén) wohl oft zutheil geworden war[1], von dem er aber in Esterház noch nie und auch
nur dies einzige Mal beglückt wurde. Die Kaiserin Maria
Theresia, angeregt durch die lebhaften Schilderungen des
prachtvollen fürstlichen Besitzes, hatte gewünscht, die erzählten
Wunderdinge selbst zu sehen und somit, das erstemal nach dem
Tode ihres Gemals, an den durch einen kaiserlichen Besuch her-
vorgerufenen Festlichkeiten theilzunehmen.[2] Der beglückte Fürst

---

4 Seit 1779 Joh. Georg Fuchs, Schloß-Schulmeister, gest. 1810.

5 Sie bestanden in Folgendem: 300 Pfund Rindfleisch, 50 Pfund Salz,
30 Pfund Schmalz, 36 Pfund Kerzen, 4 Metzen Weizen, 3/4 Metzen Grieß,
12 Metzen Korn, je 1/2 Eimer Kraut und Rüben. Dazu kamen die 1771 erwähnten 9 Eimer Offizierwein und 6 Klafter Brennholz.

6 1789 wurde Haydn noch zu seiner bisherigen Convention jährlich „ein
Stück Schwein gnädigst resolviret d. h. für sich, nicht als Organist“.

1 Das Wiener Diarium 1742 — 1766 erwähnt dieser Kaiserl. Besuche
regelmäßig.

2 Die Beschreibung der stattgefundenen Festtage sind uns erhalten durch
das Wiener Diarium und eine bei v. Ghelen in Wien erschienene Broschüre:

bot sofort alles auf, sich dieser hohen Auszeichnung würdig zu
zeigen. Nach Vereinbarung der dazu bestimmten Tage begaben
sich vorerst Dienstag den 31. August Herzog Albert von Sach=
sen = Teschen mit seiner Gemalin, Erzherzogin Christine und
dem dazu befohlenen Hofstaat von 30 Herren und Damen nach
Esterház, wo sie nach einer Rundfahrt im Park Abends im
Opernhause mit dem Lustspiel „Die zwo Königinnen" unterhalten
wurden. Am nächstfolgenden Tage, den ersten September begab
sich die Monarchin von Schönbrunn aus in Begleitung ihrer
Töchter, der Erzherzoginnen Maria Anna und Elisabeth
und ihrem jüngsten Sohne, Erzherzog Maximilian auf die
Fahrt. Der Fürst war ihr bis Ödenburg entgegengefahren und
geleitete sie über Szeplak, wo des kaiserlichen Zuges Tausende
von festlich gekleideten Landleuten harrten, nach seinem Schlosse.
Die Fahrt von Schönbrunn bis dahin dauerte fünf Stunden.
Nach der Tafel durchfuhren die hohen Gäste in fünfzehn fürst=
lichen Wägen den Park, den die Kaiserin nicht müde wurde zu
bewundern; namentlich überraschten sie die verschiedenen überreich
ausgestatteten Lustgebäude, der Sonnen= und Dianentempel, die
Eremitage 2c. Am Abend wurde im Opernhause die uns schon be=
kannte zweiactige Burletta L'Infedeltà delusa[3] von Haydn auf=
geführt. Wie sehr der hohen Fürstin die Ausführung gefiel, be=
weist ihr nachträglicher Ausspruch, der sich bis auf den heutigen
Tag erhalten hat: „Wenn ich eine gute Oper hören will, gehe
ich nach Esterház". Der Oper folgte ein Maskenball in den
Prachtfälen des Schlosses und von hier geleitete dann der Fürst
seine Monarchin zu dem chinesischen Lusthause, dessen mit hohen
Spiegelgläsern bedeckte Wände, das Licht zahlreicher Lustres und
Lampions wiederstrahlend, den Saal wie in ein Flammenmeer
erscheinen ließen. Auf einer Estrade hatte die fürstliche Kapelle
in ihrer kleidsamen Prachtuniform Platz genommen und führte

»Relation des fêtes données à Sa Majesté l'Imperatrice par S. A. Mgr.
le Prince d'Esterhaz dans son château d'Esterhaz le 1r et 2e 7bre 1773.«

3 Die Mitwirkenden waren dieselben wie bei der ersten Aufführung. Das
gedruckte Libretto hat auf dem Titelblatte die entsprechende Abänderung: L'Infedeltà Delusa, burletta per musica in due atti da rappresentarsi in
Esterház nell' occasione del gloriosissimo arrivo quivi de Sua Maestà
L'Imperatrice Maria Theresia, sul teatro di S. A. il Principe Nicolò Esterhazy de Galantha, nel mese di settembre dell' anno 1773.

unter der Leitung Haydn's eine Symphonie (a. 18)[4] und einige
concertirende Stücke auf. Haydn, vom Fürsten der Monarchin
vorgestellt, benutzte die Gelegenheit, dieselbe an den recenten
Schilling zu erinnern, der ihm als Sängerknabe im Schloßgar=
ten zu Schönbrunn auf ihren Befehl aufgemessen wurde,[5] für
welche allerhöchste Auszeichnung er sich nun nachträglich aller=
gnädigst bedankte. Die gutmüthige hohe Frau, in so geschickter
Weise an ihr liebes Schönbrunn und die daselbst verlebte schönste
Zeit ihres Lebens erinnert, erwiederte, indem sie scherzend mit
dem Finger drohte: „Sieht Er, lieber Haydn, der Schilling hat
doch seine guten Früchte getragen". Die ohnedies längst ver=
schmerzte Dissonanz dieser Jugenderinnerung verscheuchte schließlich
eine kostbare mit Ducaten gefüllte Tabatière. — Die Kaiserin
verweilte anderthalb Stunden in diesem Saale und soupirte dann
in ihren Gemächern, während sich Erzherzog Maximilian und
Herzog Albert sammt Gefolge, diesmal maskirt, auf den noch
immer in voller Lust dahin wogenden Maskenball zurückbegaben,
der erst bei Tagesanbruch endete. An diesem Tage, 2. Septem=
ber, war im Prachtsaale öffentliche Tafel wobei sich die vorzüg=
lichsten Virtuosen der Kapelle mit Concertstücken producierten und
Fremde und Einheimische Gelegenheit hatten, die Glanzentfaltung
des fürstlichen Hauses zu bewundern. Um vier Uhr wohnte die
Kaiserin einer Vorstellung im Marionettentheater bei. Zur Auf=
führung gelangte die Oper „Philemon und Baucis"[6] nebst einem
Vorspiel „Der Götterrath, oder „Jupiters Reise auf der Erde".
Hatte schon das Vorspiel mit der Darstellung des Olymp und
der versammelten Götter durch die kunstvollen Dekorationen, durch
die Trefflichkeit der Maschienerien und die exakten Bewegungen

---

4 Derselben wurde dann der Name der Kaiserin beigelegt.

5 Vergl. Band 1. S. 70.

6 Philemon und Baucis, oder Jupiters Reise auf die Erde. Bey
Gelegenheit der höchsterfreulichen Gegenwart Allerhöchst Ihrer k. k. apostoli=
schen Majestät und Allerhöchst dero allerdurchlauchtigsten Erzhauses. In einer
Marionetten Operette zum erstenmale zu Esterház auf der fürstl. Marionetten=
Bühne im Jahre 1773 aufgeführt. Wien, mit von Ghelenschen Schriften.
Ein Exemplar dieser selten gewordenen Broschüre, wie auch des Vorspiels
besaß Haidinger in Wien. Ein zweites Exemplar (Vorspiel und Singspiel in
einem Heft zusammengebunden) besaß Otto Jahn, nun im Besitz von Herrn
Dr. Gehring in Wien. Von Haydn's Hand ist auf dem Titelblatt geschrieben:
Music von mir Jos. Haydn.

der reich costümirten Puppen laute Bewunderung erregt, wurde
dieselbe noch erhöht durch die nachfolgende gemüthvolle Oper und
die allegorische Darstellung am Schlusse, der hier zu einer Hul=
digung der Monarchin und des Herrscherhauses umgestaltet war.
Maria Theresia sprach dem Fürsten wiederholt ihr Wohlgefallen
über die Darstellung aus, die ihr einen derartigen Eindruck hin=
terließ, daß sie sich vier Jahre später mit demselben Puppen=
Apparat in Schönbrunn eine Oper aufführen ließ. — Nach ein=
genommenen Souper begab sich die Kaiserin mit ihrem Gefolge
durch eine mit farbigen Laternen erleuchtete Allee außerhalb des
Parks, um ein vom Pyroballisten Rabel veranstaltetes Kunst=
feuerwerk anzusehen. Sie selbst entzündete mit der Stoppine die
Feuerkörper, deren Zusammenstellung und Reichhaltigkeit alle Er=
wartung übertraf. Der Fürst geleitete hierauf seinen hohen Gast
zu einem anderen festlich decorirten und magisch beleuchteten Theil
der Parkumgebung. Dieser ganze über 8000 Besucher fassende
Flächenraum war wie übersät mit buntfarbigen die verschieden=
sten Figuren bildenden Lampions. Besonderes Interesse erregten
hier die, in einer bis dahin unbekannten Art von rückwärts er=
leuchteten Darstellungen nach Gemälden von Van Dyk. In fest=
lichem Aufzuge, die Fahnen hoch schwingend, erschienen sodann
bei tausend mit Bändern und Blumen geschmückte Landleute bei=
derlei Geschlechts, beim Klang nationaler Musik feurige Tänze
nach Art ihres Landes aufführend. In ihrer Freude, die geliebte
Landesmutter in ihrer Mitte zu sehen, erfüllten sie die Luft mit
Zurufen: Es lebe Maria Theresia! Hoch unsere Königin! wäh=
rend das Kaiserliche Gefolge sich unter die Fröhlichen mischte
und an ihren Tänzen Theil nahm. Mit Mühe entzog sich die
Monarchin der allgemeinen Lustbarkeit, die noch lange nach ih=
rem Weggange fortwährte. Am dritten Morgen verließ die Kai=
serin das Schloß; der Fürst gab ihr bis Ödenburg das Geleit,
wo ihrer ebenfalls ein festlicher Empfang zu Theil wurde. Dem
Schlosse Esterház aber blieb dieser einzige, damals auch in einem
Gedicht [7] besungene Besuch unvergeßlich und noch heute wird der
Fremde durch die in Ehren gehaltenen Gemächer „unserer Köni=
gin“ an denselben erinnert.

     Es erübrigt noch, einiges über die erwähnte Marionetten=

---

7 Von Dr. Conradi in Preßburg. Wiener Diarium Nr. 75.

oper zu sagen. „Philemon und Baucis" ist als Schauspiel im
Jahre 1753 von C. Gottlieb Pfeffel geschrieben worden; der
früher (I. 160) genannte Felix Berner führte das Stück mit seiner Kindertruppe im Jahre 1763 in Zabern und Straßburg auf;
Gluck benutzte die Handlung im J. 1769 als Festoper unter dem
Titel: *Bauci e Filemone.* Als „ein ganz neues Ballet" bezeichnet, wurde „Philemon und Baucis, oder: Die belohnte Tugend" zugleich mit der ersten Aufführung von Lessings „Emilia
Galotti" am 13. März 1772 in Braunschweig gegeben. Die
Handlung ist bekannt: Jupiter und Merkur besuchen, als Pilgrimme gekleidet, die Erde, und von der Gastfreundschaft der
alten phrigischen Eheleute gerührt, verheißen sie ihnen Verjüng-
ung. Das gerührte Paar bittet zugleich um die Gunst, ihre
Hütte als Tempel des Jupiter zu weihen und ihnen darin den
Priesterdienst versehen zu lassen. — Von Haydn's Musik hat
sich außer einer einzigen Zeile in seiner Handschrift[8] nur die
kleine zierliche Ouverture D-moll (b. 1.) und eine Canzonette des
Philemon: „Ein Tag, der Allen Freude bringt" (A-dur, $^3/_4$) erhalten. —

Das einzige *Stabat mater* (m. 12) das Haydn geschrieben,[1]
entstand wahrscheinlich in diesem Jahre. (Eine Unterschrift im
Stifte Göttwig trägt das Datum 1773, 19. Nov.). Dieses uralte tief religiöse Mönchsgedicht schildert in ergreifender Weise
die Wehmuth der Schmerzensmutter, wendet sich dann an diese
selbst und, im Vorgefühl des jüngsten Gerichts ihre Fürsprache
bei Gott erflehend, betrachtet es, im Vertrauen auf ihren Schutz,
den Kreuzestod Jesu's nur noch als ein Gnadenmittel, nach dem
leiblichen Tode der Aufnahme der Seele im Paradiese theilhaftig
zu werden. Von jeher haben sich die Componisten ersten Ranges
von dieser weihevollen Dichtung angezogen gefühlt. Josquin Des-
prez, Palestrina, Orlando Lassus, Astorga, Pergolese, Ago-
stino Steffani[2] lieferten, jeder in seiner Art, anerkannte Meister-

---

8 Skizze aus dem Vorspiel mit den Worten: „Wenn's so ist, muß auch
ich mit meiner Glorie kommen". (Schlußworte des Merkur, 1. Auftritt.)

1 Fétis (Biogr. univ.) nennt noch ein zweites Stabat mater, (différent
du précédent) indem er die Ausgabe in Paris und London für 2 verschie-
bene Werke hält.

2 Über Steffani's *Stabat mater* siehe Chrysander's „Händel" Bd. I.
S. 350 ff.

werke; ihnen folgten, ebenfalls noch vor Haydn, Joh. Jof. Fux, Hasse und weiterhin Tuma, Traetta, Wagenseil u. A. — Es ließe sich allenfalls annehmen, daß Haydn zu seiner Wahl zunächst durch Pergolese's Werk angeregt wurde, welches damals in Wien aufgeführt wurde.[3] Auch Haydn's Composition dürfte dann in Wien bekannt geworden sein,[4] wo sie Hasse, der sein Urtheil darüber schriftlich gegen Haydn aussprach, wohl gehört haben mag oder doch wenigstens Einsicht in die Partitur genommen hatte. Später weist ein Brief Haydn's auf eine Aufführung in Paris hin;[5] auch Cramer's Magazin der Musik (1783, S. 960) läßt sich aus Paris über die gute Aufnahme berichten, die das Werk dort gefunden und gedenkt schon früher (S. 168) der Aufführungen in verschiedenen Privatzirkeln Rom's, u. a. beim Fürsten Rezzonico (1780). In den 80r. Jahren wurde das Werk auch in London wiederholt in den *Nobility concerts* aufgeführt. Berichte über weitere Aufführungen liegen noch vor aus Leipzig (1802, unter Schicht), Wien (1808 und später), Berlin (1812), Amsterdam (1819), Riga (1823), Weimar (1825), Danzig (1845). In vielen Kirchen und Klöstern wird Haydn's Werk am Charfreitag abwechselnd mit dessen „Sieben Worte" zur Aufführung gebracht. Haydn's Auffassung und Behandlungsweise des Textes ist der Schreibweise seiner italienischen Zeitgenossen analog; so erklären sich auch die, wie Haydn bescheiden schreibt, „unverdienten" Lobsprüche, welche ihm Hasse, wie oben erwähnt, ertheilte, worüber sich Haydn äußert: „Eben diese Handschrift (Hasse's) werde ich zeit Lebens wie Gold aufbehalten, nicht

---

3 Das Tagebuch Zinzendorf's erwähnt darüber (11. Apr. 1772.) *De la au concert chez Marchisio, ou on chanta le Stabat mater.* Ferner (4. Dec.): »*chez Me. de Goes, ou il y avait un concert, elle chanta le Stabat mater de Pergolese*«.

4 „Vor 17 oder 18 Jahren wurde sein (Haydn's) *Stabat mater* in Wien zum ersten Mal aufgeführt; viele seiner Gegner waren gegenwärtig, hörten es mit Aufmerksamkeit an und gaben dem Verdienst vollkommen Beifall, das sie so lange bezweifelt hatten. (Almanach der k. k. National-Schaubühne in Wien auf das Jahr 1788, von F. C. Kurz.)

5 »*Mons. Le Gros Directeur du concert spirituel*« schreibt mir ungemein viel Schönes von meinem Stabat mater so allbort (in Paris) 4 mahl mit größtem Beifall producirt wurde; die Herren batten um die Erlaubniß dasselbe stechen zu lassen. (Haydn an Artaria. 27. Mai 1781.)

des Inhalts sondern eines so würdigen Mannes wegen."[6] Was später über das Werk Lobendes geschrieben wurde,[7] kann man heutzutage nur noch bedingungsweise gelten lassen. Hier und im „Tobias", der bald darauf folgte, war es Haydn nur selten gelungen, sich der Strömung der Zeit zu entschlagen. Immerhin aber verdient das Werk nicht in jener Weise abgefertigt zu werden, wie dies Reichardt[8] gethan, der selbst das Gedicht „ein schlechtes Lied", eine „elende Poesie" nennt.

Weitere Compositionen aus diesem Jahre:

2 S y m p h o n i e n (a. 19. 20) Nr. 19 Autograph, die andern in Abschrift erschienen.

1 V i o l o n c e l l c o n c e r t (e. 6.) in Abschrift erschienen.

3 C l a v i e r s o n a t e n (f. 4. 5. 6.), im Druck erschienen mit den nächstfolgenden

3 S o n a t e n f ü r C l a v i e r mit V i o l i n e *ad lib.* (g. 2. 3. 4.) Autograph.

Das Jahr 1774 bietet uns weder eine Festlichkeit noch sonst einen nennenswerthen Moment, dafür aber zahlreiche Compositionen, darunter

6 S t r e i c h q u a r t e t t e (d. 33 — 38.) in Abschrift erschienen (nach dem Tittelblatt der Berliner Ausgabe unter der Bezeichnung „Sonnenquartette" bekannt). Artaria gab sie erst im J. 1800 und 1801 in 2 Serien heraus; Haydn nahm selbst die Correctur vor und widmete sie Nicolaus Z m e s k a l l v o n D o - m a n o v e c z, Beamten der ungarischen Hofkanzlei, einem geschickten Dilettanten auf dem Violoncell und im Tonsatz, der auch in Beethoven's Leben oft genannt wird. Artarias Ankündigung der verbesserten Auflage der Quartette in der Wiener Zeitung vom J. 1800 lautet: „Wir glauben Freunden und Kennern der Kunst einen nicht gemeinen Dienst zu erweisen, indem wir ihnen dieses schätzbare Produkt der früheren Muse Haydn's in der gegenwärtigen Auflage mittheilen. Es ist durch die Hand und unter der Aufsicht des Verfassers theils von den vielfältigen Schreib-

6 Siehe Selbstbiographie Band I, Beilage II, S. 382.

7 Besonders Musikalische Realzeitung 1789. Nr. 35.

8 Musikalisches Wochenblatt, Berlin, 1792, No. XIV, S. 108.

fehlern, die es bisher beinahe unbrauchbar gemacht haben, ge=
reinigt, theils in Anerkennung der zum richtigen Vortrag un=
entbehrlichen Beziehung der Stärke, Schwäche, des Bogenstrichs
2c. so berichtiget, daß wohl schwerlich in irgend einem andern
Werke solche Correctheit zu finden sein dürfte.

Weitere Compositionen aus diesem Jahre:
7 Symphonien (a. 21 — 27.). Nr. 21 — 23, 25 und 27.
Autograph; Nr. 24 und 26. in Abschrift erschienen.
1 Thema mit Variationen für Clavier (k. 1.) in Abschrift
erschienen.

Im Winter 1774/75 schrieb Haydn sein erstes Oratorium
Il Ritorno di Tobia. Das Textbuch hatte der, seit 1772 bei
der italienischen Oper in Wien als Dichter angestellte Giov. Ga=
stone Boccherini verfaßt. Das Oratorium wurde in italieni=
scher Sprache das erste Mal im k. k. priv. Schauspielhause nächst
dem Kärnthnerthor in der Akademie der im Jahr 1771 gegrün=
deten Tonkünstler=Societät, am 2. und 4. April 1775 aufge=
führt. Haydn hatte es dem Verein unentgeltlich überlassen und
dirigirte selbst. Er hatte sich von Eisenstadt drei Solosänger,
Christian Specht und das Ehepaar Friberth und zwei In=
strumental=Virtuosen seiner Kapelle, Tomasini und Marteau,
Mitglieder des genannten Vereins, mitgebracht, welch' letztere
zwischen den beiden Abtheilungen, Tomasini am ersten Abend
ein Violin=, Marteau am zweiten Abend ein Violoncell=Con=
cert spielten.

Besetzung der Gesangsolo=Partien:

Tobit, ein Blinder	*Christian Specht.*
Anna, sein Weib.	*Margarethe Spangler.*
Tobias, Beider Sohn.	*Karl Friberth.*
Sarah, sein Weib.	*Magdalena Friberth.*
Raphael, Erzengel, unter der Gestalt	
des Azarias	*Barbara Teyber.*

Über die Aufnahme des Oratoriums giebt uns ein Zeitungs=
Bericht[1] Aufschluß, aus dem wir zugleich ersehen, mit welcher
Achtung man von Haydn sprach und wie schon damals seine

---

1 K. k. priv. Realzeitung der Wissenschaften. 1775, 14. Stück, 6. April
S. 218.

Werke im Auslande bekannt und beliebt waren. Wir lesen:
„Der berühmte Herr Kapellmeister Haydn hat durch das von ihm
in Musik gesetzte und den 2. und 4. dieses aufgeführte Orato=
rium, genannt „Die Wiederkunft des Tobias" allgemeinen Bei=
fall erhalten und seine bekannte Geschicklichkeit abermals auf der
vortheilhaftesten Seite gezeigt. Ausdruck, Natur und Kunst war
durchgängig in seiner Arbeit so fein verwebt, daß die Zuhörer
das eine lieben und das andere bewundern mußten. Besonders
glühten seine Chöre von einem Feuer, das sonst nur Händeln
eigen war, kurz, das gesammte, außerordentlich zahlreiche Pu=
blikum wurde entzückt und Haydn war auch da der große Künst=
ler, dessen Werke in ganz Europa beliebt sind, und in wel=
chem Ausländer das Originalgenie dieses Meisters erkennen."[2]

Die Einnahme der Doppelaufführung betrug die für jene
Zeit beträchtliche Einnahme von 2085 Gulden, wovon 373 Gul=
den für Auslagen in Abzug kamen.

In dem an dramatischem Interesse dürftigen Textbuch werden in um=
ständlicher Breite die Einzelheiten der bekannten biblischen Erzählung mitge=
theilt; die Sehnsucht des erblindeten Vaters Tobit und seines Weibes Anna
nach dem abwesenden Sohne Tobias; des Vaters Vertrauen, daß dem Sohne
kein Unfall widerfahre; des Erzengels Verkündigung von der bevorstehenden
Ankunft des Sohnes; dessen Heimkehr in Begleitung seiner Frau; die Heilung
der Blindheit des Tobit durch den Sohn (mittelst der Galle eines von ihm ge=
tödteten Fisches) und endlich, nachdem sich der Erzengel als solcher zu erkennen
gegeben, der Dank= und Lobgesang Aller.

---

2 Es heißt dann weiter: „Auch die regelmäßig gute Ausführung der Musik
macht den hiesigen und fremden Tonkünstlern viel Ehre, um soviel mehr Ehre,
da sie die Einnahme davon zur Versorgung ihrer Wittwen und Waisen ver=
wenden. Gewiß ein beifallswürdiges Unternehmen, das manche Thräne von
den Wangen der verwaisten Familie eines Künstlers abtrocknet, weil es ge=
meiniglich das Schicksal eines geschickten Mannes ist, für sich und die Seini=
gen kein Vermögen sammeln zu können, sondern nur bei Lebzeiten das bis=
chen Seifenblase — den Ruhm zu haschen".

> O Künstler, dessen Harmonie die Seelen
> Der Fühlenden zum Himmel hebt,
> Der unsrer Väter Thaten melodisch zu erzählen
> Die heil'ge Asche neu belebt;
> Dein Geist setzt durch des Nachruhms goldne Ehre
> Nächst Händeln Dir ein Monument,
> Und hebt Dich in die hohe Sphäre
> Wo Gluck und Bach die Bahn nur kennt.

Nachdem eine Wiederholung des Oratoriums im J. 1781 in
unliebsamer Weise hintertrieben worden war, kam dasselbe „ganz
neu bearbeitet und mit zwei Chören vermehrt" durch dieselbe So=
cietät am 28. und 30. März 1784 zur Aufführung (diesmal im
K. K. National=Hoftheater).

Zu Leipzig brachte J. G. S ch i ch t, Musikdirector der Ge=
wandhausconcerte den „Tobias" im Frühjahre 1802 zu Gehör,
vermuthlich auf Anregung seiner früher (S. 20) erwähnten Gattin
Constanza V a l d e st u r l a. Die nächste Aufführung durch die
Tonkünstler=Societät in Wien war 1808. N e u k o m m, Haydn's
Schüler, war von Petersburg, wo er drei Chöre aus dem Ora=
torium Tobias unter großem Beifall hatte aufführen lassen, nach
Wien zurückgekehrt und hatte mit Zustimmung Haydn's, der sich
der Mängel des Werkes wohl bewußt war, die Partitur den
Ansprüchen der Zeit gemäß gekürzt und in der Instrumentation
vermehrt.[3] In dieser Gestalt wurde das Werk „Aus Wohlwol=
len für die Gesellschaft neu bearbeitet" am 22. und 23. Dec. ge=
geben, d. h. getheilt: an jedem Abend eine Abtheilung (mit Zu=
gabe anderer Stücke).[4] Im J. 1861 brachte Franz Lachner in
München „die Heimkehr des Tobias" (deutsche Übersetzung von
Fr. Graf Pocci) zur Aufführung, bedeutend gekürzt und mit
neuen Einlagen versehen; ebenso 1866 in Wien der Haydn=Ver=
ein (frühere Tonkünstler=Societät) unter Esser's Leitung. Die
Einlagen bestanden aus 3 Compositionen Haydn's: Chor - „Du
bist's dem Ruhm und Ehre gebühret", (aus den vierstimmigen
Gesängen); Quartett mit Chor — „Laß uns auf diesem dunklen
Pfad" (Nr. 10 aus dem *Stabat mater*); Chor — „Preis Dir,
Allmächtiger, und Ehre" (ursprünglich, »*Non nobis Domine*«).
Diese drei Einlagen enthält auch der Clavierauszug, (Nr. 8 der
Kirchenmusik, herausgegeben von Holle), bearbeitet von H. M.
Schletterer, der zugleich Vorschläge zu den wünschenwerthesten

---

3 Eine Partitur in Neukomm's Handschrift befindet sich im Eisenstädter
Musik=Archiv. Am Schluß des 2. Bandes steht: Moskau am 6/18. October
806 Sigism. Neukomm.

4 Damals erschien auch das Textbuch in italiänischer und deutscher Spra=
che, gedruckt bei Georg Ueberreuter. Der Phantasie des Zuhörers wird darin
häufig nachgeholfen z. B. Sie geht gegen das Feld ab; — Sie kniet nieder
und küßt Tobits Hand; — Alle stehen auf und umarmen Tobit; — Zu den
Hebräern, die kostbare Geschirre und andere Geräthe bringen.

Abkürzungen macht. Drei kräftige Chöre aus „Tobias", Finale I.
der Sturmchor, und Finale II, (m. 13. 14. 15.) werden noch
heutzutage mit unterlegtem lateinischen Text in katholischen Kir=
chen oft und gerne gesungen. —

Haydn läßt dieses Gebiet in der Musik nun auf lange Zeit
unberührt, denn das hier und da erwähnte und auch in Ab=
schrift vorhandene Oratorium *Abramo ed Isacco* (Worte von
Metastasio) wird Haydn fälschlich zugeschrieben. Es ist richtiger
von Giuseppe Mißliwececk und wurde u. a. 1777 in München
aufgeführt. Die Fälschung stammt aus derselben Quelle, die
Haydn auch zwei Opern andichtet, deren später Erwähnung ge=
schehen wird. —

Montag, den 28. August, 8 Uhr Abends, langten Erzher=
zog Ferdinand[1] mit Gemalin Maria Beatrice über
Ödenburg auf Besuch in Esterház an. Der Fürst hatte nun
abermals Gelegenheit, den Reichthum seines Hauses zu entfalten
und bewies sich in der That unerschöpflich in Erfindung ab=
wechselnder Lustbarkeiten, die uns dieses Mal insbesondere ein
getreues Bild bieten von dem damaligen Geschmack bei derlei
Festen. Schon auf dem Wege von Szeplak aus wurden die ho=
hen Gäste von der aus der Umgebung herbeigeeilten Landbevöl=
kerung mit Trommelwirbel, flatternden Fahnen und freudigem
Zuruf begrüßt; ebenso nahe dem Schlosse von einem auf einer
laubgeschmückten Estrade postirten Chor Trompeter und Paucker.
Auf der Hauptwache standen zu beiden Seiten in zwei Zügen
die fürstlichen Grenadiere in voller Parade; zwischen ihnen 24
Livréebedienten in prächtiger Gala, 6 Läufer, 6 Heyducken, die
Leibhusaren, die fürstliche Musikkapelle, das Jagdgefolge, alle
Hausofficianten, 6 deutsche und 6 ungarische Pagen. Am gro=
ßen Portal, der Hauptwache gegenüber, harrten der Ankunft das
fürstliche Paar und der aus Ungarn und Wien eingeladene Adel.
Nach kurzem Aufenthalt in den zum Empfange bereit gehaltenen

---

1 Sohn Franz I. und Maria Theresia, Generalcapitän der Lombardei
Herzog von Österreich=Este, vermählt in Mailand 1771, 15. Oct.. Mozart,
damals 15 Jahre alt, schrieb für diese Gelegenheit die Serenata *Ascanio in
Alba*, am 17. Oct. aufgeführt. Bekannt ist Hasse's Äußerung: „Der Jüngling
wird Alle vergessen machen". Erzherzog Ferdinand ist derselbe, von dem Haydn
in 1789 hoffte „eine Schuld von sieben Jahren bezahlbar zu erhalten". (Brief
an Artaria, 5. Juli.)

festlich geschmückten Apartements begab sich die hohe Gesellschaft
in's Theater wo ein kleines deutsches Schauspiel aufgeführt
wurde. Nach Beendigung desselben fanden die Gäste das ganze
Schloß und einen Theil des Parkes beleuchtet und vereinigte sich
Alles bei der reich besetzten Tafel. Am folgenden Morgen spielte
unter den Fenstern der Gäste die Feldmusik und wurden dann
alle kostbaren Schätze des Schlosses besichtigt. Mittags wurde
an drei Tafeln öffentlich gespeist; der höchste Adel saß an einer
Tafel zu 40 Gedecken im großen Prachtsaale; der übrige Adel,
ebenfalls zu 40 Gedecken in der Sala Terrena, der Rest im
Marionettentheater. Um vier Uhr war Pirutschade im Park;
der Dianen- und Sonnentempel, der Tempel der Liebe, der
Fortuna, die Eremitage und die übrigen Theile des Parks wurden besichtigt und bewegte sich schließlich die ganze Wagenreihe
zum Theater, wo eine neue eigens für diese Gelegenheit von
Haydn componirte italiänische Oper: »*L'Incontro improvviso*«
(die unvermuthete Begegnung) [2] aufgeführt wurde, welche den
Beifall aller Anwesenden erndtete. Der Oper folgte Abendtafel
und nach dieser im großen neuen chinesischen Redoutensaale ein
von nahezu 1400 Personen besuchter Maskenball. Am Mittwoch war nach der Tafel Spazierfahrt im Park, die zu einem
großen Platze lenkte, auf dem ein ländlicher Jahrmarkt impro-
visirt war. Nach Besichtigung der in laubgeschmückten Buden
ausgelegten Kleinigkeiten aller Art, darunter aber auch kostbare
Stücke von Gold und mit Edelsteinen besetzt, ging die Fahrt zu
einem noch größeren freien Punkt, der einen der volksthümlichen
Theile der Pariser Boulevards versinnlichte. Närrische Dinge
waren hier zu sehen: ein Polichinell-Theater, eine Marktschreier-
bude, der Stand einer Bilder-Sängerin, ein Zahnarztstand, ein
Tanzplatz mit Bauernmusik, zwei Bühnen für Hanswurstiaden.
Die bekannten Farçen-Charaktere Arlequin, Pierrot und Pan-
talon traten auf und trieben ihre derben Spiele; dann erschien
ein Zahnarzt zu Roß mit Gefolge auf Maschinenpferden; ihm
folgte ein Marktschreier auf einem von sechs Ochsen gezogenen
Karren, begleitet von aus Pappe fabricierten Affen, Löwen und

---

2 Haydn erwähnt die Oper in seiner autobiographischen Skizze irrthümlich als aufgeführt „in Gegenwart Ihrer k. k. Majestät". Vergl. Bd. I.
S. 382.)

Tigern. Der Zug machte Halt und der Marktschreier erklärte von einem monströsen Blatt herab seine bildlich dargestellten Kuren; solche die zu den „verschwiegenen" gehören, deutete er wenigstens verblümt an. Nun erschien Monsieur Bienfait, den wir vom Marionettentheater her kennen und zeigte die drolligen Glieder= verrenkungen seiner Maschinen=„Eleven", an Narrheit noch über= boten von einem Pariser Schuhflicker, der eine kleine Farçe zum Besten gab. Ein neuer Marktschreier tauchte auf, seine Wissen= schaft preisend; ein zweiter Wundarzt zeigte auf einem 18 Fuß hohen Gestell als großer Thomas seine Fertigkeit im Zahnbrechen und dazwischen erklärte die Bildersängerin in einem französischen Liede ihre schauerliche auf Leinwand dargestellte Marktgeschichte. Nachdem man sich an diesem Wirrwar von tollen Späßen satt gesehen und ein *gouté* von Erfrischungen eingenommen hatte, fuhr man zum Marionettentheater, in dem »Alceste«[3] als parodierte Oper aufgeführt wurde. Verfasser derselben war der uns schon bekannte Pauersbach, der auch die Vorstellung leitete. Es folgte dann noch Feuerwerk, Abendtafel und Wiederholung des Balles. Der Donnerstag Vormittag war der Jagd gewidmet, dieser schloß sich die Mittagstafel an, dann abermals Spazierfahrt und wäh= rend dem *gouté* im Gloriett Concert der fürstlichen Kapelle. Die Gesellschaft begab sich sodann in's Theater, wo das Lustspiel „Der Zerstreute"[4] nach dem französischen des Renard durch die Wahr'= sche Schauspielertruppe aufgeführt wurde. Nach Schluß der Vor= stellung und eingenommener Tafel fuhren die Gäste unter Be= gleitung von Feldmusik nach dem großen mit Guirlanden und seltenen Gewächsen geschmückten und glänzend beleuchteten Oval= platz, auf dem große transparente Conversationsgemälde ausge= stellt waren. Ein Kanonenschuß ertönte und im Nu füllte sich der Platz mit 2000 in ihre Nationaltracht gekleidete Bauern, sämmtlich Unterthanen des Fürsten, die von allen Seiten unter Jubelgeschrei herbeiströmten und ungarische und kroatische Tänze unter Begleitung ihrer landesüblichen Musik aufführten. Wäh=

---

3 Der Bericht im Wiener Diarium nennt Metastasio als den Verfasser, der aber bekanntlich keinen Operntext dieses Namens geschrieben hat. Die Musik war von Karl von Ordonez, die Partitur befand sich in Haydn's Nachlaß.

4 Wir werden dem Lustspiele bald wieder begegnen.

renb fich bann bas Sanbvolf bei Speife unb Tranf gütlich tljat
unb biz in ben Ijellen Tag Ijinein tollte, begaben fich bie Gäfte
burch ben mit farbigen Saternen erleuchteten Parf in's Schloß
zurücf, wo ber lefte Ball ftattfanb. Am frühen Morgen verab=
fchiebete fich bas erzherzogliche Paar, bas zuvor bie angefehen=
ften Hausofficianten bes Fürften mit foftbaren Gefchenfen be=
bacht Ijatte, um ihnen bie Erinnerung an biefe Fefttage wach
zu Ijalten.

Wir fommen nun auf bie Oper zurücf. Das bei Sieß in
Ödenburg gebrucfte Textbuch, ⁵ bas zum erften Male auch ben
Verfaffer angiebt (ben Sänger Karl Freiberth) nennt folgenbe
Perfonen:

Ali, principe di Balsora, amante di Rezia.	*Carlo Friberth.*
Rezia, principessa di Persia, favorita di Sultano d'Egitto nel serraglio . .	*Maddalena Friberth.*
Balkis, schiava, confidente di Rezia . .	*Barbara Dichtler.*
Dardane, schiava, confidente di Rezia .	*Elisabetta Prandtner.*
Osmin, schiavo d'Ali.	*Leopoldo Dichtler.*
Un calandro, inspettore magazino delle caravane	*Christiano Specht.*
Il Sultano d'Egitto	*Melchiore Griessler.*

Der Kern ber umftänblichen Hanblung ift folgenber: Ali, Prinz von Bal=
fora, ift in Rezia, perfifche Prinzeffin unb Favoritin bes egyptifchen Sultans
verliebt unb finnt auf Mittel, fich ihr zu nähern. Auch Rezia fchwärmt für
ihn unb möchte ihn wieberfehen. Balkis, ihre Sflavin unb Vertraute, fucht
Ali auf unb benachrichtet ihn, baß eine hohe Dame aus bem Serail mit ihm
in einem bazu beftimmten Palais zufammen zu fommen wünfcht. Nur ungern
folgt Ali, gelobenb baß er einer Unbefannten niemals Liebe entgegen bringen
unb ber Dame feines Herzens untreu werben würbe. Im Palais empfängt
ihn Darbane, eine zweite Sflavin unb Vertraute ber Rezia, giebt fich für bie
erwartete hohe Dame aus unb fucht ihn zu gewinnen, wirb aber zurücfgewie=
fen. Rezia unb Ali fommen enblich boch zufammen unb erfinnen einen Plan,
in Verfleibung zu entfliehen. Aus Dummheit vertraut Osmin, Ali's Sflave,
biefen Plan einem Derwifch (Calanbro) an, ber ihn bem Sultan verräth. Auf
bem Wege zur Flucht werben bie Liebenben von Solbaten ergriffen; ein
Schreiben bes Sultan beftimmt fie zum Tobe, bietet ihnen aber Verzeihung,
wenn fie fich bem Sultan ergeben; ber Derwifch aber foll als Verräther leben=
big gefchunben werben. Rezia unb Ali geloben, fich für ihn beim Sultan zu

---

5 *L'Incontro Improvviso, drama giocoso per musica, tradotto dal
Francese e rappresentato a Esterhaz, in occasione del felicissimo arrivo
delle A. A. L. L. R. R. il Serenissimo Archiduca d'Austria Ferdinando
et della Serenissima Archiduchessa Beatrice d'Este sul teatro di S. A.
il Principe Nicolo Esterhazy de Galanta nel mese d'Agosto dell'anno 1775.*

verwenden. Dieser drückt beide an sein Herz und sie nennen ihn den gutmü=
thigsten aller Väter. Der Derwisch wird verwiesen und Tanz und Sang fei=
ern die Güte des Herrschers. [6] —

In dieses Jahr fallen Haydn's letzte drei Compositionen für
das Baryton, [7] wenigstens liegen keine weiteren mit Datum be=
zeichneten Stücke vor. In diesen Arbeiten, im Ganzen 175
Nummern, von denen die meisten für Baryton, Viola und Vio=
loncell geschrieben sind, zeigt sich so recht auffallend Haydn's
unerschöpflicher Erfindungsgeist in immer neuen Themen und
deren mannigfachen Verarbeitungen. Von nun an scheint der
Fürst das Spiel seines Lieblings=Instrumentes weniger cultivirt
zu haben, und Andere (Tomasini, Kraft, Pichl, Pleyel) sorg=
ten für Zuwachs an neuen Stücken. Die erwähnten drei grö=
ßeren Compositionen für acht Instrumente (2 Waldh., Baryton,
2 Violinen, Viola, Violoncell und Baß) verwerthete Haydn bei
einer Sammlung von 6 Divertimenti (Baryton durch Flöte er=
setzt), welche bei Artaria im J. 1781 erschienen, wo sie verzeichnet
sein werden.

Weitere Compositionen aus diesem Jahre:
1 Symphonie (a. 28); in Abschrift vorhanden.

Wir sind bei dem Jahre 1776 angelangt, in dem Haydn,
dazu aufgefordert, für ein zu erscheinendes Werk („Das gelehrte
Österreich" von De Lucca) seine Lebensskizze schrieb. Sie ist in
Band I. S. 381 mitgetheilt und die dort ausgesprochene Ver=
muthung daß die bis dahin in allen Wiedergaben fehlende Jah=
reszahl mit 1776 oder 1777 zu ersetzen sei, hat sich bestätigt,
da sich seitdem das Original als in Privathänden befindlich vor=
gefunden hat. Es trägt das Datum „Estoras, den 6. July 1776. [1]

---

6 Bekanntlich wurde dasselbe Sujet (nach Dancourt) auch von Gluck be=
arbeitet und im Jan. 1764 auf der Hofbühne aufgeführt unter dem Titel:
La rencontre imprévue; später (Juni 1776) in deutscher Bearbeitung: „Die
unvermuthete Zusammenkunft, oder: die Pilgrimme von Mekka". (Siehe
Schmid. Gluck S. 107.)

7 Über Baryton siehe Bd. I. S. 249 — 257.

1 Die in dem Briefe genannte Mademoiselle Leonore, an die der Brief
gerichtet ist, vermählte sich später mit dem fürstl. Esterhazyschen Wirthschafts=
rath oder Güterdirector Lechner.

Jetzt, wo wir die ganze Lebensperiode Haydn's bis zu die=
sem Jahre mit durchgelebt haben, wird es wohl frommen, an
die Gedanken, welche, damals seine Feder führten und besonders
an die zweite Hälfte jener Skizze zu erinnern, wo Haydn jener
Gesangswerke aus den Jahren 1770—75 erwähnt, die u. a. „den
meisten Beyfall erhalten haben", sowie der Werke im Kammerstyl,
in dem er „außer den Berlinern fast allen Nationen zu gefallen
das Glück gehabt hat", wozu er in seiner ironischen Weise weiter
bemerkt, wie es ihn wundert daß ihn „die sonst so vernünftigen
Herrn Berliner" in ihrer Kritik „bis an die Sterne erheben" und
wiederum „60 Klafter tief in die Erde schlagen", was sie übrigens
nicht abhält sich äußerst zu bemühen, alle seine Werke zu be=
kommen.

Geschätzt und geliebt von seiner Umgebung, vom In= und
Ausland, besteht doch sein größter Ehrgeiz nur darin, vor aller
Welt so wie er es ist „als ein rechtschaffener Mann" angesehen
zu werden. Und alle Lobeserhebungen auf die Gnade Gottes
zurückweisend, dem allein er solche zu danken habe, hat er nur
den einen Wunsch, weder seinen Nächsten, noch seinen gnädigsten
Fürsten, viel weniger seinen unendlich barmherzigen Gott zu
beleidigen. —

Am 6. Januar 1776 kam im Stadttheater nächst dem
Kärnthnerthor zur Aufführung „Der Zerstreute", Lustspiel in
5 Akten nach dem französischen des Regnard (*le distrait*)[1] und
dazu ein Ballet „Die Ankunft der Savoyarden in ihrem Vater=
lande". Die privilegirte Realzeitung[2] giebt S. 107 über diesen
Abend folgende Notiz: „Vor dem Lustspiel und zwischen einem
jeden Aufzug wurde eine neue analoge Sinfonie aufgeführt,
welche eigentlich zu diesem Stück der berühmte Herr Jos. Haiden,
Kapellmeister in Diensten des Fürsten Esterhazy verfertiget". Diese
Symphonie ist besser bekannt unter der Bezeichnung *Il distratto*
(a. 29). Die Musik wurde auch im Leopoldstädter Theater im

---

1 Das Lustspiel wurde zuerst 1697 gegeben, fand aber nur geringen Bei=
fall, um so größeren 34 Jahre später. (Lessing, Hamburg. Dramaturgie, 28.
Stück.) Erste Aufführungen in Deutschland waren in Hamburg (1767), Lübeck
(1770, mit Eckhof als Leander), Wien (1772, Theater nächst der Burg).

2 Sie ist die einzige Quelle, aus der das Repertoire der beiden Hofthea=
ter aus jenen Monaten zu ersehen ist.

J. 1800 bei Aufführung des oft gegebenen Stückes [3] benutzt. Was Haydn später selbst davon hielt, zeigt ein Brief an Eßler (5. Juni 1803) in dem er ihn bittet, ihm „den alten Schmarn" [4] nach Wien zu schicken, da die Kaiserin (Marie Therese, Gemalin des Kaisers Franz) danach verlangte. —

In diesem Jahre erhielt Haydn vom kaiserl. Hofe den Auf= trag, für die im Januar 1777 wieder beginnende italiänische Oper ein neues Werk zu schreiben. Die nächste Veranlassung da= zu ist wohl in dem wiederholten Besuche des kaiserl. Hofes in Esterház zu suchen, wo derselbe Gelegenheit hatte, Haydn auch als dramatischen Tondichter kennen zu lernen. Die Wahl fiel auf das Textbuch *La vera costanza*. Haydn hatte bei der Com= position selbstverständlich auf die vorhandenen Kräfte Rücksicht genommen und die Rollenvertheilung selbst bestimmt. Beim Ein= studieren aber sollte er nur zu bald die Macht der Kabalen ken= nen lernen. Vergebens kämpfte er gegen sie an und selbst der Kaiser, an den er sich wandte und der sich für die Sache inte= ressirte, vermochte .nichts auszurichten [1]. So zog denn Haydn seine Partitur zurück und nahm sie mit nach Esterház, wo wir deren Aufführung in 1779 begegnen werden. Es ist zu ver= muthen daß Haydn es hier unbewußt mit einem Rivalen, An= fossi, zu thun hatte, der dieselbe Oper in Bereitschaft hatte, die auch wirklich am 12. Jan. 1777 im Theater nächst dem Kärnthner= thor von der Gesellschaft der Katharina Schindler, die damals in diesem und dem Theater nächst der Burg im Januar und Februar einen Cyklus von 12 Vorstellungen gab, zur ersten Aufführung gelangte. [2]

---

3 Auch auf kleinen Bühnen wurde „der Zerstreute" gegeben, so 1787 in der Hütte auf dem Neuen Markt, 1791 im Theater „zum weißen Fasan".

4 Werthlose Sache, Scharteke. So nannte auch Schiller (der Werth des Gegenstandes ist freilich ein himmelweiter) seine „Theilung der Erde" eine Schnurre. (Vergl. David Fr. Strauß „der alte und der neue Glaube", S. 331.)

1 Genau dasselbe war im J. 1767 dem damals elfjährigen Mozart mit seiner ersten, sogar auf Wunsch des Kaisers geschriebenen Oper *La finta sem=* *plice* widerfahren (Jahn Bd. I. S. 71).

2 Zinzendorf hörte die Oper am 25. Jan. 1777 und schreibt: »On joua le nouvel opéra »La vera constanza« ou »la pescatrice fedele«. Unter letzte= rem Titel nennt Clément's *dict. lyrique* die Oper als von Anfossi componirt und 1776 zu Rom aufgeführt. Das Textbuch unter ersterem Titel nennt den

Weitere Compositionen aus diesem Jahre:

2 Symphonien (a. 29. 30). Nr. 29 (siehe S. 76) in Abschrift
    vorhanden; Nr. 30 Autograph.
6 Soli für Violine mit Begleitung einer Viola (c. 2—7) in
    Abschrift erschienen.
6 Clavier=Sonaten (f. 7—12) in Abschrift erschienen.
1 Offertorium (m. 17) in Abschrift vorhanden.

Dienstag den 8. Juli 1777 trafen in Wien auf Besuch ein
Clemens Wenzel Kurfürst von Trier, seine Schwester Marie
Kunigunde Dorothee Herzogin von Sachsen, Herzog Albert
zu Sachsen=Teschen und seine Gemalin Marie Christine. Die
Herrschaften kamen von Preßburg und nahmen Absteigquartier
im Lustschlosse Schönbrunn. Der Besuch galt der Besichtigung
der Merkwürdigkeiten der Stadt. Um ihnen einen besonderen
Genuß zu bereiten, erbat sich die Monarchin vom Fürsten Ester=
házy seine Oper und Kapelle sammt dem Marionettentheater.[1]
Mittwoch fuhren die Genannten in Begleitung des Hofes ins
Belvédère, dem ehemaligen Palais des Prinzen Eugen von Sa=
voyen, um die, auf Anordnung des Kaisers vor Kurzem (1775)
von der Stallburg dahin übertragene k. k. Gemälde=Gallerie zu
besehen. Abends war auf dem Schloßtheater in Schönbrunn
„Spectakel", von der fürstl. Esterházyschen „Bande" mit allerhöch=
stem Beifall aufgeführt. Donnerstag Abend besuchten die Gäste
(mit Ausnahme des Kurfürsten von Trier) das Theater nächst
dem Kärnthnerthor, wo ein „wälsches Singspiel" (die Oper *La
contadina ingentilità*) zum erstenmale gegeben wurde. Freitag
concertirte die fürstl. Esterházische Kapelle während der kaiserlichen
Tafel in Schönbrunn. Nebst den oben genannten waren zugegen
Erzherzog Maximilian, die Erzherzoginnen Marie Anna
und Marie Elisabeth. Der Nachmittag wurde zum Besuche
des kaiserl. Zeughauses und der St. Stephanskirche verwendet.
Samstag begleitete der Hof seine Gäste ins Nationaltheater nächst
der Burg, um einer Vorstellung des Schauspieles „Alcidonis"

Namen des Componisten nicht. — Die Partitur befindet sich im Archiv der
Gesellschaft der Musikfreunde zu Wien.
    1 Als Leitfaden zu diesem Besuche dient uns einzig nur das Wiener
Diarium 1777 Nr. 55, 56, 57.

beizuwohnen. Diesesmal war auch die Kaiserin zugegen und als sie erschien, brach das Publicum „über die unverhoffte Freude, die allermildeste Landesmutter zu sehen, in allgemeines Frohlocken aus".[2] Der Sonntag wurde einer Fahrt in den Augarten und Prater gewidmet und brannte in letzterem Stuver ein Feuerwerk ab. Montag war Tafel beim Fürsten Franz von Liechten- stein und Abends führte die Esterházysche Bande in Schönbrunn abermals ein „prächtiges Singspiel" auf. — Da die Stücke nicht genannt sind, läßt sich nur vermuthen, daß, was das Singspiel betrifft, entweder ein älteres aus dem Programm der fürstl. Oper gewählt wurde, oder daß Haydn eine gerade fertig vorliegende neue italiänische Oper benützte, die dann bald darauf (wie wir gleich sehen werden) in Esterház gegeben wurde. Unter dem „Spectakel" ist jedenfalls eine Marionetten=Oper, wahrscheinlich „Dido" gemeint, deren Aufführung in Esterház in diesem Jahre Aufsehen machte, worüber folgendes berichtet wird: „Im ver= gangenen Jahre (1777) wurde eine neue Vorstellung (in Esterház) gegeben, welche 6000 Gulden kostete und so prächtig war daß die Kaiserin selbst sie zu sehen verlangte. Es wurde deswegen zu Schönbrunn ein Theater erbaut und die Marionetten und Dekorationen nach Wien geführt".[3] Eine neue Symphonie, etwa die in D (a. 32), dürfte Haydn wohl für diese Gelegenheit rasch geschrieben haben. —

Bald darauf, am 3. August, wurde in Esterház die Ver= mählung des k. k. Kämmerers und Majors Grafen Nicolaus Esterházy[1] (zweitem Sohne des Fürsten) mit der Gräfin Marie Anna Franzisca von Weißenwolf[2] gefeiert. Zu den Festlich= keiten zählten auch Oper und Marionettenspiel. Haydn schrieb

---

2 Wiener Diarium Nr. 56. Es stimmt dies allerdings nicht mit der oft versicherten Angabe, der Besuch der Kaiserin im Theater im Jan. 1771 (man gab Diderot's „Hausvater") sei der einzige und letzte nach dem Tode ihres Gemals gewesen. Abgesehen von ihrem Besuche in Esterház erschien sie noch, stets mit Jubel begrüßt, im Theater nächst der Burg in den Jahren 1775, 9. Sept., an welchem Abend die Oper *La finta scema* von Salieri und das Ballet „Die Horazier und Curazier" von Noverre gegeben wurden (W. D. Nr. 62); in 1776, 1. Sept. in „Minna von Barnhelm" (Realzeitung, S. 589); 1779, 5. Juni, in einem deutschen Singspiel (W. D. Nr. 45).

3 Goth. Theater-Kalender auf das Jahr 1778. S. 235.

1 Geb. 1741, 10. Mai, gest. 1809, 21. Dec. in Ödenburg.

2 Geb. 1747, 2. Febr., gest. 1822, 26. Juni in Linz.

dazu die dreiactige komische Oper *Il mondo della luna* (Die Welt des Mondes); auch die „im Sommer zum erstenmale aufgeführte Marionetten=Operette in 3 Aufzügen „Genovefens vierter Theil", mit Musik von Haydn, dürfte für diese Gelegenheit bestimmt gewesen sein. Das bei Kurzböck in Wien gedruckte Textbuch[3] der Oper nennt folgende Personen:

Ecclitico, finto astrologo	*Il Signor Guglielmo Jermoli.*
Ernesto, Cavaliere	*Il Signor Pietro Gherardi.*
Buonafede	*Il Signor Benedetto Bianchi.*
Clarice, figlia	*La Signora Cattarina Poschwa.*
Flaminia, altra figlia } *di Buonafede*	*La Signora Maria Anna Puttler.*
Lisetta, cameriera . .	*La Signora Marie Jermoli.*
Cecco, servitore di Ernesto. . .	*Il Signor Leopoldo Dichtler.*

Die Handlung dieser, mit Decorationen, Ballets, Aufzügen ꝛc. reich ausgestatteten und von vielen Componisten[4] benutzten Oper, welche Zinzendorf mit den wenig erbaulichen aber zutreffenden Worten abfertigt »*Le sujet est une farce pour la populace et pour les enfans*«, ist folgende:

Ecclitico, der sich für einen Astronomen ausgiebt, erfreut sich einer An= zahl gläubiger Schüler. Auch ein gewisser Buonafede will von dessen Weisheit profitiren. Dieser ist reich und hat zwei heirathsfähige Töchter, Clarice und Flaminia, die sammt dem Kammermädchen Lisetta von ihm mit Strenge be= handelt werden. Der Astrolog beabsichtigt, es durch List dahin zu bringen, daß Buonafede selbst, ohne es zu ahnen, seine Zustimmung zur Verheirathung der Genannten giebt. Clarice bestimmt er für sich selbst, Flaminia für seinen Freund den Cavalier Ernesto, das Kammermädchen für Cecco den Diener des Buona= fede. Ecclitico hat unerwartet leichtes Spiel; er weiß seinem Opfer durch ein großes dazu eingerichtetes Telescop allerlei Erscheinungen im Monde, bei denen die Frauen die Hauptrolle spielen, vorzugaukeln. Buonafede sieht und glaubt Alles und selbst, als Ecclitico versichert, ihn und sich selbst durch einen Trunk in den Mond versetzen zu können, geht er auch in diese Falle, trinkt, schläft ein und wird im Schlaf durch Ecclitico's Leute in dessen phantastisch dazu hergerichteten Garten getragen, wo er beim Erwachen auch richtig sich im Monde zu befinden wähnt. Ecclitico als Ceremonienmeister empfängt ihn, Tänzerinnen umgaukeln ihn, herrlich duftende Blumen entquillen der Erde, Musik tönt

---

3 *Il Mondo della Luna, drama giocoso in tre atti, rappresentato sul teatro d'Esterház all' occasione degli felici sponsali de Signore Nicolò, conte Esterhazy di Galantha, figlio di S. A. S. e la Signora Contessa Maria Anna Weissenwolf, L'estate dell' anno 1777.*

4 Avondano (Neapel 1732), Galuppi (Italien 1750), Piccini (Neapel 1762), Gaßmann (Venedig 1765), Paisiello (Neapel 1773), Astaritta (Vene= dig 1775).

aus jedem Gebüsche und schließlich erscheint in der Person des verkleideten Cecco die Majestät des Mondes, welche die ebenfalls verkleidete Lisetta zu sich auf den Thron erhebt. Buonafede ist entzückt und wünscht auch seine Töchter im Monde zu sehen. Auch diese erscheinen, begleitet von dem als Hesperus verkleideten Ernesto. Die Majestät befiehlt nun, daß mit Zustimmung Buonafede's Ecclitico die Clarice, Ernesto deren Schwester Flaminia sich zur Frau wählen sollen, die Majestät selbst behält sich die Throngefährtin Lisetta vor. Der Akt der Verbindung wird geschlossen und zu spät entdeckt Buonafede endlich daß alles nur Gaukelei war. Er bereut wohl seinen Wahn, vergibt aber großmüthig und alle preisen den Mond, durch dessen Macht ein so gutes Ende herbeigeführt wurde.

Die genannte Marionetten-Oper bietet dem Maschinisten und Decorateur einen überreichen Stoff, Witz und Geschmack daran zu erproben. Es ist schwer zu begreifen, wie die kleine Bühne Raum fand zur Entfaltung dieser Masse von Gruppen, wenn es auch nur Marionetten waren. Der beschreibende Text der Handlung ist ungenießbar; noch tiefer steht alles, was den Solo-Figuren singend und sprechend zugetheilt ist. An Arien, Arietten, mehrstimmigen Singstücken und Chören ist kein Mangel, die Musik selbst aber ging verloren. —

Weitere Compositionen aus diesem Jahre:

1 Symphonie (a. 31), in Abschrift vorhanden und aufgeführt
. (Nr. 32, Autograph, ist schon erwähnt).
3 Clavier-Sonaten (f. 13—15) im Druck erschienen.
1 Regina coeli (m. 18) in Abschrift vorhanden.

Im Jahre 1778 verbreitete sich in England das Gerücht, daß Haydn gestorben sei. Burney zog darüber Erkundigungen ein bei Sir Robert Keith, dem damaligen englischen außerordentlichen Bevollmächtigten am österreichischen Hofe, der nicht nur die Aussage widerlegte, sondern Burney auch das Material lieferte zu einer kurzen Lebensbeschreibung Haydn's, die ihm sein deutscher Secretär verschaffte und die Burney in seiner Geschichte der Musik benutzte.[1] Es war dies zweifellos der gleichzeitig in dem schon erwähnten Werke „Das gelehrte Österreich", Bd. I. erschienene Aufsatz, welcher Haydn's autobiographischen Skizze entnommen war.

_____

1 *A general History of music, vol. IV. p. 599 ff.*

Im ersten Bande (S. 201) wurde der zwei großen Brände
gedacht, die Eisenstadt in den Jahren 1768 und 76 größten=
theils zerstörten. Im J. 1768 währte der Brand zwei volle Tage,
2. und 3. August; das Franciscaner= und Frauenkloster wurden
in Asche gelegt und blieben nur 19 Häuser und die Stadt=Pfarr=
kirche unversehrt. Am 17. Juli 1776 fielen dem Brande 104 der
neu aufgebauten Häuser zum Opfer.[1] Das Feuer wüthete nament=
lich in der oberen und unteren Pfarrgasse, welcher Theil daher
auch fortan die Brandstatt genannt wurde. Griesinger bemerkt:[2]
„Zweymal betraf ihn (Haydn) der Unfall, daß ihm sein Haus
in Eisenstadt abbrannte, und jedesmal ließ es der Fürst wieder
aufbauen; einige Haydn'sche Opern und andere Compositionen
wurden dabey ein Raub der Flammen, und es existirt schwerlich
noch eine Copie davon". An anderer Stelle[3] wird der erste
Brand irrthümlich ins J. 1774 verlegt und *Le Breton*[4] damit
berichtigt, daß nur der Dachstuhl des Hauses abbrannte. Der
Fürst sorgte übrigens dafür daß nach dem zweiten Brande mit
Hülfe Pleyel's, dem Schüler Haydn's, der damals bei ihm
wohnte, die ganze Einrichtung in der früheren Weise wieder
hergestellt wurde. Dieses noch heute bestehende Haus befindet sich
in der unteren Stadt, Klostergasse Nr. 84 unweit dem Francis=
kanerkloster. Es besteht aus dem Erdgeschoß und einem Stockwerk
mit vier Fenster Gassenfront und macht innen und außen einen
freundlichen Eindruck. Die Fenster des rückwärtigen Theils sind
dem Schloßpark zugekehrt und hier, in abgeschiedener Ruhe, mag
Haydn wohl oft, den Blick auf das üppige Laubwerk mächtiger
Bäume gerichtet und dem Sange zahlloser Singvögel lauschend,
sich in erhöhter Stimmung dem Zuge seiner Phantasie hingegeben

---

1 Wiener Diarium 1768 (Nr. 63) und 1776; Gedenkbuch der Pfarre
und Stadtkirche.

2 Biogr. Notizen S. 24.

3 Allg. Mus.=Ztg. Bd. XIII. S. 150.

4 *Notice historique sur la vie et les ouvrages de J. Haydn.* p. 25.
Le Breton. ebenfalls den Verlust der Manuscripte bedauernd, sagt weiter:
„Nur einen Verlust konnte er (Haydn) nicht verschmerzen, die Partitur seiner
Armida, die er all' seinen Opern vorzog. Pleyel aber entschädigte ihn dadurch,
daß er ohne sein Wissen alle werthvollen Partituren copirt hatte". Le Breton
klagt hier ohne Noth: Die Armida fällt erst ins Jahr 1784 und auch das
Autograph der Oper liegt wohlerhalten in der Bibliothek der *Sacred Harmo=
nique Society* in London.

haben. Der Contrast mit seinem langen und ungesunden Aufent=
halt in Esterház, wo er der Unruhe musiktreibender Nachbarn
preisgegeben war und ihm nur wenig Zeit zur eigenen Arbeit
übrig blieb, war groß genug, um ihm die kurze Ruhe in dem
überdies so gesunden Eisenstadt doppelt wohlthuend empfinden
zu lassen.

Nach dem Ausweis des Steuerbuchs war Haydn gleich den
übrigen „Abbrandlern" (vom Feuer Beschädigten) vermöge k. Re=
solution von der Contribution (Militär= und Stadtsteuer) seit
1776 befreit. Zu dieser „Hofstatt Behausung" gehörten auch
mehrere Joch Äcker, Viehtrifft und Waldung, und ein kleiner,
hinter dem Spital in der Vorstadt gelegener Küchengarten. Hier
stand auch ein kleines, aus Brettern leicht aufgezimmertes Gar=
tenhäuschen. Eine Stiege führte in den obern Theil und von
hier aus übersah man weithin das vorliegende Feld. In diesem
Tusculum, das noch heute, mit Epheu umrankt und von Obst=
bäumen beschattet, erhalten ist, dürfte wohl Haydn, fern vom
Hofgetriebe und aus dem Bereich seines keifenden Hausdrachens,
wonnige Stunden verlebt haben. Wie gerne möchte man die
Entstehung so mancher Composition aus jener Zeit in dies Häus=
chen verlegen, aber der Meister blieb stumm; wahrscheinlicher
dürfte es sein, daß er hier, im Anblick der belebenden Natur
ringsum, überhaupt nur seinen Geist auffrischte. Die geschäftige
Fama hat bis in die neueste Zeit in diesem Bretterhäuschen
Haydn's große Messen aus den 90er Jahren und ähnliche spä=
tere Werke entstehen lassen und die innere Einrichtung der winzig
kleinen Hütte mit besonderer Vorliebe ausgestattet. Canapé,
Sessel und ein kleines Clavier fehlen nicht; die Wände zieren
Partitur=Abrisse, Lieder=Concepte, selbst die Canons sind nicht
vergessen, mit denen er als Greis sein Zimmer im eigenen Hause
in Wien ausschmückte. All' diese Herrlichkeiten zerstört ein Wind=
hauch: Haydn, durch Feuerschaden gewitzigt, verkaufte am 27.
Weinmonat (Oct.) 1778 Haus, Gründe und auch den Garten
sammt dem bescheidenen Asyl an den fürstlichen Buchhalter Anton
Lichtscheidl um Zweitausend Gulden.[5] —

_____

5 Eine Abschrift des noch vorhandenen Hauskauf=Contract verdanke ich
der zuvorkommenden Bereitwilligkeit des im J. 1875 verstorbenen Bezirksrich=
ters, Herrn L. Pregardt.

Wir haben früher gesehen daß Haydn im J. 1775 sein Oratorium „Tobias" in einer Akademie der Tonkünstler-Societät aufführte. Er beabsichtigte nun, diesem Verein als Mitglied beizutreten. In seiner Eingabe, vorgelegt in der unter dem Präsidium des Hofkapellmeisters Bonno abgehaltenen Sitzung am 18. Nov. 1778 ersucht er demnach „in Ansehung seiner sich schon erworbenen Meriten um Aufnahme in die Societät, wie auch um Nachsicht des, ihm als einem Auswärtigen (nicht in Wien ansässigen) zu erlegen kommenden Beitrags-Capital pr. 300 Gulden, wogegen er sich noch erbietet, künftighin auf allmaliges Verlangen der Societät ein Oratarium, Cantate, Sinfoni oder Cori ꝛc. zu den musikalischen Societäts-Academien zu componiren". Dieses Gesuch wurde Haydn sofort bewilligt „wegen seiner schon wirklich geleisteten, hauptsächlich aber vermög seinem Anerbieten (worüber er einen Revers einzulegen) noch fernerhin zu leistenden Dienste". Zugleich versichert die Societät „daß die Forderung in Betreff seines Reversmäßig einzulegenden Anerbietens niemals indiscret seyn werde". — Die Zumuthung, sich schriftlich zu binden, der Societät jederzeit nach deren Gutdünken mit seinem Talent aufzuwarten, war selbst dem sonst so herzensguten aber nach Umständen auch ebenso reizbaren Haydn zu stark. In einem ausführlichen Schreiben an Thaddäus Huber, Secretär der Societät, verwahrt er sich gegen deren Forderung und verlangt seine schon deponirte Einlage zurück, indem er seine Aufnahme annullirt, aber trotz der Unbill die ihm widerfuhr, sich gleichzeitig freiwillig anheischig macht, auch ferner „wenn es anderst Zeit und Umstände mir erlauben werden, für die Wittwen verschiedene *piècen* Neu und unentgeltlich zu verfassen". Die ganze Angelegenheit wurde dann in einer am 22. Febr. 1779 abgehaltenen Sitzung mit lakonischen Worten als abgethan erledigt.

Der Brief an den Secretär des Societät folgt hier unverkürzt:[1]

Estoras den 4. Febr. 1779.

Wohl Edel gebohrner, insonders Hochzuehrender Herr!

Aus Dero Zuschrift vom 18. Jenner 1779 habe ich unter anderen, den von einer Hochlöbl. *Societät* verfaßten, und unten angesetzten *revers* (so ich unterschriebener einhändigen sollte), in Ermangelung dessen aber die Bedrohung einer so schnellen Annullirung meiner schon beschehenen Aufnahme mit

---

1 Haydn's Brief wurde zuerst von Dr. Ed. Hanslick in den „Signalen f. d. musical. Welt", 1865. Nr. 47 veröffentlicht.

vieler Verwunderung durchlesen: Dan, daß mich eine Hochlöbl. *Societät* unter
benen Bedingnissen auf allmäliges Begehren, *Oratorien*, *Contaten*, *Chori*,
Sinfonien etc. [zu componiren] an= und aufgenommen, widerspricht sich platt=
terdings folgender Ursachen, zumalen ich bey dermals gehaltenen *Session* vor
meiner Aufnahme noch, in Gegenwart des Herrn Kapellmeisters v. **Bonno**,
Herrn v. **Starzer** und übrigen Rechtschaffenen Männern wider diesen so ein=
geschränkten, und verbindlichen *revers* schnurgerade darwider protestirte, mit
gründlich folgender Vorstellung, wie daß ich zu Einem so außerordentlichen
Begehren, und zu dessen Beförderung wenigstens zwey bis drey Monat des
Jahrs hindurch von nöthen haben würde, folglich wehrend dieser Zeit meinem
allergnädigsten Fürsten und Herrn dem ihme gebührenden Dienst nicht leisten
könnte, sondern, daß ich einen *revers* mit diesen hiebey gefügten Ausnahme
(**wenn es die Zeit und Umstände mir erlauben werden**) diesen
revers alsdann mit allen obigen ausgesetzten Forderungen bereitwilligst unter=
schreiben wolle, worauf einhellig dieser mein Vortrag gebilliget, und das Ur=
theil meines Aufnahmes gesprochen wurde; zum Beweis dessen wurde mir an
der Stelle befohlen, um in der That aufgenommen zu seyn, das Geld bestehend
in 368 fl. 10 kr. alsogleich in Gegenwart der ganzen *Session* zu erlegen, weil
man mir ausdrücklich sagte, daß sobald das Geld *depositiret* ist, der Aufnahm
seine Richtigkeit habe. Ich erlegte das Geld, ware also ohne *Revers* aufge=
nommen. — Man gratulirte mir, — ich sagte in aller Unterthänigkeit vielen
Dank des Aufnahmes: Freylich solte bey derley *Functionen* die ganze Sache
von einem Bevollmächtigten *Notario protocolliret* und dem Neu aufgenoh=
menen Mitglied ein *revers* seines schon beschehenen Aufnahmes zuge=
stellt werden, allein bis dahin hat eine Hochlöbl. *Societät* wegen meiner nicht
gedenken wollen: Ferners —

Hängt dieses Klausul, oder das sogenannte *discrete Begehren* mei=
nes Erachtens bloß von der Einbildungs=Kraft, oder von der Mißgunst einiger
Herrn Mitglieder ab, oder es könnte mit der Zeit, und vielleicht meistens von
denen abhängen, so die allerwenigste Einsicht in die *Composition* haben, letz=
tere könnten also das *indiscrete* für *discret* (zum Beyspiel ein *Oratorium* für
ein baar *Sinfonien*) ansehen, ich müßte also aus Zwang einer für deren Recht
gehaltenen *Indiscretion* die aller *discreteste* Oratorien in *plurali* verfassen,
wo nicht, so wurden die mehrere *Vota* aus purer *Discretion* geradezu auf
meine *Anullirung sine jure*, und Rücksicht (so wie man mir schon dermalen
drohet) einher stürmen, und warum? vielleicht darum, weil ich einer Hochlöbl.
Societät freywillig, ohneigennützig großen Dienst, und Nutzen verschaffet habe?
Vielleicht darum, weil ich ein Auswärtiger bin? bei mir heißt in diesem Fall
nur jener auswärtig, dessen Persohn denen Inwärtigen in keiner Sache nützet:
Ich bin durch meine wenige Werke nur gahr zu einheimisch: wann schon der
Verfasser nicht, so seind doch fast in allen *Musicken* seine Kinder zugegen, und
verschaffen vielen nützliche Beyträge.

Bester Freund! Ich bin ein Mann von zu vieler Empfindung, als daß
ich beständig der Gefahr solte ausgesetzt seyn *cassiret* zu werden: Die freyen
Künste, und die so schöne Wissenschaft der *Composition* dulden keine Hand=
werks=Fesseln: Frey muß das Gemüth, und die Seele seyn, wenn man denen
Wittwen dienen, und sich Verdienste sammlen will. Noch eines:

Diesen mir geschänkten Nachtrag *per* 300 fl. betrachte ich als ein sehr nothwendiges Wider=Vergeltungs=Recht, indem ich der *Societät* dafür 1000 fl. durch meinen Neu und unentgeltlichen *Ritorno di Tobia* verschaffte. Gott der allzuweiseste Versorger aller unser wird mich, und mein Weib durch meinen allergnädigsten Fürsten und Herrn hierinfals schüzen, besonders, da ich über= zeigt bin, daß die mindeste Persohn in Hochfürstl. Esterhazy'schen Haus eine hinlängliche *pension* bishero erhalten hat. Es wird demnach am 15ten dieses Fürst Esterhazyscher Herr Inspector v. Kleinrath in Namen meiner erschei= nen, welchem eine Hochlöbl. *Societät* meine 368 fl. 10 kr. in eben jener Münze zurückbezahlen wird.

Ich aber werde trachten, unerachtet eines so drohenden rauhen Verfahrens, w e n n   e s   a n d e r s t   Z e i t   u n d   U m s t ä n d e   m i r   e r l a u b e n   w e r d e n , für die Wittwen verschiedene *piècen* Neu und unentgeltlich zu verfassen. Der ich übrigens bin mit ausnehmender Hochachtung meines hochzuehrenden Herrn

Dienstfertigster Diener

Josephus Haydn. m. p.
Kapelln Meister.

Im Jahre 1781 fand sich die Societät aber dennoch ver= anlaßt, Haydn zu ersuchen, zur beabsichtigten Wiederaufführung seines „Tobias" Änderungen in der Partitur vorzunehmen, worauf Haydn erwiderte: „Wenn ihm die Societät Benefice=Billetten oder eine andere *Bonification* für seine Mühe und Spesen ver= sichern würde, er sowohl die Symphonie als Chori abzukürzen und auch die Proben und Productionen selbst zu dirigiren über= nehmen wollte, indem er sich schmeichelt, daß die Societät seiner großen Bekanntschaften und allgemein guten Rufes wegen schon um 100 Dukaten mehr einnehmen könnte". — Was that nun die Societät? In der Sitzung vom 25. Oct. lehnte sie, „diesen Prä= tensionen wegen künftigen Folgen auszuweichen", Haydn's An= erbieten „aus Abgang einer Altistin" ab und gab dafür Hasse's Oratorium »*Elena*«. Die Aufführung des „Tobias" kam jedoch drei Jahre später zu Stande und Haydn componirte zwei neue Chöre hinzu (vergl. S. 70).

Wie die Societät ihr Vergehen gegen Haydn gut machte und dieser ihr ein edler Retter wurde, werden wir im Schluß= bande hören. —

Bei Haydn's sechster, der sogenannten K l e i n e n   O r g e l = m e s s e   B = d u r (l. 6) müssen wir uns in Betreff des Datum an die Auflagstimmen in Göttweig halten, wo das Werk in 1778 aufgeführt wurde.

Das Autograph, dem die Jahreszahl fehlt, trägt die Be=

zeichnung: *Missa brevis Sti Joanni de Deo.* Kurz, ansprechend, leicht ausführbar und mit kleiner Besetzung ist sie in katholischen Kirchen besonders beliebt. Das allerdings grausam zusammen gedrängte *Gloria* hat Haydn's Bruder zur beliebigen Benutzung umgearbeitet. Es trägt die Aufschrift: *Gloria del Sig. Giuseppe Haydn, prolungato dal suo fratello Michaele Haydn.* 16. Juli 1795. In Haydn's thematischem Hauptkatalog ist diese Messe zweimal verzeichnet: einmal mit den zwei Anfangstakten, das andermal mit dem 3. und 4. Takt beginnend, welcher Irrthum in allen Abschriften dieses Kataloges getreulich beibehalten wurde.

Weitere Compositionen aus diesem Jahre:

2 Symphonien (a. 33. 34) in Abschrift erschienen.

1 Il maestro e lo scolare, *variazioni a quadri mani per un clavicembalo* (k. 2).

Haydn's ursprünglich für die Hofoper in Wien bestimmte Oper *La vera costanza* (Die wahre Beständigkeit) gelangte endlich im Frühjahre 1779 in Esterház zur ersten Aufführung.[1] Das bei Kurzböck in Wien gedruckte Textbuch[2] nennt uns folgende Mitwirkende:

Rosina, pescatrice virtuosa e di spirito	*La Sigra. Barbara Ripamonti.*
Conte Errico, giovine volubile e stravagante, sposo segreto di Rosina	*Il Sig. N. Totti.*
Villotto, villano ricco ma sciocca, destinato sposo di Rosina	*Il Sig. Benedetto Bianchi.*
Il Marchese Ernesto, amico del conte	*Il Sig. Vito Ungricht.*
La Marchesa Irene, zia del conte, amante d'Ernesto	*La Sigra. Cath. Poschwa.*
Lisetta, cameriera della baronessa, amante non corrisposta di Masino .	*La Sigra. Marianna Zannini.*
Masino, capo de pescatori, fratello di Rosina	*Il Sig. Leopoldo Dichtler.*

---

1 Daß Kaiser Joseph zugegen war, wie Dies (S. 57) und Andere behaupten, ist nirgends erwiesen; er scheint überhaupt nie Esterház besucht zu haben, was um so mehr auffallen muß, da er in Wien sehr häufig den Abend bei der verwittweten Fürstin zubrachte. Zinzendorf erwähnt dessen wiederholt, z. B. 1772, 13. Dec. »De la chez la Pesse Eszterhasy ou il y avait beaucoup de monde; l'empereur y resta jusqu'a minuit.

2 *La vera costanza, dramma giocoso per musica da rappresentarsi al teatro d'Esterhaz la primavera 1779.*

Als Verfasser des Libretto ist Francesco Puttini genannt, ferner der seit Mitte 1778 angestellte, schon früher (S. 8) ge= nannte Dekorationsmaler Pietro Travaglia. In Signora Ri= pamonti begrüßen wir eine neue und nicht unbedeutende Sän= gerin, die in der Hauptrolle auch hervorragend bedacht ist. Sie war schon im Sommer 1778 in Piccini's »*l'Astratto*« aufgetreten, in welcher Oper sie zwei Rollen übernommen hatte. Die damals beliebtesten Nummern der Oper erschienen später in Stich bei Artaria. Die Handlung läßt sich in folgendem dürftigem Abriß zusammen fassen:

> Baronesse Irene, begleitet von ihrem Kammermädchen Lisetta und dem Marquis Ernesto, begeben sich auf die Reise, um eine gewisse Rosine, eine geistig begabte Fischerin, die heimlich mit dem Grafen Errico, einem Freunde des Ernesto, verlobt ist, aufzusuchen und sie an den reichen aber beschränkten Bauern Villotto zu verheirathen. Nach glücklich überstandener Seefahrt landen die Reisenden an einer Küste und finden die Gesuchte unter ihren Genossen. Rosina sträubt sich gegen die ihr aufgedrungene Heirath und wird dabei von ihrem Bruder Masino, Haupt des Fischervolkes, unterstützt. Villotto aber zeigt sich um so williger zu einer Verbindung mit Rosina und vergebens suchen Errico den Bauern, und die Baronin den Grafen von Rosine abwendig zu machen. Ernesto liebt seine Tante, diese aber will von seiner Zuneigung nur dann etwas wissen, wenn Rosina dem Villotto die Hand reicht. Irene und Ernesto nehmen nun zu Intriguen ihre Zuflucht, in Folge dessen Rosine mit ihrem geheim gehaltenen Söhnchen des Grafen entflieht. Nach langem Suchen wird sie in einer Bauernhütte entdeckt. Graf Errico, durch einen von der Ba= ronin gefälschten Brief irre geführt, wirft Rosina Untreue vor, doch die Wahr= heit kommt zu Tage, die Baronin giebt endlich nach und drei Paare — Irene und Ernesto, Rosina und Errico, und Lisetta und Masino reichen sich die Hände zum ewigen [3] Bunde.

Die Oper wurde 1785 in Preßburg in deutscher Übersetzung von Girzik von der Kumpf'schen Gesellschaft des Grafen Erdödy auf dem gräflichen Theater und im Schauspielhause aufgeführt; [4] ferner in Brünn im Januar und November 1792. [5] In Wien

---

3 Was es mit der in 1879 in Paris aufgefundenen autographen Parti= tur für eine Bewandtniß hat, vermag ich nicht zu erklären. Haydn stand in lebhaftem Verkehr mit Paris und mag seine Oper dahin geschickt haben. Die Partitur soll am Schlusse die Jahreszahl 1785 tragen, ein bei Haydn, so= viel mir bis jetzt bekannt ist, nur ein einziges Mal (1790) vorkommender Fall. Daß die Oper schon 1776 fertig war, sahen wir früher. Nach Otto Jahn befände sich das Autograph in der Privat-Bibliothek des Großherzogs von Weimar.

4 Gothaer Theater-Kalender 1787, S. 201; 1788, S. 195.

5 „Gefiel weniger als wir der schönen Musik wegen erwarteten; doch

kam die Oper im Frühjahre 1790 auf dem neu erbauten Theater
der Vorstadt Landstraße zur Aufführung. Haydn war zugegen
und berichtet über die Vorstellung in einem Briefe an seine ver=
ehrte Freundin, Frau von Genzinger; der Brief ging verloren.
La vera costanza wurde 1791 in Paris im Theater *Monsieur*
unter dem Titel *Laurette* gegeben, *opera comique en trois actes,
imité de l'Italien par Mr. Dubuisson* (gest. Partitur bei Sieber).
Gerber erwähnt *Laurette* als eine von Haydn 1791 für Paris
componirte Oper. Fétis corrigirt ihn dahin, daß die Oper nur
ein *Pasticcio* sei, aus verschiedenen Werken Haydn's zusammen=
getragen. Wir können ihm mit seinen eigenen Worten entgegnen:
c'est une erreur. Laurette besteht fast vollständig aus Nummern
von *La vera costanza*, nur in anderer Reihenfolge gegeben;
als Einleitung ist die Ouverture zu Armida gewählt.

Am 26. März 1779 wurde das Ehepar Polzelli auf zwei
Jahre in die fürstliche Musikkapelle aufgenommen — ein Enga=
gement, das für Haydn verhängnißvoll wurde. Antonio
Polzelli, gebürtig aus Rom, war Geiger und in schon vor=
gerücktem Alter; Luigia [1] seine Frau, eine geborene *Moreschi*
aus Neapel, hatte einen Mezzo=Sopran von gewöhnlichem Um=
fang. Sie zählte damals 19 Jahre und war, ohne gerade schön
zu sein, doch von sehr einnehmendem Wesen. Ein schmales,
längliches Gesicht von dunklem Teint belebten dunkle lebhafte
Augen; Braunen und Kopfhaar waren kastanienfarbig; der Kör=
per war von mittlerer Größe und zierlichem Wuchs. [2] Nach ih=
rem Repertoire läßt sich auf den Grad ihrer Leistungen schlie=
ßen: sie gab Rollen zweiten Ranges in Opern von Anfossi,
Sarti, Gazzaniga, Salieri, Trajetta, Righini, Cimarosa und
Haydn. Auch ihr Gehalt, [3] verglichen mit dem anderer Sän=
gerinnen, deutet auf nur bescheidene künstlerische Leistungen.

Dem Fürsten scheinen Beide nicht behagt zu haben, denn
sie erhielten noch vor Ablauf ihres Engagements, Ende Dec.
1780, ihre Entlassung, doch wurde ihnen die Gage für die noch

---

mochte es wohl auch nur an der Vorstellung liegen" (14. Jan.). „Mißfiel" (13.
Nov.). (Journal d. Luxus u. d. Moden 1792. S. 128.)

1 Ihrer wurde vorübergehend schon Bd. I. S. 197 gedacht.

2 Signalement eines ital. Passes.

3 Sie bezog jährl. 110 ord. ⌗ (= 465 Gulben 40 Kr.); ebensoviel ihr
Mann.

fehlenden zwei Monate voll ausbezahlt. [4] Als diese Zeit zu
Ende ging wurden sie aber dennoch mit dem bisherigen Gehalt
beibehalten und blieben bis zur Auflösung der Kapelle (1790),
obwohl der, wie es scheint, immer kränkliche Mann keine Dienste
versah und daher auch nicht im Verzeichniß der ausübenden
Musiker erscheint. Ihr Fürsprecher war ohne Zweifel Haydn,
den eine heftige Neigung zu der Sängerin erfaßt hatte. Er
studirte ihr, gleich den übrigen Sängerinnen, ihre Rollen selbst
ein und verschaffte ihr nach der Auflösung der Kapelle Engagements auf kleineren italienischen Bühnen (Piacenza, Bologna),
„weniger der Gage als der fortwährenden Übung halber“, wozu
ihr Haydn gute Rollen und „einen guten Meister wünscht, der
sich dieselbe Mühe geben wird wie dein Haydn“. [5]

Wie dein Haydn! — hier stehen wir vor jener Reihe von
Prüfungen die Haydn bevorstanden und denen er sich nach jah-
relangen Kämpfen, von seinem Wahne endlich geheilt, glücklich
entwand. Er hatte an seinem Weibe die Hölle im Hause, der
Sängerin war ein ähnliches Loos in ihrem Manne beschieden —
kein Wunder daß die Herzen sich zusammen fanden und gegenseitig Trost suchten. Es fehlte jedoch der rechte Boden zu wahrer, fesselnder Neigung. Bei all' seinen glühenden Betheuerun-
gen ewiger Liebe vermissen wir in Haydn's Briefen jene Zeichen
höherer Achtung und Werthschätzung, ohne welche ein dauernder
Herzensbund nicht denkbar ist. [6] — Die Sängerin verstand es
nur zu gut, Haydn's Glut sowohl als seine Güte auszunutzen.
Fast jeder seiner Briefe aus London [7] spricht davon, daß er ihr
Geld schickte, oder schicken wird, bedauernd ihr nicht ausgiebi-
ger helfen zu können. Doch möge sie Geduld haben mit einem
Manne, der bis jetzt über seine Kräfte gearbeitet hat und dennoch troß allen Fleißes nichts besonderes erreicht habe; der nur
wenig, fast nichts von seinen Mühen genieße und mehr für
Andere als für sich lebe. Sie solle bedenken daß er ihr in
kaum Jahresfrist über 600 Gulden geschickt habe, wobei er noch

---

4 Ein Vorschuß von 55 Gulden war ihnen kurz nach ihrer Anstellung
nachgesehen worden.

5 *Un buon Maestro chi si darà l'istessa pena, come il tuo Haydn.*

6 Ein ähnlicher Fall aus Haydn's Leben, zur Zeit seines Londoner Aufenthaltes wird obige Herzenssache erst ins richtigere Licht stellen.

7 Die Correspondenz wurde italienisch geführt.

ihren älteren Sohn erzieht und ganz erhält, bis er sich sein Brod selbst verdienen könne. Auch daran möge sie denken, daß er sich nicht mehr so ermüden kann wie die vorhergehenden Jahre, da er anfange alt zu werden und ihn allmählig das Gedächtniß verlasse, daß er daher nicht mehr ein Übriges verdienen kann.

Beide, Haydn und die Polzelli, rechneten damals noch auf eine endliche Vereinigung; jedes wartete nur auf den Tod der andern Ehehälfte. Und als wirklich der Tod des alten Polzelli erfolgte, schreibt Haydn: „Theure Polzelli, vielleicht wird jene Zeit kommen, welche wir uns so oft herbeigewünscht haben, daß vier Augen sich schließen würden. Zwei haben sich geschlossen, aber die andern zwei — je nun, wie Gott will". Dennoch weiß Haydn sich auch mit dem Gedanken vertraut zu machen, daß die Polzelli einen Andern vorziehe, doch soll sie ihm dies zuvor anzeigen, „damit ich ihn dem Namen nach kenne, der so glücklich sein wird, dich zu besitzen." Und während er, ohne zu wissen warum, tagelang von Melancholie befallen war, betheuert er, daß er vielleicht niemals mehr in so guter Laune sein werde, als er es bei ihr, seiner lieben Polzelli gewesen war. „Du lebst und webst immer in meinem Herzen; nie, nie werde ich deiner vergessen".[8] — Als man Haydn nach London berichtet, daß die Polzelli in Wien das ihr von Haydn geschenkte Clavier verkauft habe, will er es nicht glauben und sagt nur: „Siehe, wie sehr man mich deinethalben seccirt" (*vedi come mi seccano per via di te*). Noch weniger will er es zugeben, daß sie sogar übel über ihn geredet habe. Statt eines Vorwurfes schreibt er ihr: „Gott mög dich segnen, ich verzeihe dir alles, da ich weiß daß die Liebe aus dir sprach. Sorge für deinen guten Ruf, ich bitte dich, und denke manchmal an deinen Haydn, der dich schätzt und zärtlich liebt und der dir ewig treu sein wird." Auch nach Bologna, wohin sich die Polzelli mit ihren zwei Söhnen begeben hatte, folgt ihr Haydn's Liebe — und sein Geld. Er beabsichtigte sogar nach seiner ersten Londoner Reise selbst nach Italien zu reisen um sie zu sehen. Bis dahin aber versichert er sie abermals: „Ich schätze dich und liebe dich wie am ersten Tage und bin immer betrübt, wenn ich nicht im Stande bin, mehr für dich zu

---

8 *O cara Polzelli, tu mi stai sempre nel core, mai, mai mi scorderò di te.*

thun. Doch habe Geduld, vielleicht kommt jener Tag, an dem
ich dir zeigen kann, wie sehr ich dich liebe."

Aber dieser Tag wollte nicht kommen, selbst dann nicht,
nachdem das beiderseitige Hinderniß durch den Tod des Polzelli
und der Frau Haydn's behoben war. Im Gegentheil finden wir
statt einer Vermählung folgendes, von Haydn am 23. Mai 1800
ausgestellte Document, das ihm die Sängerin kurz nach dem
Tode seiner Frau (gest. 20. März) herauspreßte:

*Io qui in fine Sottoscritto prometto alla Signora Loisa Polzelli
(in caso ch'io pensasse di rimaritarmi) io nissuna altra pren-
derei per mia moglie, che Suddetta Loisa Polzelli; e se io
resto vedovo, prometto alla Suddetta Polzelli di lasciar dopo
la mia morte ogni anno una pensione di tre cento fiorini,
cioè 300 fl. in monetta di Vienna durante sua vita. in valore
da ciaschedun Giudice io mi sottoscrivo*

Joseph Haydn
Maestro di Capella di S. Alt. il Principe

Vienna ai 23. di Maggio 1800.   Esterhazy[9]   (LS)

Es folgt dann im August aus Eisenstadt ein Briefchen, mit
dem er ihr bis zu seiner Ankunft in Wien einstweilen einiges
Geld schickt *per l'affitto di casa*, und endlich noch geschieht ihrer
eine letzte Erwähnung in einem Briefe Haydn's an ihren Sohn,
dat. Eisenstadt, August 1802:.. „ich hoffe, daß auch deine Mama
sich wohl befindet, alles schöne an Sie."

Den weiteren Verlauf dieser leidigen Liebes=Affaire zu ver=
folgen müssen wir neue Wege einschlagen, zunächst Haydn's er=
stes Testament, dat. 5. Mai 1801. Haydn bestimmt darin der
Polzelli 100 Gulden, 6 Wochen nach seinem Tode auszuzahlen;
außerdem jährlich 150 Gulden auf Lebensdauer. Obige An=

---

[9] Document:

Ich, der hier Unterfertigte verspreche der Signora Loisa Polzelli (im Fall
ich gesonnen sein sollte) mich wieder zu verheirathen, keine andere zur Frau zu
nehmen als genannte Loisa Polzelli, und wenn ich Witwer bleibe, verspreche
ich genannter Polzelli, ihr nach meinem Tode eine lebenslängliche Pension von
drei hundert Gulden, d. i. 300 fl. in Wiener Münze zu hinterlassen. Rechts=
gültig vor jedem Richter unterfertige ich mich

Joseph Haydn
Kapellmeister s. Hoheit des
Fürsten Esterhazy.

Wien, am 23. Mai 1800.

weisung aber auf 300 Gulden erklärt er „für Null und nichtig, weil so viele meiner armen Anverwandten bei größerer Abgabe zu wenig erhielten. Endlich, die Polzelli soll also mit obigem jährlichen Vermächtniß von 150 Gulden zufrieden seyn". — Im zweiten Testament (1809) werden der Polzelli § 33 nur die jähr= lichen 150 Gulden zugewiesen; nachdem sie sich aber auf obiges Document berief, hatte es von diesem Paragraph von gerichts= wegen sein Abkommen, doch mußte sich Haydn's Universal=Erbe mit ihr ein für allemal mit einer Geldsumme abzufinden, so daß sie bei Abschließung der Erbschaftsangelegenheit (1816) die schrift= liche Erklärung abgab „daß sie über die erhaltene Befriedigung keinen Anspruch mehr an die Haydn'sche Verlassenschaft zu stel= len habe".

Luigia Polzelli heirathete noch vor Haydn's Absterben den Sänger Luigi Franchi, mit dem sie sich bis 1815 in Bologna aufhielt. Im J. 1820 reiste sie mit ihm von Cremona aus nach Ungarn; [10] sie starb 1832 im 82. Lebensjahre in dürftigen Um= ständen in Kaschau. [11]

Daß die Polzelli (wie oben erwähnt) mit ihrem Manne nicht glücklich lebte, erfahren wir durch eine Aeußerung Haydn's in einem Londoner Brief. Er spricht darin von ihrer Schwe= ster (Christine Negri) die damals als Sängerin an der Oper im Pantheon angestellt war und „schon lange Zeit von ihrem Manne, dieser Bestie", getrennt lebte. „Sie ist eben so unglücklich wie du es gewesen bist und sie erweckt mein Mitleid". Im März 1791 schreibt er weiter: „Du hast gut gethan, ihn in's Spital bringen zu lassen, um dein Leben zu erhalten". Und im Au= gust: „Was deinen armen Mann betrifft, sage ich dir daß die Vorsehung wohl daran gethan hat, dich von einer schweren

---

10 Ein Brief an ihren Sohn ist aus dem ungarischen Flecken Somos, Comitat Saros datirt.

11 Fétis (Biogr. univ. des Musiciens) setzt den Tod der „Boselli" ins J. 1790 und nimmt denselben als den eigentlichen Beweggrund an, der Haydn's Reise nach London veranlaßte. Carpani (p. 222) geht noch weiter, indem er sagt, daß Haydn zur Zeit des Todes der „Boselli" eine Einladung aus Paris erhielt, daselbst die Concerts spirituels zu dirigiren 2c. (also etwa in 1782). — Gegen Griesinger und Dies scheint Haydn seines Verhältnisses zur Polzelli nie erwähnt zu haben. (Bei Dies steht der Name „Pulcelli" nur ein= mal bei Erwähnung des Testamentes.) Auch die Söhne führt nur Dies ein= mal an unter dem Verz. der Schüler Haydn's als „zwey Gebrüder Pulcelli".

Bürde zu befreien, da es besser ist, in der andern Welt zu sein als unnütz in dieser. Der Arme hat genug gelitten".[12] Nach dessen. Tode wurde Haydn als gerichtlicher Vormund der beiden Söhne, Pietro und Anton, bestellt.[13]

Der jüngere Sohn Aloys Anton Nicolaus wurde 1783, 22. April zu Esterház geboren; der fürstl. Maler Grundmann und dessen Frau waren die Pathen. Zeitgenossen[14] schilderten ihn als einen begabten Mann, der in der Kapelle durch seinen echt ital. Typus, durch sein reiches schwarzes Haar und seine dunkle Gesichtsfarbe auffiel. Er genoß nicht nur den Unterricht Haydn's, sondern auch dessen reichliche pekuniäre Unterstützung. Bei Eröffnung des neuen Theaters an der Wien (1801) ist er unter den Violinisten des Orchesters genannt; in gleicher Eigenschaft trat er im Nov. 1803 in die fürstl. Kapelle in Eisenstadt, übernahm den Gesangunterricht der Kapellknaben und die Stelle eines Correpetitors bei den Hofsängerinnen und rückte 1807 in Abwesenheit Hummel's, mit dem er wiederholt Verdrießlichkeiten hatte, zum substituirten Concertmeister und Director und 1812 zum wirklichen Musikdirector unter sehr vortheilhaften Bedingungen vor und trat bei momentaner theilweiser Auflösung der Kapelle am 26. Juli 1813 aus derselben aus. Im J. 1814 verheirathete er sich in Wien mit Josepha Dorner, geborne von Pulendorf, Tochter eines fürstl. Esterhazyschen Beamten in Ungarn. Nach seinem Austritt aus der Kapelle entsagte er der Musik[15] und wandte sich der Landwirthschaft zu, ließ sich in gewagte Spekulationen ein und wurde der Reihe nach Güterdirector, Wirthschaftsrath, Generalsecretär bei Fürst Grassalcovics, Graf Carl Andrássy und Graf Jos. Csáky und endlich

---

12 Wo und in welchem Lebensjahre Polzelli gestorben, war trotz aller Nachfrage in Wien, Eisenstadt, Forchtenau 2c. nicht zu ergründen.

13 Eine Tochter, Antonie, war im Juli 1782, 2 Jahre alt, in Esterház gestorben.

14 Joh. B. Nawratil, Musiklehrer, vordem in der fürstl. Kapelle, gest. 1872 in Wien, und Michael Prinster, ausgezeichneter Waldhornist der fürstl. Esterhazy'schen Kapelle (Oheim der gefeierten Tänzerin Fanny Elßler) gest. 1869 in Eisenstadt.

15 Seine theoretischen Werke, darunter Daube, Mattheson, Marpurg 2c. mit der zierlichen Vignette »De la collection de Musique de Monsieur Antoine Polzelli« schenkte er damals der Bibliothek der kurz zuvor gegründeten Gesellschaft der Musikfreunde in Wien.

Secretär der Fürstin Grassalcovics. Im Jahre 1826 wurde er in den
römischen Adelstand erhoben. Nach so vielen Wandlungen finden
wir ihn in späteren Jahren in Pest ein trauriges Leben führen.
In große Prozesse verwickelt, betrogen von unredlichen Menschen,
hatte er den Verlust seines Vermögens zu beklagen und war gezwungen, in seinen alten Tagen zu Musiklektionen seine Zuflucht
nehmen zu müssen. Lebenssatt, verbittert mit sich und der Mensch-
heit starb er am 18. Febr. 1855 in Pest im Alter von 72 Jahren[16]. Er wird als ein Mann von liebenswürdigem, edlen Charakter geschildert; als Musiker zeigte er die gute Schule Haydn's.
Kompositionen von ihm, meistens Kammermusik, erschienen bei
Breitkopf und Härtel, Traeg und Artaria. 6 Lieder sind der
Fürstin Marie Esterházy gewidmet. Das Eisenstädter Archiv be-
wahrt auch in Mscpt. Messen, Offertorien, eine komische Operette
„der Junker in der Mühle" in 1 Akt von Heinrich Schmidt, aufgeführt 1805 in Eisenstadt zur Namensfeier der genannten Fürstin. Eine seiner letzten beabsichtigten Arbeiten war die Composition von Goethe's „Claudine", über deren Ausführung er sich
des Dichters Ansicht erbat[17]. Die Antwort erfolgte aber zu spät
— Polzelli hatte bereits mit der Musik abgeschlossen.

Es war nothwendig, das Leben dieses vielgeprüften Mannes eingehender zu schildern, da ihn die Fama noch heute für
einen natürlichen Sohn Haydn's ausgiebt. Daß ihn Haydn
schätzte und liebte und auch für sein geistiges Wohl besorgt

---

16 Er hinterließ zwei, in ärmlichen Verhältnissen in Pest lebende Töchter, Antonie und Emilie (vereh. v. Wölföl).

17 Der Brief Goethe's lautet, „Auf die an mich, mein werthester Herr
Musik Director gerichtete Frage, verfehle nicht zu erwiedern, daß indem ich
den Dialog von Claudine rhythmisch behandelte, allerdings meine Absicht gewesen, dem Componisten Gelegenheit zu geben nach italiänischer Weise recitativisch zu verfahren. Vielleicht möchte jedoch, wenn dieses Ihre Absicht ist, der
Dialog hie und da zu verkürzen und nur das beizubehalten seyn was zum
Verständniß der Handlung nöthig ist und zugleich der Musik Vortheile bietet;
welches ein einsichtiger Componist am besten beurtheilen kann. Ich wünsche
Glück zu Ihrem Unternehmen und hoffe mich in der Folge selbst daran zu
vergnügen.
Mich zu freundlichem Andenken empfehlend
Weida   ergebenst
an der Ilm
den 24 May 1814   Goethe
             (nur die Unterschrift ist von Goethe's
                    eigener Hand)

war, [18] ist gewiß und er verdiente es auch; dennoch deutet nichts auf eine bevorzugte Anhänglichkeit. Es muß im Gegentheil auf= fallen, daß Haydn ihn in seinem ersten Testamente nur gering bedachte, [19] im zweiten aber ganz überging, während er noch ein Jahr vor seinem Tode in Erwiederung einer Namenstags=Gratu= lation der fürstl. Kapelle, die ihm Polzelli im Namen derselben zusandte und ihn mit „Mein geliebter Wohlthäter und Lehrer" anredet, in der liebevollsten Weise antwortet. [20]

Polzelli zeigte nichtsdestoweniger nach Haydn's Tode ein dankbares Gemüth, indem er einen Trauergesang componirte, [21] der von den fürstl. Kammer=Kapellsängern bei der Seelenmesse für den Verstorbenen in der Kirche zu Eisenstadt aufgeführt wurde.

Polzelli's älterer Bruder, Pietro, war entschieden Haydn's Liebling, für den er wahrhaft väterlich sorgte. Dies bezeugen zahlreiche Äußerungen in seinen Briefen an dessen Mutter. „Ich hoffe, daß mein Pietro sich besser befindet (schreibt Haydn von London aus); ich lasse ihm sagen, daß er besser auf seine Ge= sundheit achte und daß er seiner Mutter folgen soll". Und nach Piacenza: „Du schreibst mir von deinem lieben Pietro, daß du ihn mir schicken willst. Sende ihn nur, ich werde ihn mit gan= zem Herzen umarmen, er wird mir immer so werth sein und ge= halten wie mein eigener Sohn. Ich werde ihn mit mir nach Wien bringen". Pietro sollte dann bei der Schwester der Pol=

---

18 Viele Anzeichen sprechen dafür. Nur ein Beispiel sei hier angeführt: In einem Briefe an ihn (1802) lesen wir . . . . „Lessel schrieb mir gestern, daß du dich wohl befindest und öfters zu Ihm gehst, dies freut mich herzlich. Vermelde ihm mein Campliment" — womit Haydn seine Befriedigung aus= drückt, ihn in guter Gesellschaft zu wissen, denn Lessel, einer der interessantesten Schüler Haydn's, dem wir einst noch begegnen werden, war ein sehr gebildeter, solider junger Mann.

19 § 54: „Meinem Schüler, dem Anton Polzelli — 100 fl" (diese Summe ist dann durchstrichen). Vorher, § 51 und 52 heißt es: „Nach ihrem Todt (der Mutter Polzelli's) soll ihr Sohn Anton Polzelli noch auf Ein Jahr diese 150 fl erhalten, weil er jederzeit ein guter Sohn gegen seine Mutter und mein dankbarer Schüler war."

20 Haydn's Brief beginnt: „Mein lieber Sohn! Deine wahrhaft kind= lichen Äußerungen so wie jene sämmtlicher Glieder der hochfürstlich Ester= hazy'schen Kapelle zu meinem Namensfeste haben mir die heißesten Thränen ausgepreßt."

21 Naenie, den Manen des verewigten Joseph Haydn als Pfand heiliger und dankbarer Erinnerung geweiht von seinem Zöglinge Anton Polzelli.

zelli wohnen aber jeden Tag zu Haydn kommen um Lectionen zu
nehmen. „Ich werde deinen Sohn gut kleiden und alles für ihn
thun; ich will nicht daß du Auslagen habest, er soll alles
Nöthige haben". Und auf der Rückreise „wird mein Pietruccio
immer mit mir sein. Aber ich hoffe daß er bisher immer ein
folgsamer Sohn gegen seine theure Mutter gewesen, wo nicht,
mag ich ihn nicht und du wirst mir die Wahrheit schreiben; ich
möchte nicht einen Undankbaren haben, da ich fähig sein würde,
ihn augenblicklich zu verlassen". Und daß ihn Haydn streng ge=
halten wissen will, zeigt folgendes Postscriptum eines Briefes:
„Deinem Sohn ein Kuß, wenn du zufrieden mit ihm bist, wenn
nicht — fünf und zwanzig auf den H — ".²² Nach der ersten
Rückreise von London nahm ihn Haydn zu sich, um mehr Zeit
zu gewinnen, ihn in Allem zu unterrichten: „Dein Sohn ist sehr
wohl von meinem Weibe empfangen worden", fügt Haydn mit
Befriedigung einem Briefe desselben an seine Mutter bei. Im
Sommer 1793 befand er sich mit Pietro in Eisenstadt und beab=
sichtigte mit ihm eine Reise zu machen. Dem noch sehr jungen
Pflegebefohlenen hatte er damals schon seine erste Clavierlection
bei der Tochter der Gräfin Weißenwolf verschafft. Der Sohn
kündigt dies der Mutter in einem rührenden Briefe frohlockend
an, da er hoffte ihr dadurch beistehen zu können, wobei auch
Haydn bestätigt, daß ihn Pietro selbst gebeten, alles Geld das
er verdient, seiner Mutter schicken zu dürfen. Der dankbare
Sohn wurde bald darauf im Orchester des Schikaneder=Theaters
als zweiter Geiger aufgenommen und zog in's Starhemberg'sche
Freihaus, wo sich in einem der Höfe dieses kleine Theater be=
fand. Hier hatte er u. A. zu Schülern im Clavier den früher
erwähnten, damals etwa 11jährigen Michael Prinster, der sich
noch in hohem Alter seiner sehr wohl erinnerte, und den späteren
Musiklehrer Matthäus Babnigg (gestorben 1868 in Pest).

Pietro's Leben war von kurzer Dauer; zart von Natur er=
lag er dem geringsten Windstoß. Die in der Nähe wohnende
Mutter nahm den kranken Sohn zu sich in seine Wohnung, wo
er am 14. Dec. 1796 am Lungenbrand im Alter von nur 19
Jahren verschied. Compositionen von ihm, die sich im Eisen=

---

22 *Un baccio al tuo figlio, se tu sei contenta di Lei, se no, venti
cinque sul c —*

städter Musik=Archiv befinden, darunter eine Sonate in seiner Handschrift, deuten auf ein hübsches Talent.

So einfach das ruhig dahinfließende kurze Dasein dieses Zöglings von Haydn erscheinen mag, zeigt sich uns doch gerade hier Haydn's warm fühlendes Herz im schönsten Licht; es war ihm Bedürfniß, für ein anhängliches Wesen zu sorgen und sich über die Leere in seinem Hause hinweg zu täuschen.[23] Wohl klügelte man auch hier dieselbe nähere Beziehung aus wie bei dem jüngeren Bruder und hätte in Wahrheit mehr Grund dazu. Diese Annahme widerlegt sich jedoch einfach dadurch, daß Pietro — zwei Jahre vor dem Eintreffen des Ehepaares Polzelli in Esterház zu Bologna geboren wurde. —

Am 26. Juli als am Annatag wurde zu Esterház das Namensfest der Fürstin gefeiert. An einer musikalischen Betheiligung wird es dabei wohl nicht gefehlt haben, obwohl das Wiener Diarium nur zu erzählen weiß, daß zu einem Freiball 600 Billets ausgetheilt wurden. Die Anwesenden konnten nicht genug die bei diesem Anlasse entfaltete Pracht rühmen, besonders die verschiedenen Masken und den pompösen Einzug der Venus und des Amors. —

Vier Monate später erlebte das herrliche Schloß eine traurige Katastrophe: Donnerstag den 18. November, 4 Uhr Morgens, da noch alles im Schlummer lag, brach am Ende des großen Redoutensaales, oberhalb des Orchesters, Feuer aus. Der ganze prächtige Saal wurde binnen einer halben Stunde ein Raub der Flammen. In Kurzem stand dann auch der Maschinenthurm sammt dem großen Theater in Feuer. Alles wurde daselbst zerstört: die Bühne, der Zuschauerraum, die Garderobe, Instrumente und Musikalien. In der ersten Verwirrung standen die Hausleute rathlos da bis der Fürst selbst den Befehl gab, die zwei anstoßenden Flügel des Schlosses abzubrechen, wodurch dem Weitergreifen des Feuers bei gleichzeitig eingetretenem Regen Einhalt gethan wurde.[1] Haydn erlitt dabei einen empfindlichen Verlust, indem ein großer Theil seiner Compositionen mitverbrannte, was ihn vorzugsweise im J. 1792 abhielt, ein Verzeich=

---

23 Wer sollte sich dabei nicht an Beethoven's rührende Sorgfalt für seinen Neffen erinnern!

1 Nach dem Wiener Diarium 1779, No. 94.

niß feiner Werke anzufertigen, wozu er damals von einem
Freunde Gerber's in deffen Namen aufgefordert worden war. [2] —
Der Namenstag des Fürften, 6. December, wurde in diefem
Jahre durch die Aufführung eines neuen Werkes von Haydn ge=
feiert, deffen Charakter es fehr wohl erlaubte daß es, da das
Theater ohnedies abgebrannt war, im Schloffe felbft, wahrfchein=
lich im Feftfaale aufgeführt wurde. Es war Metaftafio's *L'I-
sola disabitata* (die unbewohnte Infel), dramatifche Handlung [1]
mit unveränderter Scenerie, wie etwa Händel's „Acis und Gala=
tea". Es wird auch nur einer einzigen Decoration, natürlich
von Erfindung des Pietro Travaglia, erwähnt. Dies war das
einzige Mal, daß Haydn zu einer größeren Dichtung Metaftafi=
o's griff, bei deffen Compofition er fich wohl oft genug der mit
dem Dichter unter einem Dache verlebten Zeit erinnert haben
mag.

Das bei Sieß in Ödenburg gedruckte Textbuch [2] nennt fol=
gende Perfonen:

Costanza, moglie di Gernando . .	*Sigra Barbara Ripamonti.*
Silvia, sua minor sorella	*Sigra Luigia Polzelli.*
Gernando, consorte di Costanza . .	*Sig. Andrea Totti.*
Enrico, compagno di Gernando . .	*Sig. Benedetto Bianchi.*

Die einfache Handlung ift mit wenigen Worten erzählt: Gernando hat
fich mit feiner Frau Coftanza und deren jüngeren Schwefter Silvia eingefchifft,
um fich mit feinem Vater in Weftindien zu vereinigen. Ein Sturm verfchlägt
das Schiff an eine wüfte Infel. Es erfcheinen Piraten und führen Gernando
fort. Die beiden Schweftern friften fortan ihr Leben kümmerlich. Nach drei
Jahren hat fich Gernando frei gemacht und unternimmt es, obwohl hoffnungs=

---

2 Mufikalifche Korrefpondenz der teutfchen filh. Gefellfchaft für das Jahr
1792, Nr. 17.

1 Haydn's Bezeichnung „Operette" (Brief an Artaria, 27. Mai 1781) ift
natürlich nicht ernfthaft zu nehmen. Metaftafio's Dichtung, 1752 für den fpa=
nifchen Hof gefchrieben, wurde dafelbft mit der Mufik von Bonno und unter
der Leitung des berühmten Caftraten Brofchi (Farinelli) aufgeführt. Zunächft
dann bei Gelegenheit eines kaiferl. Befuches (1754) in Schloßhof, einem nahe
der ungarifchen Grenze gelegenen Luftfchloffe des Prinzen Eugen von Savoyen.
(Vergl. Bd. I. S. 115). Das Libretto der gleichnamigen Oper von J. Scar=
latti, zuerft aufgeführt 1757 in Wien, ift nicht von Metaftafio, wie Clément
und Laroufse (*Dict. lyrique*) angeben, fondern von Goldoni.

2 *L'Isola disabitata, azione teatrale in due parti per musica del
celebre Signor Abbate Pietro Metastasio, poeta cesareo, da rappresentarsi
in occasione del gloriosissimo nome di S. A. il Principe Nicolò Esterhazi
di Galantha L'anno 1779.*

les, die Verlassenen aufzusuchen. Mit der Wiedervereinigung der Liebenden
schließt die Handlung.

Haydn hat Metastasio's ohne Unterbrechung fortlaufendes
Libretto in zwei Theile getrennt. Der Schluß (Coro) ist durch
einen neuen Text ersetzt, der als Quartett behandelt ist. Wel=
chen besonderen Werth Haydn auf dieses Werk legte, bezeugt eine
Stelle aus einem seiner Briefe an Artaria (27. Mai 1781), wo
er, seiner Pariser Correspondenz erwähnend, sich über dieses und
ein zweites Werk äußert: „daß dergleichen Arbeit in Paris noch
nicht ist gehört worden und vielleicht eben so wenig in Wien".
Auch schickte er Abschriften an die philharmonische Akademie in
Modena (von der er kurz vorher zum Mitgliede ernannt worden
war und als solches auch schon auf dem Titel des Libretto er=
wähnt ist) und vermuthlich auch an den spanischen Hof, von
dem er bald darauf ein werthvolles Zeichen der Anerkennung
empfing. L'Isola disabitata wurde 1785, 19. März (am Na=
menstag Haydn's) von dem Violoncell=Virtuosen Willmann im
k. k. National=Hoftheater in Wien als Akademie aufgeführt.
Eine deutsche Übersetzung der Dichtung, betitelt: „Die wüste
Insel" von G. A. Meißner erschien schon 1778 in Leipzig bei
Dyk. —

Während dem Neubau des abgebrannten Theaters wurden
die Opernvorstellungen in Esterház nicht unterbrochen, wie dies
einige gedruckte Textbücher bezeugen. Wenn diese auch jetzt noch
auf dem Tittelblatt die alte Bemerkung: »da rappresentarsi nel
teatro d'Esterhaz« beibehalten, so kann damit nur ein Interims=
Theater gemeint sein, das entweder im Schlosse oder im Freien
aufgeschlagen war.

Weitere Compositionen aus diesem Jahre:

5 Symphonien (a. 35. 36. 37. 38. 39), in Abschrift er=
scheinen.

Motette de Tempore (m. 19) in Abschrift vorhanden.

Zu den Schülern Haydn's zählten in den 70er Jahren
Niemecz, Distler, Krumpholtz, Pleyel, Kraft und Rosetti.

P. Niemecz, Primitio aus dem Orden der barmherzigen
Brüder, war Bibliothekar in Esterház, spielte Gambe, Violine,

Clavier, Harfe und Baryton und schrieb für diese Instrumente
Sonaten, Duos und Concerte, die ihres reinen Satzes wegen
von allen Kunstkennern Beifall erhielten. 1798 verfertigte er
auch eine Kunstorgel für England. [1]

Johann Georg Distler, aus Wien gebürtig, war seit 1780
Violinist und Concertmeister in der herzogl. Hofkapelle zu Stutt-
gart. Eine Gemüthskrankheit zwang ihn um 1790 zu seinen
Eltern nach Wien zurückzukehren, wo er 1798 gestorben sein soll. [2]
Er war als Violinspieler und Componist sehr geschätzt und als
letzterer ein würdiger Schüler Haydn's, der ihn sehr liebte.
Seine Violinquartette erlebten innerhalb 6 Jahren 6 Auflagen.
Ein Violinconcert von ihm spielte 1794 der damals 13jährige
Clement im Kärnthnerthor-Theater. Ein Flötenconcert in seiner
Handschrift besitzt das Archiv der Gesellschaft der Musikfreunde
in Wien. [3]

Johann Baptist Krumpholtz, Harfenvirtuose aus Böhmen,
wurde vom Fürsten am 1. August 1773 auf ein Jahr engagirt,
blieb aber bis März 1776. Sein Name erscheint zuerst 1772 im
Wiener Diarium; er hatte in einer Akademie im Burgtheater gespielt und empfahl sich nun zum Unterricht auf der Pedalharfe.
In Esterház war er ein sehr eifriger Schüler Haydn's. Nach
seinem Austritt ließ er sich zuerst in Leipzig, 1776, 17. Juni, auf
der „organisirten Harfe" hören. In Paris verbesserte er sein Instrument und erhielt von der Akademie (21. Nov. 1787) ein sehr
anerkennendes Schreiben. Seine zahlreichen und sehr geschätzten

1 Vergl. Dlabacz, Hist. Künstlerlex. f. Böhmen, Bd. II. S. 390.

2 Wahrscheinlich in der Nähe Wien's, da sein Name im Wiener Todtenprotokoll nicht erscheint.

3 Mit obigem Distler ist nicht zu verwechseln Jos. Zistler, „ein wahrhaft seelenvoller Violinspieler, dessen schmelzreichen Ton und eindringenden
Vortrag Haydn über alle Maßen liebte". (Gaßner, Universal-Lex., wo er un-
richtig als Franz Zisler angegeben ist.) Zistler, in Diensten des Grafen Erdödy,
spielte 1772 in einer Akademie im Theater nächst der Burg (Realz. S. 313);
ferner in den Akademien der Tonkünstler Societät 3 mal (1778—86) als
Concertmeister des Fürsten Batthyány zu Preßburg, dann als Musikdirektor bei
Fürst Grassalkovics genannt. Auch in einem Concert der beiden Sängerinnen
Elisabeth und Franziska Distler (1788) wirkte er mit. Schönfeld's Jahrb. d.
Tonk. (1796, S. 13 u. 16) nennt Demuth und Eppinger als vorzügliche Schüler
des vortrefflichen verstorbenen Zißler. Nach dem Wiener Todtenprotokoll starb
Zistler am 18. März 1794, 50 Jahre alt.

Compositionen erschienen in Paris und London. Auch als Leh=
rer und Componist für sein Instrument war er sehr geschätzt. Er
heirathete eine höchst talentvolle Schülerin, Meyer aus Metz,
die ihm ein junger Mann nach London entführte, wo sie am
2. Juni 1788 in *Hanover Square Rooms* ihr erstes Concert
gab, außerordentlich gefiel und fortan in London verblieb. Sie
spielte häufig Duos mit dem Pianisten Dussek und trat erst 1802
von der Öffentlichkeit zurück. Ihr Mann stürzte sich aus Gram
über ihre Untreue und Undankbarkeit im Jahre 1790 in die
Seine. [4]

Ignaz Jos. Pleyel, der überaus fruchtbare Componist,
spätere Musikalienverleger und Gründer einer weltberühmten Pia=
nofortefabrik in Paris, geb. 1. Juni 1757 im Dorfe Ruppers=
thal in Unter=Österreich, zeigte frühzeitig so viel Talent zur
Musik, daß man ihn nach Wien schickte, wo er bei Van Hal
(Wanhall) Clavierunterricht nahm. Sein Gönner, Graf Ladis=
laus Erdödy, gab ihn dann in den 70er Jahren zu Haydn in
Pension, um bei ihm Composition zu studieren. Er blieb bei
ihm mehrere Jahre und gewann dessen volle Zuneigung. Es mag
für Pleyel die glücklichste Zeit seines Lebens gewesen sein und
beide Theile werden sich derselben mit Genugthuung erinnert
haben, als sie in London den Vorabend des Weihnachtsfestes
1791 (Pleyel war den Tag zuvor in der Weltstadt angekommen)
am traulichen Kaminfeuer bei Haydn zubrachten — den Verhält=
nissen zum Trotz, die sie als feindliche Parteien gegen einander gestellt
hatten, denn Pleyel war eingeladen worden, Salomon und Haydn
gegenüber die Concerte der Fachmusiker *(professional concerts)* zu
dirigieren. Des Schülers Benehmen machte damals auf Haydn den
wohlthuendsten Eindruck, denn mit sichtlicher Befriedigung schrieb er
an seine verehrte Freundin, Frau von Genzinger, nach Wien:
„Pleyel zeigte sich bey seiner Ankunft gegen mich so bescheiden,
daß Er neuerdings meine liebe gewann, wir sind sehr oft zu=

---

4 Wenzel Krumpholtz, der jüngere Bruder, 1796 im Orchester der Wie=
ner Hofoper als Geiger angestellt, war einer der ersten, der Beethoven's Größe
erkannte. Durch seine Veranlassung wurde Karl Czerny Beethoven's Schüler.
Als Krumpholtz am 2. Mai 1817 plötzlich starb, schrieb Beethoven Tags darauf
Schiller's „Gesang der Mönche" (aus Tell) für 3 Männerstimmen „Zur Er=
innerung an den schnellen und unverhofften Tod unseres Krumpholz".

sammen und das macht Ihm Ehre, und Er weiß seinen Vater
zu schätzen, wir werden unsern Ruhm gleich theilen und jeder
vergnügt nach Hause gehen". Pleyel widmete Haydn sein zweites
bei Rudolf Gräffer erschienenes Werk,[5] 6 Streichquartette, über
die Mozart seinem Vater schreibt (24. Apr. 1784): „Dann sind
dermalen Quartette heraus von einem gewissen Pleyel; dieser ist
ein Scolar von Jos. Haydn. Wenn Sie selbige noch nicht ken=
nen, so suchen Sie sie zu bekommen, es ist der Mühe werth.
Sie sind sehr gut geschrieben und sehr angenehm; Sie werden
auch gleich seinen Meister heraus kennen. Gut — und glücklich
für die Musik, wenn Pleyel seiner Zeit im Stande ist uns Haydn
zu remplaciren". Damit nun hatte es allerdings seine guten Wege.
Wohl suchte Pleyel seines Lehrers Manier und Stil sich eigen
zu machen aber der Geist fehlte und in seiner späteren handwerks=
mäßigen, schablonenhaften Vielschreiberei untergrub er selbst sei=
nen Ruf. Daß er sich eigentlich als Gesangcomponist in die
musikalische Welt einführte, sahen wir früher. Außer diesem Erst=
lingswerk, werden von ihm von Vocalwerken noch genannt: eine
Oper *Ifigenia in Aulide*, aufgeführt 1785 in Neapel (als Frucht
seines Aufenthaltes in Italien), eine *Hymne à la nuit* (Offen=
bach 1797) und 12 deutsche Lieder Op. 47, Hamburg. Pleyel,
als Musikalienverleger in Paris etablirt, gab 1801 in Paris die
damals erste vollständige Sammlung der Quartette Haydn's in
Auflagstimmen, mit Haydn's Porträt und dem Consul Bona=
parte gewidmet, heraus. Bald darauf folgten in Partitur 30
dieser Quartette und 5 Symphonien. Als die Pariser Tonkünst=
ler im J. 1800 beabsichtigten, Haydn's „Schöpfung" im großen
Operntheater in französischer Sprache aufzuführen, hofften sie
Haydn zur Übernahme der Direction zu bestimmen. Pleyel über=
nahm es zwar, auf Haydn persönlich einzuwirken und mit ihm
Rücksprache zu nehmen, allein er kam nur bis Dresden, von wo
aus es ihm als französischen Bürger nicht gelang, einen Paß
nach Österreich zu erwirken, obwohl sich Haydn selbst und die
Herren Artaria für ihn verwendet hatten. So übernahm denn
Steibelt, der sich die Partitur nach seinem Sinn zurecht gelegt
hatte, die Leitung jener denkwürdigen Aufführung am 3. Nivôse

---

5 *Sei quartetti composti e dedicati al celeberrimo e stimatissimo
fu suo Maestro il Signor Gius. Haydn in segno di perpetuo gratitudine.*

(24. Dec.), denkwürdig sowohl durch den großen Eindruck, den das Werk hervorbrachte, als auch durch das an jenem Abend stattgefundene Ereigniß.[6] Pleyel gründete 1807 in Paris jene berühmte Pianoforte-Fabrik, die noch heute unter der Firma Pleyel & Co. fortbesteht.

Der rühmlichst bekannte Violoncellist Anton Kraft (Krafft) wurde am 1. Januar 1778 auf 3 Jahre engagirt, blieb aber bis zur Auflösung der Kapelle 1790. Er war bei seinem Eintritt 25 Jahre alt[7] und bereits verheirathet. Sein erster Sohn, Nico-laus, auf den sich das Talent des Vaters vererbte, wurde zu Esterház am 14. Dec. 1778 geboren. Haydn schätzte Kraft wegen seines ausdrucksvollen Spiels und seiner reinen Intonation; das 1781 componirte Violoncellconcert soll Haydn für ihn geschrieben haben: Da Kraft zur Composition Talent zeigte, erbot sich Haydn, ihn zu unterrichten; als aber der Schüler voll Eifer dabei sein Instrument vernachlässigte, brach Haydn den Unterricht ab mit der Bedeutung, daß er nun genug für seinen Zweck wisse. Kraft erlernte gleich anfangs bei seiner Aufnahme auch das Baryton, um den Fürsten begleiten zu können und componirte selbst meh-rere Trios für 2 Baryton und Cello.[8] Er lebte seit 1791 in Wien, trat der Tonkünstler-Societät als Mitglied bei und starb am 28. Aug. 1820.

Antonio Rosetti, ein tüchtiger Geiger und Componist, der öfters mit Andern gleichen Namens verwechselt und hier zum erstenmale als Mitglied der fürstl. Kapelle erscheint, trat in die-selbe im April 1776 und blieb bis 1781. Daß sein eigentlicher Name Rößler (Roesler) gewesen, wird vielfach bestritten. Nach der bisherigen Annahme soll er in Leitmeritz 1744 oder 1750 geboren sein, was aber pfarramtlich widerlegt wird, indem weder der Name Rosetti noch Roesler in den Tauf-Protokollen erscheint. Er kam im 7. Lebensjahre nach Prag ins Seminar, wurde zum geistlichen Stande bestimmt und erhielt auch wirklich die Tonsur. Dennoch entsagte er dieser Bestimmung und wandte sich aus-

---

6 Auf seiner Fahrt zum Opernhause entging der Consul Bonaparte nur zufällig dem Tode bei der Explosion einer Höllenmaschine.

7 Nach den Acten der Tonkünstler-Societät wurde Kraft zu Rokitzau, Bezirk Pilsen in Böhmen, am 30. Dec. 1752 geboren (nicht 1751 oder 1749, wie vielfach angegeben).

8 Über eine diesbezügliche Anekdote siehe Band I. S. 252.

schließlich der Musik zu. Er zeigte sich als ein sehr begabter Componist und wenn auch die Behauptung, daß er ein Schüler Haydn's gewesen sei, nicht nachweisbar ist, so kann man ihn doch einen Jünger desselben nennen, der sich mit glücklichem Erfolge dessen Stil anzueignen suchte.

Haydn zeichnete ihn besonders aus; er schrieb selbst dessen Aufnahms-Decret und bezeichnete seine Auflagstimme bei mehreren Symphonien mit *Illustrissimo Signore Rosetti*. Die zahlreichen Compositionen von ihm, deren Gehalt u. A. H. Riehl [9] ausführlich bespricht, erschienen in Mainz, Frankfurt, Mannheim, Paris und Wien und bestanden in Symphonien, in Kammer- und Gesangmusik. Außer 6 Violinduetten, 3 Symphonien Op. 5, 6 Quartetten Op. 6 erschien auch sein erstes Oratorium „Der sterbende Jesus", bei Artaria (1786); viel bedeutender ist „Jesus in Gethsemane", das er in Berlin mit großem Beifall aufführte. Fürst Oettingen-Wallerstein engagirte ihn für seine Kapelle als Director; 1789 wurde er Kapellmeister des Herzog von Mecklenburg-Schwerin und starb am 30. Juni 1792 zu Ludwigslust.

---

9) Musikalische Charakterköpfe, 1853. S. 217 ff.

Chronik.

Wien in den Jahren 1767 bis 1790 incl.

———

Vieles hat sich geändert, seit wir die alte Kaiserstadt im Jahre 1766 verließen. Wohin wir auch blicken, überall sehen wir einen stetigen Fortschritt und Umschwung im musikalischen Leben. Manches haben wir bereits kennen lernen, das aber erst jetzt durch seine Verbindung zum Ganzen seine Bedeutung gewinnt. Es ist eine neue Welt, die sich uns öffnet; der Luftzug einer frühlingsverheißenden Zukunft weht uns an; das Abgelebte zerstäubt, neue Keime suchen und finden frischen Boden, entwickeln sich und bieten uns schon jetzt goldene ungeahnte Früchte. Namentlich sind es die achtziger Jahre, in denen sich in Wien fast alles vereinigte, was die Metropole zur bevorzugten Musikstadt stempelte. Noch lebte Gluck und genoß die Früchte seines Ruhmes; Mozart, zum zweiten- und drittenmale (in 1768 und 73) Wien besuchend, nahm nun (1781) seinen bleibenden Aufenthalt daselbst und schuf seine Meisterwerke nach jeglicher Richtung; Haydn, so oft er Wien besuchte, gab Zeugniß seiner nimmer ruhenden Schöpferkraft und jedes neue Werk von ihm drang rasch in alle musikalischen Kreise; noch weitere einheimische und fremde Componisten — Salieri, Gaßmann, Hasse, Paisiello, Sarti, Martin, Benda, Dittersdorf — gesellten sich hinzu und bereicherten die Bühne mit weithin gerühmten Werken. Wien hörte ferner in seinen Mauern die zur Zeit berühmtesten Sänger und Virtuosen und empfing Besuche namhafter Schriftsteller, denen wir so manche schätzenswerthe Schilderungen der damaligen musikalischen Zustände Wiens verdanken. Wir begrüßen ferner die vordem nur vorübergehend erwähnte Tonkünstler-Societät und mit ihr die erste öffentliche Pflege des

Oratoriums; die Vermehrung ſelbſtſtändiger Akademien und Con=
certe; die erſten Dilettanten=Orcheſtervereine Wiens; die erweiterte
Pflege des Quartettſpiels in häuslichen Kreiſen; die Zunahme
angeſehener Familien mit regelmäßigen muſikaliſchen Zuſammen=
künften. Überdies noch die erſten namhaften Schritte zu dem
ſpäter ſich ſo raſch entwickelnden Clavierbau; die Errichtung
eigener Muſikalien=Handlungen und Druckereien; die Gründung
eines National=Singſpieles, Regelung der Theaterverhältniſſe und
Entſtehung neuer Theater. Dem Adel insbeſondere, deſſen för=
dernde Muſikpflege bis auf Kaiſer Leopold I. zurückreicht, war
in dieſem Zeitabſchnitt eine hervorragende Rolle angewieſen. Nicht
nur daß er, durch das Beiſpiel des Hofes angeregt, die Tonkunſt
mehr denn je ſelbſt ausübte, zog er nun auch die Künſtler in
ſeine Kreiſe, hielt ſich ſelbſtſtändige Muſikapellen und vereinigte
ſich zur Aufführung großer Werke in ſeinen Paläſten — fürwahr,
eine ſchwindelnde Fülle von gegenſeitig ſich ergänzenden Factoren,
die in ihrer Geſammtheit den Fortſchritten der Tonkunſt mit
Stromesgewalt eine leitende Richtung gaben. Es liegt ein eigen=
thümliches Walten in dem Umſtande, daß in dieſem Bilde ſelbſt
der Name Beethoven nicht fehlt, der bekanntlich im Jahre 1787
der Kaiſerſtadt einen kurzen Beſuch machte und vor Mozart ſpielte.
Nehmen wir dieſen Moment als den verbindenden Ring, mit
dem die ſpäter mächtig ſich aufthürmende Tonwelt gleichſam an
ſolide, dauernde Grundpfeiler ſich naturgemäß einklammerte.

Die oben angedeuteten Punkte ſollen uns nun in erweitertem
Rahmen das damalige Wien, als Fortſetzung der früheren Chronik,
vor Augen führen und, im Verein mit dem Bilde von Eſterház,
den belebenden Hintergrund bilden, auf dem allein wir mit dem
künſtleriſchen Aufſtreben unſerer Hauptfigur vertraut werden kön=
nen.

———————

Über die ungewöhnliche Muſikpflege des kaiſerlichen Hauſes
wurde bereits (Bd. I. S. 80) geſprochen. Manches hat ſich ſeit=
dem geändert. Die Kinder der Kaiſerin Maria Thereſia
wuchſen heran, kamen hierhin, dorthin; die Kaiſerin ſelbſt zog
ſich ſeit dem Tode ihres Gemals Franz I. (geſt. 18. Aug. 1765)
von allen Zerſtreuungen zurück und beſuchte, wie wir geſehen,
nur noch einigemal das Theater nächſt der Burg. Wohl fanden

noch musikalische Aufführungen bei Hofe statt, aber nur vor dem
Kaifer Joseph und wenigen bevorzugten Gäften. Von den Hof-
Claviermeistern waren Wenzel Birk (zugleich Hoforganist) schon
1763, Mathäus Schlöger 1766, Wagenseil 1777 gestorben.
Ihre Stellen vertraten nun Jof. Steffan und seit 1781 Georg
Summer (später 1791, Hoforganist) und Leopold Kozeluch;
Singmeifter war noch der früher genannte Giovanni Battista
Mancini; [1] der Kaifer aber genoß nun den Unterricht seines
lieben Gaßmann und nach deffen Tode (1774) wurde Salieri,
deffen Werke feit 1770 auf dem Repertoire der Oper standen,
fein mufikalifcher Rathgeber. „Joseph's Geschmack war in der
durch Hasse und Piccini repräsentirten Tradition der italiänischen
Musik gebildet und seine Neigung blieb dieser Richtung zugethan.
Sein Wunsch eine nationale Musik sich entwickeln zu lassen, ging
wesentlich aus einer vernunftmäßigen Überzeugung hervor, und
wenn er auch zu überlegenen Geistes war, um das Bedeutende
in Gluck's und Mozart's Leistungen zu übersehen, so war doch
dies nicht eigentlich das was ihm behagte. Offenbar hatte er sich
gewöhnt in der Musik eine Unterhaltung zu finden, für welche
die selbstständige Macht und Fülle, die Gluck, Haydn und Mozart ihrer Kunst errangen, überwältigend wurde". [2] Von der Zeit
an, da der Kaifer nach dem Tode seiner großen Mutter die
alleinige Regierung angetreten hatte, widmete er nach aufgehobener Tafel, die nicht viel länger als eine Viertelstunde dauerte,
regelmäßig eine Stunde der Musik. Dreimal in der Woche wurden dann einzelne Stücke aus Opern vorgenommen, wobei der
Kaifer selbst am Clavier begleitete und eine Singstimme übernahm; außer ihm wirkten mit sein jüngster Bruder, Erzherzog
Maximilian (seit 1780 Coadjutor, 1785 Kurfürst=Erzbischof
von Köln), Salieri oder auch Umlauf. Auf diese Art machte
sich der Kaifer mit den zur Aufführung in Vorschlag gebrachten
neuen Opern vertraut und gab darüber sein Urtheil ab. Die
übrigen Tage waren dem Streichquartett gewidmet, bei dessen
Auswahl, wie wir früher (Bd. I. S. 25) sahen, Hofmusik=Director
Franz Kreibich (obgleich ihm der Kaifer gegen Dittersdorf einen

---

1 Von ihm erschien in Wien 1774: *Pensieri e riflessioni pratiche
sopra il canto figurato.* (3. Aufl. Mailand 1777.)

2 O. Jahn, Mozart, Bd. I. S. 643.

Hanswurft und Gänfefchnabel nennt) und Kammerdiener Strack
entfcheidenden Einfluß nahmen. Beide forgten denn auch redlich
dafür daß nur Compofitionen nach ihrem Gefchmack aufgelegt
wurden. Mozart und Haydn waren hier fo gut wie ausgefchloffen,
Salieri „der Abgott des Kaifers", wohnte regelmäßig den Auf=
führungen bei und ihm wäre es leicht gefallen, fein Anfehen
geltend zu machen, allein „er hatte keinen Grund, die Gefchmacks=
richtung des Kaifers zu bekämpfen, die er doch felber vertrat und
war klug genug, um auch nur mit dem Schatten feines Monar=
chen in Collifion zu kommen". — Was Haydn betrifft fo gründete
fich des Kaifers früher (Bd. I. S. 25) erwähntes Urtheil darauf,
daß er ihn noch immer nach deffen Jugendarbeiten abfchätzte.
Sein fpäteres Urtheil gegen Dittersdorf klang ganz anders. Von
diefem zu einer Parallele zwifchen Mozart und Haydn aufgefor=
dert, vergleicht er Mozart's Compofition mit einer Tabatière,
die in Paris und die Haydn'fche mit einer, die in London ver=
fertigt ift, beiläufig: beide find von Werth, erftere durch ihre
gefchmackvolle Form und Verzierung, letztere durch ihre Einfach=
heit und folide Arbeit.[3]

Der Kaifer und Erzherzog Maximilian hatten nach damali=
ger Sitte der Großen ihre eigene Harmoniemufif und wenn
Letzterer im Luftfchloffe Schönbrunn wohnte, gab er öfter im
Park Mufif mit feiner dann bis auf 40 Mann verftärkten Ka=
pelle, wozu fich Adel und Volk und auch der Kaifer einfanden.[4]
Den Mufikern war auch geftattet, fich in den Akademien der
Tonkünftler=Societät (1783 und 87) hören zu laffen, oder fogar
ein eigenes Concert im National=Hoftheater (1788) zu geben, wo
fie dann Stücke aus den damals fo beliebten Opern von Martin

---

3 Dittersdorf, Lebensbefchreibung. S. 235. — Als Curiofum mag hier
auch die Anekdote Platz finden daß Gaßmann es darauf anlegte, Haydn dem
Kaifer als Plagiator zu verdächtigen. Nach Haydn's Erzählung foll er einft
bei der Probe einer Oper Gaßmann's von Jemand um eine Adreffe erfucht
worden fein, die dann Haydn, ein Blatt Papier an die Säule haltend, auf=
fchrieb, was nicht unbeachtet blieb und ihm in den beabfichtigten Verdacht
brachte, er habe fich Stellen aus der Oper notirt.

4 Wiener=Zeitung und Wienerbl. — Zinzendorf 1783. 3. Aug.: *Le soir
a Schoenbrunn à la musique de l'Archiduc. tout le baillage de l'Autriche
y étoit.*

bliesen. Auch durften sie sich von hohen Cavalieren für Tafel=
musik engagiren lassen.[5]

Die früher (Bd. I. 82) erwähnten Tafelmusiken bei Hof
waren noch immer üblich, namentlich am Neujahrstage beim
Mittagsmal, bei der der Hof öffentlich auf goldenem Gedeck
speiste. Die Wiener Zeitung berichtet dann regelmäßig daß der
erste Oberſthofmeiſter Fürſt von Starhemberg nebſt den Leibgarde=
Capitäns Fürſten Lobkowitz und Eſterházy und Graf Noſtiz die
Aufwartung und der äußere Hofſtaat die Bedienung übernahm,
„indeſſen eine auserleſene Vocal= und Inſtrumentalmuſik der kaiſer=
lichen Kammer ertönte."

Die Theatervorſtellungen in Laxenburg, dem einſt von
Kaiſer Karl VI. bevorzugten Luſtſchloſſe, werden beſonders in
den Jahren 1770, 1784 und 86 von der Wiener Zeitung und
in den beiden letzten Jahren auch von Zinzendorf erwähnt. Es
war die Zeit wo die italiäniſche Oper beſonders florirte und ſo
finden wir hier alle vorzüglichen Mitglieder derſelben vereinigt,
um namentlich Opern von Paiſiello und Salieri aufzu=
führen; vom deutſchen Singſpiel iſt nur Gluck's „Pilgrimme
von Mekka" genannt. Vom Jahre 1784 liegt auch die Aufzeich=
nung Kelly's,[6] Tenoriſt der ital. Oper, vor, dem wir die
lebhafte Schilderung der Aufführung von Mozart's *Le nozze di
Figaro* verdanken. Nach ihm war in Laxenburg freier Zutritt für
Jedermann, ſelbſt für die Bewohner der umliegenden Ortſchaften,
denen freilich der ſpäte Schluß der Vorſtellungen (11¼) wenig
gemundet haben mag. Kelly erzählt auch von einer Revue über
20,000 Mann, die der Kaiſer ſelbſt befehligte. „War dies nicht
ein ſchöner Anblick"? (fragte er Kelly); dieſer Platz iſt meine
Bühne, hier bin ich der erſte Akteur". — Auf dem Schloßtheater
zu Schönbrunn, deſſen ſchon erwähnt wurde (I. 82), waren
die Vorſtellungen des Adels nun ſeltener. Das Wiener Diarium
ſpricht nur im J. 1770 von einer dreimaligen Aufführung eines
Singſpiels durch Cavaliere und Damen gelegentlich eines Fami=
lienfeſtes. Zinzendorf hörte daſelbſt in den Jahren 1774 und 75

---

5 *Le matin a l'Augarten ou Zichy donoit un dejeuner avec la
musique de l'Empereur. L'Archiduc y etoit, Chotek et Rothenhahn.*
(Zinzendorf, 1783, 8. août.)

6 *Reminiscenses of Michael Kelly, vol. I. p. 246 f.*

Opern, von Mitgliedern der kaiserl. Oper aufgeführt.[7] (Der Aufführungen bei Gelegenheit des Besuches der Esterházy'schen Kapelle in 1777 wurde schon gedacht.) In 1784 und den zwei folgenden Jahren waren dort Feste die der Kaiser dem höchsten Adel
und fremden Gästen zu Ehren gab, wobei die Mittagstafel in
der Orangerie abgehalten wurde, während die kaiserliche Harmonie
sich hören ließ. Nach aufgehobener Tafel wurden auf zwei an
den entgegengesetzten Enden der Orangerie errichteten Bühnen Vorstellungen gegeben. Im J. 1785, am 6. Februar wurden Scenen
aus „Emilia Galotti", aus dem Lustspiel „Der seltene Freier"
und die italienische Oper *Il finto amante*, im folgenden Jahre
am 7. Februar Mozart's „Schauspieldirector"[8] und Salieri's
einaktige Oper *Prima la musica e poi le parole* aufgeführt.
Die Gäste fuhren nach dem Schlusse der Festlichkeit, jeder Wagen
von zwei Reitknechten mit Windlichtern begleitet, nach der Stadt
zurück (W.-Ztg. 8. Febr.).

Bei der Wiederaufnahme des Abschnittes über Theaterleben
werden wir mit Erstaunen sehen, welche Dimensionen unterdessen
die Lust am Schauspiel genommen hatte. Zu den bisher einzigen
zwei Theatern der inneren Stadt treten nun neue kleinere Unternehmungen in den Vorstädten hinzu, von denen ein Theil
schließlich zur Entstehung unserer heutigen Theater führte. Namentlich in der Mitte der 70er Jahre kam eine wahre Schauspielwuth
über die außerhalb der Ringmauern Wiens gelegenen Gründe.
Schau- und Lustspiel, Posse, Singspiel, Oper und Ballet wurde
gepflegt und malträtirt und dazu die Tanzsäle der größeren Gast-
häuser gemiethet oder auf freien Plätzen eigene hölzerne Buden
aufgerichtet. Die damaligen wandernden Schauspielertruppen wag-

---

7 Z. B. 1774, 10. Ott. »*Pour l'opera comique j'y allais a Schoenbrunn
voir jouer Zemire et Azor*«. 1775, 24. Oct. »*a Schoenbrunn voir jouer la
servante maîtresse que Mlle. Duchateau joua à merveille, la musique est
de Pergolese*«.

8 »*La Sacco et Lang* (Hr. Lange) *jouerent un morceau de Bianca
capello; le Adamberger et Weidmann un morceau* aus der galanten Bäuerin.
La Cavalieri et la Lang chanterent. Le tout etoit fort mediocre. In
Salieri's Oper »*la Storace immita parfaitement Marchesi en chantant des
airs de Giulio Sabino.*« (Zinzendorf's Tagebuch.)

ten sich an Alles heran und suchten es bis auf die gedruckten
Komödienzettel herab den privilegirten Theatern gleich zu thun.
„Sage einer noch einmal (rühmt ein Blatt) [1] daß man dem deutschen Originalgeiste nicht Freiheit genug giebt auf allen Seiten
zu wetteifern und sein Talent, seine Kunst, alle seine Geschicklich-
keiten frei zu zeigen". — Nachdem im J. 1770 namentlich durch
Sonnenfels' Bemühung die Aufführungen extemporirter Stücke
in der inneren Stadt glücklich beseitigt waren, versuchte man hier
einen Mittelweg einzuschlagen, indem man aus dem Stegreif
auswendig gelernte Possen gab. Aus der Zahl der zeitweiligen
Theater seien nur zwei hervorgehoben, eines in der Vorstadt
Neustift (jetzt Neubau, Bezirk VII), das andere in der Vorstadt
Landstraße. Ersteres befand sich in der Neustiftgasse 58 (neu 67)
im Hause „Zum weißen Fasan", dem Buchdrucker Joh. Winkler
gehörig. Als Lokal diente der Tanzsaal, der schon 1776 von
Felix Berner mit seiner Kindertruppe zu Theatervorstellungen
benutzt wurde. 1783 spielten dort Studenten in ihrer Ferienzeit
und zwar unentgeltlich und unter Leitung des Franz Xaver Ge-
wey. 1784 schlug die Wilhelm'sche Gesellschaft daselbst ihr Lager
auf; Andere folgten. Das „Wienerblättchen" kündigte mitunter
die Vorstellungen an, darunter die Singspiele „Das Gärtnermädchen", „Die eingebildeten Philosophen", „Der Barbier von
Sevilla" (von Paisiello); „Asmodeus" oder: Der krumme Teufel (Jos. Haydn); „Die Liebe unter den Handwerksleuten" (Gaßmann); „Die Magd eine Dienerin" (la serva padrona a. d. ital.
nachgeahmt von Kurz, Musik von Gspan); das Melodram
„Ariadne auf Naxos" (Benda); „Die Pilgrimme von Mekka"
(Gluck); „Alceste" (Schweitzer). — Das zweite Theater, Vorstadt
Landstraße, fällt ins Jahr 1789, in welchem die Directoren
Franz Scherzer und Karl Ferdinand Neumann in der Wiener Zeitung (Nov.) die baldige Eröffnung ihres von Stein erbauten Theaters (in der Nähe des gegenwärtigen Gemeindehauses)
anzeigen. Der Wechsel in der Direction war dort permanent;
auch ging das Theater an Theilnahmlosigkeit der Bewohner
jener Vorstadt, von denen es hieß daß sie schon um sieben Uhr
schlafen gingen, im J. 1795 ein und wurde in ein Zinshaus
umgebaut. Anfangs war dort jeden zweiten Tag Oper und das

---

1 Realzeitung 1776, 25. Brachmonat (Juni).

Perſonal zählte mehrere ſpäter rühmlich genannte Mitglieder.
Zur Aufführung kamen u. A.: „Das liſtige Bauernmädchen“,
oder: „Der geadelte Bauer“, „Die Sklaven“ (beide von Paiſiello);
„Der liſtige Kaminfeger“ (Salieri); „Circe und Ulyſſes“ (Aſtarita);
»la vera costanza« (Joſ. Haydn).

Sehen wir uns nun in jenen Vorſtädten um, denen die
heutigen Theater ihre Entſtehung verdanken. In der Joſeph =
ſtadt wurde 1776 in der Schweibbogengaſſe von Franz Scherzer
ein Schauſpielhaus eröffnet, das ſpäter Fürſt Adam Auers =
perg, an deſſen Palais es anſtieß, ankaufte und zu ſeinem
Privattheater herrichtete. Mozart führte daſelbſt 1786 ſeinen
„Idomeneo“ auf; auch ſonſt wird es bei feſtlichen Gelegenheiten
oft genannt und beſteht noch heute. Das im J. 1788 von Karl
Mayer erbaute und am 24. Oct. eröffnete noch heute beſtehende
„Joſephſtädter Theater“ wurde erſt ſpäter der Oper dienſtbar; es
ſei hier wenigſtens flüchtig erwähnt. — Mehr Intereſſe bietet
uns die Leopoldſtadt, wo ſeit 1771 an verſchiedenen Orten
Komödie geſpielt wurde, bis endlich 1781 ein ſtabiles Theater
von Karl Marinelli in der Praterſtraße erbaut und am 20. Oct.
eröffnet wurde. Dieſes kleine „Leopoldſtädter Theater“ (im Volks =
munde nach einer beliebten Theaterfigur auch „Kasperltheater“
genannt und von Hoch und Niedrig gerne beſucht),[2] wurde der
Boden für eine Reihe beliebter Volkspoſſen, welche mit ihrer
Muſik von den dortigen Kapellmeiſtern Wenzel Müller und
Ferdinand Kauer ungemein populär wurden und Jahrzehnte
überdauerten. Die beiden Marinelli,[3] die Ehepaare Menning =
ger und Richter, La Roche[4] u. A. zählten zum Perſonal;
letzterer ſchuf die Figur des Käsperle und erfreute ſich der größ =
ten Beliebtheit. Neben den Volkspoſſen treffen wir auch auf zahl =
reiche und ſehr oft gegebene Singſpiele und Opern von Salieri,
Sarti, Anfoſſi, Gluck („Pilgrimme von Mekka“), Gaßmann, Dit =
tersdorf, Vincent Martin, Gretry, d'Allayrac, Joh. Schenk (die
Singſpiele „Die Weinleſe“, „Die Weihnacht auf dem Lande“).[5] —

---

2 »De la (Prater) chez Kasperl avec toute la compagnie«. Zinzen =
dorf 1787. 20. Mai.

3 Karl Edler von Marinelli (1801 in den Abelſtand erhoben) ſtarb 1803,
28. Jan., 58 Jahre alt.

4 geb. zu Preßburg 1745, geſt. 1806, 8. Juni, 61 Jahre alt.

5 Unter der Direction des, auch als Schauſpieler rühmlichſt bekannten

Es erübrigt noch der Vorstadt Wieden zu gedenken. Auch hier hatten seit Mitte der 70er Jahre herumziehende Truppen ihr Glück versucht. Der Principal Christian Roßbach faßte endlich Fuß. Bisher in der innern Stadt auf dem Neu-Markt in einer Bretterhütte den Musen huldigend, erbaute er 1786 im rückwärtigen Hofe des fürstl. Starhemberg'schen Freihauses ein kleines stabiles Theater. Im März 1788 übernahm es der Theaterdichter Joh. Friedel in Gesellschaft der Frau des Emanuel Schikaneder. Friedel hielt auch bei der Wiedereröffnung am 24. März 1788 die Antrittsrede, die im Druck erschien. Er starb, 38 Jahre alt, am 31. März 1789 und nun berief Frau Schikaneder, von ihm testamentarisch zur Erbin eingesetzt, ihren in Regensburg weilenden Mann zur Übernahme des Theaters, für das er 1790 ein kaiserl. Privilegium erwirkte. Von da an hieß es im Volksmunde schlechtweg das „Schikaneder Theater". Anfangs fungirten Franz Teyber und Joh. Hummel (Vater des Claviervirtuosen J. N. Hummel) als Musikdirectoren; 1790 folgte als Kapellmeister Joh. Bapt. Henneberg. Nennenswerthe Aufführungen in dieser kurzen Zeit sind: „die Entführung aus dem Serail" (Mozart), „Schönheit und Tugend" (Martin's *Una cosa rara*), „der Barbier von Sevilla" (Paisiello); „das unvermuthete Seefest" und „das Singspiel ohne Titel" (beide von Joh. Schenk); „Oberon, König der Elfen" (Paul Wranitzky).[6]

Wir kommen nun zu den beiden Theatern der inneren Stadt (nächst der Burg und nächst dem Kärnthnerthor), deren Geschichte bis zum Jahre 1766 wir schon kennen,[1] die uns aber jetzt erst ein reicheres Bild entfaltet. Was oberste Leitung und Pacht betrifft, sind beide Theater vorerst gemeinsam zu betrachten und genügen dazu für unsern Zweck die Haupt-Daten.[2]

Carl (Bärnbrunn, geb. zu Krakau 1789, gest. 1854. 5. Aug. zu Ischl) siedelte das kleine Theater 1847 in das von ihm erbaute und nach ihm benannte heutige „Carltheater" über.

6 Am 30. Sept. 1791 fand hier die erste Aufführung der Zauberflöte statt. 1801 übersiedelte das Theater in das neu erbaute noch heute bestehende „Theater an der Wien".

1 Band I. S. 83—100.

2 Ausführliches siehe Dr. Eb. Wlassak, Chronik des k. k. Hof-Burgtheaters. Wien 1876.

An Stelle des seit 1764 als General = Spectakel = Director fungi=
renden Grafen Joh. Wenzel Spork (Bd. I. S. 93) trat im April
1775 Joh. Joseph Fürst Khevenhüller und nach dessen Tode
(10. April 1776) der Oberstkämmerer Graf (spätere Fürst) Franz
Orsini = Rosenberg, der im Jan. 1791 durch den Grafen
Joh. Wenzel Ugarte ersetzt wurde. Als Pächter und oberste
Leiter in dieser Periode erscheinen: Franz Hilverding von
Weven, vordem kaiserl. Hof=Balletmeister (I. 86), der Abenteurer
Giuseppe Afflisio [3] (von Mai 1767 bis Mai 1770); Graf Jo=
hann Kohary (bis April 1775); Graf Keglevich (bis März
1776). Nachdem aber die finanziellen Verhältnisse der Theater
sich immer bedrohlicher gestalteten, übernahm der Hof nun das
Burgtheater in eigene Verwaltung, schränkte die Ausgaben mög=
lichst ein und überließ das Stadttheater (nächst dem Kärnthner=
thore) jedem sich Bewerbenden gratis nebst der Begünstigung,
nach Thunlichkeit auch das Burgtheater benutzen zu können. Erst
1785 übernahm der Hof auch das Stadttheater wieder in eigene
Rechnung. — Nach dem Tode des Kaisers Franz I. (18. Aug.
1765) wurde das Burgtheater mit einer neuen vorzüglichen fran=
zösischen Gesellschaft für Schau= und Singspiel am 16. Mai 1767
wieder eröffnet; es wurde nun kurzweg als das französische,
im Gegensatz zum deutschen Theater (nächst dem Kärnthner=
thor) bezeichnet, obwohl auch in ersterem wöchentlich einmal eine
deutsche Vorstellung statt fand. Für das Ballet an beiden Thea=
tern wurde der berühmte Noverre als Balletmeister engagirt.
Italiänische Oper war wöchentlich zweimal im Burg= und ein=
mal im Stadttheater. Musikalische Akademien fanden zur Advent=
und Fastenzeit statt, außerdem auch Freitags. Im Jahre 1772
veranlaßten nothwendige Ersparungen die Verabschiedung der Fran=
zosen, die durch ihre vorzüglichen Leitungen auch vortheilhaft auf
das deutsche Schauspiel gewirkt hatten. Sie spielten am 29. Feb=
ruar zum letztenmale. Noverre's Contract ging 1774 zu Ende
und seine Stelle übernahm Angiolini, der schon einmal (1762)
angestellt war. 1776 wurde auch das Ballet und die ital. Oper
aufgelöst und das Burgtheater am 17. Februar zum Hof= und

---

3 Vergl. Bd. I. S. 146. Anm. 39. Die bisherige Schreibart Affligio ist
durch Wlassak nach amtlichen Quellen berichtigt. Auch der Theatralkalender
von Wien, 1772 giebt S. 16 und 27 den richtigen Namen.

Nationaltheater erhoben und als solches am Ostermontag, 8. April, eröffnet. —

Die italienische Oper stand nach Gluck's Weggang im Jahre 1765 (Bd. I. 87) unter der Leitung des Kapellmeisters Florian Gaßmann; als dieser im Spätherbst 1769 auf einige Zeit nach Rom ging, vertrat ihn sein Schüler Salieri unter Ober-aufsicht des Vice-Kapellmeisters Ferandini. Nach dem Tode Gaßmann's (22. Jan. 1774) blieb Salieri alleiniger Opern-dirigent bis zum Tode Kaiser Joseph's (1790). Nun fand sich Salieri bewogen, zurückzutreten; man sprach von Cimarosa als seinem Nachfolger, wählte jedoch, „um im Schüler den Meister zu ehren", Jos. Weigl, der Salieri bereits supplirt hatte. — Unter den Componisten der in dieser Periode aufgeführten Opern finden wir am häufigsten vertreten Piccini, Gaßmann, Sa-lieri, Paisiello, Gazzaniga, Anfossi, sämmtlich neue Erscheinungen. Gius. Scarlatti (✝ 1777 in Wien) erscheint noch zweimal, Hasse mit der fünften seiner für Wien geschrie-benen Opern; Gluck ließ seinem *Orfeo* (1762) noch *Alceste*[4] und *Paride ed Elena* folgen. — Die in dieser Periode wie über-haupt bis 1790 incl. gegebenen Opern sind in Beilage III zu-sammengestellt (als Fortsetzung des früheren Verzeichnißes, Bd. I. Beilage III).

Die bedeutendsten Sängerinnen waren: Antonie Bernas-coni aus Wien, vorzüglich in Gluck'schen Opern, auch als Schauspielerin gerühmt;[5] Teresa Eberardi, Constanza Bag-lioni aus Bologna (an den Sänger Poggi verheirathet); Ka-

---

4 Auf das bisher, selbst in Schmid's „Gluck" S. 123 unrichtig angegebene Datum der ersten Aufführung habe ich schon anderwärts hingewiesen. Es war der 26. (nicht 16.) Dec. 1767. Sonnenfels (Briefe über die wienerische Schau-bühne) erwähnt der Aufführung in seinem Ersten Schreiben, dat. 27. Winter-monat und wird in seiner Begeisterung nicht 10 Tage zugewartet haben. Jeden Zweifel aber benimmt das Wiener Diarium Nr. 104, 30. Christmonat, wo es heißt: „Samstags und die folgenden Täge wurde auf dem Theater nächst der Burg das neue Singspiel Alceste genannt aufgeführt rc. Samstag aber fiel auf den 26, den 2. Weihnachtstag, während der 16. auf einen Mittwoch fiel und obendrein in den Advent indem nicht gespielt werden durfte.

5 Zinzendorf hörte sie als Alceste: »*Bernasconi bien mise, bonne actrice, mais peu de voix.* Dies war freilich im Jan. 1783; die Sängerin fing an zu altern. Auch Mozart lobte sie nur bedingt und Kaiser Joseph engagirte sie nur gezwungen.

tharina S ch i n d l e r aus Wien (eigentl. Leitner später Frau des
Schauspielers Bergopzoomer); deren Nichte Anna S ch i n d l e r,
(gest. 1779 als Frau des Hoffchauspielers Lange); Anna Maria
Weigl (vergl. I. 265); Katharina Cavalieri geboren nächst
Wien (von Mozart sehr geschätzte Bravoursängerin), die Altistin
Weiß aus Wien; Theresia Kurz aus Toscana (vergl. I. 149).
Sänger: die Tenoristen Tibaldi, Guardasoni, Caribaldi,
Jermoli, Polini, Castrat Millico, Baß=Buffo Domenico
Poggi, die vortrefflichen Komiker Laschi und Carattoli,
der Bassist Buffani aus Rom ꝛc. — Das Orchester unter
Director Jof. Trani zählte 31 Mitglieder, darunter Woborzil,
Borghi, Georgi (Violine); Orsler und Weigl (Violon=
cell); Joseph Cammermeyer und Pischelberger (Contra=
baß);[6] Vittorino Colombazzo (Oboe), Stamitz (Waldhorn),
Pacher (Flöte). Das Orchester wechselte mit jenem des Stadt=
theaters (26 Mitglieder), je nachdem es Oper und Ballet erfor=
derte. — Im Herbstmonat 1770 wurden Oper und Ballet ins
Lager nach Mährisch=Neustadt beordert, um bei den Festlichkeiten
zu Ehren der Anwesenheit des Königs von Preußen Vorstellun=
gen zu geben. Kaiser Joseph hatte den Kapellmeister Gaßmann
mitgenommen, der seine Oper *La contessina* aufführte, die dem
Könige, für den Gaßmann dann mehrere Stücke für die Flöte
schrieb, so sehr gefiel, daß er dem Kaiser den Wunsch äußerte,
„ihm den Mann zu überlassen, der so ganz nach seinem Herzen
schriebe". —

Das Stadttheater wurde nach des Kaisers Tode am Oster=
sonntag 31. März 1766 wieder eröffnet. Eine radikale Veränderung
war diesem Theater vorbehalten. Die Theatercensur, schon 1751
eingeführt (vergl. I. 100), wurde 1770 durch Staatsrath Freiherrn
v. Gebler (Sonnenfels als Theatralcensor) strammer gezogen.
Die Burleske lag in den letzten Zügen; der Komiker Prehauser
starb 1769 (I. 97) und Felix Kurz versuchte es bei seiner Wie=
derkehr vergebens,[7] das frühere Interesse für ihn wieder anzu=
fachen. An die Stelle extemporirter Farcen traten nun regel=

---

6 Vorher beim Bischof von Großwardein (Dittersdorf, Lebensbeschreibung,
S. 134); später im Schikaneder Theater. Für ihn schrieb Mozart den obligaten
Baß zu einer Arie (K. 612).

7 Am 24. Nov. 1770 brachte er auch Haydn's erstes Bühnenwerk „Der
neue krumme Teufel" wieder auf die Bühne (vergl. Bd. I. S. 153 f.).

mäßige Stücke und der Hanswurst lebte nur noch in einigen Ab=
arten kümmerlich fort.

Nachdem der Hof, wie oben erwähnt, im J. 1776 die un=
entgeltliche Benutzung des Stadttheaters nebst eventueller Über=
lassung des Burgtheaters freigegeben hatte, meldeten sich als die
ersten eine Gesellschaft französischer Operisten unter der Direction
des Unternehmers Hamon. Sie gaben im Januar abwechselnd
in beiden Theatern Vorstellungen und reisten dann ab mit der
Absicht, bei ihrer Wiederkehr auch die italienische Oper zu pflegen.[8]
Mittlerweile hatte sich Noverre gemeldet, der den Principal
Böhm mit seiner Gesellschaft aus Brünn verschrieb und das im
Burgtheater entlassene Ballet übernahm. Es wurden vom 17.
April bis 17. Juni 32 Singspiele und 49 Ballete gegeben; die
Singspiele waren von Gossec, Monsigny, Gretry, Phi=
lidor, Duny, Guglielmi, Hiller, Wolf, Gluck, Bich=
ler, Holly, Baumgartner. Obwohl die Aufführungen der
Singspiele mittelmäßig waren, übte doch das wieder zu Ehren
gekommene Ballet solchen Zulauf aus, daß das Burgtheater fast
verwaist blieb. Noverre bewies, daß er auch zu sparen verstand
und zeigte sich seinen Untergebenen gegenüber höchst uneigennützig
und großmüthig. Das Tänzercorps gab ihm aus Dankbarkeit
ein Benefice und der Kaiser ernannte ihn zum kais. königl. Hof=
Balletmeister. Er verließ Wien mit Ehren überhäuft und reiste
nach Paris, wo er bei der großen Oper unter glänzenden Be=
dingungen angestellt wurde.

Vom 28. Mai bis Ende December 1776 gaben ferner die
Unternehmer einer Privatgesellschaft abwechselnd in beiden Thea=
tern italienische Opern-Vorstellungen. Das Sängerpersonal zählte
12 Mitglieder, darunter Tenorist Jermoli, Bassist Poggi und
Frau, und die Cavalieri. Dazwischen occupirten die Schau=
spielgesellschaften Wäser aus Breslau, dann Moll aus Preß=
burg das Terrain, zum Theil auch Luftspringer und Gaukler.
Moll begann am 21. Oct. mit „Dido“, „Schauspiel eines hiesigen
Dichters“ (Realztg.) und gab auch nach Ostern 1777 regelmäßige
Stücke nebst Pantominen von Bienfait (W. D. Nr. 36). Vor=
dem, im Januar und Februar, gab die Gesellschaft der Katharina
Schindler (ausschließlich im Stadttheater) italiänische Opern;

---

8 Realzeitung 1776, 3. Brief.

Anna Lange, Tenorist Friberth, Ruprecht, Kral und
Postelli waren die besseren Mitglieder. — Die weiteren bunten
Wechselfälle dieses Theaters werden uns später noch einmal beschäftigen, für jetzt kehren wir zum Hof- und Nationaltheater
zurück.

Gegen Ende 1777 beschloß Kaiser Joseph, wahrscheinlich auf-
gemuntert durch die Singspiel-Aufführungen der Böhm'schen
Truppe, den Versuch zu machen, ein „National-Singspiel" zu
gründen. Er beauftragte den Schauspieler J. H. Friedr. Müller, die nöthigen Vorkehrungen zu treffen und ernannte ihn zum
Director und Regisseur; Jg. Umlauf wurde Musikdirector.
Das Singpersonal bestand anfangs aus der Cavalieri, Wilhelmine Stierle, den Sängern Jos. Ruprecht und Fux;
der Chor wurde aus den Kirchen requirirt. Am 17. Febr. 1778
wurde als erste Vorstellung das Original-Singspiel in 1 Akt
„die Burgknappen" von Weidmann, Musik von Umlauf, gegeben. Der Reiz der Neuheit, die treffliche Darstellung und
die hübsche Musik lockten jeden Abend eine Menge Neugieriger
herbei, von denen viele aus Mangel an Platz wieder umkehren
mußten; besonders die Cavalieri erfreute sich allgemeinen Beifalls
und wurde sogar, damals eine Seltenheit, hervorgerufen.[9] Das
Personal ergänzte sich allmählig durch Anna Lange, Weiß,
Aloysia Weber (Mozart's erste Liebe, 1780 an den Hofschauspieler Lange verheirathet), Brenner, Fischer, Nouseul,
Therese Teyber, Antonie Bernasconi und Saal; den Sängern Arnold, Souter, J. B. Hofmann, Christian Benda
(Sohn des Componisten Georg B.), dem trefflichen Tenor Va-
lentin Adamberger (Mozart's Belmont), Walther, Nouseul, Günther, dem ausgezeichneten Bassisten Fischer (Mozart's Osmin) und Jg. Saal. Im Melodram wirkten mit die
Damen Sacco, Defraine, Jacquet, das Ehepaar Brock-
mann und Joseph Lange. In italienischer Sprache waren
verpflichtet zu singen: die Bernasconi, Brenner, Fischer
und Frau, Adamberger, Souter und Walther. — Von
dem ursprünglichen Plane, nur Originalstücke zu geben, mußte
man bald abstehen; es wechselten vielmehr (wie Beilage III zeigt)
wirklich deutsche Singspiele mit Übersetzungen französischer und

---

9 Wiener Diarium Nr. 16.

italiänischer Werke. Das Unternehmen erlahmte zwar für diesesmal, doch brachte es noch vor Thorschluß als herrlich lohnende
That Mozart's „Entführung" (16. Juli 1782),[10] und als erste
Wiener Aufführung Gluck's „Iphigenie auf Tauris" (23. Oct.
1781);[11] oft gegeben wurden auch die Melodramen „Medea" von
Gotter und „Ariadne auf Naxos" von Brandes, beide mit Musik
von Georg Benda, der damals selbst in Wien sich aufhielt. Das
National-Singspiel erhielt sich bis 1783; am 4. März war die
letzte Vorstellung.[12]

Der fühlbare Mangel an Singspielen weckte die Sehnsucht
nach Wiedereinführung der italiänischen *Opera buffa*. Von den
Deutschen wurden für dieselbe beibehalten: die Sängerinnen
Cavalieri, Teyber, Lange; die Sänger Ruprecht,
Adamberger, Hofmann und Saal. Neu engagirt wurden:
Anna Storace[13] (eine Engländerin, damals erst 17 Jahre alt),
Maria Piccinelli, deren Schwester Mandini, Bussani;
Tenor Mandini, Kelly aus Irland, Bussani (zugleich
Director der Oper), Benucci und Pugnetti. Bis Ende 1790
traten noch hinzu: Luigia Mombelli (geb. Laschi), Coltel-
lini, Calvesi, Marconi, Molinelli, Speccioli,
Morichelli, Adrianna Ferrarese, deren Schwester Aloisia

---

10 Zinzendorf macht die eigenthümliche Bemerkung: *Opera dont la
musique est pillée de differentes autres. Fischer joua bien, Adam Berger*
(Adamberger) *me deplut.* Dagegen nennt ihn Mozart unter denen auf die
Deutschland stolz sein darf.

11 Von Gluck'schen Opern wurden von Oct. 1781 bis März 1783 gegeben: Iphigenia auf Tauris (11 mal); Alceste (10), Orfeo (6), Pilgrimme
von Mekka (6). Nach dieser Zeit verschwinden seine Opern auf Jahre hinaus.

12 Der Erwähnung verdient auch folgende Ankündigung aus jener Zeit:
„Ehrbietungsvoll macht die der Schauspielkunst sich widmende Jugend einem
verehrungswürdigen Publiko bekannt, daß sie ihre theatralischen Übungen künftigen Freytag als den 31. Aug. im k. k. Nationaltheater wiederum anfangen
und in der Folge ununterbrochen alle Freytage fortsetzen werde. Da sie sich
bisher vorzüglich beschäftiget hat, Kenntniß in der Tonkunst zu erlangen, so
wird sie mit Adelheid von Veltheim oder der Bascha zu Tunis, einem Origi-
nal-Singspiele von vier Aufzügen den Anfang machen". (Wiener Zeitung 1781,
Nr. 69, 29. Augustmonat.)

13 *Jolie figure, voluptueux, belle gorge, beaux yeux, cou blanc,
bouche fraiche, belle peau, la naïveté et la pétulance de l'enfance, chante
comme un ange* — man sieht. Zinzendorf war nicht wenig eingenommen für
die Sängerin, an der Mozart die rechte Susanne gefunden hatte.

Villeneuve,[14] Colombati, Nencini. Sänger: Viga-
none,[15] Piovane, Mandini, Ghisani, Mombelli,
Lotti, Morella, Crucciati, Albertarelli. Calvesi 2c.
Die meisten der Genannten sind uns durch die Mozart'schen Opern
geläufig; denken wir nur an Storace (Susanne), Bussani
(Cherubino, Despina), Mombelli (Zerline, la contessa), Fer-
rarese (Susanne, Fiordiligi), Villeneuve (Dorabella), Lange
(Donna Anna), Cavalieri (Donna Elvira); an Albertarelli
(Don Giovanni), Benucci (Figaro, Leporello, Guillelmo),
Mandini (Almaviva), Kelly (Bassilio), Morella (Don
Ottavio), Bussani (Bartolo, Don Pedro, Masetto, Don Al-
fonso).

Die italiänische Oper begann am 22. April 1783; das Repertoire bis 1790 (Beilage III) nennt 63 Opern mit 18 Componisten, darunter mit neuen Opern am häufigsten Paisiello
(12) und Cimarosa (10); ferner Salieri, Anfossi, Sarti,
Guglielmi, Martin, Mozart, Gazzaniga, Alessandri,
Traetta 2c. Von den früheren sind nicht mehr genannt: Piccini, Gaßmann, Galuppi und Hasse. So sehen wir auch
hier zum zweitenmale, wie selbst im Verlauf von kaum 10 Jahren das Interesse für einzelne Componisten erlahmt, Namen verschwinden und neue auftauchen, um ebenso bald wieder der Ver-
gessenheit anheimzufallen. Wie Wenigen ist es beschieden, sich
dauernd zu erhalten: sehen wir von Gluck und Mozart ab, so
ist es nur Cimarosa, der heuzutage noch bisweilen, und auch
da mehr aus Curiosität, vom Staube gereinigt wird. Das Loos
der letzten italienischen Opern Mozart's in ihren ersten Jahren
kennen wir. *Le nozze di Figaro* wurde im ersten Jahre (1786)
9 mal gegeben,[16] dann namentlich durch Martin's *Una cosa rara*
verdrängt und erst 1789 wieder hervorgesucht. *Don Giovanni,*

---

14 Eine der größten Schönheiten ihrer Zeit. Sie trat am 27. Juni 1789
das erstemal in Wien als Amor in *l'Arbore di Diana* auf. Die Wien.-Ztg.
rühmt ihr reizvolles Aussehen, feines ausdrucksvolles Spiel und ihren kunst-
reichen schönen Gesang.

15 *Tenor d'une voix admirable.* Zinzendorf 1784. 26. April.

16 Zinzendorf. 1. Mai (erste Aufführung): *la musique de Moshardt.
l'opera m'ennuya.* 4. Juli: *la musique de Mozart singulière, des mains
sans tête.* 1789. 31. Aug.: *Charmant duo entre la Cavalieri et Ferraresi.*
1790. 7. Mai: *le duo des deux femmes, le rondeau de la Ferrarese* (welches Mozart 1789 für sie neu componirt hatte) *plait toujours.*

nach der Prager ersten Aufführung in Wien zuerst am 7. Mai
1788 gegeben,[17] erlebte in diesem Jahre 14 Wiederholungen und
tauchte erst in den 90er Jahren wieder auf. »*Cosi fan tutti*«,
1790 10 mal gegeben,[18] erfuhr durch des Kaisers Tod eine Unter-
brechung. Längst verschwunden sind die Opern, zu denen Mozart
Einlagen schrieb: zu *Il curioso indiscreto* von Anfossi (1783),
La villanella rapita von Bianchi (1785),[19] *I due barone* von
Cimarosa und *Il burbero di buon cuore* von Martin (1789).
Den Wiederholungen bis Ende 1790 zufolge hatten den meisten
Erfolg Paisiello's *Il barbiere di Siviglia* (61 mal seit 1783),
Il rè Teodoro (55 mal seit 1784), Salieri's *Axur* (53 mal seit
1788), während Martin's *Una cosa rara* trotz aller Beliebtheit
diesen dennoch nachsteht (42 mal seit Nov. 1786) und selbst
überholt wurde von dessen *l'Arbore di Diana* (59 mal seit Oct.
1787). Wie bald bewährte sich Mozart's Ausspruch über Martin: „Vieles in seinen Sachen ist wirklich sehr hübsch, aber in
zehn Jahren wird kein Mensch mehr Notiz davon nehmen". —
Zu jener Zeit wurde ein arger Mißbrauch getrieben mit der
Aufforderung zu Wiederholungen einzelner Stücke und selbst der
Kaiser gab häufig das Zeichen dazu.[20] In Sarti's *Fra due litiganti* mußte die Storace eine Arie dreimal wiederholen; in Mozart's *Nozze di Figaro* wurden noch nach der 8. Aufführung
6 Nummern wiederholt, das kleine Duo sogar 3 mal. Man
rieth damals dem Kaiser, das Dacapo einzustellen,[21] worauf auch
richtig der nächsten Ankündigung (*l'Italiana in Londra*) die Notiz
beigefügt war: „Es wird hiermit zu wissen gemacht, daß von

---

17 Zbf. 7. Mai: *la musique de Mozart est agréable et très variée.*
23. Juni: *le soir je m'ennuyua beaucoup a l'opera Don Giovanni.*

18 Zbf. 26. Jan. (erste Auff.): *la musique de Mozart charmante, et
le sujet assez amusant.*

19 Zbf. 30. Nov. *Le spectacle est gai, la musique contient quelques
morceaux de Moshart, les paroles beaucoup d'equivoques; le souflet repeté.*

20 Zbf. *Les acteurs se surpasserent et on les fit indiscretement répéter . . . L'empereur fit répéter l'air du Bachelier* (in Paisiello's *Barbiere* 1783).

21 Der Kaiser machte die Sänger auf der Probe selbst mit dem Verbot
bekannt, worauf alle zustimmend sich verbeugten, nur Kelly erwiederte offen:
„Glauben Ew. Majestät ihnen nicht; sie allen lieben den Dacapo-Ruf, ich
wenigstens kann es bestimmt von mir sagen. (Kelly, *Reminiscenses*, vol. I.
p. 262.)

nun an, um die für das Singspiel bestimmte Dauerzeit nicht zu
überschreiten, kein aus mehr als einer Singstimme bestehendes
Stück mehr wird wiederholt werden". Im Herbst war das Verbot wieder vergessen, denn in *Cosa rara* wurde ein Duo regelmäßig 2 und 3 mal wiederholt.

Das Stadttheater (nächst dem Kärnthnerthor) das wir Ende
1777 verlassen haben, bildete noch immer eine Gastherberge für
Einheimische und Fremde. Im J. 1778 erscheint der früher genannte Principal Moll, dann Bienfait und Gauklerkünstler
aller Art. 1779 errichtete der Hofschauspieler Müller auf seine
Kosten eine Theater-Pflanzschule für Kinder und gab mit ihnen
auch Ballete. 1780 bis Herbst 1782 gaben die französischen
Unternehmer Dalainval und Beaubourg französische Singspiele und Komödien, in der letzten Zeit auch Ballete. In diese
Zeit fällt auch eine französische Aufführung von Gluck's *Orfeo*
(30. Juni 1781). Den Orfeo gab Sr. Le Petit, Mme. Giorgi-
Banti, eine später berühmte Sängerin, der wir noch begegnen
werden, sang die Euridice, Dlle. Laurent den Amor.[22] Im
Febr. 1783 wurde die Oper *Calypso abbandonata* aufgeführt,
in der zwei vorzügliche Sängerinnen der fürstl. Esterházy'schen
Kapelle sangen. Als Componisten der Oper giebt Zinzendorf
irrthümlich Haydn an.[23] Diese Oper wurde wahrscheinlich als
eine Art Gastvorstellung unter der Gesellschaft Rouseul und
Gensike aufgeführt. Den einzigen Anhaltspunkt dazu bietet
hier eine wenig bekannte Broschure,[24] in der wir lesen: „Im
Kärnthnerthor-Theater spielten in den letzten drei Monaten (1782)
eine Jehnische Gesellschaft deutscher Schauspieler; zu Anfang 1783
theilte sie sich in zwei Truppen unter Rouseul und Gensicke
als Directoren. Die erstere war die bessere. Es wurden meist

---

22 Vergl. A. Schmid, Gluck, S. 376.

23 22. *Fevr. a l'opera Calypso abbandonata ou Me. Bologna et
Mlle. Valdisturda chantèrent. musique de Heyden.* Der Umstand daß beide
Sängerinnen aus Esterház kamen und vielleicht sogar Haydn selbst dirigirte,
mag Z. verleitet haben, ihm die Musik zuzuschreiben. Die Oper ist jedoch von
Luigi Bologna, wie auch Gerber (Neues Lex. I. 462) richtig angibt. Eine Ab-
schrift der Partitur trägt, gleich dem S. 71 erwähnten Oratorium, fälschlich
Haydn's Namen.

24 Dramatische und andere Skizzen nebst Briefen über das Theaterwesen
zu Wien, herausg. von Schink. Wien, in der Sonnleithner'schen Buchhandlung. 1783.

Schau= und Lustspiele gegeben, nur wenige bekannte Singspiele, keine eigentlichen Opern". Von beiden Gesellschaften sind dann die Mitglieder genannt.

Gensike einigte sich später mit der Schauspielerin Barbara Fuhrmann,[25] bisher Eigenthümerin eines Winkeltheaters „Zum Wasen" in der Vorstadt Wieden. Diese Truppe gab nun im Stadttheater von 27. August bis Ende October 1783 Vorstellungen aller Art: Zauberpossen, Schau= und Lustspiele, Ballete, Singspiele und Opern; unter letzteren „Romeo und Julie" (Georg Benda), „das Gärtnermädchen" (Paisiello), „die Eifersucht auf der Probe" (Anfossi), „der gefoppte Bräutigam" (Dittersdorf), „die Liebe unter den Handwerksleuten" (Gaßmann); ferner die Melodrame „Medea" (Benda) und „Ino" (Reichardt). Auch einem hundertjährigen Jubiläum begegnen wir im September: „Die belohnte Treue der Wiener Bürger", Schauspiel in 3 Akten von O. Gensike. Zur Erinnerung an die Entsetzung Wiens am 12. Sept. 1683.

Nach Angabe der Wiener Zeitung gab seit 2. Juli 1784 die Scherzer'sche Gesellschaft deutsche Vorstellungen; ihr folgte am 31. August eine Gesellschaft italienischer Schauspieler mit italienischen Komödien und nach dieser die Gesellschaft Schikaneder und Kumpf. Die Vorstellungen dieser Gesellschaft müssen zu den besseren gezählt haben, denn selbst der Kaiser besuchte sie mit seinem Hofstaat. „Als die Unternehmung einzelner Privatpersonen (sagt die W. Ztg. 22. Dec.) ist sie das beste, was wir seit vielen Jahren auf dem Theater am Kärnthnerthore sahen". Schikaneder trat als Schauspieler auf und lieferte Theaterstücke (z. B. Bucentaurus); auch der früher genannte Theaterdichter Friedel schrieb Lustspiele (z. B. „der Fremde") die sich allgemeinen Beifalls erfreuten. Als erste Vorstellung ist Mozart's „Entführung" genannt, weiterhin „Zemire und Azor" (Gretry), „die Pilgrimme von Mekka" (Gluck), „die Dorfdeputirten" (Wolf), „das Fischermädchen" und „König Theodor" (Paisiello), „die schöne Schusterin" (Umlauf), „die belohnte Treue" (Haydn) und andere Singspiele von Guglielmi, Gaßmann, Salieri, Sarti, Piccini.

---

25 Im Wienerblättchen kündigte die Fuhrmann ihren ganzen Theater-Apparat zum Verkauf an, wie auch überlassung des Gebäudes (Nr. 42) zum Theater= oder anderweitigem Gebrauch.

Die Vorstellungen (im Ganzen 31) begannen am 5. Nov. 1784
und endeten 6. Febr. 1785.[26]

Das nunmehr vom kaiserlichen Hofe wieder übernommene
Stadttheater wurde im Laufe des Sommers durchaus im Innern
erneuert, verschönert und bequemer eingerichtet und vorderhand
auf sechs Abende und mit Zuziehung der Hof-Operisten am
4. August 1785 eröffnet. Veranlassung dazu war diesmal die
Anwesenheit des berühmten Castraten Luigi Marchesi (auch
Marchesini genannt), der auf der Durchreise nach Petersburg begriffen war.[27] Er trat in der Titelrolle der Oper *Giulio Sabino*
von Sarti am 4. August zum ersten und am 20. zum sechsten
und letzten Male auf und entzückte durch herrliche Stimme, vortrefflichen Gesang und geistreiches Spiel. Der Kaiser besuchte die
Oper und beschenkte den Sänger, der (wie die Wiener Zeitung
meldet) für jeden Abend 100 Ducaten Honorar erhielt, überdies
mit einem kostbaren Ring.[28]

Zwei Monate später wurde wieder das deutsche Singspiel
eingeführt, denn das Verlangen darnach hatte sich abermals fühlbar gemacht. Es begann am 16. Oct. im Stadttheater, wechselte
dann einigemal mit dem Burgtheater und verblieb endlich von
19. August 1787 angefangen ausschließlich in ersterem Theater.
Als Mitglieder in dieser zweiten Periode erscheinen die Frauen
Rothe, Saal, Cavalieri, Lange, Uhlich, Szamarini,
Podleska, Arnold (Therese Teyber) und Willmann; die

---

26 Nach Notizen in der W. Ztg. und im Wienerblättchen, sowie nach
der kleinen Broschüre: „Ein Quodlibet zum Abschied" von J. Friedel. Schauspieler. Abbera 1785. (Mit Verzeichniß der aufgeführten Stücke und deren
Einnahmen.)

27 Seine Berufung dorthin geschah auf Veranlassung des kaiserl. Kapellmeisters Sarti, der die große Sängerin Todi, welche gegen ihn bei der Kaiserin
intriguirte, mit dem Auftreten des berühmten Sängers in Schatten stellen
wollte.

28 Zinzendorf. *4. août: Marchesini premier soprano de l'Italie en-
chanta tout l'auditoire par sa belle voix, douce, sonore, harmonieuse et
touchante . . . . M. a un visage de femme, des gestes de femme, une
voix au-dela de celle d'une femme, des sons flutés etonnant. 6. août:
(l'opera) alla mieux que l'autre fois, M. avait moins peur. 11.: M. s' est
surpassé aujourd'hui. 20: Marchesi nous etonna, captiva notre admiration
pour la dernière fois par ses sons touchans, sa voix sonore, harmonieuse,
munie à la fois de cordes basses et hautes, d'une etendue immense.*

Tenoristen Adamberger, Arnold, Lippert, die Baritonisten
und Bassisten Dauer, Saal, Hofmann, Rothe und Ruprecht. Es wurden 20 neue Singspiele gegeben, darunter 13
deutsche, die übrigen waren Repetitionen. Das meiste Glück
machte „der Apotheker und der Doctor" von Dittersdorf.[29] Mozart's „Schauspieldirector", wie früher erwähnt, zuerst am 7. Febr.
1786 im Schlosse Schönbrunn bei einem Feste gegeben, wurde
hier zweimal aufgeführt. Als im März 1785 von der Wiederaufnahme des deutschen Singspiels gesprochen wurde, schrieb
Mozart an den Vater: „Ich meinestheils verspreche ihr nicht viel
Glück — nach den bereits gemachten anstalten sucht man in der
That mehr die bereits vielleicht nur auf einige Zeit gefallene
teutsche Oper gänzlich zu stürzen — als ihr wieder empor zu
helfen und sie zu erhalten." Mozart hatte richtig prophezeit: der
Erfolg war noch geringer als das erstemal, denn gegen die gleichzeitig vorzügliche italienische Oper vermochte das Singspiel nicht
aufzukommen. Ende Februar 1788 war die letzte Vorstellung
und von da an blieb das Stadttheater, einige vereinzelte Aufführungen ausgenommen, bis 16. Nov. 1791 geschlossen.

　　Die italienische Oper war also abermals Alleinherrscherin.
Um sie nun dauernd an Wien zu fesseln, schlug der Dichter Da
Ponte (wie Zinzendorf im Januar 1789 schreibt) dem leitenden
Minister ein Project vor, zu dem alle Gesandten der auswärtigen
Höfe zu subscribiren versprachen. In welchem Grade die Theater-
lust damals zunahm, ersehen wir aus dem Umstande, daß man
mit dem Plane umging, ein drittes Theater in der inneren
Stadt zu erbauen und die Logen darin zu Kartenspiel einzu-
richten. Es sollte an Stelle der, dem Burgtheater nahgelegenen
sogenannten Stallburg (ehemals „die alte Burg" genannt) zu
stehen kommen und das Modell dazu war bereits fertig, doch
hatte man bald Wichtigeres zu thun und eher vom Kriegs- als
vom Schauspieltheater zu schreiben.[30]

---

　　29 Zinzendorf. *13. juillet* (die erste Aufführung war am 11. Juni):
La Musique de Dieters. la pièce détestable. Un air Du Esel *9. fois* (Akt II,
Klaudia: „Mit dir du Esel"). Die Handlung ist nach dem Französischen des
G. v. R. *L'apothicaire de Murcie* frei bearbeitet von Stephanie d. j.

　　30 Zinzendorf schreibt (12. Nov. 1791): *De-là* (Goldhan) *à la* Josephs
Stadt (Vorstadt Wiens) *dans le voisinage du jardin de Wilzek chez le
Chevalier de Moretti No. 191 voir le Modèle d'un grand théâtre à con-*

Das Ballet hatte seine höchste Blüthezeit in den Jahren
1767 bis 1774; damals war es das Lieblingsschauspiel des
Publikums und stand an beiden Theatern der inneren Stadt täglich auf dem Repertoire, entweder einen ganzen Abend ausfüllend
oder als Opern-Zugabe.   So gab der berühmte Vestris am
25. Febr. 1767 sein Ballet „Medea und Jason" und dann das
Singspiel »l'Albagia smacherata« im Theater nächst der Burg.
Der Hof war zugegen und bewilligte ihm die ganze Einnahme
(W. Diarium). Seinen Aufschwung und Ruhm aber verdankte
das Ballet dem Genie des uns schon bekannten Noverre (S. 121),
der hier alles fand, um dasselbe zu einer bis dahin nicht gekann-
ten selbstständigen rhythmisch-plastischen Gattung der schönen
Künste zu erheben.   Er konnte große Summen wagen, hatte ein
zahlreiches auserlesenes Tänzercorps, das begeistert seinen Lehren
folgte, ein treffliches Orchester und begabte Ballet-Componisten,
Starzer am französischen, Aspelmayer am deutschen Theater.
Das Wiener Ballet zeichnete sich damals namentlich durch seine
Figuranten aus, denn Noverre hatte die glückliche Gabe, junge
Leute für das vollkommenste Zusammenspiel abzurichten. Als
Pflanzschule hatte er auch eine eigene Tanzschule für Kinder
beiderlei Geschlechts errichtet. Als die vorzüglichsten Solotänzer
sind in dieser Zeit hervorzuheben der jugendliche Pick, Simo-
net, Binetti, Rossi; die Tänzerinnen Ricci, Lenzy,
Des Camps, Vulcano (spätere Muzarelli), Duprée, Vill-
neuve, Ablöscher — meistens Schülerinnen Noverre's, die

struire ici à l'emplacement de la Stallburg. Il est superbe. 45 pieds lar-
geur de la scène, 60 pieds hauteur dans la parterre, 80 pieds longueur
sous la scène. La forme est celle d'une cloche. 6 etages, les loges au
rez-de-chaussée et celle au 4e. rang fermés, les dernières avec des lucar-
nes, les loges au premier en balcon fermé pour l'hombre (?), au 2d et
3me en balcons entourés de balustrades à jour; tout ces balcons sortent
chacun entre deux colonnes qui régnent tout le long du pourtour imitant
le verde antico. Au fond de chaque loge un trumeau qui sert de porte
pour aller dans le corridor chauffé, des appartements derrière. Au plafond de chaque loge entre deux colonnes au premier et second un grand
lustre qu'on allumera les jours de fête. La loge de la cour grand balcon
dans le fond occupe le premier et le second. Deux loges latérales de la cour
dans le proscenium. Au milieu du plafond de la salle un lustre immense
qu'on hausse et baisse a volonté. Le parterre fort long monte insensiblement
vers le bout de la salle. Il regne tout-autour le long des loges un amphithéâtre
noble, et dans les enfoncements entre les balcons il y a encore des chaises.

seinen Namen und seine Ballete weithin verbreiteten. Der Stolz
ihres Meisters aber war die früher (S. 51) genannte Delphin.
Noverre's schöpferischer Geist bewährte sich vorzüglich im komi=
schen, oder, wie man es nannte, anakreontischen Fache. »Les
petits riens«,[31] „Weiß und Rosenfarb" zählten zu dieser Gattung.
Seine größte Stärke aber besaß Noverre im heroischen Fache.
Die tragischen Ballete „der gerächte Agamemnon" (2. Theil Iphi=
genie auf Tauris), „die Horazier und Curazier", „Adelheid und
Ponthieu" wurden für Meisterwerke gehalten.[32] Auch zu den Gluck=
schen Opern *Orfeo, Alceste, Paride ed Elena,* componirte er
die Ballete. Im J. 1770 debutirte Noverre mit dem Ballet
„Diana und Endimion" vor Friedrich dem Großen bei dessen
Zusammenkunft mit Kaiser Joseph im Neustädter Lager und der
König zollte seinem ehemaligen Füsilier große Lobsprüche. 1781
war Cruce auf kurze Zeit Balletmeister; für die neu errichtete
italienische Oper (1783) De Camp.[33]

Das Theaterbild von damals zu vervollständigen sei noch
des Trattnerhofes[34] gedacht, dessen Saal sammt Nebenlokalitäten
im J. 1784 für ein adeliges Casino gegen Abonnement (jähr=
lich 6, halbjährlich 4 Ducaten) eingerichtet war. Dafür standen den
Mitgliedern die Räume von früh bis abends als Versammlungs=
ort offen; man spielte Billard und Karten und hatte in der
Fasten= und Adventzeit wöchentlich zu einem Concert und mo=
natlich zu einem Balle freien Zutritt. Der Saal wurde auch
anderseits zu Bällen und Akademien vermiethet. Im J. 1785
hatte hier eine italienische Schauspielertruppe unter Anton Laz=
zari ihr Lager aufgeschlagen. Es wurden ernste und heitere

---

31 Wahrscheinlich dasselbe Ballet, für welches Mozart im J. 1778 in
Paris die erst vor einigen Jahren aufgefundene Musik schrieb. Das Ballet
wurde von Noverre in Paris im Juni 1778 aufgeführt. (O. Jahn, Mozart,
Bd. I. S. 484.)

32 Der größte Theil der in Wien gedruckten Programme dieses Ballets,
welche in der Beschreibung fast noch mehr Aufsehen machten als in der Aus=
führung, waren von einem Wiener Autor, J. Laudes, der 1780, 38 Jahre alt,
starb. (F. Nicolai IV. S. 574 Anm.)

33 Jos. Oehler, Geschichte des gesammten Theaterwesens Wien. 1803.
3. Abth. S. 101 ff.

34 An Stelle des früher bestandenen uralten Häusercomplex, der Frei=
singerhof genannt, wurde in den Jahren 1773—76 vom k. k. Hofbuchhändler
Thomas Edlen v. Trattnern das bekannte große Zinshaus erbaut.

Schau = und Singspiele aufgeführt. Dreimal verschoben war endlich die erste Vorstellung „mit Versicherung auf Ehre" auf den 9. April festgesetzt. Man gab *Torquato Tasso* von Goldoni. Preise der Plätze: Erstes Parterre — 40 Xr., zweites Parterre — 20 Xr. (Wienerblättchen.)

Die Kirchenmusik war seit unserer letzten Kenntnißnahme [1] allmälig bedeutend herabgekommen; selbst die Hofkapelle und der Chor bei St. Stephan litten unter der Nachwirkung der Mißwirthschaft, die unter Hofkapellmeister Reutter's Regiment eingerissen war. Nicolai [2] fand 1781 weder Ausführung noch die Musik selbst der Hauptstadt würdig. Mozart schrieb dem Vater (12. April 1783): „Wir wissen ja daß sich die Veränderung des Gusto leider sogar bis auf die Kirchenmusik erstreckt hat, welches aber nicht seyn sollte; woher es denn auch kömmt, daß man die wahre Kirchenmusik — unter dem Dach und fast von Würmern zerfressen findet." Vielleicht wirkte dieser Umstand mit dazu bei, Kaiser Joseph im J. 1783 zu veranlassen, nebst der Vereinfachung des Gottesdienstes [3] die figurirte Instrumentalmusik aus der Kirche ganz zu verbannen und sie nur in der Hofkapelle und im Dom an Festtagen, wenn der Cardinal = Erzbischof pontificirte, in allen übrigen Kirchen aber nur an besonderen Festtagen zu gestatten. [4] Es wurden nunmehr die deutschen Gesänge eingeführt, welche während der Messe von der Gemeinde gesungen wurden. Choralmusik war nur in solchen Kirchen möglich, wo ein Chor bestand, so in der Domkirche, in den Pfarrkirchen zu St. Michael und bei den Schotten, und selbst an diesen Orten war in jener Zeit an geübten Chorsängern großer Mangel. Unter Kaiser

---

1 Band I. S. 44—58.

2 Friedr. Nicolai's Reise, IV. S. 544 f.

3 Zinzendorf schreibt 1783, 20. April: »*Aujourd'hui commence le nouvel ordre, qu'il n'y a jamais qu'une messe à la fois dans une église, seulement à St. Etienne il y en a 3. Cela fait que plusieurs pretres ne trouveront plus de messe a dire.*

4 So z. B. bei Eröffnung der, vom Kaiser der italienischen Congregation zugewiesenen Minoriten=Kirche am Ostersonntag 1786, wobei die Sänger der ital. Oper sangen und der uns bekannte Karl Friberth als Kapellmeister dieser Kirche fungirte. (Vordem war Maria=Schnee die ital. Nationalkirche, d. h. wo in italienischer Sprache gepredigt wurde (W. D. 1781. Nr. 27).

Leopold II. (1790—92) wurde zwar das Verbot aufgehoben,
doch sagt noch Schönfeld im J. 1796, „daß die Instrumentalmusik halb für erloschen zu betrachten ist. Man hört sie in
Pfarrkirchen nur des Sonntags, in den übrigen Kirchen nur an
Festtagen." In jener Zeit hebt der „Wiener Theater-Almanach"
(1794) den Benedictinerpriester Pasterwitz und Jos. Preindl,
Kapellmeister an der Pfarrkirche zu St. Peter, als Kirchencomponisten am meisten hervor. Das Verbot hatte auf Mozart insofern Einfluß, daß er nach seiner, 1783 componirten und unvollendeten Messe (das von auswärts bestellte Requiem abgerechnet) überhaupt nichts mehr für die Kirche schrieb. Auch
Haydn pausirte nach seiner Mariazeller-Messe (1782) bis zum
Jahre 1796.

Dem Verbot der instrumentalen Kirchenmusik folgte fast unmittelbar (1784) die Auflösung der uns bekannten (I. S. 54)
Cäcilien-Congregation. Dieser seit 1725 bestehende Verein
der „freien Tonkünstler",[5] feierte bis dahin noch immer das Fest
seiner Schutzpatronin am 21. und 22. Nov. in der Metropolitan-
kirche zu St. Stephan durch vortreffliche concertirende Vocal- und
Instrumentalmusik. Auffallend ist nur der Umstand, daß, dem
damaligen Zwang entgegen, nun auch weibliche Mitwirkung nicht
ausgeschlossen war. Wir hören sogar von einer siebenjährigen
Sängerin, die eine Motette vortrug und nach der Versicherung
des Wiener Diarium (1771) „durch die Stärke ihrer ausgebenden
Stimme, ihren angewandten Eifer und gesetztes Wesen ungemein
bewundert wurde". Auch hier begegnen wir, wie früher beim Theater, einem Jubiläum, abgehalten im J. 1774 bei St. Stephan
von der Cäcilien-Congregation zur Feier ihres 25jährigen Bestehens.[6] Noch im J. 1779 ist Hofkapellmeister Bonno als Dirigent der Musikaufführungen genannt. Das bei der Auflösung
des Vereins vorhandene Vermögen von 7500 Gulden wurde vom

---

5 Als Gegensatz zu den „zünftigen", dem im J. 1782 aufgehobenen
Spielgrafenamte unterstehenden Musikern, welche vorzugsweise Tanzmusik
pflegten. (Hanslick, Geschichte des Concertwesens in Wien, S. 10 und S. 11.
Anm. 1.)

6 Wiener Diarium, Nr. 94.

Kaiser als Interessen-Genuß auf ewige Zeiten der Tonkünstler-Societät zugewiesen.[7]

Die hier und schon früher erwähnte Tonkünstler-Societät wurde im Jahre 1771 von dem damaligen kaiſ. Hof-compoſitor (nach Reutter's Tode, 12. März 1772, Hofkapell-meiſter) Florian Gaßmann in der Abſicht gegründet, durch jährliche muſikaliſche Aufführungen und regelmäßige Jahresbei-träge der Mitglieder einen Fond zu gründen zur Unterſtützung ihrer hinterlaſſenen Wittwen und Waiſen. Der kaiſerliche Hof bewilligte die koſtenfreie Überlaſſung des Theaters (anfangs nächſt dem Kärnthnerthor, dann nächſt der Burg) zur Abhaltung von Akademien an zwei aufeinander folgenden Abenden in der Char- und Weihnachtswoche; die Kaiſerin ſpendete als erſten Fond-Beitrag 500 Ducaten. Nebſt dem rein menſchlichen Zweck, den der Verein anſtrebte, war die Gründung deſſelben auch für das Publicum von Bedeutung, welchem hier zum erſtenmale Gelegen-heit geboten wurde, Oratorien, Symphonien und ähnliche Werke von einem großen Muſikkörper aufführen zu hören. Mit der erſten Akademie am 29. März 1772 im k. k. priv. Theater nächſt dem Kärnthnerthor trat der Verein in die Öffentlichkeit.[1] Bis zu Ende des J. 1790 kamen von folgenden Componiſten Ora-torien und Cantaten zur Aufführung: Gaßmann, Haſſe (3), Dittersdorf (3), Bonno, Haydn, Bertoni, Salieri, Starzer, Händel („Judas Maccabäus" 1779), Ulbrich, Fr. Hartmann Graaf, Albrechtsberger, Marianne Mar-tines, Wagenſeil, Gazzaniga, Tractta, Mozart (*Da-vidde penitente*, 1785), Anton Teyber, Leop. Kozeluch, Do-

---

7 Pohl, Denkſchrift aus Anlaß des 100 jähr. Beſtehens der Tonkünstler-Societät. 1871. S. 24.

1 Die beiden Aufführungen bei Gelegenheit der Säcularfeier des Ver-eins, April 1871, waren zugleich die letzten. Jährlich wurde dann dem Verein ſein ihm zuſtehendes Recht von der Hofoper abgekauft bis im Jahre 1879 auch dieſe Begünſtigung erloſch. Das Vereinsvermögen betrug im Februar gegen-wärtigen Jahres (1880) in runder Zahl 755.000 Gulden öſtr. W., eine Summe, die zum größeren Theil die Aufführungen von Haydn's Oratorien erwirkten. Bei Reconſtituirung des Vereins im J. 1862 nannte ſich derſelbe von da an in pietätvoller Dankbarkeit „Haydn-Verein".

menicus Mombelli, Righini. Ferner außer einer großen
Anzahl von Chören, Gesangsoli, Werken für Kammermusik (dar=
unter Mozart's Quintett A=dur mit Klarinette, 1789 zum ersten=
male aufgeführt), Symphonien von Jos. Starzer, Franz
Aspelmayer, d'Ordonez, von Kohaut, Joh. Sperger,
Dittersdorf, van Swieten, J. C. Bach, Haydn und
Mozart. Als Concertisten traten auf: Clavier — Mozart
3mal; die blinde Maria Therese Paradies, Josepha Auern=
hammer, der 10jährige Cäsar Scheidel. Violine — La
Motte, Tomasini, Paisible, Janitsch, Jos. Zistler,
Joh. Toeschi, Friedr. Eck, der Irländer Abraham Fisher,
Anton Hoffmann, der junge Heinrich Marchand[2] (Schüler
von Mozart's Vater), Jos. Otter (Schüler von Nardini), Fränzl
(Vater und Sohn), Anton Wranitzky. Viola — C. Sta=
mitz. Violoncell — Ignaz Küffel, Joh. Hoffmann, Joseph
Weigl, Xaverio Marteau, Jos. Reicha, Charles Janson,
Max Willmann. Contrabaß — der ausgezeichnete Johann
Sperger (Kammermusiker des Cardinal Fürst Batthyány). Auch
die Blasinstrumente, die damals namentlich concertirend verwen=
det wurden, bringen Namen von gutem Klang: Flöte — J. B.
Wendling, Papendick, Gehring; Klarinette — Anton und
Johann Stabler; Oboe — Colombazzo, Friedrich Ramm,
Triebensee, Le Brun; Fagott — Jakob Griesbacher;
Waldhorn — Zwirzina.[3]

Die Oratorien und Cantaten der Tonkünstler=Societät
sind noch durch einige vereinzelte nicht unwichtige Aufführungen
an verschiedenen Orten zu ergänzen. Es sind hier zu nennen:
„Der Tod Jesu“, Oratorium von Graun, erste Aufführung
in Wien, 1784 am Charfreitage 9. April im protestantischen Bet=
hause in der Dorotheergasse.[1] Das Wienerblättchen nennt uns

----

2 Mozart schreibt 1783 dem Vater, Marchand „solle sich recht auf das
staccato begeben, denn nur in diesem können die Wiener den La Motte nicht
vergessen“.

3 Näheres über den Verein siehe bei Hanslick, Geschichte des Concert=
wesens in Wien 1869. S. 14 ff. — Pohl, Denkschrift bei Gelegenheit der
Säcularfeier 1871.

1 Vordem Kloster der Klarisserinnen oder Königskloster, den Protestan=
ten 1783 eingeräumt und am 30. Nov. eröffnet.

als Solisten die Mitglieder der Oper, die Cavalieri und Teyber, Tenorist Adamberger und Bassist Hofmann. Dasselbe Oratorium wurde (nach Zinzendorf's Tagebuch) im J. 1787, ebenfalls am Charfreitag, 6. April in den Nachmittagsstunden vor und nach der Predigt von 3 bis 6 Uhr wiederholt. Außerdem brachte es Stabler d. Ä. in seiner Akademie im National-Hoftheater 1785, 17. März zur Aufführung. — *La Passione di nostro Signor Gesu Christo*, Oratorium, Poesie von Metastasio, Musik von Giov. Paisiello, im Nat.-Hoftheater 1784 am Pfingstsonntag 30. Mai (Zbf.). — Klopstock's „Morgengesang am Schöpfungstage", Cantate von C. Ph. Emanuel Bach, [im Nat.-Hoftheater in der Fastenzeit 1785.[2] — Zum Benefice der italiänischen Sängerin Signora Morelli: *Il convito di Baldassare*, musikalisches Oratorium in 2 Akten mit Chören und Theaterverzierungen,[3] Worte von J. B. de Lorenzi, Musik von verschiedenen Meistern, im Nat.-Hoftheater 1788, Febr. 3mal aufgeführt. — „Acis und Galathea", Pastorale von Händel, mit vermehrter Instrumentation von Mozart, von ihm selbst zu seinem Benefice gegeben im Nov. 1788 im Saale des Hoftraiteurs Jahn.[4] Die Solopartien sangen die Cavalieri, Tenorist Adamberger und Bassist Gsur. — Daß der musikliebende Adel auch hier nicht zurückblieb, werden wir später erfahren.

Den Oratorien-Aufführungen reihen sich die Musikalischen Akademien[1] an. Die früher erwähnten (I. S. 91) regelmäßi-

---

2 Wienerblättchen 1785. 7. April. Der Clavierauszug, von Bach selbst arrangirt erschien damals bei Artaria.

3 Costümes, Dekorationen, also in Action, wie einige der Händel'schen Oratorien. Zinzendorf schreibt: »*Les habillemens avoit du luxe et les decorations pas mal.*

4 Himmelpfortgasse Nr. 965, neu Nr. 6. Es ist die erste vorfindliche Ankündigung einer Akademie in diesem Saale, der anfangs mehr für Bälle benutzt wurde (vergl. I. 105. Anm. 42). Eine Notiz der Allg. Mus. Ztg. (1804, S. 470) beschreibt den Saal als nicht hoch genug und zu schmal und höchstens 400 Zuhörer fassend (was auch zutrifft). Das Haus gehörte Jahn von 1796 bis 1812 und ist gegenwärtig (1880) im Besitz der ersten ungar. allg. Assecuranz-Gesellschaft, die den Saal sammt Nebengemächern für ihre Bureaux einrichtet.

1 Ausführliches siehe Hanslick, Gesch. d. Concertw. in Wien, wo auch über die aufgetretenen Künstler die nöthigen biogr. Notizen gegeben sind.

gen Akademien im Theater nächst der Burg gingen in den 70er
Jahren ein. Etwa die letzten die stattfanden, wurden im April
1776 vom abgedankten Orchester der Oper zu eigenem Vortheil
veranstaltet. Noch werden wohl einige Akademien auch im priv.
Schauspielhause nächst dem Kärnthnerthore namhaft gemacht,
z. B. 1774 der Virtuose und Componist S t a m i t z der Jüngere,
der zum erstenmale sich auf der *Viole d'amour* hören ließ; der
Violinspieler J a n i s ch, Cellist R e i ch a in 1778, doch zogen es
die Virtuosen vor, lieber in den Zwischenakten der Schauspiele
aufzutreten, so der berühmte Contrabaß-Virtuose J. K ä m p f e r
aus Ungarn, die Harfenspielerin Mme V a r e n n e (1780 u. 81).
Nun aber finden wir fast durchwegs nur selbstständige Akademie-
geber mit s t e t e r Z u z i e h u n g e i n e s O r ch e s t e r s. Wien war
in dieser Zeit der bevorzugte Sammelplatz für Künstler und so
begegnen wir nach jeder Richtung bedeutenden Namen, deren
Nennung selbst bei mäßiger Auswahl zur Genüge beweist, wie
reich das Wiener Musikleben damals bestellt war. Als Lokale der
Aufführung dienten die beiden Theater der innern Stadt, der
uns bekannte Saal „Zur Mehlgrube" am Neu-Markt (I. 105,
Anm. 53), das Casino im Trattnerhof am Graben[1a] und der
Saal des Hoftraiteurs Jahn in der Himmelpfortgasse, der jedoch
vorerst, wie früher erwähnt, mehr für Bälle benutzt wurde.

Unter den Sängerinnen mit eigenen Akademien finden wir
gleich anfangs drei berühmte Namen: Mara, Banti und Todi.
Gertrude Elisabeth M a r a, geb. Schmähling, preuß. Kammer-
sängerin, die sich vordem, kaum 8 Jahre alt, als Violinspielerin
in Wien hören ließ: B.-Th.[2] 1780, 22. Sept. Sie sang Arien
von Pugnani und Naumann; ihr Mann, Johann M a r a, von
dem sie sich später trennte, spielte ein Celloconcert seiner Composition.[3] (Programmzettel.) — Brigida Giorgi-Banti, Toch-

---

1a Außer den Concerten für die Abonnenten des Casino und den später
erwähnten Akademien gab es dort auch regelmäßige Concerte gegen Erlagsgeld.
Entrée ohne Unterschied 1 fl. (Wienerblättchen 1785).

2 Es werden in diesem Abschnitte die folgenden Abkürzungen genügen:
B.-Th = Burgtheater (damals National-Hoftheater), K.-Th = Kärnthnerthor-
Theater (damals Schauspielhaus nächst dem Kärnthnerthor).

3 Siehe Hanslick, Gesch. d. Concertw. in Wien. S. 103. Ausführliches
über ihren langjährigen Aufenthalt in England, siehe Pohl, Haydn in London,
S. 339 bis 347. — Die Sängerin sagt in ihrer Selbstbiographie, mitgetheilt

ter eines armen venetianischen Gondelier (Giorgi,[4] mit dem Tänzer Banti vermählt: K.-Th. 1781, 86 und zweimal in 87. In
ihrer vorletzten Akademie (2. Juni) spielte der Franzose Fayard,
in Diensten des Königs von Preußen, ein Violaconcert und sang
der Sopranist Pietro Sartorini. (Programmz.) — Maria Franziska Tobi, berühmte Mezzo-Sopranistin, die durch ausdrucksvollen Vortrag imponirte: Mehlgrube, 1781, 28. Dec. und 1782,
3. März.[5] — Aloysia Lange, Mozart's erste Liebe, nun an
den Hofschauspieler Lange vermählt und damals beim deutschen
Singspiel angestellt: B.-Th. 1783. Sie sang nebst einem neuen
Rondo von Mozart die von ihm 1778 in Mannheim für sie
componirte Arie »*Non sò d'onde viene*«. ("Welche Erinnerungen
mögen da in ihm wach geworden sein!" schreibt O. Jahn.)[6] —
Madame Nicolosi, "unter dem Namen Cesarini berühmt":
B.-Th. 1783. Sie führte eine Cantate "Angelika und Medor"
zu 4 Stimmen auf "von völlig neuem Geschmack und noch niemals vernommen", Musik von Minico und Cimarosa. (W. Ztg.)
— Anna Selina Storace von der italienischen Oper in Wien,
für die Mozart die Rolle der Susanne und eine Scena mit Rondo
(K. 505) schrieb: B.-Th. 1784 und 85;[7] K.-Th. 1787. In
der ersten Akademie (18. März), dessen Programm uns das Wienerblättchen mittheilt, wurde von Sardi ein Concert auf dem

---

von Riesemann (Allg. muj. Ztg. 1875), sie wäre im Frühjahr 1781 nach Wien
gekommen. Gleich darauf heißt es: "Ich hatte auch nachher die Gnade, mich
der Kayserin Mutter zu Füßen zu legen". Der Todestag der Kaiserin (29. Nov.
1780) und das Datum des Concertes berichtigen den Irrthum.

4 Diese ebenfalls berühmte Sängerin, für die Haydn in London eine
Arie schrieb, hatte ein wechselvolles Leben. In einem Pariser Kaffeehause "entdeckt", endete sie ihr ruhmvolles Leben, kaum 50 Jahre alt, im Arbeitshause
zu Bologna. Über ihren Londoner Aufenthalt siehe Pohl, Haydn in London,
S. 250 f. Zinzendorf schreibt 1781: *Voix très agréable*; 1786: *la Giorgi B.
chanta comme les anges*.

5 Zinzendorf hörte sie bei Me. d'Oxenhausen »*elle chanta extremement
bien*«. Tobi und Mara trafen sich bald darauf in Paris, wo der Meinungs-
streit über Beider Werth das bekannte artige Wortspiel veranlaßte.

6 Das ausführliche Programm theilt Jahn mit (Mozart Bd. I. S. 724).
Gluck wohnte dem Concert bei. "Er konnte die Sinfonie und die Arie nicht
genug loben und lud uns auf künftigen Sonntag alle zum Speisen ein".
(Mozart an den Vater, 12. März.)

7 Das Wienerblättchen, 1785, sagt wörtlich: Morgen (20. März) wird
Me. Storace im k. k. Nat.-Hoftheater ein großes Concert mit Beyfall geben.

Forte-Piano vorgetragen. Ferner spielte John Abraham Fisher ein Violinconcert und führte 3 Symphonien auf, sämmtlich eigene Compositionen. Storace hatte diesen excentrischen Irländer in Wien geheirathet, trennte sich aber sehr bald von ihm; überdies fand es Fisher für gerathen, Wien zu verlassen, nachdem ihm der Kaiser wohlmeinend eine Luftveränderung angerathen hatte. In ihrer Abschieds-Akademie (23. Febr.) sang Storace eine Arie von Anfossi (nicht von Bach, wie die Wiener Zeitung angiebt) mit unterlegtem deutschem Text: „Schwer drückt es meine Seele, dich Kaiserstadt zu lassen".[8] — Luigia Laschi, verehel. Monbelli, von der italienischen Oper: B.-Th. 1785. — Von den Sänge-rinnen des deutschen Singspiels gaben noch Akademien Therese Teyber (1783) und das Geschwisterpaar Elisabeth und Fran-ziska Distler (1788); in letzterer spielte der oft gerühmte und schon erwähnte Violinist (Jos.) Zistler, Kammermusikus des Fürsten Grassalkovics. (Die Cavalieri sang oft, aber nur in den Akademien Anderer.) — Sehr schwach sind die Sänger ver-treten. Ludwig Fischer, ausgezeichneter Bassist vom deutschen Singspiel, Mozart's Osmin: B.-Th. 1784, Stadtth. 1787. In letzterer Akademie (21. März) sang er die von Mozart für ihn componirte Arie *Non sò d'onde viene* (K. 512) und die populäre Romanze „Zu Steffen sprach im Traume"[9] aus Umlauff's Sing-spiel „das Irrlicht". (Programmz.) — Peter Tarnoli, Teno-rist, Kammersänger des Kurfürsten von Pfalzbaiern: Mehlgrube, 1786. Es sang auch seine zwölfjährige Tochter Katharina, die vordem sich in Frankfurt, Weimar, Leipzig und Dresden hören ließ. — Sgr. Concialini, Sopranist des Königs von Preußen: K.-Th. 1787.

Von Akademien, ausschließlich oder vorzugsweise mit Vokal-musik, sind noch zu nennen: Georg Benda, herzogl. goth. Kapellmeister: B.-Th. 1779, 14. März. Er führte Stücke auf aus seinen Opern „Romeo und Julie" und „Georg Walder"; sein Sohn Friedrich Ludwig wirkte als Sänger mit. Privatim ließ

---

8 Zinzendorf schreibt: *Le Duo de la Cosa rara fut repété trois fois: son compliment allemand tiré des Equivoci fesoit un joli air.* Wie sehr die muntere Sängerin von Zinzendorf gelobt wurde, sahen wir bei der Oper.

9 Clavier-Variationen darüber waren lange unter Mozart's Namen ver-breitet, bis endlich der wahre Componist, Anton Eberl, sich zeigte. (Köchel, Chronol. Verz. d. Werke Mozart's S. 530, Nr. 288.)

er fich auch als Violinfpieler hören. Er befuchte Wien in Begleitung feiner Frau Felicitas Agnefia, geb. Rietz, einer
vortrefflichen Sängerin.[10] — Max Willmann, Cellift aus
Bonn[11]: B.-Th. 1785. Er führte am Namenstage Haydn's
(19. März) deffen „hier noch nicht gegebene Oper" *L'Isola disabitata* als Akademie auf.[12] — Kapellmeifter Vincenz Martin:
K.-Th. 1787. Es kamen von feiner Compofition zur Aufführung eine Cantate für drei Frauenftimmen und Stücke feiner damals fo beliebten Oper *Una cosa rara.* (Concertz.)

Die Geige, diefe Heerführerin der Inftrumente, bringt uns
u. A. mit folgenden Virtuofen in ihren eigenen Akademien zufammen: Carl Michael Ritter von Effer, erfter Violinift der
Kapelle zu Kaffel: B.-Th. 1780, 2mal; Mehlgrube, 2mal. Er
fpielte Concerte feiner Compofition auf der Violine und der Viole
d'amour, auch „ein Solo auf der gefponnenen G-Saite allein,
ohne die andern Saiten zu berühren".[12a] (W. Ztg. October und
November.) — Regina Strinafacchi aus Mantua: B.-Th.
1784 2mal. Das erftemal hörte fie Zinzendorf (*Elle joua du
violon en perfection*). Für das junge und muntere Mädchen
fchrieb Mozart zu ihrem zweiten Auftreten (29. April) eigens eine
Sonate (K. 454) und fpielte den Clavierpart felbft und rühmt fie
dem Vater (Brief dat. 24. Apr.) „als eine fehr gute Violinfpie-
lerin; fie hat fehr viel Gefchmack und Empfindung in ihrem

---

10 Sie trennte fich bald von ihm und trat 1797 in Reval mit ihrem
fünften Manne auf. Gluck hörte fie in Wien in einer Gefellfchaft fingen und
erklärte „ihre Methode bezeuge daß fie aus der Schule des berühmten Stephanie fei, der fie viele Ehre mache. So müffe man fingen wenn man die alte
wahre Art des guten und natürlichen Gefanges hören laffen wolle". (Cramer's
Magazin d. M. 1783, S. 354. Hanslick, Gefch. d. W. Concertw. S. 109). Als
man der Sängerin bei einer andern Gelegenheit Haydn vorftellte, flog fie ihm
plötzlich um den Hals und rief überlaut: Ach mein Haydn! find Sie es . . .

11 Max und feine Frau, geb. Tribolet, wurden 1794 von Schikaneder
engagirt. (Thayer, Beethoven, Bd. II. S. 58.)

12 Das Wienerblättchen fagt weiter: „die einzige (!) Oper die diefer beliebte Kompofitor nach einem italiänifchen Text in Mufik gefetzt. Wahre Mufik-
liebhaber bedürfen keiner Einladung, um an diefem Tage fich zahlreich einzufinden".

12a Daß diefer feinerzeit vielgepriefene „Chevalier" fich auch „mit dem
Munde künftlich pfeiffend auf eine befondere gefchickte Art" hören ließ, macht
feinen Künftlerruhm doch etwas bedenklich.

Spiel".[13] — Felix Yaniewicz, aus Wilna gebürtig: B.=Th.
1785, 25. Febr. (Wienerblättchen.) — Der damals elfjährige
Heinrich Marchand aus Mannheim: B.=Th. 1785. Die Aka=
demie war am 2. März (Wienerbl.), also zu einer Zeit, wo
Leopold Mozart, der auf Besuch in Wien weilte, Gelegenheit
hatte, sich an dem glänzenden Auftreten seines Schülers, der sich
später mehr dem Clavier zuwandte, zu erfreuen. — Giovanni
Mane Giornovichi (Jarnowick), geb. zu Palermo (oder, nach
Gyrowetz, auf einem Schiffe in den Gewässern von Ragusa):
K.=Th. 1786. Dieser Lieblingsschüler Lolli's besuchte Wien auf
der Durchreise von Petersburg nach Paris. Sein reizbares Tem=
perament trieb ihn von Ort zu Ort; er starb beim Billardspiel
1804 in Petersburg. Seine Concerte (sagt Kelly, der ihn mit
La Motte vergleicht) schlossen meistens mit einem variirten russi=
schen Thema, während Yaniewicz ein polnisches wählte. Beide
spielten in London in den Benefice=Concerten Haydn's.[14] —
Klara Lausch: K.=Th. 1787. Diese Violinspielerin (vielleicht
aus der Familie des Wiener Musikalienhändlers Lausch), obwohl
nirgends erwähnt, war dennoch im Stande, in ihrer Akademie
sich mit einem Concert von Dautrice und „dem beliebten Violin=
concert von Giornovichi, welches er vor einem Jahre mit so
vielem Beifall gespielt hat", hören zu lassen. (Programmz.) —
Franz Jos. Clement, der achtjährige „Wunderknabe", ein Wie=
ner Kind: Trattner's Casino 1788, 11. Apr., und B.=Th. zwei=
mal 1789. Nach der Wiener Zeitung (30. April) trat er in
seiner ersten Akademie „unter Anführung seines Vaters" auf, be=
gleitete seine Mutter, die eine Concertarie von Anfossi sang, auf
der Violine und spielte „ein starkes Concert" von Anton Stamitz.
Dieselbe Zeitung (1789, Nr. 38) feierte ihn mit einem Gedicht.

---

13 Während ihres Aufenthaltes in dem heiteren Wien scheint sie auch
Haydn's, ihrem Wesen so recht zusagende Musik schätzen gelernt zu haben, denn
wir lesen daß sie in Ludwigslust bei Hofe und bei der Frau von Ranzow dessen
Quartette mit der ihr eigenen Naivität und Laune spielte und sich auch in
Hamburg „mit einem vortrefflichen Solo von Haydn durch ihr zartes und
ausdrucksvolles Spiel viel Lob erwarb". (Cramer's Mag. Bd. II. S. 353
und 346.)

14 Über seinen Aufenthalt in London siehe Pohl, Haydn in London, S. 34 f.
Zinzendorf schreibt 22. März: *il joua un concert de violon avec beaucoup
de grace et de douceur.*

Er trat von hier aus seine erste große Kunstreise an, die einem
Triumphzuge glich und ihn auch nach London führte, wo er be=
reits mit einem Concerte und einer Symphonie eigener Compo=
sition hervortrat und auch im Quartett spielte.[15]

Das Violoncell sehen wir durch wenige aber geachtete Namen
vertreten. Ignaz Küffel: K.=Th. 1782; Francesco Zappa
aus Mailand: Mehlgrube 1782; Jos. Weigl (gleich Küffel uns
aus Esterház bekannt) vom Orchester der ital. Oper: B.=Th.
1785. — Max Willmann mit seinen zwei Schwestern[16]:
K.=Th. 1787, 17. März. Der Bruder spielte ein Celloconcert;
die ältere Schwester (Marianne) spielte ein Concert von
Mozart, von dem sie einigen Unterricht genossen hatte. (Es
war dies das einzigemal, daß in Wien in den 80er Jahren
und weiter hinaus eines seiner Concerte von fremder Hand ge=
spielt wurde.) Die jüngere (Magdalena, eine Schülerin Righ=
hini's), die im Dec. 1786 im deutschen Singspiel zum erstenmal
aufgetreten war, sang Arien von Cherubini und Martin. Zwei
Damen unterstützten die Geschwister durch ihre Mitwirkung; die
eine spielte ein Concert auf „einer ganz neu verbesserten Leyer",
die andere sang ein polnisches Rondo.

Die Blasinstrumente, die heutzutage in Concerten nur noch
selten als Soloinstrument verwendet werden, spielten in jener
Zeit, wo sie obendrein im Clavier keinen verdrängenden Neben=
buhler zur Seite hatten, eine um so größere Rolle. Für die
Klarinette sehen wir Anton Stadler d. Ä., für den Mozart
sein reizendes Quintett (K. 581) schrieb: B.=Th. 1784 und 88.
In der ersten Akademie (23. März) wurde nach Angabe des
Wienerblättchen „eine große blasende Musik von ganz besonderer
Art von der Composition des Herrn Mozart gegeben" (etwa eine
der in Wien componirten Serenaden, K. 375, 388). In der
zweiten Akademie (20. Febr.) kam die Cantate „Ariadne auf
Naxos" von Reichardt zur Aufführung und spielte Stadler ein

---

15 Über seinen dortigen Aufenthalt siehe Pohl, Haydn in London, S. 38.
Sein nicht uninteressantes Reise=Album, im Besitz der kais. Hofbibliothek, ist
besprochen in den Signalen, Leipzig 1868, Nr. 52. Bekanntlich war er der
Erste, der Beethoven's Violinconcert im J. 1806, 23. Dez. öffentlich vortrug.
(Nottebohm, Them. Verz. der im Druck ersch. Werke Beethoven's, S. 58.)

16 Der Programm=Zettel sagt: Zum Vortheile dreier Geschwister Namens
Willmann. Über Magdalena siehe Thayer, Beethoven Bd. I. S. 185,

Concert auf der Baß-Klarinett, „einer neuen Erfindung und Verfertigung des Hofinstrumentenmachers Theodor Loz". (Das Instrument war in der Tiefe um zwei Töne vermehrt.) — Die Oboe
bringt vier Namen, von denen wir den ersten in Esterház trafen,
die andern aber weithin berühmt waren. Vittorino Colombazzo: B.-Th. 1784; K.-Th. 1787. In letzterer Akademie
wurde eine Cantate „Debora" aufgeführt; Colombazzo spielte ein
Concert und die obligate Oboe zu einer Arie, sämmtliche Compositionen von Kirzinger, in Diensten des Fürsten Thurn und
Taxis. (Programmz.) — Ludwig August Le Brun und seine
Frau, geb. Danzi: B.-Th. 1785 dreimal.[17] — Friedrich Ramm:
K.-Th. 1787. — Joh. Christian Fischer, gleich Ramm von
Mozart oft erwähnt: K.-Th. 1787. Er spielte zwei Concerte
eigener Composition, eine französische Ariette mit Variationen
(über Marlborough, sagt Zinzendorf) und auf Verlangen Varia-
tionen über seinen Menuet, der schon 1766 Furore machte, den
auch Mozart für Clavier variirte (K. 179) und mit Vorliebe in
seinen früheren Concerten spielte.[18] — Auch mit ausgezeichneten
Waldhornisten bringen uns zwei Akademien zusammen. Karl
Türrschmidt und Joh. Palsa: K.-Th. 1782; Ignaz und
Anton Boeck: K.-Th. 1787. Die beiden Letzteren bliesen ein
Doppelconcert von Rosetti, „wobei im Adagio doppelte Töne auf
Einem Waldhorn zu hören sind". (Programmz.) — Die Harfe
ist nur durch Josepha Müllner, später verehel. Gollenhofer
und „Hof-Harfenmeisterin", repräsentirt: B.-Th. 1782, 84 und 88.
Bei ihrem ersten Auftreten zählte sie erst 15 Sommer. Ihr
zweites Auftreten begleitete sie mit der Bitte an das Publikum,
„ihr stille Aufmerksamkeit gönnen zu wollen, um desto sicherer
urtheilen zu können, welchen Grad von Vollkommenheit ihrer
Kunst sie seither erreicht habe". (Wienerblättchen.) Beim dritten

---

17 Zinzendorf, 23. Febr.: *au concert entendre Le Brun du hautbois
parfaitement bien et sa femme chanter assez mal.* Dagegen findet sich ein
sehr günstiges Urtheil über die Sängerin bei Jahn, Mozart. I. 381.

18 Mozart hatte ihn 1766 in Holland gehört und er machte damals auf
den Knaben wie auf alle Welt einen sehr günstigen Eindruck. Ganz anders
war es jetzt als er ihn in Wien hörte. Das Bild das er dem Vater (Brief,
4. April) von Fischer als Componist und Virtuose entwirft, war nichts weniger
als schmeichelhaft. Fischer lebte seit 1768 bis zu seinem Tode (1800) in London.
Über sein Leben in England siehe Pohl, Haydn in London, S. 331—35.

Auftreten spielte sie ein Concert von Schenk und phantasierte auf der Pedalharfe. (Programmz.)[19]

Stiefmütterlich sah es mit dem Clavier aus.[20] Neben Mozart gaben nur drei Einheimische eigene Akademien. B. Koželuch, der vortreffliche und gesuchte Lehrer, wie auch Steffan und Summer scheinen nie öffentlich gespielt zu haben. Des ersteren Schülerin, die blinde Therese Paradies, spielte nur in zwei Akademien der Tonkünstler-Societät, beidemal Concerte ihres Lehrers. Von den auswärtigen Künstlern beabsichtigte wohl Clementi im Frühjahr 1782 eine Akademie zu geben, ließ aber davon ab, nachdem ihm Mozart zuvorgekommen war; bleiben somit nur noch die zwei früher genannten, Sardi[21] und Marianne Willmann. Eigene Akademien aber gaben Eberl, die Aurnhammer und der junge Scheidl. Anton Eberl, damals 18 Jahre alt: B.-Th. 1784 und 85. Nach der Versicherung des Wienerblättchen (1784) war es ihm darum zu thun, „in seiner Akademie Rechenschaft von dem Fortschritt seiner Kunst auf dem Forte-Piano zu geben". (Er muß also schon vordem irgendwo gespielt haben, worüber der Nachweis fehlt.) Er begleitete bekanntlich die Wittwe Mozart auf ihrer Kunstreise im J. 1796 als ausübender Künstler. — Josepha Aurnhammer: B.-Th. 1785. (Wienerbl.) Auch sie war eine Schülerin von Koželuch, suchte aber auch von Mozart zu profitiren. Er nennt das „dicke Fräulein" zwar „ein Scheusal", gesteht aber, daß sie „zum Entzücken spielt, nur geht ihr der wahre feine singende Geschmack im Cantabile ab, sie verzupft alles". (Brief an den Vater 1781, 27. Juni.) Mozart widmete ihr sogar 6 Sonaten, die ersten

---

19 Weiteres siehe Hanslick, Gesch. d. Concertw. in Wien, S. 131, Anm. 1.

20 Über das Clavierspiel in Wien zu jener Zeit siehe Hanslick, Gesch. d. Concertw. in Wien S. 120 ff.

21 Nicht zu verwechseln mit dem damals ebenfalls in Wien anwesenden Operncomponisten Giuseppe Sarti. Das Programm, wie es das Wienerblättchen mittheilt, unterscheidet auch sehr wohl: Arie, Musik von dem berühmten Kapellmeister Sarbi (hier ist der Druckfehler evident). Rondo für Gesang von Herrn Sarbi (wie auch beim Clavierconcert). Etwaige Zweifel löst die Thatsache daß dann bei Artaria im Stich 3 Clavierstücke mit obligater Violine von Giuseppe Sarbi erschienen: 1. *Variazioni dell opera La Grotta di Trofonio.* 2. *Sonata, op. II.* 3. *Giulio Sabino ed Epponina. Sonata caratteristica, composta dal Sig. Giuseppe Sardi. Maestro di Cembalo. opera Ima.*

Werke, die Artaria 1781 von ihm verlegte (als op. 2). In 1788 spielte sie in der Akademie der Tonkünstler-Societät. — Cäsar Scheidl, ein elfjähriger Knabe: K.=Th. 1787 und 88. In beiden Akademien spielte er ein Concert seines Lehrers Preindl und phantasierte dann „ganz allein auf dem Forte-Piano". In der ersten Akademie spielte der ausgezeichnete Virtuose Johann Sperger ein Concert eigener Composition auf dem Contrabaß. Im December 1786 spielte Scheidl in der Akademie der Ton=künstler-Societät.

So stehen wir nun vor Mozart, der in Wien seine 17 letzten Clavierconcerte schrieb und durch ihren Gehalt und Vortrag, sowie durch sein freies Phantasiren (eine damals für Wien neue Erscheinung) Kenner und Laien entzückte. Sein erstes öffentliches Auftreten als Clavierspieler war in der Akademie der Tonkünstler-Societät 1781, 3. April — zugleich **das erstemal überhaupt, daß in Wien ein Clavierconcert öffentlich gespielt wurde**.[22] In 1782, 3. März war seine erste eigene Akademie; 1783 gab er zwei Akademien im B.=Th. (das Programm des ersten Abend, 22. März, theilt Jahn nach Mozart's Brief vom 29. März in Bd. I. S. 724 mit). In 1784 trat er am häufigsten auf, denn außer 6 Subscriptions-Abenden im Casino (wovon 3 auf die Unternehmung des Clavierspielers Richter aus Holland fielen, dem die Noblesse nur unter der Bedingung zusagen wollte, daß Mozart spielen würde) und einem Abend im Theater,[23] spielte er (wie er dem Vater am 20. März schreibt) vom 26. Febr. bis 3. April 5mal bei dem russischen Gesandten Fürsten Gallizin und 9mal bei Graf Johann Esterhazy, im Ganzen also 22mal. 1785 gab er 3 Akademien im Saale zur

---

22 Mozart war damals noch „in wirklichen Diensten des Erzbischofs von Salzburg". Mozart spielte noch zweimal (1783 und 85) in diesen Akademien.

23 Das Programm der am 1. April gegebenen Akademie giebt das Wienerblättchen: 1. Große Symphonie mit Trompeten und Pauken. 2. Arie, gef. von Adamberger. 3. Wird Hr. Kapellm. Mozart ein ganz neues Concert auf dem Forte Piano spielen. 4. Eine ganz neue große Symphonie. 5. Arie, gef. von Mlle. Cavalieri. 6. Wird Hr. Kapellm. Mozart ein ganz neues großes Quintett spielen. 7. Arie, gef. von Marchesi d. ä. [nicht der berühmte]. 8. Wird Hr. Kapellm. Mozart ganz allein auf dem Forte Piano phantasiren. 9. Zum Beschluß eine Symphonie [Wohl nur das Finale der vorgehenden?] Außer den 3 Arien ist alles von der Composition des Hr. Kap. Mozart. [Das Quintett war das mit Blasinstrumenten, Es-dur (K. 452)].

Mehlgrube[24] (der erſten, am 11. Febr., wohnte der in Wien
anweſende Vater bei); in 1786 folgten noch 3 in der Faſten
und 4 im Advent im Caſino, alle im Subſcriptionswege.[25]

Außerdem ſpielte Mozart im Verlauf dieſer Jahre noch in
vielen Häuſern des hohen Adels; ſo z. B. (außer den genannten)
beim Fürſten Kaunitz, Grafen Zichy, Baron van Swie =
ten ꝛc.; ferner in den Akademien der Sängerinnen Lange,
Thereſe Teyber, Luigia Laſchi und (wie oben erwähnt) der
Violinſpielerin Strinaſacchi.[26]

Die Subſcriptions = Akademien im Advent 1786 waren die
letzten, die Mozart veranſtaltete. Wohl mag er noch in hohen
Kreiſen öfters geſpielt haben (Zinzendorf hörte ihn z. B. am
10. Febr. 1788 beim venetianiſchen Geſandten), doch öffentlich
ſcheint er (eine einzige, weiter unten erwähnte Ausnahme abge=
rechnet) nicht einmal in Akademien Anderer aufgetreten zu ſein.
Jahn meint zwar (Mozart I. 731), der Umſtand, daß Mozart
im J. 1788 die 3 großen Symphonien componirte, laſſe ver=
muthen, daß ſie für weitere Akademien beſtimmt geweſen ſeien,
doch fehlt darüber jeder Anhaltspunkt. Dieſe ſeine Haupt=Ein=
nahmequelle war offenbar verſiegt und veranlaßte, wie auch Jahn
bemerkt, zunächſt ſeine beiden Reiſen nach Deutſchland. Es kam
eben ſo wie es der beſorgte Vater auch hier vorausgeſagt hatte,
indem er ihn bei Begründung des eigenen Hausſtandes in 1781
vor dem Wankelmuth des Publicums warnte, worauf ihm der
Sohn (Brief, 2. Juni) damit zu beruhigen ſuchte, daß ſein Fach
in Wien zu beliebt ſei, „als daß ich mich nicht ſouteniren ſollte.
Hier iſt doch gewiß das Clavierland! — und dann — laſſen
wir es zu, ſo wäre der Fall erſt in etlichen Jahren, eher gewiß
nicht, unterdeſſen hat man ſich Ehre und Geld gemacht.“ — Die
„etlichen Jahre“ waren bereits um. Ehre hatte er eingeheimſt,

---

24 In einer dieſer Akademien führte Mozart eine Symphonie auf von
dem damals jungen noch unbekannten Gyrowetz und führte ihn ſelbſt dem
Publikum vor (Biogr. d. A. Gyrowetz, S. 11).

25 Seine Subſcribenten zählten zu der erleſenſten Geſellſchaft Wiens,
höchſte Adel, Geſandte, hohe Staatsbeamte und Gelehrte. Eine Liſte derſelben
vom J. 1784 theilt Jahn mit (Mozart, I. 725. Anm. 51; ſiehe auch Nohl,
Mozartbriefe, Ausgabe I. Nr. 331).

26 Ausführliches über Mozarts Auftreten als Clavierſpieler, ſiehe Jahn,
Mozart I. 723 ff.; Hanslick, Geſch. d. Concertw. in Wien, S. 122.

auch die Einnahme reichte ſoweit, um ihn wenigſtens über'm
Waſſer zu halten. Daß aber in Wirklichkeit den höheren Kreiſen
das frühere warme Intereſſe für Mozart als ausübenden Künſt=
ler abhanden gekommen war, bezeugt zur Genüge eine Stelle in
den, erſt in jüngſter Zeit veröffentlichten Briefen Mozart's.[27]
Abermals durch die Krankheit ſeiner Frau in drückendſte Noth
verſetzt, ſchreibt er am 12. Juli 1789 an Puchberg, ſeinem
Freunde und Ordensbruder und unermüdlichen Helfer in der
Noth, daß er trotz ſeiner „elenden“ Lage ſich entſchloſſen habe,
Subſcriptions=Akademien bei ſich zu geben; „ich habe 14 Tage
eine Liſte herumgeſchickt, und da ſteht der einzige Name S w i e =
t e n !“ Es war allerdings im Monat Juli, ein zu allen Zeiten
wenig einladender Zeitpunkt für Concerte.

Aber, wie oben geſagt, Wien ſollte ihn doch noch einmal
öffentlich hören. Er hatte im Januar 1791 ſein letztes Clavier=
concert (K. 595) geſchrieben, „das wohl gewiß für ein Faſten=
concert beſtimmt war“, ſagt Jahn (I. 731). Dies war zwar
nicht der Fall, doch folgte Mozart der Einladung des Klarinet=
tiſten Joſeph B ä h r (recte Beer), in deſſen Akademie im Jahn'=
ſchen Saale am 4. März mitzuwirken. Nach der Wiener Zeitung
(12. März) beſtand das Publicum „mehrentheils aus Kennern“
(der Klarinette), bei denen ſich der berühmte kaiſ. ruſſiſche Kam=
mermuſikus „allen Beyfall erwarb“. Was M o z a r t betrifft, ſo
„ſpielte er ein Concert auf dem Forte=Piano (vielleicht das er=
wähnte) nnd jedermann bewunderte ſeine Kunſt ſowohl in der
Compoſition als Execution, wobey auch Me. Lange durch et=
welche Arien das Spiel vervollkommnete“. Somit erſchien Mo=
zart an dieſem Tage z u m l e t z t e n m a l e vor einem Publicum,
daß ihm einſt begeiſtert zugejubelt hatte und ihm jetzt, nach Ver=
lauf von vollen vier Jahren, wenigſtens die Anerkennung nicht
verſagte.

Gedenken wir zum Schluſſe noch der, im Verlauf ſämmt=
licher Akademien aufgeführten Symphonien. Als Componiſten
ſind genannt: R i e g l , K o ž e l u c h , D i t t e r s d o r f , J. A.

---

27 M o z a r t i a n a. Von Mozart herrührende und ihn betreffende, zum
großen Theil noch nicht veröffentlichte Schriftſtücke. Nach aufgefundenen Hand=
ſchriften herausg. von G. N o t t e b o h m. Breitkopf und Härtel, 1880. (Die
erwähnte Stelle ſteht S. 13.)

Fisher, Pleyel, Eybler, A. Wranitzky, Winter.
Mozart ist einigemal, Haydn aber am häufigsten vertreten.

———

Mit der Einführung von Dilettanten= oder Liebhaber=
concerten betrat das Musikleben in Wien einen neuen Weg,
der schließlich zur Gründung unserer modernen musikalischen Ge=
sellschaften führte.[1] Philipp Jacques Martin aus Regensburg[2]
war der erste Unternehmer dieser Art in Wien. Er kündigte
seine großen Dilettanten=Concerte für den Winter 1781/82 an;
sie fanden jeden Freitag Abends im Saale „zur Mehlgrube"
statt. Das Orchester bestand, mit Ausschluß der Blasinstrumente,
nur aus Liebhabern. Für den Sommer 1782 hatte Martin vom
Kaiser Joseph die Erlaubniß erwirkt, zwölf Concerte im kais.
Augarten und vier große Serenaden auf den Plätzen der inneren
Stadt abhalten zu dürfen. Die Concerte im Augarten[3] fanden
an Sonntagen Nachmittags im Saale des mittleren Gartengebäudes
statt. Vor und nach dem Concert promenirten die Besucher in
den weitläufigen Anlagen des schönen Parks. Martin war vor=
sichtig genug, sich mit Mozart zu verbinden, der im ersten
Concerte, 26. Mai, mit der Auernhammer sein Concert in
Es=dur für zwei Claviere (K. 365) spielte und eine seiner Sym=
phonien aufführte. Unter den Zuhörern befanden sich Erzherzog
Maximilian, die Gräfinnen Thun und Wallerstein und
Baron van Swieten.[4] Ob Mozart weiterhin noch auftrat,

———

1 Ausführliches über jene Dilettanten=Concerte siehe Hanslick, Geschichte
des Wiener Concertwesens S. 69 f, O. Jahn, Mozart, Bb. I., S. 722; Nohl,
Mozart's Briefe, Mai 1782; Fr. Nicolai Reise, IV, S. 552 f.

2 Über Martin siehe Mozart's Briefe, 29. Mai 1782.

3 Kaiser Joseph ließ diesen, von seinem Großonkel Joseph I. angelegten
Park neu herrichten und baute für sich ein einfaches Häuschen, das Kaiser= oder
Josephstöckl genannt. Am 30. April 1775 gab er bekanntlich den Park, nun
Augarten genannt, dem Publikum frei. Nach dem Wiener Blättchen (1784,
S. 23) wurde das Hauptgebäude beim Eingang mit 13 Tafelzimmern am
1. Mai 1784 dem schon erwähnten Trakteur aus Schönbrunn Jg. Jahn zur
Bedienung des Publikums überlassen; das erstemal daß dessen Name öffentlich
genannt wird. Noch 1813 veranstaltete er mit Wranitzky vom Orchester der
Hofoper 6 abonnirte Morgen=Concerte im Musiksaale obigen Gebäudes. (W.
Allg. mus. Ztg. 1813, Nr. 30.)

4 Mozart an seinen Vater, Brief vom 29. Mai 1782.

ist nicht nachzuweisen; Martin's Dilettanten-Concerte aber werden noch im Juni von der Wiener Zeitung (Nr. 44 und 47) ange-zeigt.[5] Der Augarten war zu dieser Zeit „mit einer großen Menge aller Stände angefüllt", um so mehr, da auch der Kaiser (wie die W. Z. regelmäßig berichtet) eigens von seinem Sommeraufs-enthalt zu Laxenburg hereinfuhr und sich unter die bunte Menge mischte und auch im Augarten speiste. Die Concerte wurden da-selbst im J. 1785 fortgesetzt, aber unter der Regie angesehener Dilettanten und in die Frühstunde verlegt; den etwaigen Abgang an Auslagen bestritten die Dilettanten selbst, die Musikalien lieh der eifrige Kunstfreund Hofrath von Kees, der auch die Ober-leitung führte, aus seiner reichen Musikaliensammlung. Dilettan-ten beiderlei Geschlechts, auch aus dem höheren Adel, verschmähten es nicht, in diesem Kreise aufzutreten; Virtuosen und Compo-nisten sahen sich von hier aus rasch bekannt gemacht. Als Di-rigenten finden wir später den Violinspieler Rudolph, dem dann Schuppanzigh folgte.

Vom Augarten wenden wir uns in den kaiserl. Belvedere-Garten, wo im J. 1785 (wie die Wiener Zeitung Nr. 64 be-richtet) eine Gesellschaft angesehener Musikfreunde und Tonkünstler in den Sommermonaten bei günstiger Witterung alle Montage des Morgens eine öffentliche musikalische Akademie abhielt, zu der Jedermann Zutritt hatte. Auch Virtuosen ließen sich hören, z. B. der ausgezeichnete Violinvirtuose Mestrino, vordem in der fürstl. Esterházy'schen Kapelle, nun als Kammermusiker des Grafen Ladislaus Erdödy bezeichnet. Ferner berichtet ein Durch-reisender,[6] daß daselbst im J. 1787 die deutsche Garde alle Don-nerstage des Morgens um 8 Uhr Concerte gab. Der Ungenannte hörte hier die Frau eines Obersten ein Concert auf der Leier „mit vieler Fertigkeit und Delikatesse" spielen. Damals wurden auch Dittersdorf's Symphonien nach Ovid's Metamorphosen und die „neuesten sechs Symphonien von Haydn, die er für den König von Preußen componirt hatte" (d. h. die Pariser), aufgeführt.

---

5 Martin's Name erscheint erst 1791 wieder, wo er als *Directeur des concerts d'amateurs* große musikalische Akademien im Augarten, Prater und Am Hof (Platz der inneren Stadt) in ziemlich kläglicher Weise in der Wiener Zeitung (Nr. 45, Anhang) ankündigte.

6 Cramer's Magazin für Musik, 1789, S. 51.

Auch über musikalische Morgen-Unterhaltungen von Dilettanten im Saale des Liechtenstein'schen Sommer-Palais
in der Vorstadt Rossau wird berichtet. Die Einlaßkarten dazu
waren unentgeldlich und die Unkosten bestritten die Ausübenden.
Diese Unterhaltungen wurden im Winter in dazu geeigneten Pri-
vathäusern an Abenden und unter denselben uneigennützigen Verhältnissen fortgesetzt.[7]

Unter den Musikliebhabern, welche in der Lage waren, Di-
lettanten-Concerte mit Orchester in ihrem Hause abhalten zu
können, stand obenan der früher genannte Franz Bernhard Ritter
von Kees (geb. 11. Nov. 1720, gest. als Geh. Rath und
Vicepräsident des N. Ö. Appellationsgerichts 5. Jan. 1795 in
Wien). Seine Frau war eine geschätzte Sängerin, seine Tochter
Minnie, Schülerin von Preindl, spielte artig Clavier, er selber
Bratsche und Violoncell; auch führte er, wie im Augarten, die
Leitung des Orchesters oder überließ sie später nöthigenfalls dem
Abbée del Giorgio, einem tüchtigen Geiger. Gyrowetz erzählt
uns, daß die Dilettanten wöchentlich zweimal zusammenkamen.
Mozart spielte seine Concerte, Giornovichj und andere
Virtuosen ließen sich auf der Geige hören, außerdem wechselten
Orchester- und Gesangwerke. Die Componisten fanden hier eine
unschätzbare Gelegenheit, ihre Arbeiten vor auserlesener Gesellschaft
aufzuführen, und was hier gefiel, konnte getrost den Weg in die
Öffentlichkeit nehmen. Haydn hielt große Stücke auf Kees und
war ängstlich bemüht, das Gutachten über seine neuesten Compositionen hier einzuholen. Auch der kränkliche Hof-Kapellmeister
Bonno, „der alte ehrliche brave Mann" (wie ihn Mozart dem
Vater schildert), mußte immer noch Lust verspürt haben, Musik
bei sich zu hören. Und welche Besetzung! Mozart schreibt dem
Vater ganz erregt (11. April 1781), daß dort seine Symphonie
zum zweitenmale probirt wurde, daß sie „magnifique gegangen ist
und allen Succeß gehabt hat. Vierzig Violinen haben gespielt,
die Blasinstrumente alle doppelt, 10 Bratschen, 10 Contrabassi,
8 Violoncelli und 6 Fagotti."

---

7 Die Tonkunst während der letzten fünf Dezennien. Skizze von Ig. Edlen von Mosel.

Kleinere musikalische Aufführungen treffen wir zur Advent= und Fastenzeit bei Musikern und tonangebenden Familien, so z. B. bei Leopold Koželuch, wo sich der Sänger Kelly, die Componisten Vanhal, Dittersdorf u. A. einfanden; bei Mo= zart an den Sonntag=Vormittagen, die auch von Musiklieb= habern gegen Honorar besucht werden konnten; bei dem Botaniker von Jacquin, dessen Schwester Franziska (spätere Frau von Lagusius) Schülerin von Mozart war; bei dem Geschwisterpaar Martines; beim Agenten Ployer, wo Mozart viel verkehrte und die Tochter Barbara (Babette) unterrichtete;⁸ beim Baron du Beine (*de Malchamp*), der auch eine ansehnliche Musik= bibliothek besaß; bei Edlen von Trattnern, wo Zinzendorf die Frau des Hauses hörte (*au concert de Trattnern, la maî= tresse du logis joua du clavecin*).

Das Streichquartett hatte goldene Tage; es bildete einen wesentlichen Bestandtheil der wöchentlichen musikalischen Hausunterhaltungen. Namen von Klang waren hier die Häuser von Spielmann, von Greiner, Neuwirth. Bei Lord Stormont, engl. Botschafter, hörte Burney⁹ im J. 1773 Quar= tette von Haydn, ausgeführt von Starzer, d'Ordonez, Gra= fen von Brühl (Sohn des sächs. Ministers) und Jos. Weigl (vordem in der fürstl. Esterházy'schen Kapelle). Bei dem engl. Componisten Stephan Storace, dessen Schwester Nancy bei der ital. Oper im Hof= und Nationaltheater angestellt war, saßen beim Quartett Dittersdorf, Haydn, Mozart und Van= hal und hatten als Zuhörer Paisiello und den Dichter Abbate Casti.¹⁰ Auch die Familie Genzinger dürfen wir nicht ver= gessen, wo Haydn so gerne verkehrte. Zu einer „verabredeten kleinen Quartett=Music" hatte er im Januar 1790 den tüchtigen Violinspieler von Häring¹¹ eingeladen „der sich glücklich schätzte, mir diessfalls dienen zu können".

---

8 »*Au concert de l'agent Ployer ou j'entendis sa fille toucher du clavecin à merveille*«. (Zinzendorf, 1785. 23. Mars.)

9 *Burney, the present state of music in Germany etc.* London 1773. p. 290.

10 *Michael Kelly, Reminiscenses etc. vol. I. p. 241.*

11 Joh. von Häring, angesehener Banquier, der im J. 1807 die ade= ligen Liebhaberconcerte ins Leben rief.

Die Nachtmusiken, deren früher (Bd. I. S. 106) Er=
wähnung geschah, waren und blieben noch immer beliebt, na=
mentlich solche mit Blasinstrumenten. Mozart schreibt seinem
Vater (3. Nov. 1781), daß er an seinem Namenstage (31. Oct.),
den er bei der Baronin Waldstätten gefeiert, mit einer Nacht=
musik von seiner Composition überrascht worden sei, welche er
auf den Theresientag (15. Oct.) für die Schwägerin des Hof=
malers Hickl geschrieben habe.[1] Die erwähnten vier Serenaden
in größerem Stil, die der Unternehmer Phil. Jac. Martin aus
Regensburg im August 1782 seinen im Augarten arrangirten
Concerten folgen ließ, fanden im August an Sonntagen in der
inneren Stadt, Neuen Markt, statt. Die Gesellschaft versammelte
sich in und bei den aufgerichteten Limonadenhütten zur Unter=
haltung, während in einiger Entfernung die Musiker beliebte
Stücke, besonders aus Opern, vortrugen. „Die vortreffliche
Musik, die feierliche Stille, das Vertrauliche, welches die Nacht
der Gesellschaft einflößt, alles giebt dem Auftritt einen besonderen
Reiz.“[2] Aus den Anzeigen erfahren wir, daß dieser Martin auch
Serenaden eigener Composition aufführte, so auch die von Mo=
zart selbst für Blasinstrumente arrangirte Oper „die Entführung
aus dem Serail“.[3]

Auch der Prater hatte seine Serenaden; eine solche mit 31
„blasenden Instrumenten“, componirt für zwei Orchester von Karl
von Ordonez, wurde bei einem von Joh. Georg Stuwer, k. k.
priv. Kunstfeuerwerker veranstalteten Feuerwerk unter dem Titel
„das Denkmahl des Friedens“ im Juni 1779 aufgeführt. Als
Leiter der beiden Orchesterflügel finden wir die bekannten Namen
Colombazzo und Triebensee.[4]

––––––––

Was die Tanzbelustigungen betrifft, so hat sich das früher
skizzirte Bild[1] über diese Seite des geselligen Leben Wiens nur

––––––––

1 Es war die Serenade Es-dur (Köchel 375) für 2 Clarinetten, 2 Hör=
ner und 2 Fagotte, denen Mozart später noch zwei Oboen hinzufügte. (Jahn I,
S. 640).

2 K. R[isbeck] Briefe Bd. I, S. 276.

3 Wiener Zeitung 1782, Nr. 44 und 63.

4 Wiener Diarium 1779, Nr. 49.

1 Siehe Band I, S. 102 ff.

wenig geändert. Man tanzte Menuetts, Deutsche (Allemandes) und Contratänze; auch der Ländler wird nun genannt. Die Tänze waren für volles Orchester oder auch für zwei Violinen sammt Baß componirt, auch arrangirt für Clavier je nach dem Lokalbedürfniß. Als Componisten, die für die Redoutenbälle schrieben und von der kaiserl. Hoftheaterdirection dazu gewonnen wurden, sind genannt: Franz Joseph Schwanenberg, Ferd. Kauer, Anton Teyber, deren Musik dann auch gedruckt oder geschrieben bei ihnen selbst oder bei den Verlegern zu finden waren. Mozart schrieb für diese Bälle nach seiner Ernennung zum kais. Kammercompositeur Menuetts und Contratänze, die bei Artaria in Stich erschienen; Haydn 12 Menuetts sammt Trios (1790) und für das Casino im Trattnern'schen Freihof 12 Menuetts und 6 Allemandes (1785), bei Toricella gestochen. — Redouten und Bälle im Fasching treffen wir wieder auf der Schaubühne nächst dem Kärnthnerthor und in den Redouten= sälen (2mal wöchentlich); beide Unternehmungen waren gemein= schaftlich, entweder verpachtet oder in Regie des Hofes. Erstere waren zur Zeit Noverre's besonders brillant. Im Januar 1768 lesen wir über einen von ihm eingerichteten Contratanz, an dem sich nach Aussage des Wiener Diariums 60 Tänzer und Tänzerinnen betheiligten und welcher „der übrigen Ballgesellschaft ganz sonderbar gefallen hat". Derselbe gefiel so sehr, daß er an mehreren Abenden aufgeführt und „auf Begehren der vielen an= wesenden Liebhaber" sogar zweimal wiederholt werden mußte. Es wurde in beiden Parterren, welche geräumt wurden, und auch auf dem Theater getanzt; später wurden Parterre und Bühne vereinigt.

Maskirte Bälle fanden später nur mehr in den Redou= tensälen statt (gewöhnlich 16mal maskirter Ball, 4mal *Redoute noble*). Die Ballordnung für die Faschingszeit wurde „auf allerhöchsten Befehl durch die N. Ö. Regierung zu jedermanns Wissenschaft und Darobhaltung" im Voraus kund gemacht. Hohe und in vorhinein unerlaubte Spiele waren verboten. Die Bälle im Saale „zur Mehlgrube" (siehe Bd. I. S. 105) bestanden fort.

Als neue Tanzlokale finden wir das oben erwähnte Casino im Trattnern'schen Freihause[2] und gegen Ende der 80er Jahre

---

2 Zinzendorf, 1786, 2. Fevr. *Je l'accompagnois au bal du Casino chez Trattner.*

den schon genannten Saal des Hoftraiteur Jahn in der Him=
melpfortgasse. Auch im Augarten veranstaltete zuweilen der
hohe Adel Soiréen mit Tanz. Zinzendorf notirt 1784, 25. Aug.:
»Soirée à l'Augarten. J'y vis la Contredanse de 16 paires,
tout les hommes en habit bleu, les femmes en blanc avec des
chapeaux et rubans bleus. Le prince de Wurtemberg dansa
des Allemandes avec ma nièce.«

Der Mufikalienhandel Wiens [1] hatte sich zu Ende der
70er Jahre wesentlich gehoben oder, genauer gesagt, er begann
jetzt selbstständig zu werden. Anknüpfend an das, was wir über
diesen wichtigen Factor im Wiener Mufikleben bereits kennen
lernten (I. 109), lehrt uns ein Blick in die Wiener Zeitung,
welche Veränderungen hier seitdem vor sich gingen. Hatten sich
vordem nur die Buchhändler nebenbei mit dem Verkauf von Mu=
fikalien befaßt, entstanden nun eigene Kunst= und Mufikalien=
handlungen, die sich nicht nur mit dem Betrieb ausländischer
Mufikalien befaßten, sondern eigenen Verlag boten, eigene Drucke=
reien hielten und den mühsamen Typendruck mit dem schmuckeren
Stich auf Kupferplatten vertauschten. Mit ersterem befaßte sich
gegen Ende der 80er Jahre nur noch die neuerstandene Buch=
druckerei des Gottfried Friedrich Schönfeld; [2] die früher ge=
nannten Firmen v. Trattnern [3] und v. Kurzböck, später
auch Rudolph Gräffer, lieferten wohl noch ab und zu Werke
in Typendruck, ließen diesen Nebenzweig ihres Geschäfts dann
aber eingehen. Die wichtigste Firma, die auch alle anderen über=
lebte, war die schon genannte Handlung Artaria u. Co.; [4]

---

1 Über Mufikverlag und Mufikalienhandel siehe Hanslick, Geschichte des
Concertwesens in Wien, S. 96 f.

2 Dort erschien 1787 der Clavierauszug mit Text von Dittersdorf's
„Apotheker und Doctor".

3 Siehe Bd. I. S. 110 f. Trattnern gab Gluck's „Alceste" und „Paride
und Elena" in Partitur heraus.

4 Band I, S. 110. Das Geschäftslokal, bis 1789 Kohlmarkt, dem gro=
ßen Michaelerhause gegenüber, übersiedelte in diesem Jahre auf die andere
Seite der Straße Nr. 1181 (neu Nr. 9) wo es noch heute besteht. Im Wiener
Diarium erscheint der Name zum erstenmale 1775 („Karl Artaria, Kupferstich=
händler"); 1776 bringen Art. u. Co. die ersten Ankündigungen auswärtig ge=
stochener Mufikalien und 1778 eigenen Verlags. Die Firma veröffentlichte kurz

ihr zunächst folgte Christoph Torricella⁵ (im Kommerzial-schema zuerst 1780 genannt), der anfangs in der Herausgabe Haydn'scher Werke mit Artaria zu concurriren suchte, aber nach 1786 verschwindet. Ferner sind zu nennen der überaus frucht-bare Componist Franz Anton Hoffmeister⁶ (1782), Leopold Koželuch (1785) und der früher genannte „Musik-Kaufmann" Huberty aus Paris (I. 110), der seine Verlagswerke auf Sub-scription herausgab; Madame Huberty war Kupferstecherin (von ihr existiren z. B. die ersten Quartette von Pleyel, 6 Trios von J. C. Bach, op. 7).

Joh. Traeg und Laurent Lausch befaßten sich seit 1781 mit dem Verkauf und Ausleihen gestochener und geschriebener Musikalien. Traeg nahm in 1789 einen Aufschwung, eröffnete ein Musikaliengewölb in der Singerstraße, verlegte selbst Werke (auch von Haydn) und gab 1799 einen heute noch werthvollen reichhaltigen Musik-Katalog heraus. Lausch eröffnete, als der Erste, 1783 ein Jahres-Abonnement (12 Gulden) für ausgeliehene Musikalien. — 1790 werden zum erstenmale die Firmen Jos. Eder,

---

darauf die ersten Kataloge, die in der Vorrede ausdrücklich hervorheben: „Wir waren die ersten die in den k. k. Erblanden den Handel der auswärtigen ge-stochenen Musikalien einführten und eben auch die ersten, welche eine musika-lische Stecherey anlegten". A. u. C. traten in den 80er Jahren in geschäftliche Verbindung mit Mozart, Haydn, C. Ph. Em. Bach, Boccherini, Clementi, Gluck (Oden und Gesänge), Geminiani (Violinschule, vordem auf Prän. bei Torricella), Kerzelli, Pleyel, Rosetti (Orat. „der sterbende Jesus", Streich-Duos und Quartette) 2c. — 1793 associrten sich Carlo, Francesco und Ignazio Ar-taria mit Giov. Cappi und Tranquillo Mollo. Letzterer trat 1796, Cappi 1801 aus und errichteten eigene Handlungen (Mollo ging später an Haslinger, Cappi an Diabelli über). Nachdem sich die drei erstgenannten Brüder nach ihrem Ge-burtsort Blevio am Comersee zurückgezogen hatten, führte Domenico (Sohn des Francesco und Schwiegersohn des Carlo) unter der alten Firma das Ge-schäft fort. 1839 associrte er sich mit seinem Sohne August, dem gegenwärtigen (1880) Chef der weltbekannten Kunsthandlung. (Domenico starb 5. Juni 1842.)

5 Kunst- und Kupferstich-, Landkarten- und Musikalienverleger ,in ,der Herrengasse, Palais Lichtenstein Nr. 132. 1784 kündigte Torricella im Wiener-blättchen eine „Musikalische Monatschrift" an. Vor ihm hatte schon 1770 Kurz-böck es mit einer „Musikalischen Wochenschrift" auf Pränumeration versucht.

6 Franz Anton Hoffmeister, der Mozart manchmal in Geldverlegenheiten beistand, gründete Dec. 1800 in Verbindung mit Kühnel in Leipzig das be-kannte *Bureau de Musique* (jetzt C. F. Peters), kehrte aber 1805 nach Wien zurück; er starb 10. Febr. 1812.

Hieron. Löschenkohl und Schrämbl genannt. — Der mitunter vorzüglichen Kupferstecher von Musiktiteln (namentlich in den
80er Jahren) wurde schon gedacht (I. 111); ebenso der schlimmen
Lage der Verleger und Componisten den beutegierigen Copisten
gegenüber. Den Zustand des damaligen illusorischen Eigenthumsrechtes charakterisirt die einzige Thatsache, daß gewisse Symphonien Haydn's gleichzeitig bei zwei Verlegern in Stich erschienen
und an drei Orten auch in Abschriften zu haben waren. Die
Verleger hatten sich aber auch vor den Componisten zu hüten,
da diese ihre Werke gleichzeitig an auswärtige Firmen verkauften,
worüber wir weiterhin noch hören werden. Um endlich sicher zu
gehen, wurde in besonderen Fällen der Alleinbesitz schon im
Contract ausbedungen, wie wir dies bei Haydn (S. 33) sahen.
— Haydn und Mozart versuchten es auch, Werke auf eigene
Subscription herauszugeben; ersterer mit 3 Sonaten in Druck,
bei Gräffer zu haben (1784); letzterer mit 3 Clavierconcerten in
Abschrift (1783).

Die Klagen über Fehler im Stich, mit denen später auch
Beethoven zu kämpfen hatte („sie wimmeln darin wie die Fische
im Wasser d. h. ins Unendliche")[7] läßt auch Haydn oft genug
laut werden. Einer der Briefe an Artaria (10. Dec. 1785) spricht
nur über dieses leidige Thema: über ärgerliche Fehler in allen
Stimmen, unlesbare übel aus- und eingetheilte Stellen, Ver-
wirrungen, Auslassungen von Noten und ganzen Takten; über
Faulheit des Stechers, der nicht einmal den Baß ordentlich ausgesetzt hat, über zu kleine und zu nahe an die Noten gesetzte
Auflösungszeichen; anderen unrichtig gesetzten Verzierungszeichen,
Verwechslungen der Triller und Halb-Mordente. „Wenn also
ihr Herr Stecher solche Zeichen nicht kennt, so soll er sich bey
den Meistern darum informiren und nicht seinem dummen gutachten folgen" . . . „ich habe gestern den ganzen und heut den
halben Tag mit corrigiren zugebracht, und da habe ich es nur
obenhin überschaut". Kein Wunder, daß Haydn anfangs so toll
war, daß er Artaria das Geld zurücksenden und die Partitur
der Clavier-Trios an Hummel in Berlin senden wollte.

------

7 Es sind die Quartette opus 18 gemeint. Beethoven an Hoffmeister in
Leipzig, 8. Apr. 1802. (Thayer, Beethoven Bd. II. S. 182.)

Fast gleichzeitig mit dem Aufschwung des Musikalienhandels und der Notenstecherei datirt auch die Hebung der Clavier-Fabrikation in Wien, die schon gegen Ende des Jahrhunderts sich rasch entwickelte. Als die ersten Männer von Bedeutung sind zu Anfang der 80er Jahre Anton Walter und der schon früher (I. 354) erwähnte Joh. Schanz zu nennen; ersteren bevorzugte Mozart,[1] letzteren Haydn. Walter war vermuthlich ein Wiener Kind,[2] Schanz war aus Böhmen gebürtig. Den reichtönigen Instrumenten von Walter gegenüber zeichneten sich die Schanz'schen durch sanften Charakter aus.[3] Haydn schreibt 1790 an Frau von Genzinger: „Gewiß ist's, daß Herr Walter mein Freund dermalen sehr berühmt ist, und ich von diesem Manne alle Jahre sehr viel Höflichkeit empfange, aber unter uns und recht aufrichtig, unter zehn ist bisweilen ein einziges so man mit Recht gut nennen kann, nebstdem ist er außerordentlich theuer. Ich kenne das Fortepiano des Herrn von Nickl, es ist vortrefflich, aber für die Hand Euer Gnaden ist es zu schwer, man kann nicht alles mit gehöriger Delicateß spielen." Über die Claviere des Johann Schanz, Nachfolger seines Bruders, mit dem er in Compagnie gearbeitet hatte, äußert sich Schönfeld: „Der Ton ist nicht so stark als jener der Walter'schen, aber eben so deutlich und meistens angenehmer, auch sind sie leichter zu traktiren indem die Tasten nicht so tief fallen, auch nicht so breit sind wie jene. Sie sind eigentlich eine bis zur Kopie gebrachte Nachahmung der Fortepiano des Künstlers Stein in Augsburg." Haydn empfiehlt im J. 1790 Frau von Genzinger Wenzl (den älteren) Schanz „als dermal besten Meister in diesem Fach; seine Fortepiano haben eine ganz besondere Leichtigkeit und ein angenehmes Tractement". Und an anderer Stelle bedauert er, daß seine Freundin kein Fortepiano von Schanz besitzt, „nochmal so viel Effect würden Euer Gnaden daraus schöpfen".[4]

---

1 Mozart's Concertflügel befindet sich im Mozarteum zu Salzburg.

2 Ein Franz Walter, k. k. Hof-Orgelbauer starb 1733, 77 Jahre alt; Anton starb 1826, 11. April, 75 Jahre alt (Todtenprotokoll).

3 Vergl. Hanslick, Geschichte des Concertwesens in Wien, S. 129 f.; Schönfeld, Jahrbuch der Tonkunst für Wien und Prag, 1796. S. 88 f.

4 Das Museum der Gesellschaft der Musikfreunde in Wien besitzt zwei tafelförmige Claviere von Schanz; das ältere und kleinere im Umfang von 4 Octaven (C — c) mit Hämmerchen und Messing-Kapseln besaß einst Haydn;

Wenzl Schanz muß vor Sept. 1790 außerhalb Wien ge=
storben sein;[5] sein Bruder Johann führte das Geschäft fort und
wird noch 1823 genannt;[6] als letzter dieses Namens erscheint
ein Joseph im Jahre 1842.[7]

Die Claviere von Schanz waren auch außerhalb Österreich
geschätzt. Breitkopf u. Härtel zeigten sie 1803 nebst andern Cla=
vieren der besten Wiener Firmen als vorräthig auf ihrem Lager
an. Moritz Hauptmann fand einen Schanz noch 1829 in Rom.[8]
Auf des alten Schanz Nachfolger war Beethoven nicht gut zu
sprechen. Als er (wahrscheinlich 1815) bei der Gräfin Erdödy
auf dem Lande wohnte, beklagte er sich, daß ihm Schanz „ein
so schlechtes Clavier geschickt hat, daß er's bald wieder zurück neh=
men muß".[9]

————

Die Musikliebe des österreichischen Adels und ihr för=
dernder Einfluß auf die Cultivirung der Tonkunst ist oft und
eingehend gewürdigt worden.[1] Wohl wurde ihrer auch in der
früheren Chronik (Bd. I. S. 113 f.) gedacht; hier aber verlangt
sie unsere erhöhte Aufmerksamkeit und wird, an Bekanntes an=
knüpfend, manche abermalige Bekräftigung und auch Bereicherung
finden.

Musikkapellen, größere oder kleinere, hielten zu jener
Zeit die fürstl. Häuser Schwarzenberg, Auersperg (Diri=
gent: Schenk), Liechtenstein, Kinsky, Lobkowitz (Kapell=

———

das größere (von F bis 5 gestr. c) hat hübsches Fries=Ornament von eingeleg=
tem Holz.

5 Im Todtenprotokoll erscheint er nicht, dagegen heißt es: 16. Febr. 1789
gestorben ein Söhnchen des schutzverwandten Orgelmachers Wenzl Schanz (also
lebte der Vater damals noch); am 17. Sept. 1790 ein Kind der Marie Anna,
Orgelmachers Wittwe.

6 Adreßbuch für Tonk. u. Dilett., von Ziegler, 1823, S. 253.

7 Erinnerungskalender für den öst. Kaiserst. auf das J. 1842, S. 83.

8 „Ich war durch sie (Fürstin W.) beim Erzbischof von Tarant, dem
84 jährigen Mäcen von Neapel eingeführt und öfters da, ich hatte seinen Flü=
gel (einen alten Schanz) probiren müssen. (Briefe von Moritz Hauptmann an
Franz Hauser, her. von Prof. Dr. Alfred Schöne. Leipzig 1871. Bd. I. S. 62.)

9 Brief ohne Datum, an Magister Brauchle.

1 Siehe Hanslick, Geschichte des Concertwesens in Wien. S. 36 ff.; Jahn,
Mozart, Bd. II, S. 40 f.; Thayer, Beethoven, Bd. II, S. 275 f.

meister: A. Wranißky), Batthyányi, Grassalkovics[2] (Dirigent: Kramer); die Grafen Ladislaus und Joseph Erdödy,[3] Johann Pálffy ꝛc. — Musiker, die diesen Hauskapellen angehörten, mußten ihre Anstellung zu schätzen und versäumten es nie, bei öffentlichem Auftreten derselben Erwähnung zu thun. So lesen wir: Violinist Jos. Zistler, in Diensten des Grafen Erdödy; Violoncellist Max. Willmann beim Fürsten Grassalkovics; Oboist Jos. Triebensee beim Fürsten Liechtenstein; Contrabassist Joh. Sperger beim Fürsten Batthyány; Klarinettisten A. und Joh. Stadler beim Fürsten Gallizin; Oboist Czerwenka beim Fürsten Schwarzenberg; Flötist Gehring beim Grafen Pálffy ꝛc.

Cavaliere welche sich nicht den Luxus eines vollzähligen Orchesters erlauben konnten oder mochten, hielten doch wenigstens eine mit tüchtigen Künstlern besetzte Harmoniemusik, damals besonders beliebt und gewöhnlich mit 8 Instrumenten vertreten (je 2 Oboen, Klarinetten, Fagotte und Waldhörner) oder es bildeten diese einen selbstständigen Theil des Orchesters. Denselben war auch gleich den Kaiserlichen gestattet, anderwärts aufzutreten, z. B. des Grafen Palm Harmonie in den Akademien der Tonkünstler-Societät, jene des Fürsten Schwarzenberg in den Akademien des Colombazzo, Cäsar Scheidl, in denen sie Nummern aus den zur Zeit beliebtesten Opern und Singspielen (*Una cosa rara* und *l'Arbore di Diana* von Martin, „Apotheker und Doctor" von Dittersdorf) „auf 8 blasenden Instrumenten" ausführten. Privatim mußten die Musiker auch die Tafelmusik bei ihren Herrn besorgen,[4] wie wir es in Mozart's *Don Giovanni* finden.

Der Adel betrieb die Musik aber auch selbstausübend, Schönfeld's Jahrbuch (1796) nennt uns hier eine Menge Namen, die noch zurückgreifen in die Jahre vor 1790. Als Sängerinnen finden wir Lady Gilford (geb. Gräfin von Thun), die Grä-

---

2 Gyrowetz verkaufte ihm 6 Symphonien (Biogr. S. 11).

3 Graf Ladislaus Erdödy besaß eine reichhaltige Musikalien-Sammlung (darunter über 100 Symphonien) nebst vielen Instrumenten, unter denen auch eine „ganz neue gut gestimmte Harmonika". Der ganze Nachlaß wurde nach seinem Tode öffentlich versteigert (W. Ztg. 1788. 6. Aug.).

4 1787. 29. Mars. *Diné chez le P*ᵉ *Schwarzenberg, musique de la Cosa rara divinement rendu par les instruments à vent.* (Zinzendorf.)

finnen Hortenſe Haßfeld (geb. Gräfin von Zierotin), Sophie Haugwiß (geb. Gräfin von Fries), Thereſe Pálffy, Sauer, Freiin von Walterskirchen und Freiin von Zois (geb. von Auenbrucker). Am Clavier, öffentlich ſo ſparſam vertreten, finden wir die Fürſtin Lichnowsky (geb. Gräfin von Thun), die Gräfinnen Károly (geb. Gräfin von Wallenſtein, Schülerin Koželuch's), Grundermann,[5] Kollonics die jüngere, Kollowrath, Rumbeck[6] (geb. Gräfin von Cobenzl, Mozart's Schülerin), Thun (geb. Uhlefeld, „die charmanteſte liebſte Dame, die ich in meinem Leben geſehen", ſchrieb Mozart über ſie), Schönfeld (geb. Gräfin von Fries), Wallenſtein (Schülerin von Clementi), Baroneſſe von Saffran (geb. von Hartenſtein, Schülerin Koželuch's), Baronin von Waldſtätten (geb. v. Schäfer, Mozart's eifrige Gönnerin), obige Freiin von Zois, die Regierungsräthin von Heß (geb. de Leporini, Schülerin Clementi's), Reichshofrath Baron von Braun und deſſen Sohn, denen noch beizuzählen ſind Gräfin Zichy, Franziska von Jacquin (ſpätere Frau von Laguſius) und Frau Thereſe Edle von Trattnern[7] (Mozart's Schülerinnen). Schönfeld erwähnt ferner noch als tüchtige Violinſpieler die Grafen Kuefſtein, Anton Apponyi, Auguſt v. Haßfeld (namentlich im Quartett), Ugarte, Freiherr Anton v. Bartenſtein; Hofrath v. Kees (Viola, Violoncell), Graf Leonhard Harrach (Flöte), Joh. Nepomuk Eſterházy (Oboe).

Bei den vom kaiſ. Hofe beſuchten theatraliſchen Vorſtellungen im Thereſianiſchen Collegium finden wir wie früher (I. 113) auch das Orcheſter nur von jungen Cavalieren beſetzt. Franzöſiſche und italiäniſche Opern, Schau- und Luſtſpiele und Ballets bildeten dort das Repertoire.

Große Akademien und Concerte mit Orcheſter und zum Theil ſelbſt mit Chor gaben die Fürſten Schwarzenberg, Lobkowitz, Kaunitz, Auersperg, Gallizin (ruſſiſcher Geſandter), Dietrichſtein, die franzöſiſchen und venetianiſchen Geſandten, Graf Johann Eſterházy und Baron van Swieten. Beim Fürſten Adam Auersperg hörte Zinzendorf am 26. März 1787

---

5 Torricella widmete ihr 3 bei ihm verlegte Sonaten von Clementi.

6 Jahn, Mozart, Bd. I. S. 626.

7 Jahn, Mozart, I. 645. Mozart componirte für ſie die Phantaſie und Sonate C-moll (K. 475, 457) bei Artaria erſchienen, Verlagsn. 70.

die vermuthlich erste Aufführung von Haydn's „Sieben Worte Christi am Kreuze" (damals noch) in nur instrumentaler Form). Beim Grafen Joh. Esterházy wurde 1788 Ph. Em. Bach's „Auferstehung und Himmelfahrt Jesu", und am 7. April 1789 Händel's „Messias" aufgeführt.[8] Zinzendorf gedenkt aber schon 1771 und 72 einer, bisher wahrscheinlich noch nirgends erwähnten Aufführung von Händel's „Alexanderfest" (Timotheus)[9], vermuthlich im Palais des Fürsten Schwarzenberg, wo Zinzendorf auch an anderen Tagen Concerte besuchte. Dies dürfte also, soviel bis jetzt bekannt, das erstemal gewesen sein, daß man in Wien ein Oratorium von Händel aufführte. Nach Zinzendorf wurde 1772 auch Pergolese's *Stabat mater* beim Abbé Marchisio und bei Mme. de Goes aufgeführt, wobei letztere sang.

Wir müssen hier auch jene Oratorien-Aufführungen einbeziehen, die Baron van Swieten in seiner Wohnung in der Renngasse[10] und im großen Saale der kaiserlichen Hofbibliothek, deren Vorstand er war, gegen Ende der 80er Jahre veranstaltete. Die Kosten bestritten die kunstliebenden hohen Mäcene Schwarzenberg, Lobkowitz, Dietrichstein, Batthyányi, Esterházy und Apponyi. Der Zutritt war nur geladenen Gästen gestattet; Dirigent war Jos. Starzer und nach seinem Tode (22. April 1787) Mozart; am Clavier saß der junge Weigel. Von Händel kamen zur Aufführung „Acis und Galathea", „Messias", „Alexanderfest" und die „Cäcilien-Ode", die alle bekanntlich Mozart auf Anregung van Swieten's in der Instrumentirung vermehrt hatte.[11]

Auch die Oper wurde in den fürstlichen Häusern gepflegt. Am 23. Juli 1782 hörte Zinzendorf auf dem Haustheater des Fürsten Adam Auersperg[12] die Oper *Armida* von Righini;

---

8 *à 7ʰ. au concert chez Jean Esterhasy. Der Messias musique de Haendel. J'y pris un peu d'ennuie quoique la musique fut bien belle.*

9 *10 mars. au concert ou on donna Timothée et Alexandre, cantate de Hendel. 1772. 15 mars. au concert spirituel. L'Oratoire de Thimothée et d'Alexandre fut mal rendu.*

10 Das Haus stand neben dem Wirthshaus „Zu den drei Hacken" (jetzige Gasthof „Zum römischen Kaiser". An Stelle des alten Hauses baute 1847 Baron Rothschild sein Palais).

11 Jahn, Mozart, Bd. II. S. 398.

12 Palais Auersperg, siehe Band I. S. 114, Anm. 55.

es ſangen Gräfin Haßfeld (Armida), Mlle. Auenbrugger (Renaud), Mr. Urbain (Ubaldo).[13] Am 11. Oct. wurde da=ſelbſt „eine wälſche Oper" von Damen und Cavalieren zu Ehren des anweſenden Großfürſten nebſt Gemalin aufgeführt. Einer ebenfalls wälſchen Oper bei Fürſt Alois Liechtenſtein in 1784, 21. März erwähnt Mozart in ſeinem Briefe vom 20. März. Wiederum bei Auersperg wurden im Febr. 1786 unter Gluck's eigener Überwachung aufgeführt „Iphigenia auf Tauris" und „Al=ceſte". Erſtere mit der Bernasconi, mit Adamberger und Kelly; letztere mit Gräfin Haßfeld (Alceſte) und Mlle. de Hei=ßenſtein (Ismene).[14] Mozart führte daſelbſt im folgenden Monat ſeinen *Idomeneo* auf, bei welcher Gelegenheit er eine Scena mit Rondo für Sopran mit Violinſolo und ein Duett für 2 Soprane neu componirte (K. 490 u. 489) und mehrfache Veränderungen vor=nahm. Damals wirkten mit Frau v. Puffendorf (Ilia), Baron Pulini (Idamante) und wahrſcheinlich der kunſtſinnige italiäniſche Kaufmann Bridi (Idomenes); Graf Haßfeld, Mozart's „lieb=ſter beſter Freund", ſpielte das Violinſolo.[15] In demſelben Monat (26. März) hörte Zinzendorf, vermuthlich ebenfalls bei Auers=perg, die Oper *La serva padrona* von Paiſiello („*au lieu de l'ancienne de Pergolese*").[16]

Zinzendorf's Tagebüchern verdanken wir noch weitere Be=kanntſchaften mit dem muſicirenden Adel. Wir folgen ihm zu=nächſt in die Familienkreiſe, wo Mittags oder Abends, vor oder nach der Tafel in ungezwungener Weiſe der Tonkunſt gehuldigt wurde. Bekannte Namen einbegreifend nennt er uns die Häu=ſer Zierotin, Buquoy, Goes, Lippe, Paar, Pálffy, Chevalier Keith, Abbé Marchiſio, Louis Roſenberg, Win=diſchgrätz, Schwarzenberg, Auersperg, die ruſſiſchen, fran=

---

13 *La musique peu saillante; les acteurs jouerent à merveille; le theatre commença à* 7 1/2.

14 Zinzendorf notirte 12. Febr. *Me. d'Hazfeld née Zierotin joua ce role (Alceste) dans la grande perfection.* Beide Vorſtellungen ſind auch in Kelly's *Reminiscenses* (vol. I. p. 254) erwähnt. Von der Gräfin ſagt er: *The was a charming woman, and full of talent.*

15 Jahn, Mozart, Bd. I. 580, II. 710. Einer früheren Aufführung (1781 im Juni und wohl nur am Clavier) bei der Gräfin Thun gedenkt Jahn in Bd. I, S. 633.

16 *Benucci et la Storace jouerent comme des anges; Giornovichi joua un concert pour le violon avec beaucoup de grace et de douceur.*

zösischen, neapolitanischen und venetianischen Gesandten. Als Ausübende im Gesang sind genannt die Gräfinnen Hortense Zierotin (die spätere d'Hatzfeld), Esterházy, Hoyos, Czernin, Sophie Haugwitz, Schönfeld, Rosenberg, Victorine Fries, Prinzessin Auersperg, Ernestine Schwarzenberg, Leopoldine Windischgrätz, die Starhemberg's und Zichy's, T. Clary (*qui chante comme un ange*), Me. de Goes, Me. Maylath. Am Clavier: Gräfin Thun (*qui joua une sonate de Heyden*, als sie Zinzendorf 1775 besuchte), Fürstin Mimi Windischgrätz, Fürst Starhemberg; ferner Graf Hatzfeld, Domherr zu Eichstädt (Violine); Fürstin Christine Liechtenstein (Harfe). Als Mitwirkende aus der Künstlerwelt werden genannt: die Sängerinnen Weigl, Altamonte (vorzügliche Altistin), Duchanteau, Storace, Josepha Duschek[17] (Mozart's vielgeschätzte Prager Freundin); die Sänger Manzoletti, Benucci und Mandini; die Harfenspielerinnen Me. de Varenne, Mlle. Scheidel und Müllner (*fille d'un cordonnier*). Am Clavier, außer Mozart, die Aurnhammer, Scarlatti, Salieri, der junge Weigl und die nicht minder auch hier begabte Sängerin Storace.

Die Herrschaften führten auch Komödie, deutsche, französische und italiänische auf und hatten dazu eigens kleine, zierliche Bühnen errichtet. Zinzendorf nennt in den Jahren 1785—90 Vorstellungen bei den Gräfinnen Thun, Roombeck, Esterházy, Fries, Collalto, Rosenberg, Schönborn; bei den Fürsten Starhemberg, Auersperg und Kaunitz. Als Acteurs sind genannt: die Familie Jean Esterházy (Graf, Gräfin und Tochter; die zwei jüngsten Kinder tanzten ein kleines Ballet »*avec les graces de leur âge*«); die Familie Fries (Graf Charles, Gräfin, der Sohn, die Töchter Sophie und Victoire); Gräfin

---

17 Das Künstlerpaar Duschek hielt sich damals nur zu Besuch in Wien auf. Erst in 1798 gab die Sängerin daselbst ein Concert, in dem Beethoven eine Sonate mit Begleitung spielte. Mozart schrieb in Prag für Josepha, die auch fertig Clavier spielte und artig componirte, eine Arie (K. 528). Viel Widersprechendes ist über sie als Sängerin gesagt worden (vergl. Jahn, Mozart, II, S. 296 ff). In Wien sang sie im J. 1786 in der Zeit von 23. März bis 6. April wiederholt bei den Fürsten Buquoy und Paar, wo sie Zinzendorf hörte. *Elle chanta en perfection* schreibt er am 27. März; und am 6. April: *La Duscheck chanta avec une grande etendue de voix un air allemand de Naumann d'une musique bien appropriée aux paroles.*

Elisabeth Thun und deren 15jährige Tochter Karoline; die beiden Schönborn, Louis und Elisabeth *(qui jouerent dans la grande perfection)*; die Grafen Hartig, Czernin, Joseph Pálffy, Wurmbrandt, Taroucca, d'Echeny; Gräfin Etienne Zichy *(qui joua comme la plus parfaite actrice)* und ihre Tochter Leopoldine; beide Rosenberg und Haddik, Gräfinnen v. Gemmingen und Hatzfeld, beide Roombeck, die Fürsten und Fürstinnen Lisette Schwarzenberg, Louise und Therese Lichnowsky, Khevenhüller, Louis Starhemberg, Clary und Charles Liechtenstein.

Esterház.

II.

„Am 15. October [1] 1780 wurde das neue Schauspielhaus, das der Fürst weit herrlicher und kostbarer wieder auferbauen ließ, von der Diwaldtischen Gesellschaft mit dem Trauerspiel „Julius von Tarent" und einem dazu verfertigten Prolog eröff= net". Es ist dies die einzige öffentliche Notiz über diesen Moment. [2] Was die Oper betrifft, hilft uns das gedruckte Textbuch [3] der Oper *La fedeltà premiata* (Die belohnte Treue), deren Auf= führung vermuthlich dem Trauerspiel an einem der nächsten Tage folgte. Als Mitwirkende werden genannt:

Amaranta, donna vana, e boriosa . .	Sigra. *Teresa Tavecchia*.
Nerina, ninfa volubile in amore, in-namorata di Lindoro	Sigra. *Costanza Valdesturla*.
Lindoro, fratello di Amaranta, addeto a servigi dal tempio, innamorato prima di Nerina, e poi di Celia	Sgr. *Leop. Dichtler*.
Fillide, sotto il finto nome di Celia, amante di Fileno	Sigra. *Anna Jermoli*.
Fileno, amante di Fillide.	Sgr. *Gugl. Jermoli*.
Conte Perruchetto, uomo di umore stra-vagante	Sgr. *Benedetto Bianchi*.
Melibeo, ministro del tempio di Diana, innamorato di Amaranta	Sgr. *Antonio Peschi*.
Diana	Sigra. *Valdesturla*.

---

1 Es war der Namenstag der Kaiserin, die bald darauf, am 20. Nov., verschied. Gewiß hatte der Fürst, ein eifriger Patriot und Verehrer der Kaiserin, gerade diesen Tag gewählt.

2 Taschenbuch für die Schaubühne. Gotha 1781. S. CLII.

3 *La Fedeltà premiata, dramma giocoso per musica, da rappresentarsi nell' apertura del nuovo teatro di S. A. il Principe Nicoló d'Esterházy di Galantha, l'autumno dell' anno 1780.*

Die Handlung versetzt uns in die Ebene von Kuma. Die Nymphe Nerina hat sich der Göttin Diana geweiht und schmückt zum Zeichen ihres Gelübbes das Bild derselben mit einem goldenen Kreuz. Trotzdem verliebt sie sich in Lindoro, einen Diener des Tempels der Göttin, wirft nun das Kreuz in den nächst gelegenen Fluß, indem sie sich dadurch ihres Gelübbes entledigt glaubt und flieht mit ihrem Geliebten. Die erzürnte Göttin läßt die Pest über das Land kommen und verkündet dem trostlosen Volke durch Orakelspruch, daß zur Strafe einem im See hausenden Ungeheuer jährlich an einem bestimmten Tage ein Liebespaar zu opfern sei und dies so lange, bis sich Jemand an dessen Stelle freiwillig dem Tode weiht — dann erst werde Kuma wieder in Frieden leben. Die ganze Handlung ist durchkreuzt von Liebes-Intriguen; die Paare wechseln und ergänzen sich wie beim Spiel die Karten. Nur Zwei: Fillide (unter dem angenommenen Namen Celia) und Fileno lieben sich wahr- haft; jedes aber, durch den Schein irre geführt, wähnt sich betrogen. Melibeo, Diener des Tempels, in die stolze Amaranta verliebt und daher eifersüchtig auf seinen Nebenbuhler den leichtfertigen Grafen Perruchetto, weiß es so ein- zurichten daß er diesen mit Celia in einem Versteck zusammenführt. Sie wer- den entdeckt und trotz der Betheuerung ihrer Unschuld als Opfer für die Diana bestimmt. Im letzten Augenblicke bietet sich Celia's wirklicher Geliebter, Fileno, freiwillig als Opfer, um wenigstens die scheinbar Treulose zu retten. Der Götterspruch ist erfüllt. Die versöhnte Diana tödtet mit ihrem Pfeil den Böse- wicht Melibeo und vereint die Liebenden. Alles findet daß die Freude, durch Trauer und Schmerz erkauft, um so größer sei, preißt die Göttin Diana und fortan herrscht wieder Friede in Kuma.

In Constantia Valdesturla treffen wir abermals eine der bedeutenderen Sängerin, welche Mitte 1779 engagirt wurde und dann neben der ihr ebenbürtigen Bologna auftrat. Außer dem Decorationsmaler Travaglia ist zum erstenmale Luigi Rossi als „Erfinder der vorkommenden Ballets und Waffenkämpfe" genannt.

In deutscher Übersetzung wurde die Oper in Preßburg 1785 —87 von der wiederholt erwähnten Kumpf'schen Gesellschaft des Grafen Joh. Nep. Erdödy aufgeführt;[4] in Graz 1792 (11. Oct.) und 1793 (10. Jan.).[5] Über die Wiener Aufführung werden wir später hören.

Diese Oper bietet ein besonderes Interesse dadurch, daß sich ihr Zusammenhang mit der Oper „Der Freibrief" von Fritz (Fridolin) von Weber (Carl Maria von Weber's ältestem Stief- bruder) nachweisen läßt, die ihre Entstehung zweifellos jener Wiener Aufführung zu verdanken hat, zu welcher Zeit sich Franz Anton von Weber mit seinen Söhnen Fritz und Edmund

---

4 Gotha, Th. Kal. 1788, S. 195.
5 Journal d. Luxus u. d Moden.

in Wien befand. Partitur, Text-, Arien- und Soufflirbuch, in
ein und zwei Acten, einzeln oder zusammen, in Franz Anton v.
Weber's oder Fritz v. Weber's Handschrift, mit Nennung Haydn's
und auch Fritz v. Weber's als Componisten finden sich in Meiningen, Stuttgart, Dessau und Hamburg. Zu der Oper (auch
als Operette oder Singspiel genannt) ist eine neue Handlung
geschrieben, Mozart's Symphonien in Es-dur (Köchel Nr. 184)
als Ouverture und dessen Terzett *Mandina amabile* (zu Bianchi's Oper *La villanella rapita*) als Einlage benutzt und einige
Nummern von Haydn beibehalten. Das zugestutzte Werk wurde
zunächst 1789 in Meiningen von Mitgliedern der v. Weber'schen
Familie unter dem Titel „Der Freybrief von Joseph Haydn" auf
die Bühne gebracht. In einem Briefe von Fritz (Nov. 1809) an
Carl Maria v. Weber, der damals in Stuttgart angestellt war,
bittet er ihn, zu der Oper zwei Gesangnummern zu schreiben,
was schon vor Empfang des Briefes geschehen war. Er hatte
ein Tenor-Rondo („Was ich da thu', das fragt Er mich?") neu
componirt und ein Duett („Dich an dies Herz zu drücken") aus
seiner alten Jugendoper „Peter Schmoll" umgearbeitet.[6] —

     In diesem Jahre trat Haydn in Geschäftsverbindung mit
der uns schon bekannten Kunst- und Musikalienhandlung Artaria & Co. Den Geschäftsbriefen,[1] die zwischen beiden Theilen

---

6 Ausführliches (wozu ich die Haydn'schen Daten lieferte) ist mitgetheilt
von F. W. Jähns. Allg. Mus. Ztg. 1876, Nr. 48. Die Gesellschaft der Musikfreunde in Wien besitzt in ihrem Archiv eine Partitur mit dem Titel *Ales-*
sandro il Grande. Opera seria in 3 atti dal Sig. Gius. Haydn. Eine
dritte Hand schrieb auf den Schild: „1780 comp. mit dem Titel *La fedeltà*
premiata, daher in s e i n e m Verzeichniß seiner Opern kein Alessandro". Selbst
eine nur oberflächliche Untersuchung zeigt daß hier eine arge Fälschung vorliegt.
Mit der genannten Oper hat dieser Alessandro gar nichts gemein. Die Arien
sind von verschiedenen Copisten geschrieben (auch gedruckte Nummern sind dabei) und durch nachträgliche Recitative lose verbunden, die ursprünglichen Per-
sonennamen sind ausradirt oder unkenntlich gemacht. Von Haydn sind in diesem Conglomerat 2 Arien aus Armida und die Cantate *»Ah come il core mi*
palpita«. Der Rest ist von verschiedenen Componisten, die aber nicht genannt
sind. Auch die Außenseite der Partitur ist absichtlich in altem Zuschnitt gehalten. Es existiren mehrere Abschriften dieser gefälschten Partitur auf öffentlichen
Bibliotheken, gleichwie von dem früher genannten Oratorium *»Abramo ed*
Isacco« (S. 71) und der Oper *Calypso abbandonata* (S. 126).

     1 Es liegen deren 70 im Original vor, von denen etwa die Hälfte ver-
öffentlicht ist. Siehe Nohl, Musikerbriefe.

gewechselt wurden, lassen sich mannigfache fördernde Details entnehmen. Überall spricht aus ihnen Haydn's Offenheit und Ehr-
lichkeit und ein ebenso bescheidenes als gerechtfertigtes Selbstbewußtsein. Haydn's Verhältniß zum Hause Artaria war ein
freundschaftliches und herzliches, das nur ab und zu eine bald
vorübergehende Störung erlitt. Ein solcher Fall traf einmal ein,
als Artaria durch voreilige Ankündigung von Quartetten Haydn
großen Schaden zufügte. „Dieser Schritt verursacht, daß unser
ferner Handel unterwegs verbleiben wird". Aber Haydn selbst
lenkt wieder ein, indem er bald darauf schreibt: „Ich muß be-
kennen, daß ich meinen letzten Brief an Sie mit einem aufwal-
lenden Geblüt geschrieben, nichts desto weniger hoffe ich daß
wir gute Freunde bleiben werden . . . . die Sach ist nun so
geschehen . ein andermahl werden wir beede behutsamer seyn".
Einmal glaubte Haydn Grund zu finden, Artaria zürnen zu müssen
und ersucht um Aufklärung „um mir meinen argwohn zu benehmen; ich wolte nicht, daß Sie mich dadurch auf immer disgu-
tirten, zumahlen ich beständig Ihr guter Freund ware und verbleiben werde". Wiederholt beweißt ihm Haydn, daß er trotz
vortheilhafterer Anerbietung von anderer Seite ihm den Vor-
rang lasse, glaubt es aber auch anerkennen zu müssen daß ihn
Artaria anderen Componisten vorziehe. Als Haydn einmal einige
Symphonien französischen Verlegern zuerst anbot und ihm Artaria
deßhalb Vorwürfe gemacht haben mag, antwortet ihm Haydn:
„Ich wäre ungerecht und undankbahr, wenn Ich ihre Freundschaft
so platterdings auf die Seite setzte . ich werde nie vergessen daß
Sie mir vor Viellen den Vorzug gaben, ohngeachtet ich wohl
weiß, daß ich bisweillen denselben vor andern verdiente". Und
als Haydn selber Anträge stellt, da er „etwas Geld brauche" und
Artaria neuerdings Arbeiten wünscht, antwortet Haydn: „Mein
Fleiß über die 3 anverlangten Clavier Sonaten wird bürge seyn
Ihre Freundschaft fernerhin zu erhalten". Dieser Fall, daß Haydn
etwas Geld brauchte, traf allerdings öfters ein und Artaria zahlte
dann immer in vorhinein das Honorar oder doch wenigstens den
von Haydn gewünschten Theil. Einmal klagt ihm Haydn auch
daß ihn „die großen mit ihrer bezahlung so lange warten lassen".
Wer diese Großen waren, sagt ein späterer Brief: „ich habe hoffnung eine schuld von Sieben Jahren des Erzherzogs von May-
land [Ferdinand] bezahlter zu erhalten". Haydn's schon erwähnte

Klagen über Nachlässigkeit der Stecher wurden noch überboten von dem Ärger über die Unehrlichkeit der Copisten, welche unrechtmäßiger Weise geschriebene Musikalien verkauften. So z. B. bringt Haydn darauf, daß Artaria den Musikalienhändler Laugh (Lausch) vor den Bürgermeister citiren lasse, damit er gestehe, von wem er seine Quartette erhalten habe. „Herr von Augusti [2] ist mein alter guter Freund und wird Ihnen hierinfals ganz sicher beystehen, so wie Er mir schon einmahl in eben einer solchen *Affair* beygestanden". Haydn versichert bei seiner Ehre „daß solche von seinem Copisten, der der allerehrlichste Kerl ist, nicht sind copirt worden, sondern Ihr eigener Copist ist ein spitzbub, da er diesen Winter dem Meinigen 8 Species Ducaten anerboten, wan er ihm die 7 Worte zukommen ließe .... ungeachtet Sie alles in Ihrem Gewölb schreiben lassen, können Sie doch betrogen werden, weil die spitzbuben untenher *a parte* ein Notenpapier haben, worauf sie unbemerkt nach und nach die vor sich liegende stimme abstelen". Auch Musiker, Tost und Breunig, fanden sich, die heimlich Werke von Haydn Artaria und Andern antrugen und dadurch Streitigkeiten verursachten. Conrad Breunig aus Mainz hatte bei Artaria schon 1779 6 Duette für Violine und Viola verlegt und stand in unangenehmer Correspondenz mit Haydn. Dieser forderte Artaria auf, ihn und sich selbst zu vertheidigen; „wie weiter aber Sie mich von Herrn Breunig entfernen, desto angenehmere Dienste werden Sie mir leisten". Johann Tost der, wie wir gleich sehen werden, Haydn's Namen im Ausland mißbrauchte, war Violinist in der Esterházy'schen Kapelle von 1787—90. (Derselbe ist nicht zu verwechseln mit dem später zu nennenden Großhändler gleichen Namens.)

In der Chronik wurde schon darauf hingewiesen daß die Componisten, wenn sie ein Werk an eine bestimmte Firma verkauften, in vorhinein auswärtige Verleger von dem Erscheinen desselben benachrichtigten, die dann trachteten, dasselbe so bald als möglich zu erhalten, um dann mit dem Originalverleger concurriren zu können; sie abonnirten sogar darauf unter der Bedingung, die ersten Abdrücke zu erhalten, ehe noch das Werk

---

2 Johann Georg Augusti war Vice-Bürgermeister des Civil- und Criminal-Senates von 1788 bis 1801. (Siehe C. Weiß, Geschichte der Stadt Wien Bd II. S. 399.)

öffentlich ausgegeben und angezeigt wurde. Daher entstanden die
Verdrießlichkeiten, die Haydn auch mit Artaria hatte, im Fall
dieser mit der Versendung zögerte oder ein Werk zu früh an=
zeigte. Hummel in Berlin, Forster, Longman in London,
Nadermann, Willmann, Sieber in Paris, Boßler in
Speyer kommen hier wiederholt zur Sprache. Haydn schreibt
Artaria gradezu bei Gelegenheit der Übersendung von Quartetten
an Forster: „mir kan niemand verargen, daß, wan die Stücke
gestochen sind, ich selbst noch trachte einigen gewinst zu erhalten,
weil ich für meine werke nicht hinlänglich bezahlt bin, und weil
ich eher ein Recht dazu habe als die übrigen Unterhändler. Hin=
führo werden Sie mit dem Accord zwischen uns behutsamer und
schriftlich, ich aber für genugsame Bezahlung zu sorgen haben“.
Daß Artaria sich später das alleinige Eigenthumsrecht durch Voll=
macht zu sichern mußte, sahen wir schon früher und werden später
nochmals solcher Fälle begegnen.

Das erste Werk, das Haydn bei Artaria verlegte, waren
6 Sonaten für Clavier (Verlagsnummer 7). „Sollten sie einen
nutzbaren abgang haben, so wird mich derselbe künftighin durch
mehrere arbeiten überzeugen“. Es folgten dann 6 Divertimenti
(Verlagsn. 15); die ersten 12 Lieder (Verlagsn. 20); 6 Quar=
tette (26 u. 27); 6 Symphonien, oder richtiger Ouverturen (33) ꝛc.

Die erstgenannten 6 Clavier=Sonaten (f. 16—20, 3),
widmete Artaria den Schwestern Franziska und Marianne v.
Auenbrugger, Töchter des rühmlich bekannten Arztes und
musikalischen Schriftstellers Leopold v. Auenbrugger aus Graz,
dessen kunstsinnige Familie auch von Mozart (1773) und von
Nicolai (1781) besucht wurde. Franziska wird schon 1766 zu
den nennenswerthen Clavierspielerinnen Wiens gezählt.[1] Nicolai[2]
sagt von ihr, sie spiele meisterhaft auf dem Clavier und singe mit
reiner Intonation und wahrem Affect; ihre Stimme sei ein tiefer
Sopran. Zinzendorf hörte sie 1782 bei Fürst Adam Auersperg
die Rolle des Renaud in Righini's „Armida“ singen (S. 162).
Noch 1796 rühmt Schönfeld Stimme und Gesang der nunmeh=
rigen Freiin von Bois. Marianne, die jüngere liebenswür=
dige Schwester fand Nicolai schon sehr leidend. Sie starb bald

---

1 Hiller's Wöchentl. Nachrichten, 13. Stück.
2 Nicolai, Reise IV. S. 554.

darauf, am 25. Aug. 1782, im 23. Lebensjahre an der Abzehrung. Salieri, ihr Lehrer in Contrapunct, gab dann eine Clavier= sonate von ihr »*primo et ultimo di Lei prodotto*« mit einer Ode bei Artaria heraus, die er als „Freund und Bewunderer ihres seltenen Talentes" in Musik gesetzt hatte. Somit werden wir es erklärlich finden daß auch Haydn mit ungewöhnlicher Bewunde= rung von den Schwestern an Artaria schreibt: „Der Beyfall deren Freilen v. Auenbrugger ist mir der allerwichtigste, indem Ihre Spielart und die ächte einsicht in die Tonkunst den größ= ten Meistern gleichkommt: Beede verdienten durch öffentliche Blätter in ganz Europa bekannt gemacht zu werden". Und wenn er vordem sagt: „übrigens hoffe ich mir mit dieser Arbeith wenig= stens bey der einsichtsvollen weld Ehre zu machen", so gesteht er selbst, daß er sich besondere Mühe gegeben. Auch suchte er der Sammlung durch eine aparte Idee einen gewissen Reiz zu ver= leihen, wobei er es jedoch für gerathen fand „um der Critic einiger Witzlinge auszuweichen", Artaria aufzufordern, „auf der andern Seite des Titelblats folgendes unterstrichene beyzubrucken:

»*Avertissement.*

Es sind unter diesen 6 Sonaten zwey einzelne Stücke, in welchen sich etwelche Täcte einerley Idee zeigen: der Verfasser hat dieses um den Unterschied der Ausführung mit Vorbedacht gethan.

Dan ganz natürlich hätte ich statt diesen Hundert andere Ideen nehmen können; damit aber dem ganzen werke wegen einer vorbedachten Kleinigkeit (welche die Herrn Critiker und be= sonders meine Feinde auf der üblen seite nehmen könnten) kein Tadel ausgesetzt werden kan, derohalben glaube ich dieses *aver- tissement*, oder so etwas dergleichen beyzufügen, indem es sonst dem abgang hinderlich seyn könnte . ich unterwerfe mich hierin= falls der einsichtsvollen meynung beeder Freilen v. Auenbrugger, an welche mein gehorsambster Handkuß erfolgt".

Die Verlagshandlung glaubte Haydn's Hinweiß in folgen= der bestimmterer Form wiedergeben zu müssen:

Avertimento.

Tra queste sei Sonate vi si trovano due Pezzi che cominciano con alcune battute dell' istesso sentimento, cioè l'Allegro scherzando della So- nata No. II, e l'Allegro con brio della Sonata No. V. L'Autore previene

*averlo fatto a bella posta, congiando però in ogn'una di esse la Conti-
nuazione del Sentimento medesimo.*[3]

In dieses Jahr fallen die letzten kleineren Kirchencompositionen aus dieser Zeit (m. 20. 21). Faßt man diese seit 1771 entstandenen Stücke dieser Gattung zusammen, so ergiebt sich, im
Vergleich zu den früheren, ein unleugbarer Fortschritt. Alles ist
compacter und drängt den späteren großen Aufgaben zu. Kaum
eine dieser Nummern zeugt von dem früheren, oft so sichtbar
lästigen Zwang. Reichthum der Erfindung, Frische, feste Gliederung, Wohllaut und wirkungsvolle Stimmführung ist ihnen Allen
eigen. Fortan tritt auf diesem Gebiete eine längere Pause ein.
Erst die 90er Jahre bringen noch einige und zwar der gediegen-
sten Compositionen dieser Richtung.

Weitere Compositionen aus diesem Jahre:
2 Violoncellconcerte (e. 7. 8) in Abschrift erschienen.
1 Flötenconcert (e. 10) ditto.

Über den bisherigen Engkreis hinaus sehen wir Haydn's
Ruf nun immer weitere Dimensionen annehmen. Die kaum erwähnten Namen führen uns nach Frankreich und England. In
einem Briefe an Artaria (27. Mai 1781) gedenkt Haydn zum
erstenmale seiner Verbindung mit Paris. Wir lesen: „*Monsieur
Le Gros, Directeur* vom *Concert spirituel* schrieb mir ungemein viel schönes von meinem *Stabat mater,* so alldort 4 mahl
mit größtem beyfall producirt wurde; die Herren batten um die
erlaubnuß dasselbe stechen zu lassen. Sie machten mir den antrag,
alle meine zukünftigen werke zu meinem nahmhaften besten stechen
zu lassen, und sie wunderten sich sehr, daß ich in der Singcom-
position so ausnehmend gefällig wäre; ich aber wunderte mich
gar nicht, indem sie noch nichts gehört haben; wan sie erst
meine Operette *L'Isola disabitata* und meine letzt verfaßte Opera
La fedelta premiata hören wurden: dan ich versichere, daß der-

---

3 Nachricht. Unter diesen Sonaten befinden sich 2 Stücke, welche mit
dem gleichen Gedanken beginnen, nämlich das Allo scherz. der Sonate II,
und das Allo con brio der Son. V. Der Verfasser bemerkt im Voraus, dies
absichtlich gethan zu haben, verändert jedoch in jedem Satze die Fortsetzung
desselben Gedankens.

gleichen arbeith in Paris noch nicht ist gehört worden und viel=
leicht eben so wenig in Wienn'; mein unglück ist nur mein auf=
enthalt auf dem lande".

Le Gros,[1] dem es stets darum zu thun war, für seine
Concerte die ersten Künstler zu gewinnen, hatte sich offenbar
auch an Haydn gewendet.[2] Welchen Erfolg die Aufforderung
hatte, werden wir gleith sehen; zuvor aber wird es nöthig sein,
das dortige Terrain kennen zu lernen. Die *Concerts spirituels*,
im J. 1725 durch Philidor gegründet, wurden im Schweizer=
saal der Tuilerien an solchen Tagen abgehalten, an denen keine
Oper sein durfte. Jährlich fanden 24 statt; zur Aufführung
kamen Instrumentalstücke und kirchliche Vocalcompositionen für
Solo und für Chor. Le Gros war in der Reihenfolge der
8te Dirigent. Zu den Verdiensten, welche diese Concerte[3] zur
Förderung der Tonkunst überhaupt in Paris beitrugen, zählte
auch ihr aneiserndes Beispiel zur Gründung ähnlicher Unterneh=
mungen. So entstanden in 1770 die Liebhaber=Concerte (*Conc.
des amateurs*) durch d'Ogni und Delahaye mit Gossec als
Dirigent und dem bekannten Chevalier St. Georges als Solo=
Violinist. Als die Gesellschaft 1780 in die Galerie *Henry III.*
übersiedelte, nahm sie den Titel *Concert de la Loge Olympique*
an und ihr Orchester bestand aus den zur Zeit besten Künstlern.
Ein Jahr zuvor wurden erst Haydn's Symphonien durch den
Violinisten Fonteski in Frankreich eingeführt.[4] So groß war
ihr Erfolg daß er die Directoren im J. 1784 ermuthigte Haydn
aufzufordern, eigens für diese Concerte 6 Symphonien (a. 52—57)
zu componiren, welche in Paris unter dem speciellen Titel *Répertoire de la Loge Olympique* veröffentlicht wurden.[5] (Es war in

---

1 Le Gros, geb. zu Monampteuil 1739, gest. zu La Rochelle 1793, war
Sänger der großen Oper in Paris und seit 1777 Director der concerts spiri=
tuels bis zu deren Auflösung in 1791.

2 Mozart componirte für diese Concerte die dreisätzige Symphonie in D.
(Köchel, Nr. 297).

3 Sie gingen in 1791 ein, wurden aber 1805 erneuert. Ihnen reihten
sich die in 1828 unter Habeneck entstandenen noch heute blühenden *Concerts
du Conservatoire* an.

4 Nach Fétis schon 1770 durch den Verleger Sieber in den *Conc. des
Amateurs*.

5 *Grove, Dictionary of Music and Musicians, vol. I. p. 385.* Siehe
auch *Fétis, Curiosités hist. de la mus. p. 332 ff.*

diesen Concerten, wo Cherubini zum erstenmale ein Werk von
Haydn hörte und davon so mächtig ergriffen wurde, daß er ihn
fortan wie einen Vater verehrte.) Haydn übergab seine Partitur
einem Wiener Banquier, der beauftragt war, ihm das ausbe=
dungene Honorar von 600 Francs auszuzahlen. Nach Auffüh=
rung der Symphonien verkauften die Directoren das Verlags=
recht um 1000 oder 1200 Francs und schickten Haydn auch diese
Summe als Zeichen ihrer Verehrung.[6]

Jene Symphonien bildeten fortan den Grundstock der Pariser
Programme und wurden auch in Wien rasch bekannt. Weitere
Verbindungen ging Haydn mit den Musikalienhändlern Nader=
mann, Willman und Sieber ein. Nadermann kaufte
1783 drei Symphonien und im nächsten Jahre erbietet sich Haydn
„abermals drei ganz neue, sehr fleißig bearbeitete Symphonien,
sauber und correct geschrieben, für 15 Ducaten bis Ende Novem=
ber einzureichen“ und im Fall der Annahme das von ihm „ver=
langte Clavierstück bei erster Gelegenheit zu übermachen“. In
demselben Jahre hatte Willmann wegen Quartette mit Haydn
unterhandelt und ihm mit der Pränumeration 100 Ducaten ver=
sprochen, wogegen aber Haydn Artaria den Vorzug ließ, obwohl
mit nur 300 Gulden. In 1789 spricht Haydn von Symphonien,
bei Sieber gestochen, der in rascher Folge deren 63 in Auflag=
stimmen herausgab.[7] Später gab Le Duc, Nachfolger des
Lachevardière, die bekannte Sammlung von 26 Symphonien in
Partitur heraus, womit er die Deutschen überholte. Wie rasch
sich die Pariser Verleger der ersten Quartette Haydn's be=
mächtigten und in Stich herausgaben, sahen wir schon früher
(I. S. 333).

Haydn's Ruf stand in Paris bald so hoch daß man, um
Werke wenig bekannter Componisten gangbar zu machen, seinen
Namen selbst mißbrauchte. So erzählt Gyrowetz in seiner
Selbstbiographie (S. 45), daß er in Paris dem Orchester in
der Probe seine Symphonien vorlegte und eine derselben mit
Befremden aufgenommen wurde, da sie bereits als eine *Favorit-
Pièce* von Haydn bekannt war. Gyrowetz konnte zwar seine
Autorschaft nachweisen, allein der Irrthum war nicht mehr zu

---

6 *Fétis, Curios. hist.* p. 334.
7 *Deldevez, Curiosités musicales,* p. 28.

repariren. Er erfuhr dann vom Verleger Schlesinger daß dieser
drei Symphonien, als von Haydn componirt, von einem Violin=
spieler, dem früher genannten Tost angekauft und herausgegeben
habe, worunter auch die in Frage stehende gewesen war. — Nach
Carpani[8] hatte Haydn ein Jahr zuvor, ehe er die Einladung
nach Paris erhielt, von dorther den Auftrag erhalten, eine
Vocalcomposition zu schreiben im Stile Lulli's oder Rameau's,
von welchen man auch gleich Muster beigelegt hatte. Sie wan=
derten natürlich zurück mit der Erklärung, wenn man etwas nach
der Manier von Lulli oder Rameau verlange, möge man sich
an diese selbst oder an ihre Schüler wenden; Haydn aber ver=
möge leider nur Haydn'sche Musik zu schreiben. —

Im August 1781 trat Haydn durch Vermittlung des eng=
lischen Gesandten in Wien, General Chs. Jermingham, in ge=
schäftliche Verbindung mit William Forster in London, dem
berühmten Geigenmacher, der sich nun auch mit Musikalienverlag
abgab. Haydn's Name erscheint in englischen Zeitungen zuerst
im J. 1765 (Ankündigung seiner ersten in Amsterdam gedruckten
Quartette).[1] In den 70er Jahren wurden seine Symphonien in
den Concerten von J. C. Bach und Abel und in jener der
Virtuosen Punto, Eichner und Libl aufgeführt. Forster
veröffentlichte 129 Werke von Haydn und zahlte, im Hinblick
daß dieselben meistens schon in Wien und Paris gedruckt waren,
anständige Honorare z. B. 20 Guineen für 6 Quartette (*en ré-*
gard au contrat); 70 Pfund Sterling für 20 verschiedene Com=
positionen. Die Symphonien sandte Haydn nicht in Partitur
sondern in den einzelnen geschriebenen Auflagstimmen; Sendun=
gen dieser Art betrugen bis über 2 Pfd. Stlg. an porto. Auf
Forster folgten Longman und Broderip, die am 1. Januar
1788 in der an diesem Tage zum erstenmale erschienenen *Times*[2]
3 dem Prinzen von Wales gewidmete Symphonien (op. 51) und
die 7 Worte (als Quartett arrangirt) ankündigten. Verdrießlich=
keiten gab es auch hier mit den beiden Firmen. Seinen „aller=
liebsten" Monsieur Forster wußte Haydn aber immer wieder

---

8 *Le Haydine*, p. 222.

1 Pohl, Haydn in London, S. 89 f.

. 2 *The Times, or daily Universel Register, printed logographically.*
3 d. Es war eine Fortsetzung des am 13. Jan. 1785 eingegangenen *London*
Daily Universel Register. (The fourth Estate, by F. Knight Hunt. 1850.)

freundlich zu stimmen. „Ich bin zu ehrlich und rechtschaffen (schreibt Haydn), als daß ich Sie kränken oder Ihnen schädlich sein solle". Einmal aber hatte Haydn aus Versehen einige Werke zweimal verkauft, was ihm bei seinem Besuche in London eine Vorladung vor Gericht und Erlag einer Geldstrafe zuzog.[3]

Vergebens suchte Lord Abingdon schon im Jahre 1783 Haydn zu bewegen, die Direction der damals gegründeten *Professional*- (Fachmusiker-) Concerte zu übernehmen. Er schlug die Bitte ab, machte sich aber anheischig, alles zu componiren, was man wünschte, wenn man ihm die Summe von 500 Pfd. Stlg. geben wolle. So eröffnete denn Wilhelm Cramer als Dirigent das erste der genannten Concerte (19. Febr.) und zwar mit einer Symphonie von Haydn. Auch die *Nobility* (Adels-) Concerte brachten seine Symphonien und führten sein *Stabat mater* auf. Kein Virtuose durfte es unterlassen, sein Programm mit Haydn's Namen zu schmücken; seine Quartette aber wurden selbst im Musikzimmer des Prinzen von Wales gespielt, wobei der Prinz die Cellostimme übernahm. Man beabsichtigte sogar, um sowohl den Namen Haydn zu verewigen als auch einen Beweis zu liefern, wie hoch der Engländer an Ausländern Kunst und Genie schätze, Haydn ein Monument in der Westminster-Abtei zu errichten, die feierliche Aufstellung aber so lange zu verschieben, bis er selbst, von der englischen Nation eingeladen, in London eintreffen würde.[4] Als der Concert-Unternehmer Salomon immer energischer den Fachmusikern entgegen trat, wendete auch er sich an Haydn aber ohne Erfolg. Um so drängender wurde die Gegenpartei mit Cramer an der Spitze und fast schien es dieser glücken zu wollen, was wir aus einem Briefe Haydn's an Forster ersehen, nach welchem es sich nur um eine Antwort von Cramer handelte, um Haydn für London zu bestimmen, wo ihm Forster bereits ein Quartier offerirt hatte. Der Opernunternehmer Gallini mochte damals ebenfalls auf Haydn gerechnet haben, denn Haydn schrieb ihm im Juli 1787 einen Brief, seine Forderungen für Opern betreffend.[5] Daß schließlich Salomon Sieger blieb, ist bekannt. —

---

3 Pohl, Haydn in London, S. 93 f.

4 Cramers Mag. d. Musik. 1784, S. 194. Wienerblättchen 1784, 1. Juni.

5 Dieser in ital. Sprache geschriebene Brief, 2 Seiten umfassend, wurde im Juli 1872 in London in einer Auction verkauft.

Außer in Frankreich und England stand Haydn's Name auch in Spanien schon jetzt in hoher Achtung. Hier hatte ihn der Dichter Yriarte[1] in einem, 1779 in Madrid erschienenen bibaktischen Gedicht *La Música*[2] gefeiert. Dieses mit 6 allegorischen Kupfern gezierte Werk besingt in fünf gehaltreichen Gesängen mit poetischer Weihe die Tonkunst in ihrem ganzen Umfang. Der letzte Gesang rühmt den Werth der Musik bei Privat- und öffentlichen Festen, den Einfluß musikalischer Gesellschaften und preißt namentlich die Instrumentalmusik der Deutschen und ihre Componisten und insbesondere Haydn wegen der Eigenthümlichkeit und Neuheit der Erfindung in folgenden Versen: [3]

Dir, wunderbarer Haydn, Dir allein
Verlieh die reizende Camoene
Die Kunst stets neu und immer reich zu sein.
Dir lieh sie jene Zaubertöne
Die in das Ohr voll Überraschung schallen,
So oft erwiedert immer noch gefallen.

Viel eher wird der Beifall sich verlieren
Der schönsten Töne, die die Herzen rühren,
Als Deine so erles'nen Melodien,
Durch Ausdruck, Kraft und edlen Styl
Bewundernswerth, sich dem Gefühl
Der Welt und ihrer Dankbarkeit entziehen. —
Umringen gleich Dich in den neuern Zeiten
So manche Meister hochgeehrt,
Muß doch vorherrschend Deiner Muse Werth
Weithin und glänzend Deutschlands Ruhm verbreiten.

Hier in Madrid, o Hoher! herrschet Deine
Musik im still sich übenden Vereine,
Und Deine Kunst ist unsrer Liebe Lohn;
Mit heilgem Lobe krönt Dich täglich schon
Der Beifall, der Dir laut entgegenschallt,
Vom Strand des Manzanares wiederhallt. —

---

1 *Don Thomas de Yriarte*, geb. 18. Sept. 1750 zu Orotava auf der Insel Teneriffa, gest. zu Puerto de Sancta Maria in Andalusien.

2 *La Musica, poema por D. Thomas de Yriarte, con superior permisso: en Madrid en la Imperenta Real de la Gazeta. 1779. 3. Aufl. 1789.* Übersetzungen: *La Musique, poëme, traduit par J. B. C. Grainville, et acc. de notes par Langlé. Paris, an VIII. — Music, a didactic Poem, transl. by John Belfour. London 1807. — La Musica, poema, tradotto da Gius. Carlo de Ghisi. Firenze, 1868.*

3 Sólo á tu númen, Háyden prodigioso,
Las Musas concedieron esta gracia

Auch von anderer Seite wurde Haydn von Spanien aus
gehuldigt. Luigi Boccherini damals schon hoch geschätzt durch
seine Kammermusik, die sich durch Gründlichkeit, melodische, leicht
fließende, nur häufig allzu weiche Schreibweise auszeichnete,[4] stand
zur Zeit in lebhaftem Verkehr mit Artaria, bei dem er mehrere
Werke[5] verlegte. In einem seiner Briefe an Artaria (dat. Arenas,
Febr. 1781) bittet er die Verleger, an Sigr. Giuseppe Haidn, der
ihnen wahrscheinlich bekannt sein wird, in seinem Namen zu
schreiben, daß er einer der leidenschaftlichsten Schätzer und Bewunderer seines Genius und seiner musikalischen Werke sei, die
in hohem Grade jene Auszeichnung verdienen, die ihnen zu Theil
wird.[6] Artaria schickte den Brief an Haydn, der auch zu schreiben

De ser tan nuevo siempre, y tan copioso,
Que la curiosidad nunca se sacia
De tus obras mil veces repetidas.
Antes serán los hombres insensibles
Del canto á los hechizos apacibles,
Que dexen de aplaudir las escogidas
Cláusulas, la expresion, y la nobleza
De tu modulacion, ó la estra ñeza
De tus doctas y harmónicas salidas.
Y aunque á tu lado en esta edad numeras
Tantos y tan famosos Compatriotas.
Tú solo por la Música pudieras
Dar entre las naciones
Vecinas, ó remotas
Honor á las Germánicas regiones.
Tiempo há que en sus privadas Academias
Madrid á tus escritos se aficiona,
Y tú amor con tu enseñanza premias;
Miéntras él cada dia
Con la inmortal encina te corona
Que en sus orillas Manzanáres cria.

4 Puppo, Violinist und Orchesterdirector in Neapel, nannte Boccherini
„die Frau Haydn's", damit treffend den beiderseitigen Charakter ihrer Compositionen bezeichnend.

5 Die ersten bei Artaria verlegten Werke waren: 6 Quartette, *Baron
du Beine* gew. op. 18; 6 ditto, op. 23; Concert für Violoncell, op. 34;
6 Trios für 2 Violinen und Baß op. 37.

6 *Spero mi faranno un favore, che io stimeró moltis* mo *ed è che
se alcuno di lor Sig*ri *(come è probabile) conoscesse il Sigr. Giuseppe
Haidn, scrittore da me, e da tutti aprezzato al Maggior segno, gli offra
i miei rispetti, dicendoli che sono uno de i suoi più appasionati stimatori,*

beabsichtigte und sich deßhalb erkundigte wo dieser Ort Arenas [Provinz Santander] läge, kam aber nicht dazu und bat Artaria, bei gelegener Zeit demselben seinen „ergebensten Respect" auszudrücken.

Noch eine Auszeichnung empfing Haydn in dieser Zeit aus Spanien:. der König (Karl III, gest. 1788) verehrte ihm „für einige überschickte Musikalien" eine goldene mit Brillanten besetzte Tabatière und zwar in der schmeichelhaftesten Art, indem der am kaiserl. Hofe accreditirte k. spanische Legationssecretär auf ausdrücklichen Befehl seines Monarchen das Geschenk unter Versicherung der steten vorzüglichen Gewogenheit des Königs Haydn persönlich in Esterház überreichte und über den Empfang nach Hofe berichten mußte.[7] — Endlich noch hatte Haydn nebst der bekannten Kirchencomposition „Die sieben Worte Christi am Kreuze", die bei ihm im J. 1785 für Cadix bestellt wurde, damals noch eine kleinere Arbeit zu liefern, deren er in einem Briefe (5. April) an Artaria erwähnt: „jene Quartette so ich dermahlen in der arbeith habe, und die helffte fertig, sind ganz klein, und nur mit 3 Stück, sie gehören nach spanien".

Nach so vielen Zeichen der Anerkennung vom Auslande traf es sich gut, daß man zu gleicher Zeit auch in der Heimat Haydn eine Auszeichnung zutheil werden ließ. Im Juli dieses Jahres kündigten Artaria & Co. in der Wiener Zeitung an, daß sie in der Herausgabe ihrer großen Porträt-Sammlung von Monarchen und hohen Fürsten, Helden, Ministern, Gelehrten und vorzüglichen Künstlern dieser Zeiten, hauptsächlich aber von Personen des Vaterlandes fortfahren werden. Den Anfang hatten die Porträte der verstorbenen Kaiserin, Kaiser Joseph, Erzherzog Maximilian, Feldmarschall Graf von Lascy, Freiherr von Loudon, Feldmarschall-Lieutenant Graf v. Wurmser gemacht. Als Fortsetzung sollten nur die Porträte von dem gefeierten Dichter Michael Denis [1] und von Joseph Haydn folgen. Haydn wurde

---

e ammiratori insieme del suo Genio, e Musicali componimenti dei quali qui si fà tutto quel apprezzo, che in rigor di Giustizia si maritano.

7 Wiener Zeitung 1781. Nr. 80.

1 Michael Denis, geb. 1729 zu Schärding, gest. 1800, 29. Sept. zu Wien als Hofrath und Custos der Hofbibliothek.

von J. E. Mansfeld[2] gestochen und trägt als Unterschrift die
Horaz'schen Worte:

Blandus auritas fidibus canores ducere quercus. [3]

Haydn war somit als Mann des Tages mitten hineingestellt
unter die ausgezeichnetsten Männer seiner Zeit. Er dankte Artaria
für die überschickten Exemplare, „ob aber solche abgehen? ist eine
Neugierde. durch jene, so Sie mir überschickten, hatten bishero
Bildhauer und Vergolder gewinnst". Doch waren der Fürst und
Haydn von der Ausführung erfreut und Letzterer bittet Artaria,
ihn, wenn er nach Wien kommt „bey dem so verdienstvollen
Herrn von Mansfeld aufzuführen". —

Dem Porträt von Mansfeld ging, soviel bis jetzt bekannt
ist, nur ein einziges aus jüngeren Jahren voraus. Es ist um
1770 von Lorenz Gutenbrunn auf Holz gemalt und stellt
Haydn im Begriff zu componiren in stehender halber Figur dar,
die linke Hand auf den Tasten eines Claviers ruhend, die rechte
erhobene Hand eine Feder haltend. Es existirt von diesem Bilde
ein unbedeutender Kupferstich und eine hübsche aber nicht ganz
getreue Lithographie von Schiavonetti. — Das diesem Bande
beigegebene Porträt fällt in die zweite Hälfte der 80er Jahre.
Das Original in Miniatur, dem auch eine Haarlocke von Haydn
beigefügt ist, ist in Aquarell auf Elfenbein gemalt und war
ehedem im Besitz der Frau Josefa Freiin von Erggelet geb. von
Henikstein, die es aus Haydn's eigener Hand empfing. Es blieb
im Besitz dieser Familie, bis es im J. 1878 Frau Pauline Freiin

---

2 Joh. Ernst Mansfeld, geb. zu Prag 1738, 14. Juli, gest. zu Wien
1796, 22. Febr., Zögling der k. k. Akademie der bild. Künste, k. k. Stempel-
graveur a. d. Schule des J. M. Schmuzer. Von ihm existiren auch vorzüglich
gestochene Porträte von Metastasio, Sir Robert Murray Keith (großbr. Gesandter
in Wien). Joh. Thomas v. Trattnern, obige Grafen Habik und Lascy ꝛc.
Ein zweiter Mansfeld, Joh. Georg, war k. k. Hof-Antikencabinet-Zeichner,
Kupferstecher und Inhaber einer Schriftgießerei; er war zu Wien geboren 1763
und starb daselbst 1817. Von J. G. Mansfeld *le jeune* existirt Mozart's
Porträt, Brustbild in Profil nach Posch, Artaria 1789.

3 Vollständiger:

Tibi, qui possis
Blandus auritas fidibus canoris
Ducere quercus
In amicitiae tesseram.

von Weckbecker (geb. Freiin v. Erggelet) dem Museum der Ge-
Gesellschaft der Musikfreunde in Wien als Geschenk überließ.

Für den Herbst erwartete Kaiser Joseph hohe Gäste: den
russischen Großfürsten Paul [1] mit Gemalin, Herzog Fr. Eugen
von Würtemberg mit Gemalin, begleitet von Prinz Ferdinand und Prinzessin Elisabeth von Würtemberg. Die Großfürstin Maria Feodorowna (geb. Prinzessin von Würtemberg
und Schwester der Elisabeth), vermählt seit 18. Oct. 1776, [2] wird
von der Wiener Zeitung als eine „vorzügliche Schönheit" geschildert. Die hohe Frau nahm lebhaftes Interesse an Wissenschaft
und Kunst und liebte und pflegte namentlich die Musik, während
ihr Gemal einen regen Forschungsgeist bekundete. Die damals
15 jährige Prinzessin Elisabeth war die erklärte Braut des Erzherzogs Franz (nachmaligen Kaiser), dem sie am 8. Jan. 1788
angetraut wurde. Sie kam im Oct. 1782 wieder nach Wien,
wohnte im Belvedere und empfing im angrenzenden Kloster der
Salesianerinnen die Vollendung ihrer Erziehung. Mozart hatte
vergebens gehofft, ihr Musiklehrer zu werden; im Gesang wählte
der Kaiser statt seiner Salieri („denn bei ihm ist nichts als
Salieri"), im Clavier wurde ihm Georg Summer, ein wenig
bekannter Lehrer (später Hoforganist) vorgezogen. [3] Kaiser Joseph
zeigte sich der Prinzessin sehr zugethan und war selbst, wie alle
Welt sagte, ihr zu Liebe den Eltern entgegen gefahren; that gar
zärtlich mit ihr, „küßte ihr unaufhörlich die Hände, eine nach der
andern und öfters beide zugleich". Ihre Eltern reisten als Graf
und Gräfin von Gröningen, das großfürstliche Paar als Graf
und Gräfin von Norden. Erstere waren am 10. Nov. angekommen. Am 16. Nov. gab ihnen Erzherzog Maximilian eine Musik
bei sich, zu der auch Mozart geladen war und sich als Clavierspieler producirte. Am 22. Nov. traf das russische Paar ein und
nun folgten eine Reihe wissenschaftlicher Besichtigungen, gesell-
schaftlicher Unterhaltungen und Theaterbesuche. Da man auf den
hohen Besuch schon im Sommer vorbereitet war und derselbe

---

1 Er bestieg nach dem am 7. Nov. 1796 erfolgten Tode der Kaiserin
Katharina als Paul II. den russischen Thron und starb am 11. März 1801
eines gewaltsamen Todes.

2 Des Großfürsten erste Frau, gest. 26. April 1776, war eine Prinzessin
Wilhelmine von Hessen-Darmstadt.

3 Mozart's Briefe 1781 Aug. — Dec. — Jahn, Mozart I. 634 ff.

anfangs früher erwartet wurde, schrieb Mozart über Hals und
Kopf an seiner „Entführung", in der Hoffnung, vor dem hohen
Paar mit etwas Neuem auftreten zu können. Dann hoffte er
wieder, bei dieser Gelegenheit seinen „Idomeneo" in neuer Be=
arbeitung vorführen zu können. Da man aber schon zwei Opern
von Gluck („Alceste" ital., „Iphigenie auf Tauris" deutsch) be=
stimmt hatte, so wäre eine dritte für die Sänger zu viel gewesen
und so mußte Mozart auch hier zurücktreten. Im Grunde ver=
stand sich der Kaiser selbst nur ungern zu Gluck, denn von Her=
zen war er seiner Muse nicht sonderlich gewogen, so wenig wie
der Bernasconi, Gluck's Lieblings=Sängerin, die auf ein Jahr
mit 500 Ducaten engagirt war, dem Kaiser förmlich aufgedrun=
gen wurde und nun doch beschäftigt werden mußte. Mit Mühe
gelang es auch, ein Ballet zu Stande zu bringen, da dasselbe
nach Noverre's Abgang aufgelöst worden war. Als Balletmeister
wurde nun Crux auf kurze Zeit engagirt.

Sonntag den 25. Nov. gab der Kaiser in Schönbrunn ein
großes Fest, dem die großfürstlichen und herzoglichen Gäste und
Erzherzog Maximilian beiwohnten. Aufgeführt wurde im Schloß=
theater Gluck's »Alceste« in italienischer Sprache; dann folgte
ein maskirter Ball, zu dem 3—4000 Personen geladen waren.
Man tanzte in mehreren Sälen Quadrille und andere Tänze in
römischer Tracht, in ungarischer Nationaltracht (mit der eigenen
Landesmusik), in tartarischer=, Matrosen= und sogenannten Straß=
burger Tracht; den Beschluß machte ein glänzendes Souper. —⁴
»Alceste« wurde am 3. 13. und 19. Dec. im National=Hoftheater
in Gegenwart der Gäste wiederholt; dieselben besuchten ferner
Gluck's „Iphigenie auf Tauris" (27. Nov., 9. Dec.), „die Pil=
grimme von Mekka" (5. Dec.); »Orfeo« (ital., 31. Dec.), das
beliebte Singspiel „die schöne Wienerin" (Musik von Umlauf),
„Medea" (von Benda), „die eingebildeten Philosophen" (von Pai=
siello). — Am 14. Dec. wurden die Schauspieler von dem kaum
erst (20. Oct.) eröffneten Leopoldstädter Theater und die franzö=
sische Gesellschaft vom Kärnthnerthor=Theater nach Schönbrunn
berufen, wo sie nach der Tafel Lustspiele aufführten. — Am 22.
und 23. Dec. besuchte der Kaiser mit der Gräfin von Norden,
Graf von Gröningen und Erzherzog Maximilian die jährliche

---

4 Wiener Zeitung Nr. 95.

Akademie der Tonkünstler = Societät im Kärnthnerthor = Theater.
Man hatte beabsichtigt, Haydn's seit 1775 nicht mehr gehörtes
Oratorium „Tobias" aufzuführen, wählte aber dafür Hasse's
»Sta. Elena al Calvario«. Die für die Societät wenig schmeichel=
hafte Abänderung haben wir früher (S. 86) kennen lernen.

Am 24. December wohnte die Gräfin von Norden dem vom
Kaiser in seinem Salon veranstalteten Wettkampf zwischen Mo=
zart und Clementi bei.   Mozart beschreibt denselben seinem
Vater (16. Jan. 1782): „Der Kaiser that (nachdem wir uns ge=
nug Complimente machten) den Ausspruch, daß er zu spielen
anfangen sollte. »La santa chiesa Catolica«, sagte er, weil Cle=
menti ein Römer ist. — Er präludirte und spielte eine Sonate,
— dann sagte der Kaiser zu mir allons drauf los. — Ich prä=
ludirte auch und spielte Variationen, — dann gab die Großfürstin
Sonaten von Paesiello her (miserabel von seiner Hand geschrie=
ben) daraus mußte ich die Allegro und er die Andante und Rondo
spielen. — Dann nahmen wir ein Thema daraus und führten
es auf 2 Pianoforte aus." Mozart sagt dann noch daß der Kaiser
sehr gnädig und, wie er aus sehr guter Quelle erfuhr, recht zu=
frieden mit ihm war. Er schickte ihm auch nach der Production
50 Ducaten „welche ich dermalen recht nöthig brauche".

Dienstag den 25. Dec., am ersten Weihnachtstag, speiste der
Kaiser mit den hohen Herrschaften und wohnte Abends mit ihnen
einem, in den Gemächern der Gräfin von Norden veranstalteten
großen Concerte bei. Es wirkten die vorzüglichsten in Wien an=
wesenden Künstler beiderlei Geschlechtes in diesem Concerte mit,
von dem die Wiener Zeitung etwas unklar sagt „daß es den
fürstl. Esterházy'schen Kapellmeister, den berühmten Herrn Joseph
Haydn zum Verfasser hatte", was fast vermuthen läßt, daß,
wenn nicht alle so doch die meisten Compositionen von Haydn
waren. Das von ihm aufgelegte Streichquartett wurde von dem
uns bekannten Luigi Tomasini aus Esterház und von den
Wiener Künstlern Aspelmayer, Huber und Weigl gespielt
und von der hohen Gesellschaft „mit gnädigsten Beifall beehrt".
Haydn „als Compositor" erhielt eine prächtige emaillirte mit
Brillanten besetzte goldene Dose und jeder der genannten Her=
ren eine goldene Tabatière. Während ihrer Anwesenheit in Wien
hatte die Großfürstin auch einige Musik=Lectionen bei Haydn
genommen und das Interesse das sie ihm erwieß, ließ bei ihm

eine so wohlthuende Erinnerung zurück daß er im Jahre 1802
der nun verwittweten Kaiserin ein Exemplar seiner 3 und 4stim=
migen Gesänge, auf welche er selber großen Werth legte, über=
sandte und dafür mit einem Dankschreiben, in dem sie jener
Musik=Lectionen gedachte, und einem kostbaren Ring beehrt wurde.

Wenn sich auch der Großfürst nicht in gleichem Maße für
Musik interessirt haben mag, konnte er sich doch rühmen daß ihn
der Kaiser einer besonderen Werthschätzung würdigte, indem er
ihn bei Besichtigung seiner Musik=Bibliothek auch auf die eigens
für ihn von seinem ehemaligen Hofkapellmeister G a ß m a n n
componirten Quartette aufmerksam machte, wobei er mit Weh=
muth bemerkte: „Dies sind noch Rosen von meines Gaßmann's
Grab". Der Kaiser schätzte denselben bekanntlich sehr hoch. Als
sich dessen Frau nach seinem Tode weinend dem Kaiser zu Füßen
warf, wurde auch er zu Thränen gerührt und äußerte: „Ich habe
nicht nur einen vortrefflichen Künstler sondern auch einen der
rechtschaffensten Männer verloren".

Übrigens verging fast kein Tag, wo nicht die hohen Herr=
schaften es sich angelegen sein ließen, hervorragende Künstler und
Gelehrte, wissenschaftliche Sammlungen und Anstalten kennen zu
lernen und verlohnt es wohl, sie bei diesen Gängen, die uns
einen raschen Einblick in das mannigfach aufstrebende damalige
Wien gestatten, zu begleiten. So hören wir von Besuchen bei
G l u c k und M e t a s t a s i o; Besichtigungen der Hofbibliothek, des
botanischen Gartens, wo der Professor der Chemie und Botanik,
Bergrath Niclas Joseph von J a c q u i n die nöthigen Erläuterun=
gen gab; der Universität, wo die Gäste vom *Rector magnificus*
Probst Ignaz P a r h a m e r, vom Universitäts=Kanzler, Graf
Edmund Maria v. Arzt und Reichsgrafen V a s s e g g, den Direc=
toren, Dekanen und Professoren empfangen und in die verschie=
denen Hörsäle geleitet wurden. Höchst lehrreich gestaltete sich auch
der Besuch der Akademie der bildenden Künste auf der neuen
Universität, wo die vornehmsten Meisterstücke der Maler= und
Bildhauerkunst vorgewiesen wurden; der Besuch der Sternwarte,
wo der Director Abt Maximilian H e l l über seine Reise in Lapp=
land berichtete, worauf dann der Kaiser selbst die Stelle des
Lehrers übernahm und mit bewunderungswürdiger Einsicht den
Gebrauch der vorhandenen herrlichen Instrumente erklärte, be=
sonders jene, welche der Kaiser in diesem Jahre aus dem Museum

des verstorbenen Prinzen Karl von Lothringen hatte übertragen lassen; Besuche des anatomischen und medicinischen Museums, wo Professor Jos. Barth die vornehmsten anatomischen Präparate vorzeigte und die Operation des grauen Staares erklärte; der anatomischen und chemischen Hörsäle, wo Professor v. Jacquin Experimente vornahm; des Bibliothek- und Naturalien-Saales; jener Säle wo unter Leitung des Lehrers Johann Baptist von Hagenauer die antiken und modernen Statuen, Vasen und Ornamente besichtigt wurden. Schließlich wurde noch die Hof-Buchdruckerei des Edlen v. Trattnern in der Josephstadt, die Bilder-Gallerie des Fürsten Liechtenstein und jene im kaiserlichen Belvedere und Hofrath und Leibmedicus Joh. Ingenhouß besucht, der die neuesten Entdeckungen in der Physik erklärte. Auf Befehl des Kaisers erschien auch der Lehrer des Taubstummen-Instituts Dr. Joh. Friedrich Storck, Priester der erzbischöfl. Cur, mit seinen Zöglingen in den Gemächern der Gräfin von Norden und erklärte im Beisein des Kaisers seine Lehrmethode und nahm mit seinen Zöglingen Prüfungen vor.[5]

Am 3. Januar 1782 besuchten Graf und Gräfin von Norden nochmals eine Vorstellung der »*Alceste*« und reisten dann am folgenden Tage nach Italien. Der Kaiser begleitete seine Gäste bis Mürzzuschlag und seine liebenswürdige Aufmerksamkeit erstreckte sich dann noch bis ins Herz von Steiermark, indem er seinen Besuch durch den Grafen Chotek als Reichskommissarius begleiten und auf seine Kosten in Graz im Theater die Aufführung einer *Opera buffa* und einen Ball im Reboutensaal abhalten ließ.[6] —

Im Jahre 1781 erschienen bei Artaria Haydn's erste „XII Lieder für das Clavier, gewidmet aus besonderer Hochachtung und Freundschaft der Freulen Francisca Liebe Edle v. Kreutznern", I. Theil. Das schöne Titelblatt war von dem tüchtigen C. Schütz erfunden und gestochen und auch sonst „alles deutlich und rein gestochen (nicht gedruckt)". Es sind die folgenden Lieder:

1. **Das strickende Mädchen** (Und hörst du kleine Phillis nicht).
2. **Cupido** (Weißt du mein kleines Mägdelein).
3. **Der erste Kuß** (Leiser nannt ich deinen Namen).

---

5 W. Ztg. 1781. Nov., Dec.
6 W. Ztg. 1782, Nr. 1—9.

4. Eine ſehr gewöhnliche Geſchichte (Philint ſtand jüngſt vor
    Bawets Thür).
5. Die Verlaſſene (Hör' auf mein armes Herz ſo bang zu ſchlagen).
6. Der Gleichſinn (Sollt' ich voller Sorg' und Pein).
7. An Iris (Ein Liedchen vom Lieben verlangſt du von mir).
8. An Thyrſis (Eilt ihr Schäfer aus den Gründen).
9. Troſt unglücklicher Liebe (Ihr mißvergnügten Stunden).
10. Die Landluſt (Entfernt von Gram und Sorgen).
11. Liebeslied (So lang, ach! ſchon ſo lang).
12. Die zu ſpäte Ankunft der Mutter (Beſchattet von blühenden
    Aſten).[1]

Die Dedication nennt uns ein bisher unbekanntes Haus,
dem wir weiterhin bei einem zweiten und größeren Werke Haydn's
nochmals begegnen werden.

Mit den Liedern trat Haydn mit dem damals in Wien be=
liebten Componiſten und Hof=Claviermeiſter Joſ. Anton Steffan[2]
in die Schranken, der in den Jahren 1778—82 eine „Sammlung
deutſcher Lieder für Clavier" in 4 Abtheilungen bei Kurzböck
herausgab, von denen ſich die von ihm ſelbſt componirten Ab=
theilungen (I. II. IV.) durch Einfachheit und Lieblichkeit aus=
zeichnen und ſehr beliebt wurden. Die Texte aus den damals
beſten Dichtern lieferte ihm ſein Jugendfreund und Gönner Hof=
rath v. Greiner, an den ſich auch Haydn wandte und dann
deſſen „Gutachten in Betreff des Ausdruckes" einholte. Wieder
bittet Haydn um ein zweites Duzend „aber nur gute und mannig=
faltige, damit ich dabey eine Wahl habe: dan es fügt ſich, daß
mancher Text eine wahre Antipatie wider den Compoſitor oder
der Compoſitor wider den Text hat". Haydn fürchtet auch daß
eines der bereits fertigen Lieder (Nr. 12) „vielleicht wegen der
ſtrengen Cenſur nicht wird erlaubt werden . mir wäre leyd darum,
indem ich eine ausnehmend gut paſſende Aria darauf gemacht".
Die Sorge war unnöthig; indem die Kritik ſich milde zeigte,
eingedenk der eigenen Worte des Dichters: „Es iſt geſchehen"!
Im Juni 1781 waren die erſten 12 Lieder fertig und Haydn
ſang ſie ſeinem Freunde Abbé Stadler, als dieſer ihn zum
erſtenmale in Eſterház beſuchte, ſelbſt am Clavier vor.

---

1 In der neuen Ausgabe bei C. F. Peters, Nr. 1351, her. von Alfred
Dörffel ſind aufgenommen: Nr. 3, 5, 6, 7, 8, 10 (bei Peters: Nr. 12, 27, 15,
28, 30, 26).

2 Geboren 1726 zu Kopidlno in Böhmen.

Die Texte von Nr. 4, 8 und 9 waren ſchon in der 3. Ab=
theilung obiger Sammlung deutſcher Lieder für das Klavier" von
Leopold Hofmann [3] benützt worden, worüber Haydn an Artaria
ſchreibt: „dieſe 3 lieder ſind von Herrn Capellmeiſter Hofmann
(unter uns) elendig componirt; und eben weil der Prahlhans
glaubt, den Parnaß alleinig gefreſſen zu haben, und mich bey
einer gewiſſen großen weld in allen Fällen zu unterdrucken ſucht,
hab ich dieſe nemblichen 3 lieder um der nemblichen groß ſein
wollenden weld den unterſchied zu zeigen, in die Muſic geſetzt:
»*Sed hoc inter nos*«. Haydn ſchreibt dann weiter: „beſonders
aber bitte ich Euer Hoch Edlen dieſe Lieder niemanden zuvor
abſpiellen oder ſingen oder gar aus abſicht verhunzen zu laſſen,
indem ich ſelbſt nach deren Verfertigung dieſelbe in den critiſchen
Häuſern abſingen werde: durch die gegenwart und den wahren
Vortrag muß der Meiſter ſein Recht behaupten . es ſind nur
lieder, aber keine Hofmaniſche Gaſſenlieder wo weder Idee, noch
ausdruck, und noch viel weniger geſang herrſchet".

Haydn beabſichtigte urſprünglich, dieſe Sammlung Lieder
„aus beſonderer Hochachtung der *Mademoiselle Clair* zu widmen.
„Sie iſt die Göttin meines Fürſten (ſchreibt Haydn) und Sie
werden wohl einſehen, was dergleichen Dinge für Eindruck machen"!
Auch ſollten die Lieder erſt am 19. November, als am „Namens=
tag dieſer ſchönen" erſcheinen. Bald aber heißt es: „mit der
Dedication ſteh ich noch in Zweifel: ob ich es jener oder einer
andern bediciren werde".

Haydn war damals ſehr eingenommen von dieſen Liedern
und meinte, daß dieſelben „durch den mannigfaltigen natürlich
ſchönen und leichten Geſang vielleicht alle bisherigen übertreffen
werden". Er verlangte 30 Ducaten Honorar, begnügte ſich aber
dann mit einem Ducaten per Stück „aber niemand ſolle darum
etwas wiſſen". —

Den 12 Liedern folgten 6 Streichquartette (d. 39—
44), die erſten die Haydn bei Artaria verlegte. Er kündigte ihr
baldiges Erſcheinen ſchon im December dieſes Jahres in der
Wiener Zeitung alſo an: „Auch ſind die 6 ganz neuen Quartette

---

3 Hofmann war damals Chordirector bei St. Peter, ſpäter Domkapell=
meiſter. Die erſten 24 Lieder ſind von Karl Triberth, unſerm ehemaligen
Sänger in Eſterház, nun Kapellmeiſter in Wien; die letzten 6 ſind von Hof=
mann.

dieses großen Mannes in größter Beschäftigung der Auflagen und hoffen es in ungefähr 4 Wochen herausgeben zu können". Über diese voreilige Anzeige war Haydn, wie wir schon sahen, nicht wenig erzürnt. Er erlitt dadurch „bey Gott mehr als 50 Ducaten schade, indem ich viele Pränumeranten noch nicht contentirte und jene etwelchen auswärtigen gar nicht mehr über= schicken kann". Haydn sagt ferner daß er „aus bloßer Freund= schaft und ferneren Vertrag" mit Artaria die Quartette nicht nach Berlin an Hummel schickte, der auch auf das Werk pränumeriren wollte d. h. um dasselbe nachstechen zu können. — Gleich der früheren Serie erhielt auch diese in der Berliner Ausgabe ihre eigene Bezeichnung: „Jungfernquartette", nach einer weiblichen Figur auf dem Titelblatt. Allgemeiner aber sind sie als die „Russischen" bekannt, da sie vermuthlich in den Appartements der Großfürstin bei ihrem Wiener Besuche gespielt wurden und der Großfürst später von Artaria ein Exemplar entgegen nahm. Haydn schickte sie auch an den Prinzen H e i n r i c h v o n P r e u = ß e n (Bruder König Friedrich II.), der in Rheinsberg eine Ka= pelle und französische Oper unterhielt, worauf er folgenden, vom Maler Dies[1] mitgetheilten Brief erhielt:

„Ich danke Denenselben für die mir überschickten Quartetten, welche mir ein großes Vergnügen machen. Beykommende Kleinigkeit, werden Dieselben, als ein Merkmahl meiner besondern Zufriedenheit annehmen; der ich übrigens mit Achtung verbleibe

Berlin, den 4. Febr. 1784.   Ihr wohlaffectionirter
                                                          Heinrich.

Die Kleinigkeit, die dem Briefe beigegeben war, bestand in einer goldenen Medaille und dem Bildnisse des Prinzen.

Von den, im Jahre 1781 gleichfalls bei Artaria aufgelegten *Six Divertissements à 8 Parties concertantes* (c. 8—13) liegen, wie früher erwähnt, Nr. 9, 10 und 11 in Haydn's Handschrift als Barytonstücke aus dem J. 1775 vor; auch Nr. 12 und 13 in Abschrift erhalten, gehören in diese Rubrik. Sie bilden eine der letzten Fälle, wo Haydn selbst diese Compositionen werth hielt, ohne wesentliche Veränderung auch dem Publikum zugängig zu machen.

Von den 5 Symphonien, die in dieses Jahr fallen, ist die erste (a. 40) *La chasse* betitelt. Sie wurde, wie die Tradition

---

1 Biograph. Nachrichten, S. 70.

erzählt, nach des Fürsten Rückkunft von Paris, wo er sich dieses‑
mal längere Zeit aufgehalten hatte, vor ihm aufgeführt. Haydn
benutzte als letzten Satz (welcher der Symphonie den Namen
gab) die Einleitung zum 3. Akt seiner Oper *La fedeltà premiata*.
Es ließe sich wohl annehmen daß dieser Satz dem Fürsten be‑
sonders gefallen haben mochte und ihm also Haydn durch die
unerwartete Benutzung eine artige Überraschung zu bereiten ge‑
dachte.[2] Haydn hat diese Symphonie auch selbst für Clavier
arrangirt, in welcher Form sie noch in seiner Handschrift existirt
und bei Artaria im Stich erschien. Der glücklichen Rückkunft des
Fürsten zu Ehren wurde auch ein Chor G‑dur $^2/_4$ »*Al tuo arrivo
felice*« gesungen, zu dem Haydn einen Satz aus einem Baryton‑
Trio verwendete, offenbar ein Lieblingsstück des Fürsten. In
gleicher Weise wurde ein andermal die Wiedergenesung des Für‑
sten durch ein Barytonstück, D‑dur $^3/_4$, mit unterlegtem Text
»*Dei clementi*« gefeiert.

Die sogenannte Cäcilienmesse, Haydn's siebente, C‑dur
(l. 7) läßt sich nur nach vorhandenen Auflagstimmen in dieses
Jahr einreihen. In der Chronik wurde darauf hingewiesen daß
diese Messe etwa für das in den Monat November fallende jähr‑
liche Fest der Cäcilien‑Congregation bestimmt war. Dafür spricht
auch der unverkennbar auf dieselbe verwendete Fleiß und Ernst,
der im allzugroßen Eifer manche Nummer allzu lang werden ließ;
dies mag auch die bedeutende Kürzung der Partitur (Breitkopf
und Härtel Nr. 5) zufolge gehabt haben.

Weitere Compositionen aus diesem Jahre:

4 Symphonien (a. 41—44) im Druck erschienen.
1 Waldhornconcert (e. 11) in Abschrift erschienen.

Im Jahre 1782 ereigneten sich drei Todesfälle, die Haydn,
jeder in seiner Art, wohl recht nahe gegangen sein mochten.

---

2 In Haydn's Katalog ist sowohl der Anfang der Symphonie als auch
obiger letzter Satz als selbstständige Symphonie thematisch verzeichnet — ein
Beweiß, wie wenig die oft citirte Zahl seiner Symphonien (118) mit der
Wirklichkeit übereinstimmt. Sind doch auch seine Ouverturen ebenfalls in diese
Rubrik aufgenommen. Partitur und Auflagstimmen erschienen in jüngster Zeit
bei Rieter‑Biedermann (Nr. 5).

In Wien verschied am 12. April der Dichter Metastasio im 84. Lebensjahre in demselben Gebäude (großes Michaelerhaus) das er seit 1735 nicht verlassen hatte und dessen Dach auch Haydn in seinen kümmerlichen Jünglingstagen beherbergt hatte. Haydn verdankte ihm damals (Bd. I. 162) eine gelehrige Schülerin in Marianne Martines und einen tüchtigen Lehrer in dem Italiener Porpora. Als Gegengabe hatte ihm Haydn mit *L'Isola disabitata* ein würdiges Denkmal der Erinnerung gesetzt.

Ein nicht minder ernster Trauerfall war der Tod der verwittweten Fürstin Maria Anna Louise Esterházy. War doch ihr Gemal, Fürst Paul Anton derselbe, der Haydn zu seinem Vice-Kapellmeister ernannte. Die Fürstin war Zeuge aller Wandlungen der Musikkapelle seit jener Zeit; sie sah das Alte versinken und den frühlingsverheißenden Übergang einer freier athmenden Musik aufkeimen und deren Schöpfer zu sein, konnte sich Haydn mit gerechtem Stolze rühmen. Die Fürstin starb am 4. Juli, 71 Jahre alt und wurde in der Fürstengruft zu Eisenstadt beigesetzt.[1]

Zwei Monate früher, am 1. Mai, starb auch Marie Therese, des Grafen Nicolaus Erdödy Tochter, vermählt seit 10. Jan. 1763 mit Paul Anton, ältesten Sohne des Fürsten Nicolaus Esterházy. Abermals ein Wachruf an Haydn; hatte er doch zu dieser Vermählung sein erstes größeres Werk, das Schäferspiel *Acis e Galatea* componirt (I. 232). —

Im Herbst dieses Jahres besuchten Graf und Gräfin von Norden auf ihrer Rückreise nach Petersburg abermals Wien. Der Kaiser war ihnen bis Ems entgegen gefahren. Die Ankunft erfolgte am 4. October. An demselben Abend besuchten sie das National-Hoftheater wo die Oper *La Contadina in corte* von Sacchini gegeben wurde. Der Kaiser gab ihnen abermals ein Fest in der Orangerie in Schönbrunn, wozu die ganze Wiener Aristokratie geladen war. Am 13. Oct. war große Tafel im Augarten, wobei die Kaiserliche Kammermusik sich hören ließ. Fürst Auersperg veranstaltete ihnen ebenfalls am 11. Oct. ein glänzendes Fest in seinem Palais vor dem Burgthor. Der Garten war

---

1 *La bonne Princesse d'Esterhazi est morte hier au convent d'Eisenstadt a 11e du soir. (5. Juillet.)* Zinzendorf spricht später auch über ihr Vermögen und ihre Vermächtnisse sowie über ihr wohl erhaltenes Aussehen *(à 70 ans elle avait l'air d'en avoir cinquante).*

prachtvoll illuminirt und auf dem Haustheater wurde die Oper *Armida* von Righini von Damen und Cavalieren aufgeführt. Mozart war diesmal glücklicher; er konnte ihnen seine am 16. Juli zum erstenmale gegebene Oper „Die Entführung aus dem Serail" vorführen „wo ich (wie er dem Vater schreibt) für gut befunden, wieder an das Clavier zu gehen und zu dirigiren; theils um das ein wenig in Schlummer gesunkene Orchester wieder aufzuwecken, theils um mich (weil ich eben hier bin) den anwesenden Herrschaften als Vater von meinem Kinde zu zeigen". Auch außerdem besuchten die russischen Gäste fast allabendlich das Theater, wo meistens Lust- und Singspiele gegeben wurden. Auch wiederholten sie ihre Besuche auf der Hofbibliothek und im Belvedere. Am 19. October erfolgte die Abreise. „Der Kaiser hatte sich diesmal kühl gegen die Gäste verhalten, die Conversation war oft trocken, langweilig und einige Monate später konnte er seinem Bruder melden, daß die Correspondenz mit dem Groß= fürsten erloschen sei".[2]

Aus einer brieflichen Mittheilung Haydn's an Artaria er= sehen wir daß der Fürst hoffte, die hohen Gäste in Esterház empfangen zu können. Haydn schreibt: „Was aber die Clavier= Sonaten mit einer Violine [Trios] betrifft, werden Sie noch sehr lang in geduld stehen müssen, indem ich nun eine ganz neue wellsche *Opera* zu verfassen habe, indem der Großfürst und Seine Gemahlin, und vielleicht Sr Maj. der Kaiser zu uns herab kommen wird". Es dürfte nicht unwahrscheinlich sein, daß die hohen Gäste die kühlere Aufnahme zu rascher Abreise ver= anlaßte und somit auch der beabsichtigte Ausflug nach Esterház unterblieb, wodurch wir um ein jedenfalls glänzendes Fest ge= kommen sind, das einzige und letzte obendrein, das in den acht= ziger Jahren stattgefunden hätte. —

Die Oper, welche Haydn in Arbeit hatte, die vorletzte die er für die fürstliche Bühne schrieb, war *Orlando Paladino* (Ritter Roland), Libretto von Nunziato Porta. Das gedruckte Text= buch[3] unterließ es diesmal nicht, den erwarteten Gästen gegenüber

---

2 Ad. Wolf „Fürstin Eleonore Liechtenstein". Nach Briefen und Memoiren ihrer Zeit. 1875. S. 184.

3 *Orlando Paladino, dramma eroicomico in tre atti, musica del celebre Sigr. Giuseppe Haiden. Da rappresentarsi nel teatro d'Esterhazi. l'anno 1782.*

mit Stolz auf den „berühmten" fürstl. Kapellmeister hinzuweisen. Es traten folgende Personen auf:

Orlando, paladino	Mons. S p e c i o l i.
Pasquale, scudiero d'Orlando . . .	Mons. M o r a t t i.
Angelica, regina del Cattai	Madame B o l o g n a.
Medoro, amante d'Angelica	Mons. B r a g h e t t i.
Rodomonte, re di Barbaria	Mons. N e g r i.
Eurilla, pastorella	Madame S p e c i o l i.
Alcina, maga	Mlle. V a l d e s t u r l a.
Licone, pastore ⎱ Caronte ⎰	Mons. D i c h t l e r.

Ritter Orlando, in Angelica, Königin von Cattai verliebt, welche sich mit ihrem Geliebten, Medoro, verborgen hält, zieht mit seinem Knappen Pasquale, einem feigen Prahlhans, aus, sie aufzusuchen. Rodomonte, König der Berberei, macht sich gleichfalls auf den Weg, um sie vor Orlando, der auf die Macht seiner Waffen pocht, zu schützen. Er erfährt durch Fischer ihren Aufenthalt und bietet seinen Schutz an. Angelica fleht zur Zauberin Alcina, welche Orlando in einen eisernen Käfig versetzt. Sobald er wieder frei ist, erneuert er seine Nachstellungen. Angelica verzweifelt, will sich ins Meer stürzen, wird aber von Medoro zurückgehalten. Beide entfliehen, von Orlando verfolgt. Wieder hilft Alcina: ein Ungeheuer vertritt ihm den Weg und er wird in einen Stein verwandelt. Wir stehen am Fluß Lethe, Charon wartet in seiner Barke, in der Ferne erblickt man das Elysium. Orlando schläft auf einem Felsen und spricht im Traume; er glaubt sich in die Unterwelt versetzt und seufzt nach Angelica. Auf Alcina's Geheiß streicht ihm Caronte die Stirne und nimmt ihm damit die Erinnerung an die Vergangenheit. Er erwacht und fühlt sich seiner wahren Ritterpflicht wiedergegeben, befreit Angelica und den für sie kämpfenden Medoro von einer Schaar Wilden. Beide, Angelica und Medoro, sind nun am Ziel ihrer Wünsche und auch für Pasquale schlägt die Stunde: er reicht der wohlhabenden Fischerin Eurilla die Hand.

Zwei der bedeutenderen Sängerinnen der fürstlichen Bühne, V a l d e s t u r l a und B o l o g n a traten hier zum erstenmale zusammen auf. Die Besetzung war auch außerdem sorgfältig gewählt und nebstdem für die Schaulust durch reichen Costume- und Decorationswechsel gesorgt. Es fehlte selbst an einer ungewöhnlichen Effektscene nicht: der Schildknappe Pasquale erschien im 2. Akt geharnischt zu Pferde und sang eine bombastisch klirrende Arie.[4] „Ritter Roland" ist die bis dahin einzige Oper Haydn's, die, wenn auch nicht vollständig, in gestochenem Clavierauszug (Simrock) erschien und die auch überhaupt die meiste

---

4 *Vittoria! Vittoria! Trombette suonate le glorie cantate del grande Pasqual.*

Verbreitung gefunden hat. Es fanden Aufführungen statt: in
Preßburg (im Carneval 1787) im Schauspielhause und im gräfl.
Erdödy'schen Theater von der Kumpf'schen Operngesellschaft; [5]
in Prag (1791); [6] in Wien ins Deutsche übertragen von Gier-
schek (9. Jan. 1792) im Schikaneder=Theater; [7] in Brünn [8] (1791
und 92); in Mannheim [9] (1792, 5. August und bis Ostern 1794
7 mal repetirt); auf dem Schloßtheater zu Pillnitz und im Hoftheater zu Dresden [10] (1792); in Frankfurt a/m [11] (1793 und 94);
in Graz [12] (1793 u. 94); in Berlin im Nationaltheater [13] (1796,
6 mal); in Augsburg [14] (1802); in Hamburg [15] (1805, 31. März
und 3. April).

In diesem Jahre erschienen bei Artaria 6 Ouverturen,
fälschlich als Symphonien bezeichnet (b. 2—7). Nr. 2 und 6 sind
die Einleitungen zu *L'Isola disabitata* und *La vera Costanza*,
Nr. 7 zu „Tobias“. [16] „Ich versichere Sie (schreibt Haydn an
Artaria) daß Sie bey dieser Herausgabe, welche wegen Kürze
der Stücke den Stich sehr wohlfeil machen, einen nahmhaften gewinnst machen werden“. Ursprünglich war die Sammlung auf
5 Stücke berechnet, für welche Haydn 25 Ducaten Honorar verlangte; auch machte er Artaria auf dessen Anfrage zu wissen
„daß man stat *Sinfonie, overture* sezen soll, so ist Ihr zweifl
gehoben“. Die Sache zog sich aber derart in die Länge, daß
Haydn fortfährt: „ich bin der Verzögerung wegen verdrießlich

---

5 Gotha. Th. Kal. 1788, S. 195. — 6 ditto 1792, S. 304.

7 Mozart's Schwägerin, Josepha Hofer, sang die Angelika, Schack den
Roland, Gerl den Robomonte.

8 Journal d. Luxus u. d. M.

9 Theater Kal. Mannh. 1795. S. 38 und 74; Journ. d. Lux. 1792:
5. Aug. mißfiel; 2. Sept. mit zweckmäßigen Abänderungen; 6. Sept. auf hohes
Begehren; 18. Nov. auf höchsten Befehl. 1793. 14. Apr. auf höchsten Befehl.
„Mit jeder Vorstellung wächst der Beifall dieser Oper“. 29. April in Gegenwart des Königs von Preußen.

10 Allg. Mus. Ztg. 1799. Nr. 22.

11 Tasch. f. Th. Mannh. 1795. S. 99. Journal d. Luxus u. d. Moden.

12 Journal d. Luxus u. d. Moden.

13 L. Schneider, Gesch. d. Oper u. d. Opernh. in Berlin 1852, S. 277.
Goth. Th.=Kal. 1799. S. 261.

14 Mus. Taschenb. auf d. J. 1805. her. von Mann. S. 198.

15 Berl. Mus. Ztg. von J. F. Reichardt. 1805. Nr. 39.

16 Diese Ouverture ist auch unter der eigenthümlichen Bezeichnung „Saul“
bekannt. Die Auflagstimmen erschienen bei Simrock.

geworden, weil ich für diese 5 Stück von einem andern Verleger
40 Ducaten haben könnte, und Sie machen so viele weitläufig=
keit von einer sache, was Ihnen bey so kurzen Stücken 30fachen
Nutzen verschaffet: machen Sie also der sache ein Ende und
schicken mir entweder Music, oder Geld".... Man sieht, Haydn
verstand es auch, kategorisch zu reden.

Gleichzeitig erschien bei Artaria eine Cantate für eine
Singstimme »*Ah come il cuore mi palpita*« und eine Arie
»*Or vicina a te mio cuore*« mit Orchesterbegleitung. Die Can=
tate (n. 1) fand in Cramers Magazin der Musik eine 42 Seiten
lange Besprechung unter dem Titel: Über die Schönheit und
den Ausdruck der Leidenschaft in einer Cantate von Jos. Haydn".
Sie ist von Carl Friedrich Cramer in Kiel selbst verfaßt, der
einen Abdruck auch an Haydn schickte, was dieser Artaria mit
Befriedigung mittheilt. Die Arie (n. 2) scheint zu der früheren
Oper *L'Incontro improviso* neu componirt zu sein.

Wir stehen nun vor Haydn's achter, der wohlbekannten
„Mariazeller Messe" (l. 8), in der Partitur-Sammlung von
Breitkopf und Härtel Nr. VII. Dieselbe wird unter allen bisher
genannten Messen Haydn's am häufigsten aufgeführt. Das Auto=
graph, das nach mehrfachem Besitzwechsel endlich im Stifte Gött=
weig eine Ruhestätte fand, trägt auf dem Umschlage von des
Autors Hand die Aufschrift: *Missa Cellensis, fatta per il Sig=
nor Liebe de Kreutzner, composta di me Giuseppe Haydn* 782.
Es ist dasselbe Haus „dem Haydn, wie wir zuvor gesehen, seine
ersten 12 Lieder dedicirte. Der Besteller der Messe war Anton
Liebe Edler von Kreutzner, Militär-Verpflegs-Oberverwal=
ter.[17] Dessen Großvater, Benjamin Liebe, war General-Gewaltiger
unter dem Commando des Prinzen Eugen von Savoyen und
wurde 1706 vor dem Feinde erschossen; der Vater, Franz Anton,
diente als Unter-Offizier im Alexander-Würtemberg Regiment;
zwei Brüder hatten Offiziersrang. Anton Liebe wurde 1757 bei
Ausbruch des Krieges als Militär-Verwalter angestellt. In Folge
der Verdienste der Familie und der eigenen wurde er nach 24jäh=
riger Dienstzeit auf sein Ansuchen am 20. März 1781 in den
Adelstand mit obigem Prädikat erhoben.[18] Unwillkürlich werden

---

17 Hof= und Staats=Schematismus.
18 Adels=Archiv. Nachkommen desselben leben noch heute in Wien.

wir hier zu der Vermuthung gedrängt daß der edle Verpflegs=
Oberverwalter bei der zu hoffenden Erhebung in den Adelstand
das Gelübde ablegte, dem gnadenreichen Wallfahrtsort Mariazell
in Steiermark ein Dankopfer in Form einer Messe zu bringen
und somit die Veranlassung zu einem Werke bot, das noch heute
nach fast hundert Jahren in ungeschwächter Frische dasteht. Es
war die einzige Messe, die Haydn auf Bestellung, und die ein=
zige, die er für einen auswärtigen Ort schrieb, obendrein für
einen Ort, der ihn an eine launige Episode aus seiner Jugend=
zeit erinnern mußte.[19]

Weitere Compositionen aus diesem Jahre:

4 Symphonien (a. 45—48) im Druck erschienen.
1 Sextett Es-dur (c. 14) in Abschrift erschienen.

Im Jahre 1783 hören wir Haydn zum erstenmale über sei=
nen Nasen=Polyp, ein Erbübel seiner Mutter, klagen (I. S. 210).
Er mußte sich in Eisenstadt vom Wundarzte bei den Barmherzi=
gen Brüdern den Polypen so oft unterbinden lassen, als sich
dieser tiefer senkte und ihm das Athmen erschwerte. Diesmal
griff das Übel Haydn besonders an; er schreibt an Artaria:
„mein wiederholter unglücklicher zustand, nemblich die gegenwär=
tige operation eines Polyp in der nase verursachte, daß ich bis=
hero zur arbeith ganz unfähig war; Sie müssen danenhero wegen
denen liedern noch 8 oder höchstens 14 Täge gedulden, bis mein
geschwächter Kopf mit Gottes Hülfe seine vorige stärke erlanget".
Bei Haydn's erstem Aufenthalt in London bot sich ihm eine
günstige Gelegenheit, von seinem Feinde befreit zu werden. Der
berühmte Chirurg John Hunter, mit dem Haydn sehr befreun=
det war, wollte ihn beim Abschiedsbesuche gewaltsam zu einer
Operation zwingen; Haydn aber ergriff die Flucht und nahm
lieber den ungebetenen Gast mit ins Grab.[1]

Um die Zeit der Wiedergenesung Haydn's schickte ihm Ar=
taria Compositionen von Clementi (vermuthlich die damals bei
ihm erschienenen Sonaten op. 7 und 9, Verlagsnummer 32 und
36). Haydn erwiederte: „für die Clavier=Sonaten von Clementi

---

19 Vergl. Bd. 1. S. 121.
1 Pohl, Haydn in London, S. 210.

sage ich verbundensten Dank, sie sind sehr schön. solte der Ver=
faßer in wienn seyn, so bitte bey gelegenheit an denselben mein
Compliment". Haydn lernte Clementi in London näher kennen;
beim Abschiede verehrte ihm derselbe einen mit kunstvollem Silber=
beschlag geschmückten Becher aus Cocosnuß. Noch später, als
Clementi sich in London mit Musikalienverlag befaßte (erst in
Verbindung mit Longman und Broderip, dann allein), trat
Haydn auch in geschäftlichen Verkehr mit ihm.

Am 15. September feierte zu Wien im Fürst Liechtenstein'=
schen Palais Fürst Nicolaus Esterházy,[2] Sohn des Paul
Anton (aus erster Ehe mit Marie Therese, des Grafen Nico=
laus Erdödy Tochter) seine Vermählung mit Marie Josephine
Hermenegild, (jüngst geborene Tochter des verstorbenen Fürsten
Franz Joseph Liechtenstein); den Trauungsakt vollzog der Car=
dinal Fürst Batthyáni Primas von Ungarn.[3] Haydn sollte in
dem jungen Fürsten im J. 1794 seinen vierten und letzten Herrn
aus dem Hause Esterházy begrüßen und in der jungen Fürstin
eine ihm besonders wohlgewogene Gönnerin schätzen lernen. Wir
werden Beide im genannten Jahre näher kennen lernen. Nicolaus
war der erste Sohn dieses Hauses der als Fürst getraut wurde,
indem erst kurz zuvor, am 21. Juli, Kaiser Joseph sämmtlichen
Descendenten dieser Linie den Fürstentitel verlieh, dessen bisher,
seit 23. Mai 1712, nur die Erstgeborenen und Majoratsherrn
theilhaftig gewesen waren.[4]

Eine schon im J. 1779 in Abschrift vorhandene Sympho=
nie (a. 39) kam erst jetzt (in Auflagstimmen und arrangiert für
Clavier) bei Artaria heraus. Haydn schreibt darüber an den
Verleger: das lezte oder 4. Stück [Presto 2/4] dieser Sinfonie ist
für das Clavier nicht *praticable* [wegen der vielen Triolen auf
Einer Note], ich finde es auch nicht für nöthig, dasselbe beyzu=
drucken: das wort Laudon [recte Loudon][5] wird zur beförde=

---

2 Fürst Nicolaus war geboren am 12. Dec. 1765; die Fürstin am 13.
April 1768.

3 Wiener Zeitung, Nr. 76.

4 Der erste Fürst des Hauses war Paul, seit 8. Dec. 1687; vgl. Bd. I. S. 204.

5 Ernst Gideon Freiherr von Loudon, geb. 10. Oct. 1716 zu Trotzen in
Liefland, trat 1742 in öster. Dienste und starb 14. Juli 1790 zu Neutitschein
in Mähren. Er wurde in Hadersdorf bei Wien in dem Grabmal beigesetzt,
das er sich selbst hatte erbauen lassen.

rung des Verkauffes mehr als zehen *Finale* beytragen". Und
wirklich erschienen nur die drei ersten Sätze, während auch der
ursprüngliche vierte Satz in einer engl. Ausgabe (aus den J. 1784)
von Tindal zu finden ist. Der siegreiche Held Loudon war damals in Aller Mund und selbst Schikaneder verherrlichte ihn in
einem Liede.[6]

Als eine der frühesten Verlagswerke J. A. Hofmeister's und
in äußerst bescheidenem Stich erschien in diesem Jahre ein Orchesterstück als Ouverture D-dur (b. 9), welches nach Anlage
und Charakter weit eher als letzter Satz einer Symphonie zu
betrachten ist. Das Stück gab Hofmeister damals auch für Clavier allein arrangirt heraus.[7]

Haydn's letztes, in diesem Jahre componirtes Violoncellconcert D-dur (e. 9) dessen Autograph noch erhalten ist, soll
für seinen Freund Anton Kraft aus der fürstlichen Kapelle bestimmt gewesen sein, den auch Beethoven bei seinem Tripelconcert
im Auge hatte.[8] Es ist das einzige, sogar in 2. Auflage in Druck
(bei André) erschienene Violoncellconcert Haydn's.

Weitere Compositionen aus diesem Jahre:

Arie »Dice benissimo« (n. 3), Einlagsnummer zur Oper *La
Scuola de Gelosie* von Salieri, im Druck erschienen.

Wir kommen nun zu Haydn's letzter, für das fürstliche
Theater verfaßten Oper. Die Original-Partitur[1] der *Armida*
trägt die Jahreszahl 1783 und wird wohl im letzten Viertel dieses Jahres geschrieben worden sein. Die erste Aufführung war
gegen Ende Februar 1784, denn Haydn spricht in einem Briefe
an Artaria schon von der zweiten Aufführung, die Sonntag den

---

6 Sieg der beiden Helden Laudon und Coburg nebst der Danksagung
des Herrn Schikaneder an das verehr. Publicum. Lied: All' Augenblick hört
man was neues in der Welt, Besonders von unsern Soldaten im Feld . . . .

7 In neuester Zeit in Partitur und Auflagstimmen bei Rieter-Biedermann erschienen.

8 Thayer, Beethoven's Leben. II. S. 299.

1 Bibliothek der *Sacred Harmonie Society* in London. Haydn schickte
die Oper nach London als Ersatz für den unvollendeten *Orfeo*.

29. dieſes Monats ſtatt fand. Nach dem bei Sieß in Oedenburg gedruckten Textbuch [2] traten folgende Perſonen auf:

Armida, maga, nipote d'Idreno.	La Sigra Metilde B o l o g n a.
Rinaldo, guerriero del campo di Goffredo	Il Sigr. Prospero B r a g h e t t i.
Idreno, rè di Damasco, zio d'Armida	Il Sigr. Paolo M a n d i n i.
Zelmira, damigella d'Armida. .	La Sigra Costanza V a l d e s t u r l a.
Ubaldo, guerriero del campo di Goffredo.	Il Sigr. Antonio S p e c i o l i.
Clotario, guerriero del campo di Goffredo.	Il Sigr. Leopoldo D i c h t l e r.

Idreno, König von Damaskus, hält Kriegsrath, um ſich von dem ihn belagernden Heere der Kreuzritter zu befreien und verſpricht ſeine ſchöne, in Zauberkünſten erfahrene Nichte Armida demjenigen zur Frau, der es zuerſt wagt, gegen den Feind zu ziehen. Rinaldo, der ſtärkſte Held im chriſtlichen Lager, den Armida durch Liſt und Verführung in ihrer Nähe gefangen hält, gelobt, in Liebe zu ihr entbrannt, dieſen Preis zu erringen und gegen ſeine eigenen Leute zu ziehen. Wiederholt ermahnen ihn Ubaldo und Clotario, zwei ſeiner Waffenbrüder, zur Umkehr. Als letzten Verſuch und kräftigen Gegenzauber hält ihm Ubaldo ſeinen Diamantſchild vor. Rinaldo ſchwankt: hier die Liebe dort die Pflicht und Ehre. Das Rechtsgefühl ſiegt, er kehrt ins Lager zurück. Armida folgt ihm ſelbſt dahin, bleibt aber unerhört. In ihrem Zauberwald treffen wir ſie wieder. Vergebens ruft ſie all' ihre Künſte zu Hülfe, Rinaldo zeigt ſich ſtandhaft; auch gelingt es ihm, mit dem Schwert einen Streich gegen den mitten im Walde befindlichen Myrthenbaum zu führen, worauf der Wald verſchwindet und Damaskus im offenen Felde erſcheint. Das Heer iſt in vollem Marſch. Verzweifelt ſucht Armida noch einmal Rinaldo wankelmüthig zu machen aber er folgt den Kriegern, verſprechend, nach beendigtem Kriege zu ihr zurück= zukehren, worauf Armida ohnmächtig in Idrenos Arme ſinkt.

Das Textbuch weicht in mehreren Punkten von der bekann= ten Erzählung ab, um (wie die Vorrede ſagt) die nöthigen thea= traliſchen Auftritte zu verſchönern. Die Beſetzung war eine vor= zügliche und mußte dieſe einzige ernſte Oper von Haydn (wenn man *L'Isola disabitata* nicht als Oper gelten laſſen will) den beſten Eindruck gemacht haben. Auch Haydn ſchien zufrieden, denn er ſchreibt an Artaria daß die Oper zum zweitenmale „mit allgemeinen Beyfall aufgeführt wurde" und fügt noch bei: „Man ſagt es ſeye bishero mein beſtes Werk". Er beabſichtigte auch,

---

2 *Armida, dramma eroico. Da rappresentarsi nel teatro di S. A. il Sigr. Principe regnante Nicolò Esterhasi de Galantha. Posto in musica del Sigr. Maestro Hayden. l'anno 1784.*

Armida im Druck herauszugeben, doch müsse sich Artaria gedul=
den, „indem ich es gerne der Weld in ihrer ganzen Gestalt zeigen
möchte". Dazu kam es wohl nicht, doch erschienen mehrere Arien
in Stich bei Artaria. Aufführungen der Oper in deutscher Sprache
waren in Preßburg 1785, 16. Oct. von der Kumpf'schen Gesell=
schaft auf dem gräflich Erdödy'schen Theater, wobei der Kaiser
zugegen gewesen sein soll, der aber an demselben Tage das Ritter=
fest des Maria=Theresien=Ordens in Wien beging; in Wien im
Schikaneder Theater 1797 als Akademie zum Vortheile des Orche=
sters; in Turin, Jan. 1805 im Carneval bei Eröffnung des
Theaters.

Im Nationalhoftheater kam am 28. und 30. März 1784
Haydn's Oratorium *Il Ritorno di Tobia* als Akademie der Ton=
künstler=Societät zur Wiederaufführung. Haydn hatte das Werk
zum Theil umgearbeitet und wie wir früher sahen, 2 neue Chöre
dazu geschrieben, von denen der sogenannte „Sturmchor" D=moll
(m. 14) mit unterlegtem lateinischen Text (*Insanae et vanae*) als
Offertorium in Kirchen und als Motette mit deutschem Text („Im
Augenblick entschwindet") in Concerten noch heute oft gesungen
wird. Haydn dirigirte persönlich und hatte vortreffliche Solisten:
Sigra Anna Storace, Katharina Cavalieri, Therese Tey=
ber, Karl Friberth und Sgr. Steffano Mandini. Der da=
maligen Sitte gemäß wurde zwischen den beiden Abtheilungen
ein Concert gespielt; am ersten Abend von dem irischen Violin=
Virtuosen Abraham Fisher, am zweiten Abend von Freyhold,
Flötisten der Kapelle des Curfürsten von Mainz.

Im Sommer empfing Haydn den Besuch zweier Männer,
Kelly und Bribi, die eigens aus Wien kamen, ihm persönlich
ihre Verehrung zu bezeugen. Der Irländer Michael Kelly,[5]
Mitglied der italiänischen Oper in Wien und damals 20 Jahre
alt, war kurz zuvor in Italien auf den bedeutenderen Bühnen
mit Beifall aufgetreten. Er konnte also Haydn ebensowohl über
die Opernverhältnisse Italiens als auch über Englands Musik=
leben Auskunft geben, zwei Länder, die damals Haydn besonders
interessirten; zudem war er von Mozart gerne gelitten und wußte

---

3 Goth. Th.=Kalender 1787, S. 201.

4 Wiener Zeitnng 1785. Nr. 84.

5 Kelly debutirte in der ersten Vorstelluug der ital. Oper am 22. April
1784.

natürlich auch über die italiänische Oper in Wien, über Personal und Programm genaue Auskunft zu geben, also Stoff genug zu anregendem Meinungsaustausch. Der schon in der Chronik ge= nannte Giuseppe Ant. Bribi, ein damals sehr junger wohl= habender Kaufmann aus Roveredo (später Wiener Großhand= lungs = Gremialist) war wegen seiner ungewöhnlichen Bildung und seines musikalisch geschulten Singtalentes in allen seinen Kreisen Wiens sehr geschätzt und, gleich Kelly, ein Freund und Verehrer Mozart's. Schönfeld nennt (1796) ihn als Dilettanten geradezu „die Krone aller unserer Tenoristen" dessen sanfte melo= dische Stimme aus dem Herzen schöpft und zum Herzen spricht. In seinem reizenden Park zu Roveredo erbaute er später einen Tempel der Harmonie, indem er den größten Männern der Ton= kunst Denkmäler mit Inschriften, verfaßt von J. B. Beltramo, gelehrtem Priester in Roveredo, aufstellte.[6] Jene auf Haydn lautet:

JOSEPHUS HAYDENUS
NATIONE GERMANUS
VEL. OB. EIVS · MODOS. MVSICOS
DE · DEO · CREANTE
DEQVE · CHRISTO · IN · CRVCE · LOQVENTE
TOTO · ORBE · CLARISSIMVS

Decessit. a. MDCCCVIIII.

Kelly und Bribi verlebten drei höchst angenehme Tage bei Haydn. Sie fuhren in seiner Gesellschaft mit fürstlicher Equipage rundum, all' die malerischen Umgebungen „dieses Paradieses auf Erden" (denn für ein solches hielt es Kelly, wie er eigens be= tont) kennen zu lernen; sahen und bewunderten die Künstler die einstimmig des Fürsten Edelmuth und übergroße Güte priesen, sowie ihn auch seine Beamten vergötterten. Kelly nennt ausdrück= lich Eisenstadt (statt Esterház) als Ort seines Besuches[7] und spricht nur obenhin, gleichsam vom Hörensagen von der italiäni= schen Oper, von deutscher und französischer Komödie und vom Marionettentheater,[8] hatte also keiner eigentlichen Opernvorstellung

---

6 Eine Beschreibung des Ortes giebt das Werkchen: *Brevi notizie in-torno ad alcuni piu celebri compositori di musica. Rovereto 1827.*

7 Reminiscenses, vol. I. p. 221.

8 Französische Vorstellungen hatten nie statt gefunden und die Ma= rionette war längst in Ruhestand versetzt.

beigewohnt, über die er sich doch gewiß näher geäußert haben
würde. Der Fürst hatte zwar Ordre gegeben, daß sich Haydn
des fürstlichen Wagens bediene, allein er selbst war offenbar ab=
wesend und hatte also das Personal Ruhetage. Kelly's übriger
Ortographie Wiener Ortsnamen entsprechend [9] dürfen wir also
kaum fehlgehen, wenn wir den Besuch nach Esterház (»abounding
in wood and water, and all Kinds of game«) verlegen.

In diesem Jahre kam Franz Anton v o n W e b e r (nachmals
der Vater des Carl Maria v. W.) nach Wien,[10] um seine Söhne
F r i tz und E d m u n d, im Alter von 23 und 18 Jahren, zur
höheren Ausbildung in der Musik einem Manne von Ruf zu
übergeben. Seine Wahl fiel auf Haydn und dieser übernahm
die jungen Leute um ein angemessenes Honorar (je 150 Ducaten).[11]
Hatte Anton seiner Vaterpflicht somit Genüge geleistet, so dachte
er nun auch an sich. Seit einem Jahre Wittwer bemächtigte sich
des 50 jährigen Mannes plötzlich wieder die Liebe im Anblick
der reizenden siebzehnjährigen Genovefa v. Brenner. Sie war
von ihren Eltern (aus Oberdorff bei Kaufbeuern in Bayern)
ebenfalls zur musikalischen Ausbildung nach Wien gebracht wor=
den und Weber's Söhne hatten in dieser Familie bereits eine
angenehme Heimat gefunden als der Vater, einem etwaigen
Bruderzwist vorbeugend, das Herz der Tochter für sich selbst
eroberte und sie am 20. Aug. 1785 zum Traualtar führte. Daß
v. Weber seinen Aufenthalt auch musikalisch ausnutzte, sahen wir
in Betreff der Haydn'schen Oper „Die belohnte Treue" schon früher.
Im Jahre 1788 kam Franz Anton wieder nach Wien, um seine
Söhne von Wien abzuholen. F r i tz, der später der erste Musik=
lehrer seines Halbbruders Carl Maria wurde, war auf Haydn's
Verwendung am 1. April als Violinist in die fürstl. Kapelle auf=
genommen worden, die er nun, nach wenigen Monaten, schon im

---

9 Hantz Garden (Augarten), Luxemburg (Laxenburg), Grauben Street
(Graben), Canatore Theatre (Kärnthnerthor=Theater).

10 Ein Mitglied dieser Familie war in Wien 17 Jahre früher gestorben.
Wir lesen im Wiener Diarium 1766, Nr. 99: Gest. am 5. Christm. b. Hoch=
edelgeb. Hr. Carl Friedrich v. Weber, S. reg. herzogl. Durchl. zu Württemberg=
Stuttgard geh. Cab. Secr. u. S. Hochf. Durchl. v. Thurn u. Taxis wirkl. Hof=
rath, auch k. Reichspostmeister zu Canstadt in Schwaben, beim schwarz. Adler
auf b. Laimgrube, alt 33. (Im Todtenprotokoll als am 4. Dec. gest.)

11 Max Maria v. Weber, Carl Maria v. Weber, ein Lebensbild Bd. I.
S. 15.

September wieder verließ. Edmund, den Haydn besonders schätzte, widmete seinem Lehrer später 3 Streichquartette (op. 8, Augsburg bei Gombart & Co.) und Haydn wiederum wahrte sich das Andenken in dem Schüler in folgendem Stammbuchblatt:

Fürchte Gott — Liebe deinen Nächsten — und Deinen Meister Joseph Haydn so Dich von Herzen lieb hat. ___

Estoras den 22 May 788.[12]

Wiederum konnte sich der Fürst von Esterház nicht trennen, obwohl die Hälfte des Theaters theils krank theils abwesend war. Noch am 20. Nov. klagt deßhalb Haydn, sich bei Artaria entschuldigend, daß er dadurch mit der Arbeit aufgehalten sei und nur trachten müsse, den Fürsten zu unterhalten. Dieser lange Aufenthalt mußte Haydn diesmal um so verdrießlicher sein, da er sicher schon davon benachrichtigt sein mußte, daß man in Wien eine seiner Opern zur Aufführung vorbereitete. Ob er schließlich doch noch zu rechter Zeit von Esterház wegkam, bleibt dahingestellt. —

Wir wissen aus der Chronik (S. 127) daß am 5. Nov. im Schauspielhause nächst dem Kärnthnerthore die Gesellschaft des Schikaneder und Kumpf eine Reihe von Schau- und Lustspielen, Singspielen und Opern begann und daß sie zu den besseren zählte. Sonnabend den 18. Dec. kam nun auch Haydn's Oper „Die belohnte Treue" zur Aufführung. „Das Haus war um 6 Uhr so voll, daß, ungeachtet des großen Raumes, mehr als 600 Personen wieder zurück mußten".[13] Der Kaiser, der die Vorstellungen dieser Gesellschaft wiederholt besucht hatte, war auch an diesem Abend mit seinem ganzen Hofstaat zugegen. „Bei der vortrefflichen Musik eines Heiden, und der richtigen Vorstellung derselben, konnte es dem Stücke an allgemeinem Beifall nicht fehlen. Sie wurde Montag den 20. dieses wiederholt".[14] Die Einnahme am ersten Abend (bei ausverkauftem Hause) betrug 713 fl., welche Summe nur einmal, bei Paisiello's „König Theodor" überschritten wurde (752 fl.). Die Gesellschaft ging

---

12 Das Stammbuch besitzt Heckel in Mannheim. Dr. Johannes Brahms hatte die Güte, mir eine Photographie obigen Blattes während seines Aufenthaltes in Ziegelhausen bei Heidelberg zuzusenden.

13 Wiener Zeitung, 22. Dec.

14 Wienerblättchen, 22. Dec.

dann nach der 31. und letzten Vorstellung [15] (6. Feb. 1785) nach Preßburg zu Graf Erdödy.

In diesem Jahre gab nun auch Artaria das am meisten bekannte Clavierconcert D=dur von Haydn (i. 3) heraus, „das einzige das bisher in Stich erschienen ist". (?) Als Vorlage diente die Mainzer Ausgabe Nr. 7 (Schott) und diese wieder »copié d'apres le Journal de pieces de clavecin de Mr. Boyer à Paris«. Im März 1785 kündigte auch Torricella dieses und noch ein zweites früheres Concert „von dem berühmten Herrn Joseph Haydn" an. Dies letztere G=dur (i. 2) war vordem in Amsterdam, London und Paris in Stich erschienen. Mit obigem Concert, dessen letzter Satz uns lebhaft ins Ungerland versetzt, schloß Haydn zu rechter Zeit dieses Feld seiner Thätigkeit ab, es an Mozart abtretend; dafür aber entschädigte er reichlich durch seine nun folgenden Clavier=Sonaten und Trios. [16]

Wir finden gleichzeitig in der Wiener Zeitung auch die An= zeige einer „Sammlung neuer Tanz=Menuetten", für Violin primo, secondo, Basso und abwechselnden blasenden In= strumenten, obligat, und nicht obligat, erst verfaßt für die Kunst= handlung Artaria Comp. Schon seit 12 Jahren sind von Herrn Haydn keine Tanz=Menuetten herausgegeben worden, nun werden diese wohl willkommen sein! [17] — Diesen folgten „XII neue deut= sche Tänze für das Clavier gesetzt, welche in dem kleinen Redou= ten=Saal in Wien aufgeführt wurden".

Das zweite Dutzend Lieder erschien in diesem Jahre ohne Dedication. Einige Nummern waren schon 1781 fertig; damals verlangte Haydn von Artaria „3 neue zärtliche Texte, weil fast alle die übrigen von einen lustigem ausdruck seyn; der Inhalt

---

15 Die Einnahmen der 31 Vorstellungen betrugen 11786 Gulden, die Unkosten im Ganzen 7856 Gulden.

16 Das Archiv der Gesellschaft der Musikfreunde besitzt aus der Samm= lung des Cardinal=Erzbischofs, Erzherzog Rudolph, 9 Cadenzen von Haydn in Abschrift. Clementi gab bei J. Cappi (Verlagsn. 430) heraus: Musique ca- racteristique ou Collection de Preludes et Cadances pour le Clavecin ou P. F. comp. dans le style de Haydn, Mozart, Kozeluch, Sterkel & Vanhal. (Auch Clementi selbst ist vertreten.) In Haydn's Manier sind 2 Prä= ludien und 1 Cadenz.

17 Sie sind auch bei Artaria als Racolta de (14) Menuetti Ballabili per vari instrumenti erschienen.

kann auch traurig seyn, damit ich Schatten und Licht habe, wie bey den ersten zwölf“. Es sind folgende 12 Lieder:

1. Warnung an Mädchen (Jeder meint, das holde Kind).
2. Ernst und Scherz (Lachet nicht Mädchen).
3. An die Geliebte (O liebes Mädchen, höre mich).
4. Lieb um Liebe (Wüßt' ich daß du mich lieb).
5. Gebet zu Gott (Dir nah' ich mich, nah' mich dem Throne).
6. Frohsinn und Liebe (Auch die Spröbeste der Schönen).
7. Trauergesang (O! fließ ja wallend fließ in Zähren).
8. Zufriedenheit (Ich bin vergnügt, will ich was mehr).
9. Das Leben ist ein Traum (Das Leben ist ein Traum).
10. Lob der Faulheit (Faulheit, endlich muß ich dir).
11. Minna (Schon fesselt Lieb' und Ehre mich).
12. Am Grabe meines Vaters (Hier sein Grab bei diesen stillen Hügeln).[18]

Ein einzelnes Lied schrieb Haydn in den 80er Jahren in Folge der Aufforderung einer Offizierstochter aus Coburg. Der eingeschickte Text (20 Strophen!) schilderte in einem wirklichen Erlebnisse die Schlauheit eines Pudels, der einen weggelegten Thaler richtig aufzufinden wußte. Die Einsenderin, die in einen Hauptmann, den Besitzer des Pudels, verliebt war, hoffte durch eine Überraschung ihn fester an sich zu ketten und da er ein Ver= ehrer Haydn's war, bat sie nun diesen, das kleine Abenteuer in Musik zu setzen, doch bemerkte sie zugleich daß sie arm sei und daher hoffe, daß er sich mit dem beigelegten Ducaten begnügen werde. Haydn schrieb das Lied, schickte es sammt dem Ducaten an die Schöne ab, erbat sich aber scherzweise von ihr ein Paar Strumpfbänder zur Strafe dafür daß sie daran zweifelte, ein Componist könne einer Dame nicht auch ohne Eigennutz gefällig sein. „Die Bänder, aus rother und weißer Seide mit einer ge= malten Guirlande und Vergißmeinnicht kamen richtig an und Haydn bewahrte sie sorgfältig bei seinen Juwelen auf“.[19] Das harmlose Lied, B=dur ²/₄, beginnt „Die ganze Welt will glück= lich sein“ und erschien in Wien und Leipzig unter dem Titel Der schlaue Pudel (Der schlaue und dienstfertige Pudel, auch Pudelromanze).

---

18 In der Peters=Ausgabe, Nr. 1351, sind aufgenommen: Nr. 1, 2, 3, 4, 5, 8, 9, 10, 11 (bei Peters: Nr. 16, 29, 31, 24, 14, 11, 9, 8, 23).

19 Die Erzählung ist bei Dies (S. 115 ff.) und Griesinger (31 f.) aus= führlich wiedergegeben. Das Autograph ist noch vorhanden.

Im Jahre 1784 versuchte sich Haydn einmal auch als Selbst-
verleger. Er ließ (wie früher schon angedeutet) „3 neue nicht sehr
schwere Claviersonaten (s. 21—23) auf seine eigenen Kosten schön
stechen", und gab sie der Buchhandlung Rudolf Gräffer in Com-
mission. „Diesen Sonaten einiges Lob beizulegen (sagt die Ankündigung), hält man für Überfluß, da der Name des berühmten
Herrn Verfassers schon hinlänglich für alles was Neuheit, Ordnung, Kunst und Geschmack vermag, bürgt".

Weitere Compositionen aus diesem Jahre:

3 Symphonien (a. 49—51) im Druck erschienen.
1 Clavier-Trio (h. 2) in Autograph vorhanden.

   .

Im Jahre 1785 begrüßt uns Haydn als Freimaurer —
für einen Mann von seiner Denkungsart in religiösen Dingen
ein gewiß für Viele unerwartetes Vorkommniß. Der Orden der
Freimaurer stand in Wien in den achtziger Jahren in voller
Blüthe; die angesehensten Stände, Staatsmänner, Gelehrte und
Künstler, Grafen, Domherrn und Hofprediger gehörten dem Orden an. Mozart war Mitglied der Loge „Zur gekrönten Hoffnung"
und mit ganzer Seele dem Orden ergeben, der ihn zu so mancher ernsten Composition anregte und dessen Einfluß selbst noch
in die „Zauberflöte" hinüber reicht. Mozart hatte sogar den
Gedanken gefaßt, eine eigene geheime Gesellschaft „Die Grotte"
zu gründen und die Statuten dazu entworfen.[1] Die am 16. März
1780 gegründete achte und letzte Loge „Zur wahren Eintracht"
wurde die berühmteste, welche auch ein eigenes Journal für Freimaurer herausgab. Sie zählte bis 1785 bei 200 Mitglieder,
unter denen die Hofräthe v. Born, v. Greiner, Sonnenfels, Graf Saurau, die Dichter Denis, Blumauer,
Alxinger 2c. In diesem Jahre anerkannte auch Kaiser Joseph
den Freimaurer-Orden unter der Bedingung gewisser Reformen
und stellte ihn unter den Schutz des Staates.[2] Ferner mußten
die acht bis dahin bestandenen Logen auf drei reducirt werden,

---

1 O. Jahn, Mozart, Bd II, S. 91.
2 Wiener Zeitung. Nr. 102.

was im December geschah und wozu Mozart zwei Compositionen
schrieb.[3]

Was Haydn bewog, dem Orden beizutreten. beruht nur
auf Vermuthung. Vielleicht war es sein Freund und Gönner
v. Greiner, in dessen musikalischen Hause er ein stets willkom=
mener Gast war, der ihn zur Aufnahme anregte. Jedenfalls trat
er in dieselbe Loge „Zur Eintracht", welcher dieser angehörte.
Mit welchem Verlangen Haydn der Aufnahme entgegen sah,
bezeugt ein Brief an den Grafen Anton v. Appony. Haydn
schreibt am 2. Febr. 1785 aus Esterház: „Eben gestern erhielte
ich ein schreiben von meinem künftigen Pathe Herrn v. Webern,[4]
daß man mich verflossenen Freitag [28. Jan.] mit sehnsucht er=
wartete, um meiner aufnahm, welcher ich mit schmerzen entgegen
sehe, zu befördern, da ich aber durch nachlässigkeit unserer Husären
das Einladungsschreiben nicht zu gehöriger Zeit erhalten habe,
so hat man diese unternehmung bis künftigen Freytag [4. Febr.]
verschoben. O wäre heute schon dieser Freytag? um das unsäg=
liche Glück zu genießen unter einem Zirkel so würdiger Männer
zu seyn".[5]

Wir können annehmen daß an dem erwähnten 4. Februar
Haydn's Aufnahme stattfand, die unter folgender, auf die Macht
der Harmonie sinnreich anspielende Ansprache erfolgte.[6]

Über die Harmonie. Bey der Aufnahme des Br. H×✕n.

Eine Rede von Br. H×z✕r.

. . . . „Ihnen, neu aufgenommener Br. Lehrling! die
Vorzüge des himmlischen Wesens, Harmonie, insbesondere an=
preisen, Ihnen, der Sie seine Allgewalt in einem der schönsten
Fächer des menschlichen Wissens so genau kennen, Ihnen, dem

---

3 Lied mit Chor und Orgel zur Eröffnung der Freimaurerloge ☐;
dreistimmiger Chorgesang mit Orgel zum Schluß. (Köchel Nr. 483 und 484.)

4 Daß dieß der früher genannte Franz Anton von Weber war, ist
fast wahrscheinlich. Lesen wir doch von einem „maurerischen Beglaubigungsbrief"
aus Wien. (Max Maria v. Weber, ein Lebensbild. Bd I. S. 22.)

5 Ich verdanke die Kenntniß dieses sowie eines früher (S. 23) erwähnten
Briefes der Güte des Herrn Grafen Alexander v. Appony.

6 Journal für Freymaurer. Als Manuskript gedruckt für Brüder und
Meister des Ordens. Herausgegeben von den Brüdern der ☐ zur wahren Ein=
tracht im Orient von Wien. Zweyter Jahrgang. Zweytes Vierteljahr. 5785.
Seite 175. ff.

diese liebenswürdige Göttin einen Theil der süßen Zauberkraft abgetretten hat, mit der Sie manchen Sturm der Seele besänftigt, Schmerz, und Wehmuth in stillen Kummer wiegt, melancholische, trübe Stunden kürzt, das Herz des Menschen zur Freude stimmt, und nicht selten selbst seinen Geist zu den erhabensten Gefühlen emporführet, Ihnen mit Anzüglichkeit ihre Reize zu schildern, würde überflüssiges Bemühen seyn. Ich begnüge mich, wenn ich durch mein kleines, unvollkommenes Gemälde — Skizze möchte ich sagen — wenn ich durch diese brüderliche Unterredung bei Ihnen den Vorsatz erweckt habe, Ihrer trauten Freundin — auch hier in diesem — für Sie, mein Bruder! neuen Wirkungskreise unwandelbar treu zu bleiben.

Noch glücklicher ist mein Zweck erreicht, noch glücklicher mein Wunsch erfüllet, wenn ich zur Überzeugung meiner Brüder von der Unentbehrlichkeit dieser Fundamentaltugend ächter Maurerey einigen Beytrag geleistet, und die Aufmerksamkeit, womit Sie bisher jedem Winke der himmlischen Huldgöttin gefolgt sind, gefördert, befestiget habe".

Ob Haydn in diesem Kreise das fand, was er gewünscht und erwartet hatte, ob sein Eintritt in den Orden irgend von Einfluß auf seine Sinnesart gewesen, darüber erfahren wir auch nicht das Mindeste. —

Wenn man vom Stephansplatz in die Große Schulerstraße einbiegt, gelangt man zur Rechten unmittelbar vor dem Gasthof „Zum König von Ungarn" an ein vier Stockwerk hohes, ziemlich schmales Haus, dessen Fensterreihe (zwei Doppelfenster und ein einfaches) eine fast ununterbrochene Fläche bildet. Der rückwärtige Theil des Hauses macht Front in die Kleine Schulerstraße (jetzige Domgasse), ist doppelt so breit und zählt vier Doppelfenster. Gegenüber steht der Trienterhof, ein großes in die Blutgasse einmündendes geistliches Eckgebäude. Das erstgenannte Haus war in jener Zeit (1785) Eigenthum der Familie Camesina und trug die Nummer 846 (heute 8). Im ersten Stockwerk zählt der vordere Theil ein großes geräumiges Zimmer und ein allerliebstes Cabinet; der rückwärtige Theil besteht aus zwei großen Zimmern, durch ein kleineres getrennt. Die Küche und zwei kleine Cabinette liegen im Verbindungsgang. Der Hofraum ist schmal und fast düster zu nennen. Wir denken uns der Anlage nach im vorderen Theil das Empfangszimmer (Salon) nebst

Studiercabinet, und rückwärts die Familienzimmer. Hier war es
wo Mozart zu Michaelis 1784 eingezogen war (bereits sein
vierter Wohnungswechsel seit seiner Verheirathung) und wo An=
fangs 1786 dessen *Nozze di Figaro* entstand. Vordem aber, im
Febr. 1785 empfing hier Mozart seinen Vater, der damit den
Salzburger Besuch des Sohnes sammt Frau (1783) erwiederte.
Mit welch' gemischten Empfindungen mag der Vater nach Ver=
lauf von zwölf Jahren die alte Kaiserstadt wieder begrüßt haben.
Es war sein vierter Besuch: das erstemal (1762) mit seiner Frau
und seinen zwei „Wunderkindern" (Wolfgang und Marianne);
das zweitemal (1767) mit ebendenselben, wo sich Wolfgang be=
reits als Kirchencomponist öffentlich producirte; das drittemal
(1773) mit Wolfgang allein, den Kopf voller Pläne, mit denen
er geheim that und jetzt, längst schon ein Wittwer, allein und
mit fast widerstrebendem Gefühl das Haus des Sohnes betretend,
dessen eheliche Verbindung nicht nach seinem Sinne war. Und
nun schreibt der Vater am 14. Febr. an die Tochter in Salzburg:
„Am Freitag (11. Febr.) um 1 Uhr waren wir in der Schuler=
straße Nr. 846 im ersten Stock. Daß dein Bruder ein schönes
Quartier mit aller zum Haus gehörigen Auszierung hat, mögt Ihr
daraus schließen, daß er 460 fl. Hauszins zahlt".[1] Mit dem Tage
der Ankunft begann auch der Rundgang von Concert zu Concert,
von Oper zu Oper. Noch an demselben Abend besuchte der Vater
Wolfgangs erstes Subscriptionsconcert im Saale der Mehlgrube,
in dem der Sohn „ein neues vortreffliches Clavierconcert" spielte.
Sonntag war der Vater in der Akademie der italiänischen Sänge=
rin Sigra Laschi, wo der Sohn „ein herrliches Concert spielte
das er für die Paradies nach Paris gemacht hatte" und wo der
Vater, gut postirt, alle Abwechslung der Instrumente so vortreff=
lich hörte, daß ihm „vor Vergnügen die Thränen in den Augen
standen". Dann war wieder ein Concert wo Wolfgang „das neue
große Concert in D *magnifique*" spielte; dann eine Hausakademie
beim Salzburger Agenten von Ployer und so ging es fort.
Am 25. April, nach einem Aufenthalt von über zehn Wochen,
verließ der Vater Wien, das er nicht mehr sehen sollte.[2] Er

---

1 Der jetzige dreifache Zins entspricht der Summe von damals.

2 Während seines Besuches hatte sich Leopold Mozart durch den Einfluß
des Sohnes bewegen lassen, in den Freimaurerorden einzutreten, dem der Sohn
bereits angehörte.

schien befriedigt von dem wenigstens damals scheinbar geordneten Hauswesen und freute sich seines kleinen immer freundlichen Enkels Carl, doch wurde die Stimmung gegen die Frau nicht günstiger. Dafür aber haftete er mit Freude und Bewunderung an den künstlerischen Leistungen Wolfgangs und schwelgte mit gerechtem Vaterstolz in dem großen Beifall, der dem Sohne bei jedem Auftreten zutheil wurde.[3]

Was uns diesen denkwürdigen Besuch so interessant macht, ist Leopold Mozart's Begegnung mit Haydn. Sie fand in Mozart's Wohnung am nächstfolgenden Tage von Leopold's Ankunft, am 12. Februar statt. Leopold schreibt darüber in dem erwähnten Briefe (14. Febr.) nach Hause:[4] „Am Samstag war abends Herr Joseph Haydn und die zwei Barone Tindi bei uns, es wurden die neuen Quartette gemacht, aber nur die 3 neuen, die er zu den andern 3 die wir haben, gemacht hat, — sie sind zwar ein bischen leichter, aber vortrefflich componirt.[5] Herr Haydn sagte mir: „Ich sage Ihnen vor Gott, als ein ehrlicher Mann, Ihr Sohn ist der größte Componist, den ich von Person und dem Namen nach kenne; er hat Geschmack, und überdieß die größte Compositionswissenschaft. — Otto Jahn[6] läßt diesem Ausspruche die schönen Worte folgen: „L. Mozart wußte die Bedeutung eines solchen Zeugnisses aus diesem Munde zu würdigen, er fand darin die Bestätigung des Glaubens und der Überzeugung, für welche er die beste Kraft seines Lebens geopfert hatte, eine solche Anerkennung des Sohnes war der schönste Lohn für diesen Vater — es war der Silberblick seines Lebens".

Mozart konnte Haydn gewiß nicht schöner danken als durch die Zueignungsschrift dieser sechs Quartette, die er ihm als die Frucht einer langen und mühevollen Arbeit übergiebt, gleichwie ein Vater seine Kinder einem bewährten Freunde von hohem Ansehen und Ruf anvertraut, daß er sie nachsichtig aufnehme,

---

3 Ausführliches über diesen Besuch, siehe Jahn, Mozart Bd II, S. 8 f.

4 Nach dem Original mitgetheilt von L. Nohl, Neue Zeitschrift f. Musik, 1870, Nr. 40.

5 Diese letzteren 3 Quartette in B, A, C (Köchel, Nr. 458, 464, 465) waren componirt 1784. 9. Nov., 1785, 10. und 14. Januar.

6 Mozart, Band II, S. 9.

beschütze und vertrete. [7] — Hier mehr denn irgendwo zeigt sich
uns das edle Verhältniß zwischen Haydn und Mozart als Künst=
ler und als Mensch. Obwohl dieselbe Bahn wandelnd und in
so verschiedenem Lebensalter, war ihnen doch der Neid, die
Eifersucht fremd. Jeder ehrte die Verdienste des Andern und
strebte denselben nachzueifern, ohne seiner eigenen Selbstständig=
keit dabei etwas zu vergeben. Zahlreich und längst bekannt und
gewürdigt sind die Belege für diese gegenseitige Hochschätzung.
Als man mit Mozart über obige Dedication sprach, sagte er:
„Das war Schuldigkeit, denn von Haydn habe ich gelernt, wie
man Quartette schreiben müsse". Nie sprach er ohne die lebhaf=
teste Bewunderung von ihm. „Keiner (sagt er) kann alles, schä=
ckern und erschüttern, Lachen erregen und tiefe Rührung und
alles gleich gut als Haydn". „Es war rührend (erzählt Nieme=
tschek), wenn er (Mozart) von den beiden Haydn oder andern
großen Meistern sprach: man glaubte nicht, den allgewaltigen
Mozart, sondern einen ihrer begeisterten Schüler zu hören".
Nicht minder bekannt sind Mozart's Aeußerungen gegen Leopold
Koželuch, der in seiner Gegenwart an Haydn's Quartette
mäckelte. „Herr! (antwortete er ihm einst) und wenn man uns

---

7   *Al mio caro amico Haydn.*

*Un padre, avendo risolto di mandare i suoi figli nel gran mondo,
stimò doverli affidare alla protezione e condotta d'un uomo molto celebre
in allora, il quale, per buona sorte, era di più, il suo migliore amico.
Eccoti dunque del pari, uom celebre ed amico mio carissimo, i sei miei
figli. Essi sono, è vero, il frutto d'una lunga e laboriosa fatica, pur la
speranza fattami da più amici di vederla, almeno in parte, compensata,
m'incoraggisce e mi lusinga, che questi parti siano per essermi un giorno,
di qualche consolazione. Tu stesso, amico carissimo, nell' ultimo tuo sog-
giorno in questa capitale me ne dimostrarsti la tua soddisfazione. Questo
tuo suffragio mi anima sopra tutto, perchè io te li raccomandi e mi fa
sperare, che non ti sembreranno del tutto indegni del tuo favore. Piacciati
dunque accoglierli benignamente ed esser loro, padre, guida ed amico! Da
questo momento io ti cedo i miei diritti sopra di essi, ti supplico però di
guardare con indulgenza i difetti, che l'occhio parziale di padre mi può
aver celati, e di continuar, loro malgrado, la generosa tua amicizia a chi
tanto l'apprezza, mentre sono di tutto cuore il tuo sincerissimo amico*
Vienna il 1º settembre 1785.   W. A. Mozart.

Die 6 Quartette erschienen zuerst bei Artaria Comp. als op. 10, Ver=
lagsn. 59, unter dem Titel: *Sei Quartetti per due Violini, Viola e Violoncello. Composti e dedicati al Signor Giuseppe Haydn, maestro di cappella
die S. A. il principe d'Esterhazy etc. dal suo amico W. A. Mozart.*

Beide zusammenschmilzt, wird doch noch lange kein Haydn da=
raus". Und als bei einer anderen Gelegenheit Koželuch meinte
„das hätte ich nicht so gemacht", entgegnete ihm Mozart: „Ich
auch nicht, und wissen Sie warum? weil weder Sie noch ich
auf diesen Einfall gekommen wären".

Und nun Haydn dagegen! Wie freimüthig nahm er Mozart
bei jeder Gelegenheit in Schutz. Als man nach der ersten Wie=
ner Aufführung des *Don Giovanni* in einer Gesellschaft dies
und jenes an der Oper auszusetzen fand und auch Haydn um
seine Meinung gefragt wurde, sagte er: „Ich kann den Streit
nicht ausmachen, aber das weiß ich, daß Mozart der größte
Componist ist, den die Welt jetzt hat". Und ein andermal:
„Wenn Mozart auch nichts anderes geschrieben hätte als seine
Violinquartette und das Requiem, würde er allein dadurch schon
unsterblich geworden sein". Auch später versäumte er keine Ge=
legenheit, wo er Mozart'sche Musik hören konnte und pflegte zu
betheuern, daß er nie eine Composition von ihm gehört habe,
ohne etwas zu lernen. Und mit Thränen in den Augen ver=
sicherte er noch im Alter, Mozart's Clavierspiel könne er in
seinem Leben nicht vergessen „das ging an's Herz". Als er in
London Mozart's Tod erfuhr, schrieb er an seinen Freund
Puchberg in Wien: .... „ich war über seinen Tod eine ge=
raume Zeit ganz außer mir und konnte es nicht glauben, daß
die Vorsicht so schnell einen unersetzlichen Mann in die andere
Welt fordern sollte".... Und an seine Freundin v. Genzinger:
„die nachwelt bekommt nicht in 100 Jahren wieder ein solch
Talent"! Beim Musikalienhändler Broderip aber in Gegenwart
Dr. Burney's um seine Meinung befragt, ob ein Ankauf der
hinterlassenen Manuscripte Mozart's rathsam sei: „Kaufen Sie
dieselben unbedingt (erwiederte Haydn voll Eifer). Er war in
Wahrheit ein großer Musiker. Ich werde oft von meinen Freun=
den damit geschmeichelt, einiges Genie zu haben, doch er stand
weit über mir". Wie schön sich Haydn weiterhin über Mozart
ausspricht, als er aufgefordert wurde, für Prag eine Oper zu
schreiben, werden wir bald hören. Schwer hält es, von diesem
reinsten Bunde echter Künstlernaturen sich zu trennen, von Künst=
lern, die hocherhaben über dem gewohnten Alltags=Treiben die=
selbe edle Gesinnung eint — für alle Zeiten ein leuchtendes
Beispiel wahrer Größe. —

Am 9. August 1785 vermählte sich der vor drei Jahren zum Wittwer gewordene Fürst Paul Anton Esterházy, Sohn des regierenden Fürsten Nicolaus, zum zweitenmale. Seine jetzige Gemalin war die jüngste, am 20. Febr. 1769 geborene Tochter des Grafen Otto Philipp von Hohenfeld und der Gräfin Therese von Kinsky. Auch bei dieser Gelegenheit nahm Haydn, wie schon früher, einen Barytonsatz zu Hülfe, F=dur $^3/_4$, den er zu einem Chor mit den Worten »*Vivan gl'illustri Sposi*« einrichtete. Fürst Anton folgte seinem Vater Nicolaus im J. 1790 in der Regie= rung, löste die Musikkapelle auf, behielt aber Haydn als titu= lirten Kapellmeister bei. Da Haydn dann nach London ging und auch vor seiner zweiten Reise nicht lange in Wien blieb, kam er in fast gar keine Berührung mit diesem seinen dritten Herrn, dessen Tod (22. Jan. 1794) er in London erfuhr.[1]

Die schon erwähnte Composition Haydn's „Die sieben Worte Jesu am Kreuze" fällt in dieses Jahr (1785). Er selber schreibt darüber im März 1801:[1a] „Es sind ungefähr funfzehn Jahre, daß ich von einem Domherrn in Cadix ersucht wurde, eine Instrumentalmusik auf die sieben Worte Jesu am Kreuze zu verfertigen. Man pflegte damals alle Jahre während der Fastenzeit in der Hauptkirche zu Cadix ein Oratorium auf= zuführen, zu dessen verstärkter Wirkung folgende Anstalten nicht wenig beytragen mußten. Die Wände, Fenster und Pfeiler der Kirche waren nehmlich mit schwarzem Tuche überzogen, und nur Eine, in der Mitte hängende große Lampe erleuchtete das heilige Dunkel. Zur Mittagsstunde wurden alle Thüren geschlossen; jetzt begann die Musik. Nach einem zweckmäßigen Vorspiel bestieg der Bischof die Kanzel, sprach eines der sieben Worte aus und stellte eine Betrachtung darüber an. So wie sie geendiget war, stieg er von der Kanzel herab, und fiel knieend vor dem Altare nieder. Diese Pause wurde von der Musik ausgefüllt. Der Bischof betrat und verließ zum zweyten, drittenmale u. s. w. die Kanzel, und jedesmal fiel das Orchester nach dem Schlusse der Rede wieder ein. Dieser Darstellung mußte meine Composition angemessen seyn. Die Aufgabe, sieben Adagio's wovon jedes gegen zehn Minuten

---

1 Die ihn überlebende Wittwe vermählte sich am 28. Jan. 1799 mit Karl Philipp Fürst von Schwarzenberg, k. k. Feldmarschall, der am 15. Oct. 1820 starb.

1a Vorbericht zu der bei Breitkopf und Härtel erschienenen Partitur.

dauern sollte, aufeinander folgen zn lassen, ohne den Zuhörer zu
ermüden, war keine von den leichtesten; und ich fand bald, daß
ich mich an den vorgeschriebenen Zeitraum nicht binden konnte."

Während Haydn darüber nachdachte, wie er sich dieses Auf=
trages am besten entledigen könnte, empfing er den Besuch seines
Freundes Abbé Stadler. „Er fragte auch mich (erzählt Stad=
ler in seiner Autobiographie) was ich davon hielte. Ich ant=
wortete: Mir schien es am rathsamsten, wenn anfangs über die
Worte eine anpassende Melodie gesetzt würde, die hernach nur
durch Instrumente ausgeführt würde, in welcher Art zu setzen
er ohnehin Meister wäre. Er that es auch, ob er aber nicht
selbst schon früher dies zu thun willens war, weiß ich nicht".

Haydn mußte wohl mit seiner Ausführung zufrieden gewesen
sein, denn, wie Griesinger erzählt (S. 33) erklärte er öfters diese
Arbeit für eine seiner gelungensten.

Die noch vorhandenen ursprünglichen Auflagstimmen geben
uns Aufschluß über die erste Bearbeitung, die Haydn später im
Wesentlichen beibehielt, nur sehen wir hier jede Nummer durch
ein längeres von einer Baßstimme gesungenes Recitativ über die
Worte der einzelnen Sätze eingeleitet.

In dieser Form finden wir die Aufführung dieses Werkes
das erstemal erwähnt in Zinzendorf's Tagebuch. Er schreibt
(26. März 1787): *Le soir chez le P^{ce} Auersperg au concert
de Hayden sur les 7 paroles de notre Seigneur sur la croix*».
(Zinzendorf befand sich in einer Loge zusammen mit den Familien
Kinsky, Rothenhan, Buquoi.) »La seconde du Paradis, la der-
niere du dernier soupir me parut bien exprimé«. Die nächste
Aufführung bringt uns mit einem, durch Mozart's Requiem genug=
sam bekannten Manne zusammen. Ein Reisender, der in 1787 Wien
besuchte, schreibt: „Von musikalischen Academien habe ich blos einer
beym Grafen Walsegg beygewohnt, wo Haydn's unsterbliches
Werk, seine sieben Kreuzesworte, vollständig aufgeführt wurden".[2]

Der Ruf der „Sieben Worte" drang rasch ins Ausland;
es werden Aufführungen erwähnt aus Bonn (30. März 1787)
vom Concertmeister Reicha bei Hofe veranstaltet; aus Breslau

---

2 Cramer's Mag. f. Mus. 1789. S. 51. — Eine Aufführung in dem=
selben Jahre „in der Schloßkirche zu Wien" (Gerber, Lexikon 1790, S. 612;
Siebigke, Mus. ber. Tonk. 1801) ist nicht nachweisbar.

(1788, Februar und März) in den Concerten des J. A. Hiller
(d. h. einzelne Sätze daraus); aus Berlin (1793, 23. März) im
Liebhaberconcert. In London, wohin Haydn das Werk in 1787
an Forster verkauft hatte, führte es Haydn selbst am 30. Mai
1791 auf und wiederholte es im Beneficeconcert des zehnjährigen
Violinvirtuosen Clement. — In Auflagstimmen erschien das
Werk in 1787 zuerst bei Artaria [3] (op. 47) und in rascher Folge
in Berlin, Paris, London und Neapel. Unmittelbar darauf erschien ein Arrangement für Quartett (op. 48), von Haydn selbst
verfaßt und eines für Clavier allein (op. 49), über welches Haydn
an Artaria schreibt: „unter andern belobe ich den Clavierauszug
welcher sehr gut und mit besonderem Fleiß abgefaßt ist".

Was Haydn bewogen haben mag, die für das Streichquartett
arrangirten Sätze als ebenso viele Sonaten unter die Zahl seiner
Original-Quartette aufzunehmen, ist unerklärlich. Ebenso unbe-
greiflich bleibt es, daß man dies Vorgehen in fast allen Quartett-
Ausgaben Haydn's beibehalten hat. — Wie tief der Eindruck war,
den die Sieben Worte in ihrer ursprünglichen Gestalt hervorriefen, spricht zunächst aus einer gleichzeitigen Besprechung des
Werkes, obwohl nur nach dem Clavierauszug. [4] Haydn selber
sagte, als er das Werk Forster anbot: die letzten Worte des
Erlösers am Kreuze seien „durch Instrumentalmusik dergestalt
ausgedrückt, daß es den Unerfahrensten den tiefsten Eindruck in
seine Seele erweckt".

Nachdem Haydn das Werk an Artaria und Forster verkauft
hatte, nahm er Anstand, es auch noch in Paris abzusetzen,
„erstens (wie er an Artaria schreibt), weil ich dadurch die
Herren von Cadix, welche doch die grund ursache dieser Sonaten sind, und mich darum bezahlten, sehr beleydige, zweytens,
wurden die Herren Franzosen dadurch noch mehr beleydiget, wan
ich mir ein werk bezahlen ließe, was in 3 wochen öffentlich in
stich erscheint". [5]

---

3 Der Titel lautet: *Musica instrumentale sopra le 7 ultime Parole
del nostro Redentore in croce, o siano 7 Sonate, con un Introduzione, ed
al fine un Teremoto, per due Violini, Viola, Vello, Flauti, Oboe, Corni,
Clarini, Timpani, Fagotti e Contrabasso.*

4 Musikal. Real-Ztg., Speier 1788. 1. Stück. S. 1 ff.

5 Über die Art wie Haydn „bezahlt" wurde, hat sich folgende Anekdote
erhalten: Haydn wartete lange auf das Honorar. Endlich kommt eine kleine

Soviel einstweilen von diesem Werk in seiner Urform. Die
Genesis desselben vervollständigend, wenden wir uns nun, ob=
wohl der Zeit vorgreifend, schon jetzt der uns geläufigeren can=
tatenmäßigen Umarbeitung des Werkes für Gesang zu. Die
eigentliche Entstehung derselben ist in ein misteriöses Halbdunkel
gehüllt. Haydn selber sagt in obigem Vorbericht kurzweg: „Erst
später wurde ich veranlaßt, den Text unterzulegen." Neukomm
gibt in seinen Notizen zu Dies folgende Erläuterung: „Auf
seiner zweiten Rückreise aus England ging Haydn über Passau,
wo er zu übernachten beschlossen hatte. Er erfuhr bei seiner An=
kunft daß gerade für diesen Abend die Aufführung seiner Sieben
Worte angesetzt sei und daß der dortige Hofkapellmeister beglei=
tende Singstimmen zu diesem Werke componirt habe. Haydn
war mit der Aufführung zufrieden, setzte aber dieser seiner Er=
zählung (mit seiner gewöhnlichen Bescheidenheit) ganz einfach bei:
„die Singstimmen, glaube ich, hätte ich besser gemacht". Gleich bei
seiner Ankunft in Wien unternahm und vollendete Haydn diese
erklärende Zugabe der Singstimmen, zu welcher Bearbeitung Ba=
ron van Swieten den deutschen und Carpani den italiäni=
schen Text (eine freie Übersetzung) besorgten. — Hier wäre also
zum erstenmale van Swieten als Verfasser des deutschen Textes
genannt, der nach anderer Version einem Domherrn in Passau [6]
und wiederum dem erzbischöflichen Hofrath Friedberg in Salz=
burg zugeschrieben wird.[7] Letztere Quelle sagt, daß Friedberg den
Text Michael Haydn übergab, der zu dem fertigen Instrumen=
talen die Singstimmen hinzufügte und die Arbeit an seinen Bruder
abschickte, dem dieselbe so sehr gefiel daß er sie mehrmals auf=
führte und als seine eigene Arbeit ausgab — eine Behauptung
die hinlänglich durch die noch vorhandene Partitur in Joseph
Haydn's Handschrift widerlegt ist. — Die Aussage Neukomm's
über Passau ist im Kern der Sache nicht ganz unbegründet.
Haydn mochte immerhin im Januar 1794 auf der Hinreise nach
London (nicht Rückreise von dort) in Passau von einer Bearbei=

Kiste an. Haydn läßt sie durch den Diener öffnen und findet zu seinem Er=
staunen — eine Chokolade=Torte. „Was soll ich mit einer Torte machen", murrt
er fast unwillig. Indem er sie aber anschneidet, um dem Diener ein Theil zu
geben, rollen ihm eine Reihe blanker Ducaten entgegen.

6 Griesinger, S. 33.

7 Wiener Allg. Mus. Ztg. 1813. Nr. 17.

tung seines Werkes gehört und sich den Text verschafft haben.⁸
Ein noch vorhandenes vergilbtes Textheft ist im Stande, das
Räthsel annähernd zu lösen. Der Titel lautet: „Die Worte Christi
am Kreuze. Eine Kantate". Eine Anmerkung zum Schlusse sagt:
„Diese Grabmusik wird am Charfreytage in der hohen Domkirche
zu Passau um halb 7 Uhr Abends gehalten". Die Eintheilung
ist wie bei Haydn und der Text der 7 Abschnitte im Wesentlichen,
verschiedene Abweichungen abgerechnet, derselbe. Der „Schlußchor"
jedoch (bei Haydn „das Erdbeben" betitelt) hat einen großen Vorzug vor diesem, indem er das Werk versöhnend abschließt.⁹ — Daß
Haydn diesen Original-Text als Grundlage zu seiner Bearbeitung
benützte, ist ersichtlich aus seiner handschriftlichen Partitur, in der
sich zahlreiche Stellen aus jenem Texthefte vorfinden, die theils
von Haydn's, theils von einer fremden Hand (van Swieten?) in
die neue Leseart umgeschaffen wurden. Jedem Satze hat Haydn
einen kurzen vierstimmigen Gesang im Choraltone mit einem der
Ausrufe Christi vorangehen lassen.¹⁰ Neu ist ferner der zwischen
der 4. und 5. Nummer eingeschaltete Instrumentalsatz für Blasinstrumente allein, ein meisterhaft gearbeitetes Stück, das nach
Werth und Ausdruck etwa der Mozart'schen Maurerischen Trauer-
musik an die Seite gesetzt werden kann.

Man wäre versucht, eine in Eisenstadt im Oct. 1797 stattgefundene Aufführung in dieser bekannten Umarbeitung für Gesang als die erste anzunehmen, wenn nicht ein zufällig noch erhaltenes Textheft, gedruckt in Wien bei Matthias Andreas Schmidt
k. k. Hofbuchdrucker, vorläge, das die Jahreszahl 1796 trägt und
vermuthlich zu einer Aufführung diente, die im März dieses Jahres in fürstlichen Räumen abgehalten wurde, zu denen uns abermals Zinzendorf den Weg öffnet. Er schreibt 1796, 27. März:
»De nouveau au concert. Toujours la 7ᵐᵉ parole, Vater, ich

---

8 Der Componist war nicht zu ermitteln, auch das Werk selbst existirt
nicht mehr. Übrigens theilte mir Domkapellmeister F. Milosch gütigst mit, daß
noch bei seiner Ankunft (1830) alljährlich am Charfreitag eine Grabmusik aufgeführt wurde.

9 Haydn's Textworte, beginnend: „Er ist nicht mehr", sind hier Ramm-
ler's „Tod Jesu" (als Oratorium componirt von Graun) entnommen, von diesem recitativisch für eine Singstimme, von Haydn aber als Chorsatz behandelt.

10 Die Ausrufe findet man: I. II. VII — Lukas, Kapitel 23; III.
IV — Johannes, Kap. 19; IV — Matthäus, Kap. 27.

befehle — *me plait le plus et d'avantage que* Es ist vollbracht".[11]
Da Zinzendorf zuvor wiederholt der Concerte bei Fürst Lobkowitz
gedenkt, hat wohl auch diese Aufführung in dessen Palais statt=
gefunden und gingen derselben mehrere voraus, wie Zinzendorf's
Bemerkung zu entnehmen ist. Die zunächst erwähnte Aufführung
führt uns also nach Eisenstadt, wo sie nach dem Tagebuch Rosen=
baum's [12] im Theatersaal des fürstlichen Schlosses zur Zeit des
Besuches des Palatin von Ungarn und in Gegenwart vieler hohen
Gäste am 27. Oct. 1797 stattfand. Therese Gaßmann, die
ältere Tochter des im Jahre 1774 verstorbenen Hofkapellmeisters
Florian Gaßmann, eine Schülerin von Salieri und nachmalige
Frau des Rosenbaum, sang die Sopranpartie. Die Zahl der
Gäste war groß, denn Rosenbaum vertheilte 1000 Exemplare
des in Oedenburg gedruckten Textes. Die nächste Aufführung
war in Wien am 1. und 2. April 1798 in der Akademie der
Tonkünstler=Societät. Haydn selbst dirigirte und wird auf dem
Anschlagzettel eigens als „Mitglied dieser Tonkünstler=Gesellschaft"
angeführt, nachdem sich am 11. Dec. 1797 die Direction von der
ihm angethanen Schmach durch unentgeltliche Aufnahme gereinigt
hatte. Auch hier sang die Gaßmann und neben ihr Antonie
Flamm „eine geschickte Altistin", Enkelin des Michael Spang=
ler, bei dem Haydn nach seiner Verstoßung aus dem Capellhause
von der Straße weg Unterkunft gefunden hatte.[13] Welche Gefühle
mögen Haydn bei dieser Aufführung durchstürmt haben! Hier eine
Gesellschaft, die ihm zur Versöhnung die Hand reicht; dort die
Enkelin eines Mannes, der ihm einst wie ein Schutzengel er=
schienen war — Haydn selbst damals Bettgeher auf einer Dach=
kammer, jetzt ein von der ganzen musikalischen Welt gefeierter
Mann! — Von den folgenden Aufführungen in Wien seien noch
erwähnt: im Dec. 1803 zum Besten der Spitalbürger (4000 Gul=
den Einnahme); im April 1806 für die Theater=Armen; im März
1809 im Leopoldstädter Theater zum Vortheil der dortigen Cho=
risten. Die *Concerts spirituels* führten das Werk viermal im

---

11 Es sind Nr. 7 und 6, hier nach der Überschrift erwähnt. Nr. 7 rich=
tiger: Vater! In deine Hände empfehle ich meinen Geist.

12 Das Tagebuch dieses, schon Bd I, S. 245. Anm. 39 erwähnten
fürstl. Esterházy'schen Beamten wird uns im letzten Bande häufig als willkom=
mene Quelle dienen.

13 Band I, S. 117 f.; Antonie Flamm S. 119 f.

Landständischen Saale auf. Eine der letzten gottesdienstlichen
Aufführungen war in der Alt-Lerchenfelder Kirche, wobei der
Bruder Franz Schubert's, Schottenpriester P. Hermann (Anton)
die Zwischenpredigten hielt.

Wie rasch sich das Werk, nachdem es bei Breitkopf und Härtel
1801 in der neuen Form erschienen war, auswärts in großen und
kleinen Städten verbreitete, zeigen Aufführungen in Bückeburg
(1802 am Charfreitage); im Landstädtchen Kirchheim unter Teck im
Würtembergischen (1802) und zwar durch Dilettanten und Mit=
glieder des Hofstaates der Herzogin Franziska, Wittwe des Herzogs
Karl; in Braunschweig (1802) 10 Aufführungen, theils in der
Kirche, theils im Concertsaal; in Berlin (1802) in der Jerusalem=
und in der Garnisons-Kirche; in Leipzig (1802, 1803) unter Schicht,
1805 in der Neukirche und 1808 in der Kirche und im Concert;
in Ratiborschitz, einem böhmischen Bergstädtchen (1803), in Nea=
pel (1805) im Hause eines vornehmen Kunstkenners; in Rudol=
stadt (1810 am Charfreitag in der Stadtkirche); in Köln (1815,
am Charfreitag) 2c. Sämmtliche Berichte bestätigen die feierliche
Wirkung, die das Werk hervorbrachte. Die letztgenannte Kölner
Aufführung hielt sich an die alte Vorschrift, indem der Dom
nach Art der Sixtinischen Kapelle in Rom nur durch ein in der
Höhe schwebendes colossales Kreuz magisch beleuchtet war und
die ernste Feier durch geschlossen gehaltene Thüren nicht gestört
wurde. Auch die andere Vorschrift, nach welcher der Prediger
von der Kanzel herab (die er besser gar nicht verläßt) vor jedem
Musikstück die Bedeutung der nachfolgenden Worte auseinander=
setzt, wurde hie und da, z. B. in Rudolstadt, in Eisenstadt und
(wie oben erwähnt) in Wien beobachtet. In diesem Falle hat
man besondere Rücksicht darauf zu nehmen daß der Priester sich
möglichst kurz fasse und Predigt und Musik unmittelbar inein=
ander greifen.[14]

Für Tanzmusik hatte Haydn in diesem Jahre besonders
gesorgt. Torricella kündigte in der Wiener Zeitung auf

---

14 Haydn's Vorgänger in dieser Compositionsgattung waren: Ludwig
Senfl (vergl. Monatshefte f. Musikgeschichte, 1876, Nr. 12. S. 149). Joh.
Glück (Allg. Wiener Mus. Ztg. 1843. S. 105); Heinrich Schütz (neu her.
von Carl Riedel, 1873); Christoph Gottlieb Schröter (Hiller, Lebensbeschrei=
bung berühmter Männer. S. 254). Nach Haydn: Graf Castelbarko; Jos. Lutz;
Gounod, Mercadante, Th. Dubois (Paris 1870).

Subscription an: „1 2 Menuetts ganz neu und sehr schön, nebst verschiedenen andern, welche im Casino in dem von Tratt= nerischen Freyhof in den ausgeschriebenen und bestimmten Bällen producirt worden". Ferner bei Lausch: „1 2 Menuetts mit Trios nebst 6 deutschen Tänzen vollständig mit Trompeten und Pauken" für das Clavicembalo. Artaria gab in Stich heraus: „XII Menuets *pour le Clavecin ou Piano-Forte*«, und Six Allemands *a plusieurs instruments*.

Drei Clavier-Trios (h. 2, 3, 4) componirte Haydn damals für die Gräfin Marianne Viczay. Sie war eine geborene Gräfin Grassalcovics, ihre Mutter, Maria Anna, die Tochter des Fürsten Nicolaus. Die Gräfin wohnte zur Zeit [1] auf einem Gut des Vaters, Groß=Losing (Nazy Lózs) unterhalb Groß=Zin= kendorf und nicht sehr entfernt von Esterház. Das Trio Nr. 2 ist schon 1784 erwähnt, Nr. 3 aus dem J. 1785 ist in Autograph erhalten. Alle drei erschienen auch als Streich=Trios.

Weitere Compositionen aus diesem Jahre: 2 Clavier-Trios (h. 5, 6), Nr. 5 im Autograph erhalten.

———

Im Jahre 1786 griff Haydn noch einmal zum Baryton. Friedrich der Große war am 17. August zu Sanssouci gestorben und die Componisten wetteiferten, ihm, der sein Lebelang ein so großer Freund der Tonkunst gewesen, durch deren Sprache einen Nachruf zu weihen. So im Norden Zelter, dessen Cantate am 25. Oct. in der Garnisonkirche zu Berlin aufgeführt wurde,[1] Reichardt's Trauercantate am 24. Jan. 1787 im Opernhause daselbst;[2] im Süden Joseph Haydn die schon früher[3] erwähnte Cantate „Deutschlands Klage auf den Tod Friedrich des Großen", für Sologesang mit Baryton=Begleitung, mit den Worten be=

---

1 Geboren 1739, vermählt 1758, gest. 1811 zu Preßburg.

1 Dr. W. Rintel, C. F. Zelter, Berlin 1861. S. 155.

2 H. M. Schletterer, Joh. Friedrich Reichardt, 1865, Bd I, S. 464.

3 Band I, S. 257 und 267. Der Text steht (wie S. 267 angegeben) i. d. Boßlerischen Musik. Realzeitung f. d. J. 1788, Nr. 8, S. 47. Von der Cantate hat sich wenigstens der Singpart in Abschrift erhalten, wie mir Herr A. Quantz in Göttingen gütigst mittheilte, der dieselbe der Hofbibliothek in Berlin überließ.

ginnend: „Er ist nicht mehr! Tön' traurend, Baryton! Tönt, laute Klagelieder"! Ohne Zweifel wurde Haydn zu dieser Composition durch sein ehemaliges Orchestermitglied Karl Franz (Bd I. 267) angeregt, der eine Reise nach Deutschland beabsichtigte, wo er sich mit dieser Cantate in zweifacher Hinsicht, durch den Gegenstand selbst und durch den Namen des Componisten vortheilhaft einzuführen hoffte. Wir sahen schon, daß er dieselbe in Leipzig am 4. Febr. 1788 im Gewandhausconcert durch die Sängerin Baldesturla (vordem in Esterház, nun verehelichte Schicht) vortragen ließ und sie auf dem Baryton begleitete und daß er in demselben Jahre das Musikstück in Nürnberg öffentlich selbst sang und begleitete.

In diesem Jahre erhielt Haydn vom König Ferdinand IV. von Neapel den Auftrag, ihm eine Anzahl Stücke für die Leier zu componiren. Außer seiner Leidenschaft für die Jagd hatte der König nur noch Interesse für Musik und speciell für die Leier, die er meisterhaft spielte. Sein Lehrer war der kaiserliche Legationssecretär Hadrara, der auch ein fertiger Clavierspieler war. Als Pleyel sich im J. 1782 vier Monate in Neapel aufhielt, mußte auch er für den König Compositionen für die Leier (darunter Concerte für 2 Liren) schreiben [1] und mag diesen auf Haydn aufmerksam gemacht haben. Haydn componirte 5 Concerte (e. 12—16) zu 3 und 4 Sätzen für 9 Instrumente für je 2 Liren, Clarinetten, Violen, Waldhörnern sammt Baß) die er später theilweise anderwärts benutzte, die beiden Liren durch Flöte und Oboe ersetzend. Die Compositionen müssen dem Könige gefallen haben, denn er lud Haydn ein, nach Neapel zu kommen, was auch Haydn versprach und im folgenden Jahre die Absicht hatte auszuführen. Im J. 1790 werden wir Haydn abermals mit Compositionen für die Leier beschäftigt sehen.

Die 6 Symphonien (a. 52—57) sind die früher erwähnten Pariser, unter dem Titel *Répertoire de la Loge Olympique*

---

[1] Cramer's Mag. f. Musik, 1789. S. 15. Ein Reisender schrieb damals: „Wer dies Instrument nur vom Bauer hat spielen hören, sollte kaum glauben, daß sich etwas gescheutes darauf hervorbringen ließe, am wenigsten etwas von Wirkung, welches reizen könnte, auf Virtuosität es anzulegen. Dies Instrument ist aber wirklich einiger Behandlung fähig. Herr Pleyel der nie eine Leyer in der Hand gehabt hatte, entdeckte beim bloßen Berühren derselben gleich einige neue Nüancen und daran zu machende Verbesserungen".

erschienen. Nr. 54 ist in Autograph erhalten. Drei haben Beinamen erhalten: Nr. 52 — *l'Ours*, wegen dem Brummbaß im letzten Satz; Nr. 53 — *la Poule;* Nr. 55 — *la Reine*, vielleicht eine Lieblingsnummer der Königin.

Weitere Compositionen aus diesem Jahre:

3 Claviersonaten (f. 24—26), im Druck erschienen.

1 Tenorarie, »*Ah, tui senti amico*« (n. 4) componirt zu *Ifigenie in Tauride* von Traetta, in Abschrift erhalten.

1 Arie »*Sono Alcina*« (n. 5) zur Oper *L'Isola d'Alcina* von Gazzaniga, in Autograph erhalten.

Im Jahre 1787 erfüllte endlich Haydn die an ihn schon 1783 ergangene öffentliche Aufforderung „der ihn ehrenden deutschen Violinisten"[1] und gab abermals 6 Quartette (d. 45—50) heraus, deren Composition Haydn schon in 1784 begonnen haben mochte. Er schrieb damas (5. April) an Artaria wegen Contract und willigte ein in die zugesagten 300 Gulden „ohngeachtet ich jedesmahl durch meine Quartette mit dem Pränumeration mehr denn 100 Ducaten erhielte, und welches mir auch Herr Willmann zu geben versprache". Artaria müße aber „in Geduld stehen bis Ende July"; außer 12 Exemplaren verlangt Haydn noch „eine willkürliche Dedication". Für diese hatte sich Artaria den König Friedrich Wilhelm II. ausersehen. In 1787 erwähnt Haydn wiederholt derselben, so am 27. Febr., wo er ein Schreiben des k. pr. Residenten Jacoby citirt, der ihm schreibt: „Was hat es mit den Stücken von Ihrer Composition für eine Bewandnuß, welche Herr Artaria nach Berlin an den König zu übersenden vorhabens ist? ich möchte darüber gerne deroselben aufschluß haben, und bitte darum ergebenst". Worauf Haydn an Artaria: „Ich hoffe ja nicht, daß Sie etwa diese Sonaten [die Sieben Worte] werden als quartetten, noch mit allen stimmen Sr. Majestät dediciren werden, weil es wieder alle Raison wäre, sondern ich glaube, daß es die neuen quartetten angehen werde, welches ich belobe, so Sie es willens sind". Ferner am 21. Juni: „Wegen der Dedication der Quartette an Sr. Maj. den König von Preußen wäre es mir am liebsten, wenn Sie selbst durch jemanden

---

[1] Die Notiz aus Königsberg steht in Cramer's Mag. f. Musik. I. S. 583.

vernünftigen in Wienn dieselbe aufsetzen ließen, aber kurtz, und
bindig. am besten könnte Ihnen der Minister Herr v. Jacobi
dazu verhülflich seyn". Nun aber theilt Dies (S. 71) folgendes
Schreiben mit:

"Sr. Majestät von Preußen rc. gereichet die abermahlige Attention, die
der Hr. Kapellmeister Haydn, Höchst Deroselben, durch Übersendung von sechs
neuen Quartetten, bezeigen wollen, zu ganz besonderm Wohlgefallen, und es
ist ohne Zweifel, daß Allerhöchst Dieselben, von jeher die Werke des Hrn Kapellmeisters Haydn zu schätzen gewußt, und jederzeit schätzen werden. Um es
Demselben thätig zu beweisen, übersenden Sie ihm beykommenden Ring, als
ein Zeichen Höchst Dero Zufriedenheit, bleiben Ihm auch in Gnaden gewogen".

Potsdam den 21. Aprill 1787.   F. Wilhelm.

Für obige Quartette konnte, wie das Datum zeigt, das
Geschenk nicht erfolgt sein; die „abermahlige Attention" läßt fast
vermuthen daß Haydn dem König zuvor die neuen 6 Pariser
Symphonien überschickte, die ein Reisender im Belvedere-Garten
in Wien gehört haben will (S. 149) und sie als ein dem König
dedicirtes Werk anführt. Artarias Ausgabe führt die Dedication
nicht, wohl aber die von Hummel in Berlin (dédiés à S. Maj.
Frédéric Guillaume II, roi de Prusse. oeuvre XXIX, Verlagsnummer 636). Und doch schreibt Haydn am 2. Mai 1787 an
Artaria: „Sie werden mit nächsten erfahren von einem Present,
welches ich ganz unverhofft von sehr großen überkommen habe",
was sich doch wohl auf des Königs Geschenk beziehen dürfte. —
Jedenfalls aber freute sich Haydn des Ringes (Diamantring von
300 Ducaten an Werth, wie Gerber angiebt) und soll ihn bei
besonderen Anlässen während der Arbeit am Finger getragen
haben. Der König war ein Freund und Beschützer der Musik
und als Schüler des älteren Duport selbst ein tüchtiger Vio-
loncellspieler. Wie freudig er Mozart, Dittersdorf, Naumann, Rosetti aufnahm und glänzend honorirte, ist bekannt.
Boccherini ernannte er zu seinem Kammercomponisten mit
lebenslänglichem Jahresgehalt. Beethoven widmete ihm seine
zwei Sonaten op. 5, die er selbst bei Hofe mit Duport gespielt
hatte. Haydn war entweder von ihm eingeladen worden, seinen
Rückweg von London bei der zweiten Reise über Berlin zu nehmen oder er wünschte selbst, ihn persönlich kennen zu lernen.

Haydn hatte in diesem Jahre ernstlich die Absicht, der Einladung des Königs von Neapel nachzukommen und Italien zu

besuchen, wie wir aus einem an Forster in London gerichteten Schreiben (dat. 8. April) ersehen: „Ich verhoffte Sie zu Ende dieses Jahres selbst zu sehen, da ich aber bis jetzo von Herrn Cramer noch keine antwort erhalten, werde ich mich für diesen Winter nach Neapel engagiren".

Dahin kam Haydn nun freilich nicht; dagegen wartete seiner ein unverhoffter Antrag aus Böhmens Hauptstadt. Der große Erfolg, den Mozart's *Don Giovanni* in Prag errungen (die erste Aufführung war am 29. Oct. 1787), mochte einen Freund Haydn's, der mit ihm seit langer Zeit in Briefwechsel stand, ermuntert haben, ihn zu bewegen, sein Talent gleichfalls auch einmal für Prag zu verwenden. Der Briefsteller war der Verpflegs-Oberverwalter Roth, der einigemal im Jahre große musikalische Akademien in seinem Hause gab, wobei auch Symphonien von den ersten Meistern aufgeführt wurden.[2] Haydn's Antwort, auf die schon hingedeutet wurde, ist zuerst in Niemetschek's Mozart-Biographie erhalten und seitdem oft citirt worden als würdiges Zeugniß von Haydn's hohem Sinn. Haydn schreibt:

„Sie verlangen eine *Opera buffa* von mir. Recht herzlich gern, wenn Sie Lust haben, von meiner Singkomposition etwas für sich allein zu besitzen. Aber um sie auf dem Theater zu Prag aufzuführen, kann ich Ihnen diessfals nicht dienen, weil alle meine Opern zu viel an unser Personale (zu Esterház in Ungarn) gebunden sind, und außerdem nie die Wirkung hervorbringen würden, die ich nach der Lokalität berechnet habe. Ganz was anders wäre es, wenn ich das unschätzbare Glück hätte, ein ganz neues Buch für das dasige Theater zu komponiren. Aber auch da hätte ich noch viel zu wagen, indem der große Mozart schwerlich jemanden andern zur Seite haben kann. Denn könnt' ich jedem Musikfreunde, besonders aber den Großen, die unnachahmlichen Arbeiten Mozarts, so tief und mit einem solchen musikalischen Verstande, mit einer so großen Empfindung, in die Seele prägen, als ich sie begreife und empfinde: so würden die Nationen wetteifern, ein solches Kleinod in ihren Ringmauern zu besitzen. Prag soll den theuern Mann fest halten — aber auch belohnen; denn ohne dieses ist die Geschichte großer Genien traurig, und giebt der Nachwelt wenig Aufmunterung zum ferneren Bestreben; weßwegen leider so viel hoffnungsvolle Geister darnieder liegen. Mich zürnet es, daß dieser einzige Mozart noch nicht bey einem kaiserlichen oder königlichen Hofe engagirt ist! Verzeihen Sie, wenn ich aus dem Geleise komme: ich habe den Mann zu lieb".[3]

---

2 Schönfeld, Jahrbuch der Tonkunst für Wien und Prag, S. 140.

3 Haydn konnte damals (der Brief ist im Decbr. geschrieben) noch nicht wissen, daß Mozart am 7. Dec. zum kais. Kammermusikus — freilich nur mit achthundert Gulden Jahresgehalt (!) — ernannt worden war.

Weitere Compositionen aus diesem Jahre:

2 Symphonien (a. 58, 59) für Paris componirt; Nr. 59 in
Autograph erhalten.

1 Sopranarie »*Chi vive amante*«, schickte Me. Sassi, verm.
Nencini nach Modena.

1 Baßarie »*Un cor si tenero in petto*« (n. 5) in Autograph
erhalten.

Zu den Männern, welche einem wahren Haydn-Cultus
trieben, zählten v. Mastiaux in Bonn und Exner in Zittau (in
Sachsen). Beide legten sich eine förmliche Bibliothek an und
kauften alles auf, was sie an Compositionen von ihrem Liebling
habhaft werden konnten. Ersterer trat auch mit Haydn in lebhafte Correspondenz. von Mastiaux Hofkammerrath des Kurfürsten von Köln, geboren 1726 auf dem Schlosse Junkerrath
(Grafschaft Blankenheim), war seit seiner Jugend halbblind.
Er fand in der Musik sein einziges Vergnügen, spielte Clavier,
Violine, Violoncell und wußte auch mit den gebräuchlichsten
Blasinstrumenten umzugehen. Seine fünf Kinder waren alle
musikalisch gebildet und namentlich die Tochter war eine der
besten Pianistinnen Bonns. Wöchentlich gab v. Mastiaux ein
Hausconcert, das er mit seiner eigenen reichen Musikalien-Sammlung versah. „Von J. Haiden ist er ein Anbeter und wechselt
mit ihm Briefe", so berichtet Neefe aus Bonn.[1] v. Mastiaux
starb 1798 zu Bonn.

August Christian Exner, hochverdienter Kauf- und Handels-
herr, hatte sogar einen eigenen Musiksaal zu Orchester-Produktio-
nen erbaut. Sein reicher Vorrath an Musikalien blieb durch die
Sorgfalt der Söhne und Erben erhalten, welche dieselbe dem
Gymnasial-Chor der Vaterstadt schenkungsweise überließen.

Von den drei, in dieses Jahr (1788) aufgenommenen Symphonien ist die dritte (a. 62) die bekannte Kinder-Symphonie. Wie sie entstand? Nun — das kleine Ding spricht für sich
selbst und willig folgen wir der Tradition. Wir sehen den auf-
gepußten Jahrmarkt und die Landleute von Nah und Fern, ihren
Bedarf für Familie und Haus einzukaufen. Für Groß und Klein

---

1 Cramer's Mag. b. Muj. 1783. S. 388; 1787. S. 1386.

ift geforgt, für Küche, Keller und Wohnzimmer. Es ift ein wüftes Durcheinander; Jeder preist feine Waare, Jeder fucht und findet, was er für fich und Andere brauchen kann. Der Burfche denkt an feine Liebfte und diefe an ihn, der Mann auf die Frau und diefe an die Kinder. Und an diefen ift kein Mangel. Sie begaffen die Wunder nicht nur, fie greifen auch keck zu und was halbwegs tönt und Geräufch macht, ift ihnen am liebften. Die Buben voran läßt der Eine den Kukuk rufen, der Andere bläft in die Trompete, ein Dritter hat die Orgelhenne (Nachteule) entdeckt, ein Vierter bearbeitet die Schnarre (Ratfchen) und den Cymbelftern; die Trommel aber überlärmt alle. Haydn (denn er ift felbftverftändlich unter der Menge) ift in befter Laune; aber am meiften erfreuen ihn die Kinder, die fo voller Luft in fein Fach pfufchen. Er kauft Jedem fein Lieblingsftück und fchließlich für fich felbft ein ganzes Septett — alle genannten Inftrumente, denn bereits hat fich in ihm der Schalk gerührt. Zu Haufe angekommen ftellt er feine Sammlung in Reihe und Glied auf, nimmt Feder und Papier zur Hand, fügt den Inftrumenten als verbindenden Kitt Baß und zwei Violinen hinzu und läßt nach gethaner Arbeit einen Theil feines Orchefters für den kommenden Morgen zu einer wichtigen Probe einladen. Sie dauerte diesmal ungewöhnlich lange, da die fonft fo taktfeften Mufiker vor Lachen zum erftenmale in ihrem Leben gleich zu Beginn umwarfen und immer wieder neu beginnen mußten. Das war Haydn's Kinder-Symphonie — das Spiel der Marionette auf Inftrumente übertragen. Die urfprünglichen Auflagftimmen [2] tragen die Bezeichnung *Sinfonia Berchtolsgadensis*, nach dem bekannten Marktflecken in Bayern, der von jeher fich durch feine Kinderfpielwaaren auszeichnete.

Die Kinder-Symphonie (franz. *Symphonie burlesque* oder *d'enfants*, auch *la foire des enfants;* engl. *the Toy*) erheiterte manche gefellige Kreife. J. E. Eberwein fchrieb dazu einen Prolog,[3] in dem Haydn nach dem gedachten Orte felbft verfetzt wird.

---

2 Man findet auch Pfeife und Triangel hinzugefügt. Die Stimmung der Inftrumente ift folgende: Kukuk — G und E (nach diefen werden die Violinen und der Baß geftimmt); Trompete und Trommel — G; Wachtel — F. Allegro und Menuet erfordern mäßige Bewegung wegen dem Kukuk; das letzte Stück ift 3 mal zu fpielen, zuerft Moderato, dann Allegro, zuletzt Prefto.

3 Verlag Hofmeifter, als Zugabe zu dem Clavier-Arrangement.

In Berlin ließ sie Zeune, Director des Blinden-Instituts, zur Vorfeier der Weihnachten (1840) von seinen Zöglingen spielen, die sich erhaben gedruckter Noten bedienten.[4] Beim Banket, das dem Musikfeste in Lausanne in 1823 folgte, wurde die Symphonie von Jünglingen in Kinderkleidung aufgeführt.[5] Bei einem Narrenfest in Kroll's Wintergarten in Breslau (1830) dirigirte die Symphonie Musikdirector Wolf mit dem Dreschflegel und die Musiker ließen ebenso ihrer Laune freien Lauf.[6] In einem Concerte, das 1843 zu Wien für den alten Gyrowetz veranstaltet wurde, wirkten bei der Symphonie Hofopernkapellmeister Otto Nicolai, Dr. A. J. Becher, Violoncellvirtuose Merk, Violinspieler Holz, Professor Fischhof, Dichter Bauernfeld, Pianist Evers, Baron Lannoy, unter Leitung eines Miniatur-Kapellmeisters am hohen Dirigentenpult.[7]

Die zweite Symphonie (a. 61) ist die erst in neuester Zeit bekannter gewordene sogenannte Oxford-Symphonie, urspünglich für Paris componirt. Als Haydn im J. 1791 von London aus nach der altberühmten Universitätsstadt Oxford reiste, um das Diplom zu seiner Ernennung als Ehren-Doctor persönlich in Empfang zu nehmen, traf er zu spät ein, um von einer mitgebrachten neuen Symphonie die nöthigen Proben abhalten zu können; er wählte daher jene vorräthige ältere, der von da an obige Bezeichnung beigelegt wurde.

Weitere Compositionen aus diesem Jahre:

1 Symphonie (a. 60), für Paris componirt.

2 Arien »*Dica pure chi vuol dire*«, und »*Signor voi sapete*« (n. 6, 7), Einlagen zu Martin's Oper *Una cosa rara*, im Druck erschienen.

1 Tenor-Arie »*Se tu mi sprezzi*« (n. 8), in Autograph vor-vorhanden.

Im Jahre 1789 erschienen fast gleichzeitig bei Artaria und *Au Magasin de Musique* 6 Quartette von Haydn (d. 51—

---

4 A. W. Muf. Ztg. 1841. S. 40.

5 Allg. Muf. Ztg. XXV. S. 670.

6 Dr. W. Biol, Aus dem Leben eines alten Organisten . . . . .

7 Allg. Muf. Ztg. 1843. Nr. 9.

56) *dediés à Monsieur Jean Tost*. Die nächstfolgenden 6 Quar=
tette (d. 57—62) im J. 1790 componirt, tragen dieselbe Dedica=
tion. Diese beiden Serien, im Privatgebrauch kurzweg „die Tost'=
schen" genannt, blieben lange Zeit die beliebtesten Quartette und
stellte man ihnen nur die Mozart'schen zur Seite. Indem wir
hier einem Manne wiederholt eine Auszeichnung zutheil werden
sehen, deren sich selbst Grafen und Fürsten nur einmal rühmen
konnten, verlohnt es wohl, denselben näher ins Auge zu fassen.

Johann Tost war Großhandlungs=Gremialist in Wien,
ein großer Musikfreund und selbst ein vorzüglicher Violinspieler
der, gleich dem Großhändler v. Häring, manchen Meister auf
diesem Instrument beschämen konnte.[1] Wo die Tonkunst rief, war
auch Tost zur Hand. Als der geniale Violinist Bridgetower
am 24. Mai 1803 ein Concert im Augarten gab, stand Tost
dem höchsten Adel zunächst mit 12 Billets auf der Subscriptions=
liste.[2] Als die Musik-Dilettanten Wiens sich 1812 zu einem gro=
ßen Concerte vereinigten zur Unterstützung der dürftigsten Be=
wohner des Schlachtfeldes von Aspern, leitete er die Violinen.
„Hohes Lob (schrieben damals die Vaterl. Blätter[3]) gebührt eben=
falls Herrn v. Tost als Director des Orchesters. Ausgedehnte
musikalische Reisen, große Kenntnisse und gereifte Erfahrung so=
wie der richtigste Vortrag als Violinspieler haben schon längst
diesem ächten Musikfreunde einen ausgezeichneten Platz unter den
ersten Künstlern angewiesen". Und als nun unmittelbar nach
diesem Concerte die Mitwirkenden die ersten Schritte thaten zur
Verwirklichung eines zu gründenden Musik=Dilettanten=Vereines
(die jetzige Gesellschaft der Musikfreunde), war auch Tost unter
den so ernannten Bevollmächtigten zur Wahl des größeren Aus=
schusses. Der Violinspieler Wenzel Krumpholz, einer der frühe=
sten und enthusiastischsten Verehrer Beethoven's, widmete Tost ein
Musikstück „Abendunterhaltung für eine Violine"; Franz Weiß,
Kammermusikus bei Fürst Rasoumowsky, einer der Bevorzugten,
der unter Schuppanzigh in des Fürsten Palais Beethoven's Quar=
tette zuerst kennen lernte, widmete Tost 3 Quartette op. 1; ebenso
Spohr ein Quintett op. 33. Nr. 1. Louis Spohr gab damals

---

1 Vaterl. Blätter f. b. öst. Kaiserst. 1808. S. 53.
2 Thayer, Beethoven II. 390.
3 Nr. 100, 12. Dec.

in Wien 2 Concerte (Dec. 1812 und Jan. 1813) im kleinen Redoutensaale und führte sein Oratorium „Das jüngste Gericht" (21.
und 24. Jan. 1813) im großen Redoutensaale auf. Mit Tost
schloß er ein eigenthümliches Bündniß: er verpflichtete sich, gegen
ein angemessenes Honorar auf 3 Jahre Tost alles zu überlassen,
was er in dieser Zeit componiren würde oder auch schon componirt in Manuscript vorräthig hatte. Spohr mußte ihm die Partituren einhändigen und durfte auch keine Abschrift zurückbehalten.
Dagegen bewilligte Tost, daß während dieser Zeit jedes beliebige
von ihm verwahrte Werk aufgeführt werden dürfe und zwar so
oft wie möglich, aber nur in seiner Gegenwart. Vorzugsweise
wünschte Tost Werke die sich für Privatzirkel eigneten, als z. B.
Quartette, Quintette für Streichinstrumente oder auch gemischte
Kammermusik. Tost gestand selbst, daß er dabei den Zweck im
Auge habe, neue Bekanntschaften im Handelsstande anzuknüpfen
und überhaupt sein Ansehen zu heben.[4]

Soweit über Tost als Musikfreund. Das Leben dieses Mannes erweckt aber auch in socialer Hinsicht unsere Theilnahme. Es
ist ernst genug. Tost war aus Ungarisch-Hradisch in Mähren
gebürtig, heirathete 1790 ein wohlhabendes Mädchen, vermehrte
sein Vermögen während des Krieges durch beträchtliche Lieferungs-
geschäfte für die Armee und wurde Inhaber einer Tuchappretur-
Anstalt in Iglau und Tuchfabrik zu Stecken in Böhmen. Tost
ließ sich nach dem Tode seiner Frau 1799 in Wien nieder, wurde
Hausherr und kam 1801 bei der N.-Ö. Landesregierung ein um
Aufnahme ins Großhandlungs-Gremium, mit Hinweis, daß er
1000 Webstühle und 50000 Menschen beschäftige und mit Vorlage von Danksagungsschreiben von 10 böhmischen Ortschaften,
die ihn als Wohlthäter priesen. — Die Sonne Tost's leuchtete
ihm bis 1813; von da an ging es mit ihm rasch abwärts.
In diesem Jahre verlangte er von der Tonkünstler-Societät ein
Capital gegen Sicherstellung, das ihm aber verweigert wurde.
Tost & Co. wandern nun in den nächsten Jahren mit ihrem
Comptoir von Straße zu Straße. Tost's erster öffentlicher Ge-
sellschafter (Ladislaus Freiherr v. Schlieber) war längst gestorben;
ihm folgte der zweite (Karl Partsch). Nun sah sich Tost einer
Vorladung gegenüber zur Erklärungs-Abgabe seines Activ- und

---

4 Spohr, Selbstbiographie, I. S. 182.

Passivbestandes, denn er hatte schon durch mehrere Jahre kein Großhandlungsgeschäft betrieben und keine Handlungsbücher ge=
führt. Er verschwindet aus Wien und wird dem bestehenden Ge=
setze gemäß, nach welchem eine Handlungs=Befugniß nicht länger
als ein Jahr unbenutzt bleiben darf, seines Handlungsrechtes für
verlustig erklärt. Dagegen erklärt er von Ofen aus, daß er ge=
gründete Hoffnung habe, neue Verbindungen anknüpfen zu kön=
nen, seine Schuldenlast zu tilgen, die rückständigen Steuern zu
zahlen und demnach um Rücknahme seiner Cassirung bittet. Ver=
gebens. Das Mercantil= und Wechselgericht weist seine Vorstellung
zurück: das Handlungsrecht des priv. Großhändlers Johann Tost
wird definitiv als erloschen erklärt. — Neun Jahre später hören
wir von dem Sohne, Karl Tost. Er war Großhandlungs=Associé,
hatte sich 1814 im April vermählt, wurde nach wenigen Tagen
Wittwer und sah sich vom Unglück, das den Vater betroffen,
in Mitleidschaft gezogen. Sein letzter Stand war Hofmeister.
Als solcher wurde er, wie er ging und stand, im Salonfrack im
J. 1827 ins Strafhaus in die Leopoldstadt abgeführt und starb
daselbst nach zwei Jahren am Schlagfluß. Seine „Effecten" (Frack
und weiße Cravate) wurden licitando für 40 Xr. verkauft; an
baarem Arbeitsgeld hinterließ er 1 Gulden 33½ Xr.[5] — So
endete dies einst so blühende Haus!

Im Juni 1789 wurde Haydn mit einem Schreiben von der
wiederholt genannten Dame Edle von Genzinger aus Wien
überrascht. Dem Schreiben war der Clavierauszug eines Andante
von Haydn's Composition beigeschlossen, den die Übersenderin
nach der Partitur selbst verfertigt hatte und nun um dessen Gut=
achten bittet. Die Familie v. Genzinger wohnte seit Anfang der
80er Jahre im Schottenhof.[1] Peter Leopold Edler v. Gen=
zinger, der Weltweisheit und Arzneikunde Doctor, wurde am

5 Akten d. k. k. N. Ö. Mercantil = und Wechselgerichts. — Handlungs=
Gremien = Schema von Wien. — Handelsstand = Kalender. — Handlungs = Gre=
mium= und Fabriken=Adreßbuch. — Landesgerichts=Archivs= Akten.

[1 Ein umfangreiches, dem Benedictiner = Stift gehöriges Gebäude, das
sich der Kirche „Unserer lieben Frau zu den Schotten" anschließt. Es war das
erste Mönchskloster in Wien, im 12. Jahrh. von Markgraf (sp. Herzog) Jaso=
mirgott für schottische Benedictiner Mönche erbaut, an deren Stelle später
deutsche Mönche dieses Ordens traten. Kloster und Kirche brannten bei der
Türkenbelagerung 1683 ab, wurden 1690 wieder hergestellt. Das jetzige Kloster=
gebäude wurde 1827—32 ganz neu aufgebaut.

29. Jan. 1780 für seine großen Verdienste von Maria Theresia
in den österreichischen Adelstand erhoben; er war im J. 1793
Rector Magnificus der Universität und starb am 8. Mai 1805
im 69. Lebensjahre.[2] Als er 1784 die Gemahlin des Grafen Palm
von schwerer Krankheit befreite, ernannte ihn der Graf zu seinem
beständigen Hausdoctor mit 2000 Gulden Jahresgehalt und sicherte
seiner Frau eine Pension von 1500 Gulden.[3] Früher schon war
er Leibarzt des Fürsten Nicolaus Esterházy, wodurch er mit Haydn
in häufige Berührung kam. Seine Gattin, Maria Anna Sa-
bina, geborene Edle von Kayser, war eine kunstsinnige und
namentlich in der Musik wohlerfahrene Dame. Zur Zeit, da
Haydn mit ihr in Briefwechsel trat, war sie Mutter von 6 Kindern, von denen Josephine und Franz die ältesten (geb. 1774
und 75) waren. Josephine, welche den Dr. Joh. Pitteri aus Triest
heirathete, ist dieselbe, welche Haydn bitten läßt, ihn „bei jeder
Gelegenheit als Ihren unwürdigen Meister anzunehmen" und auch
sonst in seinen Briefen öfters erwähnt. — „Singt meine gute
Freyle Pepi bisweilen die arme Ariadne"?[4] schreibt er aus
London. Und früher aus Esterház: „Daß meine liebe Arianna
im Schottenhof Beyfall findet ist für mich entzückend, nur reco-
mandire ich der Fräulein Peperl die Worte, *Chi tanto amai* gut
auszusprechen". Und wiederum: „Meine gute Freyle Peperl wird
sich (hoffe ich) durch öfteres absingen der Cantate auch des Meisters erinnern, besonders bey reiner aussprache und genauer
Vocalisirung, dan es wäre eine Sünde, wenn eine so schöne
stimme in der brust versteckt bliebe, ich bitte Derohalben um ein
öfteres lächlen, sonst geht mir ganz gewiß etwas vor. Dem
Mons. François empfehle ich mich ebenfalls in sein musikalisches
Talent; wan Er auch im schlafröckl singt, es geht doch immer
gut. ich werde zur aufmunterung öfters etwas neues übermachen".
Marianne Edle von Genzinger starb am 26. Jan. 1793, 38 Jahre
alt und wurde auf dem Währinger Friedhofe begraben.[5]

---

2 Tobtenprotokoll und Pfarr-Register.

3 Wienerblättchen 1784, 28. April.

4 Arianna a Naxos.

5 Pfarrregister und Tobtenprotokoll. Bei des Vaters Tode lebten von
den Kindern nur noch Josepha, Franz (Praktikant bei der N.-Ö. Regierung)
und Peter Leopold (Fähnrich in einem Infanterie-Regiment). Letzterer starb
1807.

Der Familie des sehr beliebten Damen=Doctors begegneten wir
schon in der Chronik unter jenen, die der Tonkunst mit Vorliebe
huldigten. Wenn Haydn nach Wien kam, war er dort an der
Tafel ein willkommener Gast, ließ der Tochter von seinen Er=
fahrungen im Gesange profitiren, sich von der Mutter auf dem
Clavier vorspielen und setzte sich selbst als Ausübender zum
Quartett. Ganz besonders aber fühlte er sich von der feingebil=
deten Frau des Hauses angezogen, während sie nicht minder in
ihm den Künstler und vortrefflichen Menschen verehrte. Obiges
Schreiben führte zu einer regen Correspondenz zwischen Beiden,
deren Veröffentlichung wir Dr. Th. von Karajan verdanken.[6] Welch'
scharfer Contrast im Vergleich zu Haydn's zur Zeit ja noch im=
mer bestehenden Stellung Signora Polzelli gegenüber!

Wie wahrhaft glücklich sich Haydn in diesem Familienkreise
fühlte, wie ihm die Zeit seines Besuches immer nur allzu rasch
verflog, sprechen seine Briefe hinlänglich aus. Saß er dann
wieder in Esterház, fühlte er um so peinlicher dessen Einöde.
Dann klagt er wohl der „allerbesten, gütigsten" Freundin sein Leid
„das Herz voll der Erinnerung vergangener edler Tage — ja
leider vergangen — und wer weiß, wan diese angenehmen Tage
wieder kommen werden! diese schönen Gesellschaften, wo ein
ganzer Kreis Ein Herz, Eine Seele ist — alle diese schönen
musikalischen Abende — welche sich nur denken und nicht be=
schreiben lassen — wo sind alle diese Begeisterungen? — weg
sind sie — und auf lange sind sie weg". Nur schwer versucht er
dagegen, den Gedanken an so manche Widerwärtigkeiten mit dem
Ausruf zu bekämpfen: „Nun in Gottes Namen: es wird auch
diese zeit vorüber gehen und jene wieder kommen, in welcher ich
das unschätzbare Vergnügen haben werde, neben Euer Gnaden
am Clavier zu sitzen, Mozart's Meisterstücke spielen zu hören
und für so viele schöne Sachen die Hände zu küssen". Kein
Wunder, daß er auch in London, wo ihm doch von allen
Seiten gehuldigt wurde, selbst in einem der liebenswürdigsten
Familienkreise und mitten in der schönen Natur des Genzinger'=
schen Hauses mit Sehnsucht gedachte. Dabei liegt ihm alles da=
ran, daß die Reinheit seiner Gesinnung im Auge der Freundin
keinen Makel erfahre, weßhalb er, als ein Brief an sie verloren

---

6 Haydn in London 1791 und 1792. Wien, Karl Gerold's Sohn 1861.

ging, sie versichert, daß seine Freundschaft und Hochachtung, so
zärtlich dieselbe auch sei, niemals strafbar sein werde. Marianne
beabsichtigte im J. 1790 Haydn in Esterház zu besuchen, doch
kam es nicht dazu. Noch einigemal sendet sie ihm Arbeiten und
ist überglücklich, daß Haydn sie so günstig aufnahm und sogar
des Druckes würdig erklärte. Haydn dagegen schickte ihr seine
neuesten Compositionen zur Einsicht, beabsichtigte eine Sympho=
nie für sie zu schreiben (die aber erst in London zur Ausführung
kam) und bestimmte ebenso eine Sonate auf ewig für sie allein.

Mehr aber als alle diese Zeichen achtungsvoller Zuneigung
sagt uns ein „Abschiedslied", das Haydn vor seiner Abreise nach
London der Freundin widmete. Er öffnet uns darin in Wort
und Ton ohne Rückhalt sein Herz. Und wie in den schlichten
Worten, so spricht sich mehr noch in den Tönen eine sanfte,
keusche Wehmuth aus, eine Stimmung die uns deutlich verräth,
was Marianne dem scheidenden Freunde gewesen. In vier Stro=
phen weiht der Sänger der besten Freundin dies kleine Angebinde
der Freundschaft und Achtung. Dürfte er das Schicksal lenken,
immer bliebe er bei ihr. Doch es ist des Menschen Loos: kaum,
daß man sich kennt, muß man auch wieder scheiden. Selig wären
seine Tage ihr zur Seite hingeschwunden. Sie möge sein geden=
ken, auch wenn Meer und Land sie trennen; dann auch dauere
fort der Freundschaftsbund. Ewig wird sein Herz sich nach ihr
sehnen; seinem Blick entschwunden, kann ihn nichts erfreuen.
Des Schicksals Schlüsse, wie so hart und wehmuthsvoll. „Nimm
den letzten uns'rer Küsse. Freundin! ach, so lebe wohl"! [7]

In einem Briefe Haydn's an Artaria (15. Nov. 1789) lesen
wir: „es war die vorige woche Herr Bland ein Engländer bey
mir (nämlich in Esterház); Er wollte mir verschiedene Stücke
abnehmen, Er erhielt aber in Rücksicht Jhrer keine Note". So
unbedingt aber ließ sich der Engländer nicht abfertigen; schon
am 11. Januar 1790 erhielt Haydn einen Brief aus London,

---

7 Jch verdanke die Kenntniß dieses bis jetzt gänzlich unbekannten Liedes
durch Vermittelung des Herrn F. Wessely, Musikalienhändlers in Wien, der
Güte des Besitzers, Herrn Anton Ruthner, der dasselbe von dem einstigen
Pfarrer in Seefeld (Flecken in Oesterreich u. d. Enns) und dieser von Frau v.
Genzinger selbst erhielt. Der als ein schon sehr bejahrter Mann geschilderte
Besitzer war eigens vom Lande in die Stadt gefahren, um auf das Lied auf=
merksam zu machen und ist seitdem spurlos verschwunden.

worin Mr. Bland um Clavier=Trios ansucht. Wiederum läßt
Haydn Artaria den Vorzug, verlangt aber bis zum nächsten
Morgen (Haydn war damals in Wien) zu wissen, ob Artaria
3 Trios „jede wie gewöhnlich per 10 Ducaten" annehmen will.
Bland's Hauptabsicht bei seinem Besuche war, Haydn zu der so
oft in Anregung gebrachten Reise nach England zu bestimmen
und er scheint darin nicht ohne Einfluß gewesen zu sein, zum
mindesten seinem Nachfolger, Salomon, die Schritte erleichtert
zu haben. Mit Bland wurde Haydn später enger befreundet.
Bei seiner Ankunft in London stieg er bei ihm ab (45. Holborn,
vis-à-vis Chancery=Lane in der City); dort erschien auch sein
von T. Hardy gemaltes und in Kupfer gestochenes Porträt und
schon früher gab Bland verschiedene Werke von Haydn heraus,
darunter das *Stabat mater* und die Cantate *Arianna a Naxos*,
von der ihm Haydn in Esterház das Autograph geschenkt hatte.
Bland, der in späteren Jahren sein Geschäft an Mr. Purday
verkauft hatte, besuchte einst als 90jähriger Greis sein ehemaliges
Gewölbe und erzählte dem Besitzer daß er der Erste war, der
nach Deutschland hinüberging, um Haydn für die Salomon=
Concerte zu gewinnen.[1] Auch bestätigte er die bekannte Anekdote,
daß er bei seinem Besuche Haydn gerade vor dem Spiegel antraf,
um sich zu rasiren. „Ach! Mr. Bland (rief er aus, denn er litt
unter seinen eigenen Händen Höllenqualen), hätte ich doch ein
gutes Paar englischer Rasirmesser, mein bestes Quartett würde
ich darum geben". Rasch eilte Bland in den nahe gelegenen Gast=
hof, holte seine eigenen Messer und übergab sie Haydn, der ihm
hocherfreut dagegen ein eben fertig gewordenes Quartett (Nr. 5
der Tost'schen) übergab, das seitdem unter der Bezeichnung „Rasir=
messer=Quartett" bekannt ist.

Drei Clavier=Trios (h. 7, 8, 9) hatte Artaria schon
im August 1788 bestellt. Am 26. October schreibt Haydn: „Um
Ihre 3 Clavier=Sonaten besonders gut zu componiren, ware ich
gezwungen, ein neues *forte-piano* zu kauffen". Er rechnete dabei
auf Vorschuß von Artaria, an den er sich weiterhin bittend wendet:
„nun da es Ihnen schon längst bekannt seyn wird, daß auch denen
gelehrten zu zeiten das Geld mangelt, unter welchen es auch jezo

---

1 Mitgetheilt von C. H. Purday, engl. Componist und Sänger, in *The
Leisure Hour*, 1880, Augustheft dieser Londoner Monatschrift.

mich betrifft" und ersucht ihn daher, ihm 31 Species=Ducaten
vorzustrecken und auszuzahlen an den Orgel= und Instrument=
Macher Wenzl S ch a n z.   Ende März 1789 sendet er an Artaria
die dritte Sonate „welche ich also nach ihrem geschmack mit Varia=
zionen ganz neu verfertigte (nämlich Nr. 7. der zweite Satz). bitte,
alle 3 baldmöglichst zum stich zu befördern, weil schon viele mit
schmerzen darauf warten".   Am 5. Juli hatte Haydn die Trios
sammt einer Fantasie schon gedruckt in Händen, „nur bedaure ich,
daß hie und dort einige fehler mit eingeschlichen sind, welche
nunmehro nicht mehr abgeändert werden können, weil sie schon
verschickt und zum verkauf hindan gegeben worden. es ist immer
schmerzlich für mich, daß noch kein einziges Werk unter Ihrer
aufsicht fehlerfrey ist.   Sie hatten mir sonst vor der Herausgabe
immer den allerersten abdruck eingesandt und Sie thaten ver=
nünftig". . . . . und so geht die Klage weiter.

Die eben erwähnte in bester Laune geschriebene F a n t a s i a
(k. 4), welche noch heuzutage in Concerten gespielt wird, instru=
mentirte der Musikdirector Ignaz Ritter von S e y f r i e d und
benutzte sie als Ouverture zu dem seinerzeit in Wien, Berlin und
andern Städten oft gegebenen Singspiel „Die Ochsenmenuet",
mit Musikstücken von Haydn ausgestattet. [2]

Ein nicht minder bekanntes C a p r i c c i o (k. 3) über das
Volkslied „Ich wollt' es wäre Nacht", bietet Haydn am 29. März
in folgender selbstgefälliger Weise Artaria an: „Ich habe bey
launiger stunde ein ganz neues Cappriccio für das *forte piano*
verfaßt, welches wegen geschmack, seltenheit, besonderer aus=
arbeitung ganz gewiß von Kennern und Nichtkennern mit allen
beyfall muß aufgenohmen werden. Es ist nur ein einziges stuck,
etwas lang, aber nicht gar zu schwer; nachdem Sie immer von
meinen werken den vorzug haben, so biete ich es Ihnen dar für
24 Ducaten: der Preiß ist etwas hoch, aber ich versichere Sie
einen Nutzen davon zu schöpfen".   Am 6. April sendet er Assecu=
ranz=Quittung und Capriccio „mit gänzlicher Versicherung daß
es keine andere Seele aus meiner Hand empfangen solle.   Es ist

---

2 Die erste Aufführung dieses Singspiels, dem eine durchaus erdichtete
Anekdote zugrunde liegt, fand statt zum Benefice Seyfried's im Theater an
der Wien am 13. Dec. 1823.   Schon 1812 wurde in Paris nach derselben
Idee ein Vaudeville von Hofmann aufgeführt: *Haydn ou le Menuet du boeuf.*

mir aber leyd, daß ich vermög meiner Arbeith von diesen 24 $\sharp$ keinen Kreutzer nachlassen kan".

In dieses Jahr fällt auch die Composition der schon er= wähnten *Arianna a Naxos* (n. 9), einer umfangreichen Cantate für eine Singstimme mit Clavierbegleitung (Rec.: *Teseo mio ben*. Arie: *Dove sei mio bel tesoro*). Die seit Monteverde von vie= len Componisten (namentlich von Benda) mit Vorliebe benutzte Sage schildert den Moment, wo Ariadne an felsiger Meeresküste erwachend, in der Ferne Theseus' Schiff mit vollen Segeln da= voneilen sieht. Haydn's Composition, eine hochdramatische Opern= scene, drängt nach Instrumentation und wurde in dieser Gestalt vom Kapellmeister G. A. Schneider[3] in Berlin bei der Gedächt= nißfeier Haydn's im Sept. 1809 und später auch in München, Leipzig und anderwärts mit Beifall aufgeführt. Ihre häufigen Auflagen in Deutschland, Frankreich, England, Italien (in Wien bei Artaria) sprechen für ihre Beliebtheit. „Abgesehen von den Oratorien, ist sie mir die liebste Gesangs=Composition (sagte Rossini zu Hiller),[4] namentlich ist das Adagio darin sehr schön" (und er begann ein gutes Stück davon zu singen). Daß Haydn selbst seiner „lieben Arianna" mit Vorliebe gedenkt, sahen wir bereits. Die Musik mußte einmal sogar als Basis zum Schluß= act von Vigano's Ballet „Otello" dienen, das 1818 in Mailand aufgeführt und zu diesem Zweck eigens instrumentirt und hie und da der Action anpassend erweitert wurde.[5]

Weitere Compositionen aus diesem Jahre:

1 Claviersonate (f. 27) im Druck erschienen.
1 Sopran=Arie »*Infelice sventurata*« (n. 10) in Autograph vorhanden.

Im Januar 1790 verlebte Haydn glückliche Tage in Wien, deren Nachhall noch in seinem nächsten Briefe aus Esterház nach= klingt. Und wiederum war es das v. Genzinger'sche Haus, das ihn festhielt. Am 29. war daselbst Quartett=Abend, zu dem ein „Pater Professor" (wohl von den Schotten) und der ausgezeich=

---

3 Bei Simrock in Auflagstimmen erschienen.
4 F. Hiller, Aus dem Tonleben unserer Zeit, Bd. II, S. 30.
5 Allg. Mus. Ztg. XX, Nr. 16.

nete Violinist, Großhändler v. Häring eingeladen waren. „Herr
v. Häring (schreibt Haydn am 23. Jan. an seine Freundin) schätzte
sich glücklich mir dißfalls dienen zu können, um so viel mehr,
da ich Demselben die aufmerksamkeit, und alle die übrigen schö=
nen Verdienste von Euer Gnaden abschilderte. nun wünsche ich
mir nichts als einen kleinen beyfall". Es wurden also Haydn'sche
Quartette und wohl die neuesten (die Tost'schen) durchgenommen.
Ferner sehen wir Haydn wiederholt an der Seite Mozart's, der
damals vollauf beschäftigt war mit seiner Oper *Così fan tutte*,
deren erste Aufführung Dienstag den 26. im National=Hoftheater
stattfand. Am 19. (Dienstag) schreibt Mozart an Puchberg,
seinem Freunde und steten Helfer in der Noth: „Morgen ist die
erste Instrumental=Probe im Theater — Haydn wird mit mir
hingehen" — erlauben es Ihre Geschäfte, und haben Sie viel=
leicht Lust der Probe auch beyzuwohnen, so brauchen Sie nichts
als die Güte zu haben, sich Morgen Vormittag um 10 Uhr bei
mir einzufinden, so wollen wir dann alle zusammen gehen".[1]
Und dann wieder: „Donnerstag (14. oder 21.) aber lade ich
Sie (aber nur Sie allein) um 10. Uhr Vormittag zu mir ein,
zu einer kleinen Oper=Probe; — nur Sie und Haydn lade ich
dazu".[2] Daß Haydn auch der ersten Aufführung der Oper bei=
wohnte, darf man wohl für gewiß annehmen, sowie er auch
einer der Aufführungen von *Le Nozze di Figaro* (8. Jan. oder
1. Febr.) besucht haben muß, deren Melodien ihn noch nach der
Rückkehr in Esterház des Nachts im Traume umschwebten. Nur
allzu rasch eilten diese sonnigen Tage vorüber. Nochmals erfolgte
eine Einladung für den 2. Februar in den Schottenhof, allein
Haydn mußte ablehnen, denn — „morgen kehre ich wieder zur
traurigen Einsamkeit!"

Treten wir unterdessen dem oben und schon früher (S. 213)
genannten Manne, dessen Gefälligkeit Haydn auch in Geldange=
legenheiten in Anspruch nahm[2a] und der seinen Namen in Mo=
zart's Lebensgange in so schöner Weise verewigt hat, etwas näher.

Puchberg's Großvater, Johann Mathäus, geb. 1670
in Franken, machte sich zu Anfang des 18. Jahrhunderts durch

---

1 G. Nottebohm, Mozartiana, S. 57.　2 Nottebohm, Mozartiana, S. 64.
2a Haydn schreibt am 20. Juni 1793 aus Eisenstadt an die Polzelli;
»Spero che tu avrai ricevuto due cento fiorini spediti dal Sig. Buchberg,
e forse gli altri cento, in tutto 300 fiorini.

Güterankauf in und um Krems an der Donau ansässig und starb daselbst am 5. Mai 1753. Sein Sohn Johann Michael wurde Syndikus in Zwettel und erduldete als Geißel im Krieg gegen die verbündeten Baiern und Franzosen harte Gefangenschaft. Sein sechstes Kind, Johann Michael, geb. 21. Sept. 1741, ist unser in Rede stehender Puchberg. Derselbe erwarb sich frühzeitig wissenschaftliche Kenntnisse, erlernte das höhere Merkantil- und Fabrikfach, wurde Director der k. k. priv. Niederlage des Michael Saliet, heirathete die Wittwe desselben und trat mit ihr in ein ordentliches Handlungsbündniß. In dieser Stellung unterstützte er viele Fabrikanten aus seinem beträchtlichen Vermögen und wurde Großhandlungs-Gremialist. Nach dem Tode seiner Frau (1784) heirathete er Anna Eckert. Aus seiner ersten Ehe stammte eine Tochter, Josepha, geb. 1781, aus der zweiten Ehe ein Sohn, Xaver, geb. 1788. Dies war der Bestand der Familie zur Zeit, als Mozart und Haydn mit Puchberg verkehrten. Mit seinem älteren Bruder, Franz Xaver, der 30 Jahre lang in Passau eigene Handlung geführt hatte, kam Puchberg im Jan. 1793 bei der Regierung ein um Verleihung des Adelsstandes mit dem Prädikat Edler von und zwar in Berücksichtigung der eigenen sowie der Vorfahren Verdienste und des Umstandes, daß ihre Familie ohnedies altadeligen Herkommens sei, das Diplom aber verloren gegangen sei. Erstgenannter Johann Mathäus hatte nämlich, ein seltener Mann, vor seinem Tode alle auf seinen Adel bezüglichen Urkunden vernichtet, indem er erklärte, wer von seinen Nachkommen nach dieser Auszeichnung verlange, solle sich dieselbe durch eigene Verdienste erwerben. So sehen wir denn auch seinen zweiten Sohn, Johann Mathias, k. k. Hofrath († 1788) im J. 1780 in den Ritterstand erhoben. Im April 1794 wurde die Michael Saliet'sche Niederlags-Handlung aufgelöst und Puchberg als selbstständiger privilegirter Großhändler erklärt. Acht Jahre später lesen wir: „Vermöge Regierungsdecret dat. 30. März 1802 ist diese Großhandlung kassirt worden". In derselben Zeit am 22. März, starb auch der ältere Bruder.[3]

Wir folgen nun Haydn nach Esterház. Er fühlt sich sehr unglücklich. „Da sitze ich in meiner Einöde (schreibt er am

---

[3] Adels-Archiv; K. F. B. Leupold, Allg. Adels-Archiv, Wien 1789; Handlungsschema; Acten des Landesgerichts.

9. Februar an Marianne) — verlassen — wie ein armer Waiß —
fast ohne menschlicher Gesellschaft"... und nun folgt ein langes
Register voll Klagen — „selbst mein Forte piano, daß ich sonst
liebte, war unbeständig, ungehorsam, es reizte mich mehr zum
ärgern, als zur beruhigung" — und, wo möglich, steigerte noch
der fatale Nordwind und das übel bestellte Kosthaus Haydn's
üble Laune.

Doch es blieb nicht lange Zeit zu Klagen. Am 25. Februar
verschied zu Eisenstadt die Gemalin des Fürsten Marie Elisabeth, mit der er seit dem Jahre 1737 vermählt war, nach
langwieriger Krankheit im 72. Lebensjahre.[4] „Dieser Todesfall
(schreibt Haydn am 11. März an Marianne) drückte den Fürsten
dergestalt darnieder, daß wir alle unsere Kräfte anspannen mußten, Hochdenselben aus dieser schwermuth herauszureißen; ich
veranstaltete demnach die ersteren 3 Tage abends große Cammer-
music, aber ohne gesang. Der arme Fürst verfiel aber bey anhörung der ersten Music über mein Favorit Adagio in D in
eine so tiefe Melancoley, daß ich zu thun hatte, Ihm dieselbe
durch andere Stücke wieder zu benehmen. wir spielten schon den
4. Tag opera, den 5. Comedie, und endlich wie gewöhnlich die
täglichen Spectacul, beorderte zugleich die alte opera *L'amor
artigiano* von Gaßmann einzustudiren, weil sich der Herr kurz
vorhero geäußert hatte, sie gerne zu sehen und machte dazu 3
neue Arien".....

Es folgen noch sieben Briefe Haydn's an Marianne, der
letzte vom 15. August datirt. Es mögen nicht die angenehmsten
Monate gewesen sein, die er in Esterház verlebte. Seine Klagen,
seine trübe Stimmung von damals haben wir schon früher (S.
35) kennen lernen. In diese Zeit fällt die Composition der schon
erwähnten Sonate Es-dur (f. 28) die im Auftrag seiner „Gebieterin der Mademoiselle Nanette" für Marianne bestimmt war,
zu der Haydn aber eigentlich nur das Adagio neu componirte,
was die Bestellerin freilich nicht wissen durfte „weil Sie sich
ansonst andere begriffe von mir machen könnte, welche mir nach-
theilig seyn könnten. ich muß sehr behutsam seyn, um Ihre gnade
nicht zu verliehren". Haydn spielte ihr die Sonate in Gegenwart

---

4 Wiener Zeitung Nr. 19. Die Fürstin war am 21. März 1718 geboren
und eine Tochter des Reichsgrafen Ferdinand von Weißenwolf.

des Fürsten vor und erhielt als Zeichen des Beifalls aus ihren
Händen eine goldene Tabaksdose zum Geschenk. „Schade (schreibt
Haydn später) daß diese kleine goldne Dose, so Sie mir gegeben,
und getragen hat, so voller fleck ist, vielleicht kan ich sie in wienn
ausbessern lassen".

Mitten hinein in diese letzte Zeit in Esterház erhielt Haydn
eine Einladung des Fürsten Oettingen-Wallerstein, im
Laufe des Jahres auf seine Kosten zu ihm nach Ludwigsburg
in Würtemberg zu kommen, „indem hochderselbe ein so großes
Verlangen trage, mich persöhnlich zu kennen (angenehme aufmunterung für meinen schwachen Geist). ob ich mich aber zu dieser Reise werde resolviren können, ist eine andere Frage?" Der
Einladung war beigelegt „eine ganz niedliche, 34 Ducaten schwere,
goldene Tabattier". Allerdings mochte der Fürst, der auf seinem
Schlosse eine ansehnliche Musikkapelle unterhielt,[5] gewünscht haben,
Haydn's persönliche Bekanntschaft zu machen, da er und seine
Kapelle ihn längst in seinen Werken verehrten. Rosetti obendrein, der, wie wir sahen (S. 104) längere Zeit in Esterház war
und nun des Fürsten Kapelle dirigirte, mag das Verlangen, ihn
zu sehen, noch mehr angefacht haben. —

Die Tage in Esterház waren gezählt. Wohl wurden auch
jetzt noch einige Mitglieder für die Oper engagirt (Giuseppe
Amici und Pietro Majeroni im März, Therese Melo im
Juli, Philippo Martinelli am 1. August), doch es sollten die
letzten sein, denn am 28. September verschied zu Wien nach kurzer
Krankheit im 76. Lebensjahre Fürst Nicolaus Esterházy.[6] —
Es war derselbe Fürst, bei dem Haydn (wie er 1776 schrieb) „zu
leben und zu sterben" wünschte und dessen er noch im Greisen-
alter als seines „gütigen und großmüthigen" Herrn gedachte.

---

5 Über des Fürsten Musikkapelle siehe Schubart, Ideen zu einer Aesthetik
der Tonkunst. S. 166. — Schubart's Leben und Gesinnungen, her. von L.
Schubart, S. 92. — Musik. Realztg. f. b. J. 1788, Bd I, S. 52.

6 Die Wiener Zeitung vom 29. Sept. schreibt: „Gestern den 28. b. M.
verstarb alhier nach einer kurzen Krankheit d. H. R. Reichsfürst Nicolaus Ester-
hazy de Galantha, Sr. K. Maj. wirkl. gh. Rath und Kämmerer, Ritter d. g.
Vliefes, Kommandeur b. mil. Maria Theresia Ordens, Generalfeldmarschall,
Oberster und Inhaber eines ungar. Infanterieregiments, im 76. J. seines Alters.
Der Leichnam wird nach Eisenstadt geführt und in die dasige fürstl. Esterhazy'-
sche Familiengruft beygesetzt." Fürst Nicolaus, Sohn des regierenden Fürsten
Joseph Anton (gest. 1721), war geboren zu Wien am 18. Dec. 1714.

Dagegen gab ihm aber auch der Fürst einen Beweis von Werth=
schätzung, denn er vermachte ihm testamentarisch eine lebensläng=
liche Pension von Tausend Gulden und „dereinst seiner Wittwe
die Hälfte" (welcher Fall glücklicher Weise nicht zur Ausführung
kam). Außer Haydn erhielten noch Luigi Tomasini 400 und
der Sänger Leopold Dichtler 300 Gulden lebensl. Pension.

Fürst Anton (geb. 11. April 1738), der nun die Regierung
antrat, hatte keine Neigung für Musik. Er entließ sofort die
ganze Kapelle und behielt nur die Feldmusik (Harmonie) in
Diensten, die auch bald darauf in Preßburg im Vereine jener
des Fürsten Grassalkovics bei der Krönung (15. Nov.) und im
April 1791 in der Akademie der Tonkünstler=Societät sich mit
einem Tonstück von Druschetzky für 21 blasende Instrumente
producirte. Haydn und Tomasini blieben übrigens in ihrer
Stellung und wurde ihnen von 1. Novbr. an zu ihrer Pension
noch 400 Gulden jährlicher Gehalt angewiesen. Haydn hatte
damit nur die Verpflichtung, seinen Titel als fürstlicher Kapell=
meister beizubehalten — ein General ohne Armee, der aber nun
mit seiner Muße frei schalten und walten konnte.

Noch ein einzigesmal erlebte Esterház einen kurzen Nachglanz
seiner alten Tage. Es war am 3. August 1791 beim Installirungs=
fest des Fürsten in der Erbwürde eines Obergespans der Oeden=
burger Gespanschaft. Haydn wurde dazu von London zurück=
berufen, konnte aber natürlich nicht abkommen. „Ich erwarte
nun (schreibt er an Marianne) meine entlassung, hoffe aber an=
bey daß mir Gott die Gnade geben wird, durch meinen fleiß
diesen Schaden in etwas zu ersetzen". An seiner Statt wurde
sein Pathenkind, Joseph Weigl, damals Kapellmeister im Hof=
theater, beauftragt, eine von Abbate Casti gedichtete Cantate
Venere e Adonis zu componiren. Bei der Aufführung sangen
die Mitglieder der Hofoper: Mlle Giuliani, Mme Busani,
die Herren Calvesi und Adamberger. Außerdem waren an
drei aufeinander folgenden Tagen Oper, Ball, Beleuchtung des
Schlosses und Parks und Feuerwerk von Stuwer. Die Erzherzoge
Franz, Karl und Leopold und eine Menge Adel wohnten
dem Feste bei; die Installation vollzog der Palatin, Kardinal
Fürst Primas von Ungarn.[7] Der Fürst war über Haydn's ab=

---

7 Wiener Zeitung, Nr. 64 und 65.

schlägige Antwort wohl ungehalten, empfing ihn aber nach seiner Rückkehr doch nur mit dem einzigen Vorwurf: „Haydn! Sie hätten mir vierzigtausend Gulden ersparen können".

Wir nehmen Abschied von Esterház. Der Besucher von heutzutage wird kaum noch durch irgend ein Zeichen daran erinnert, daß hier in einer Reihe von Jahren Fest an Fest sich reihte, daß der glänzendste Adel hier einem der kunstsinnigsten und reichsten Fürsten huldigte; daß nicht nur die Tonkunst sondern die Künste überhaupt mitten in einer flachen, eintönigen Gegend gepflegt wurden. Wohl steht noch das reizende Palais, aber seine Kunstschätze von ehedem wanderten nach Wien, Eisenstadt und dem Bergschlosse Forchtenstein. Die kostbar ausgestatteten Räume stehen theils leer theils sind sie zu Kanzleien verwendet. Das Schauspielhaus wurde 1870 abgetragen, die zierlichen Pfeiler und Gesimse wurden von Spekulanten zu profanen Zwecken verwendet. Das Marionetten-Theater wurde zu einer Fabrik umgewandelt, die Marionetten-Figuren sowie die Garderobe der Oper kaufte 1798 um 1000 Gulden die Gräfin von Klutscheszky. Das Musikgebäude diente einige Zeit zur Aufstellung von Webstühlen und später zu Beamten-Wohnungen. Der kunstvoll angelegte Garten ist jeden Schmuckes beraubt; die Springbrunnen sind versiegt, die Treibhäuser verschwunden; die Lustgebäude sind der Erde gleichgemacht und der baumreiche, weit ausgedehnte Park wurde Stück um Stück gelichtet und zum Anbau von Feldfrüchten verwendet und selbst die weit umfassende Mauer erleichtert in ihrem Verfall jedem Anwohner den Eintritt. „In der Lesch" sagt nun der gemeine Mann, womit er bedeutet, daß er in diesem Revier gewesen, wo einst die ersten Cavaliere und Damen in lauschigen Gängen gewandelt und lange Reihen von fürstlichen Equipagen die Gäste von Lusthaus zu Lusthaus führten. Das Leben ringsum spiegelt die Einförmigkeit eines abgelegenen Stück Landes und selbst der See, der einst fast bis zu den Thoren des Schlosses reichte, ist in seinen Ufern weit zurückgetreten, als wolle er andeuten, daß er hier nichts mehr zu suchen habe. Wohin auch der Blick sich wendet: Alles mahnt an die Vergänglichkeit irdischer Pracht und Herrlichkeit. —

Haydn war nun frei, die Welt stand ihm offen. Nach Wien! Wo anders hin konnten seine ersten Gedanken gerichtet sein? Einstweilen nahm er dort Wohnung im Hause des Johann Nepomuk Hamberger, kaiserl. Beamten „ein sehr guter Freund von mir (schreibt Haydn), ein Mann von langer Statur und Haus=Herr von der Meinigen" (Provincialismus statt „meiner Frau"). Das Haus war still und ruhig gelegen auf der damaligen sogenannten Wasserkunst=Bastei, mit der Aussicht auf das mit üppigen Kastanien= Alleen bepflanzte Glacis.[8] Haydn mußte es in Esterház sehr eilig gehabt haben, denn er ließ (wie er von London aus an die Polzelli schreibt) alle seine Sachen zurück, wohl in der Vor= aussetzung, sie bei gelegener Zeit abzuholen. Dazu aber sollte es nicht kommen, denn kaum glaubte er, sich als sein eigener Herr zu fühlen, als er auch schon einen Antrag erhielt, die Kapellmeisterstelle beim Fürsten Anton Graffalkovics zu übernehmen. Er lehnte dankend ab, sah sich aber nur zu bald durch ein weit gefährlicheres Anerbieten auf die Probe gestellt. Während er eines Tages bei der Arbeit saß, ließ sich ein Fremder bei ihm anmelden und stellte sich mit den Worten vor: „Ich bin Salomon von London und komme, Sie abzuholen. Morgen werden wir einen Accord[9] schließen".

Salomon,[10] der schon erwähnte Violinspieler und Concert= unternehmer, erzählte nun Haydn, daß er auf der Rückreise von Italien, wo er Sänger für die italiänische Oper in London en= gagirt hatte, in Köln zufällig in einem Zeitungsblatt die Nach= richt von dem Tode des Fürsten las, worauf er unverzüglich

---

8 v. Karajan, Haydn in London, S. 15. Das Haus wurde 1805 um= gebaut und trägt heute (1881) die Nummer 15, Eingang von der Seilerstätte. Hier war es, wo Beethoven zuerst im Nov. 1792 als Schüler Haydn's ein= und ausging.

9 In dieser Weise erzählt in „Orpheus", Musik. Taschenbuch, 1841, biogr. Skizze S. 345 ff. Des Wortspiels mit „Accord" und der ganzen über= raschenden Scene erinnerte sich Haydn stets mit großem Vergnügen.

10 Johann Peter Salomon, geb. 1745 zu Bonn, machte sich frühzeitig als tüchtiger Geiger bekannt. Nach einer Anstellung als Concertmeister des Prinzen Heinrich von Preußen wandte er sich über Paris nach London, wo er 1781 im Coventgarden=Theater zum erstenmale auftrat und von da an seinen bleibenden Aufenthalt in England nahm. Er starb 28. Nov. 1815 zu London. Sein von Hardy gemaltes Porträt erschien in Stich von Facius bei Bland. Ein zweites von Lonsdale schenkte S. dem Museum seiner Vaterstadt. Beetho= ven schrieb bei der Kunde seines Todes an Ferdinand Ries (28. Febr. 1816): „Salomon's Tod schmerzt mich sehr, da er ein edler Mensch war, dessen ich mich von meiner Kindheit erinnere". Ausführliches siehe Pohl, Haydn in London, S. 73—85.

nach Wien geeilt sei. So stand nun Haydn dem Manne selbst gegenüber, dem er so oft aus Rücksicht für den Fürsten die Reise nach London abgeschlagen hatte. Dies Haupthinderniß war nunmehr beseitigt und Salomon hatte klug berechnet, jedes weitere Bedenken durch seine persönliche Einwirkung zu beheben.

Gar so rasch sollte es aber doch nicht abgehen. Haydn stimmte zwar zu, obwohl auch jetzt noch zögernd und nur unter der Bedingung, daß der Fürst seine Einwilligung zur Reise gäbe, aber die Vorbereitungen erforderten Zeit und Haydn hatte eben jetzt eine Arbeit für den König von Neapel übernommen, der sich in Wien befand und dem er sie selbst überreichen sollte.

Damit stehen wir vor einem seltenen Fest, das bereits am 19. September in Wien stattgefunden hatte — eine dreifache Vermählung bei Hofe: Erzherzogin Marie Clementine mit dem Kronprinzen Franz von Neapel (durch den Erzherzog Karl vertreten), die neapolitanischen Prinzessinnen Marie Therese und Ludovika Louise mit den Erzherzogen Franz (nachmals Kaiser Franz II.) und Ferdinand, Großherzog von Toscana. König Ferdinand von Neapel und seine Gemalin, Erzherzogin Karoline waren in Begleitung ihrer beiden Töchter am 15. September in Wien angekommen. Abends besuchte der König und seine Schwester, die Kaiserin Marie Ludovika, das National-Hof-theater, wo zum erstenmale die Oper *La Caffettiera bizzarra* von Jos. Weigl aufgeführt wurde. Am 17. war im Rittersaal der Burg die Verlobung der Erzherzogin Clementine (Erzherzog Franz als Stellvertreter des Bräutigams); am 19. die Vermählung in der Augustiner Hof- und Pfarrkirche; am 20. Aufführung der Oper *Axur* von Salieri, wobei der ganze Hof erschien.[11] Zur Feier der Vermählung war während der offenen Tafel im Redoutensaale ein großes Concert unter Salieri's Direction. Die Sängerinnen Cavalieri und Calvesi und die Oboisten Gebrüder Stadler ließen sich hören; eine Symphonie von Haydn war dem Könige so bekannt, daß er häufig mitsang. Seiner Vorliebe für die Leier wurde schon gedacht; auch die Königin war als Tochter der Kaiserin Maria Theresia musikalisch gebildet. Im Gesang war Mancini ihr Lehrer. Daß Salieri gerade eine Symphonie von Haydn gewählt hatte, mag absichtlich geschehen

---

11 Wiener Zeitung Nr. 74 u. d. folgenden Nummern.

sein, da er wohl wissen mußte, daß sowohl Kaiser Leopold als
auch der König ihm gewogen waren. Mozart war gänzlich ignorirt
worden, was ihn tief schmerzte.

·In Marie Therese, der nachmaligen Kaiserin, gewann
Haydn eine neue Gönnerin. Sie hatte große Empfänglichkeit
für Musik, sang vortrefflich und interessirte sich für jede neue
Erscheinung im Gebiete der Kunst überhaupt. Beethoven wid=
mete ihr sein Septett; Eybler wurde von ihr beauftragt, ein
Requiem zu schreiben; Michael Haydn, den sie zweimal nach
Hofe beschied, mußte eine Messe und ein Requiem für sie schreiben
und vermuthlich war auch Joseph Haydn's Theresien=Messe für
sie bestimmt. Sie besuchte regelmäßig die Akademien der Ton=
künstler=Societät, hörte Haydn's „Sieben Worte", die zwei gro=
ßen Oratorien und verlangte auch (wie wir gesehen) nach der
Partitur des „Tobias". Was damals von Haydn erschien, be=
fand sich fast alles in einzelnen Exemplaren in der Kaiserlichen
Musikalien = Sammlung und rührte ohne Zweifel noch von der
Kaiserin her.

Der König reiste mit seiner Gemalin (als Graf und Gräfin
von Castellamare) am 24. September von Wien ab, wohnte am
9. October in Frankfurt a. M. der Krönung Leopold's als deut=
schen Kaisers und am 15. Nov. in Preßburg der Königskrönung
bei und war am 20. November wieder in Wien.

Unterdessen hatte Haydn alle Vorkehrungen zur Reise ge=
troffen und war ihm Salomon nicht von der Seite gewichen.
Und er hatte alle Ursache dazu, denn fast scheint es, als sei jener
im letzten Augenblick noch wankelmüthig geworden. Hören wir
einen Correspondent aus Wien, der darüber am 16. Febr. 1791
nach London schreibt:[12] „Niemals würde Salomon den Herrn
Haydn, dieses große unnachahmliche Genie, aus der ruhigen
Sphäre einer häuslichen Genügsamkeit herausgeangelt und ihn
beredet haben, von seinem dermaligen Fürsten, Anton Esterházy
unter was immer für einen Vorwande die Erlaubniß anzusuchen
sich zu entfernen: nur Ihr glückliches Schreiben[13] an den Herrn
General Jerningham (engl. Gesandten) allein wirkte Wunder zum
größten Erstaunen des musikalischen Cirkels dieser Stadt, und

---

12 Musikal. Korresp. d. teutschen Filarm. Gesellschaft 1791. Nr. 7.
13 Ohne Zweifel ist der früher genannte Mr. Bland gemeint.

jeden befremdete ein so unverhoffter Entschluß, dem der philoso=
phische Karakter dieses ersten Virtuosen nicht unbekannt war.
Welchen Dank ist Ihnen nicht unsere musikalische Welt schuldig,
mein Bester, für Ihren letzten Besuch in Wien und für diesen
wundervollen, glücklichen Brief"!

Der „Accord" mit Salomon war also geschlossen. Die Be=
dingungen, die Salomon für eine Saison einging, waren fol=
gende: 300 Pf. Stlg. für eine Oper für den Impressario Gallini;
300 ditto für 6 Symphonien und 200 ditto für deren Verlags=
recht (*copy right*); 200 ditto für 20 neue, in ebensoviel Concer=
ten von ihm dirigirte Compositionen; 200 ditto als Garantie
für ein Beneficeconcert. Salomon hatte hiervon im Voraus als
Sicherstellung 5000 Gulden beim Banquier Fries & Co. zu er=
legen. — Als Reisegeld hatte Haydn 500 Gulden vorräthiges
Geld; dazu entlieh er vom Fürsten 450 Gulden. Eine Schatulle
mit Staatspapieren, die er nicht angreifen wollte, übergab er
Frau v. Genziger zur Aufbewahrung. Nach Maler Dies (S. 76)
hätte Haydn auch um 1500 Gulden sein Haus in Eisenstadt für
Reisezwecke verkauft, worüber aber jede Bestätigung fehlt und
fehlen muß, da er seit 1778 nicht mehr als Hauseigenthümer
genannt wird.

Endlich fühlte sich Salomon insoweit sicher, daß er es wagen
konnte, Haydn's Reise nach England öffentlich anzeigen zu kön=
nen. Er schrieb am 8. Dec. nach London an John Baptist Mara,
den Gemal der berühmten Sängerin Mara und ersuchte ihn, die
beigelegte Ankündigung im *Morning Chronicle* einrücken zu lassen,
wo sie auch am 29. Dec. erschien. Wir lesen (hier deutsch wieder=
gegeben) :

Wien, Mittwoch den 8. Dec. 1790.
Haydn's Ankunft.

„Herr Salomon, der nach Wien reiste, um den berühmten Herrn Haydn,
Capellmeister Sr. Hoh. des Fürsten Esterházy, für England zu engagiren, be=
nachrichtigt die hohen und höchsten Adel verehrungsvoll, daß er in der That
ein Übereinkommen mit diesem Herrn unterzeichnet hat, in Folge dessen Beide
in wenigen Tagen sich auf die Reise begeben werden und hoffen vor Ende des
Monats in London zu sein. Herr Salomon wird alsdann die Ehre haben,
den Freunden der Musik einen Plan zu Subscriptions=Concerten vorzulegen
und hofft derselbe deren Zustimmung und Unterstützung zu erhalten."

Haydn hatte die vom Könige von Neapel bestellten Stücke,
7 Notturni für 2 Liren (c. 15—21) längst fertig und um Audienz
nachgesucht, die aber wiederholt verschoben wurde. Endlich sah

er sich mit seiner Arbeit dem Könige gegenüber. „Gut (sagte der König), übermorgen werden wir sie probiren". Worauf Haydn: „„Eben an diesem Tage werde ich nach England abreisen““. „Wie! (rief der König) und Sie versprachen mir doch, nach Neapel zu kommen" — womit er mürrisch das Zimmer verließ. Haydn wartete eine Weile, unschlüssig, ob er bleiben oder gehen solle. Endlich kam der König zurück. Sein Unwillen hatte sich gelegt; er gab Haydn ein Empfehlungsschreiben an den neapolitanischen Gesandten Fürst Castelcicala, nahm ihm das Versprechen ab, wenigstens nach seiner Rückkehr von London nach Neapel zu kommen und schickte ihm nachträglich eine kostbare goldene Dose.

So stand denn Haydn an einem ernsten, entscheidenden Wendepunkt seines Lebens: hier Neapel, wo er vielleicht in der Oper aufgegangen wäre — dort London, das seine höchste Entwicklung und Popularität besiegeln sollte.

Denken wir uns nun zurück in's Jahr der Übersiedlung Haydn's von Eisenstadt nach Esterház: den Baum, den wir damals in üppig grünem Laubwerk verließen — längst schon hat er seinen Blüthenflor abgeschüttelt. Hochstämmig, in voller Kraft steht er da, die Äste segenbringend belastet mit kerniger Labung. Kein Einzelner mehr erfreut sich seines Besitzes — er gehört der Welt. Und sie kommen von Nah und Fern und einem Jeden bietet er sein Theil und Alle blicken dankend zu ihm auf und preisen Stamm und Frucht. —

Außer den erwähnten Notturni für zwei Liren sind noch einige Compositionen aus diesem Jahre zu nennen. Obenan die Symphonie in Es (a. 63), die letzte vor den 12 Londoner Symphonien. Es ist dieselbe, die Haydn von London aus so oft und so bringend von Frau v. Genzinger begehrt. Er befürchtete sogar einen Verlust von 20 Pfd. Stlg., im Falle sie nicht zu rechter Zeit einträfe. Endlich, im März 1792, nach Verlauf von vollen 14 Monaten, kam sie an und fast gleichzeitig zweimal: zuerst in Auflagstimmen durch Hofrath v. Kees, der sie in Verwahrung hatte und nach Brüssel schickte, wo sie liegen blieben, dann in Partitur, welche Marianne besorgt hatte. Dies war Haydn um so lieber, da er es für nöthig hielt, vieles für die Engländer abändern zu müssen. — Nach längerer Pause sehen wir Haydn auch wieder dem Tanze huldigen und wieder war es Artaria, an den er schreibt: „. . . . . hingegen müssen Sie auch,

um meine Schuld bey Jhnen zu tilgen, die 12 neuen sehr präch=
tigen Menuets und 12 Trio für 12 Ducaten übernehmen".
Wo Haydn nicht Zeit und Lust hatte, ließ er für dergleichen
Andere für sich eintreten. So schreibt er an den jungen Eyb=
ler [14] (22. März 1789): „Nun, bester Freund, bitte ich für mich
3 neue Tanzmenuette, aber jedweden mit einem Trio begleitet,
zu componiren, die Ursache meiner Bitte werde ich Jhnen bei
Gelegenheit selbst entdecken, sage unterdeß nur so viel, daß diese
3 Menuette für einen meiner besten Freunde bestimmt sind". —
Die Variationen (k. 5) gehören zu den letzten kleinen
Stücken, die Haydn in Wien componirte. Artaria mochte besorgt
sein daß Haydn wegen der Abreise keine Zeit mehr übrig bliebe
und so mußte er sich schriftlich verbindlich machen: „Ich Endes=
Unterschriebener verspreche und verpfände mich, Herrn Artaria
heut über 8 Tage die 6 neuen Variazionen für das *Forte piano*
einzuhändigen. Wienn den 22. Nov. 1790". — Die 3 Clavier=
Trios (h. 10—13) sind dieselben, welche (wie wir früher sahen)
Haydn für 135 Gulden als alleiniges Eigenthum an Artaria
verkaufte und darüber einen Schein ausstellte. — Die schon er=
wähnte Sonate (s. 28) „welche aber in keine andere Hände
kommen darf" hatte Haydn in Auftrag seiner „Gebieterin der
Mademoiselle Nanette" (auf Veranlassung des Fürsten) für Frau
v. Genzinger componirt. Die Sonate blieb aber nicht in den
Händen der Freundin. Haydn schreibt darüber: „ich erschrack
nicht wenig, als ich die unangenehme nachricht von der Sonate
lesen mußte. bey Gott! ich wolte lieber 25 Ducaten verlohren
haben, als diesen Diebstahl zu erfahren". Haydn hatte sie selbst
(wie früher erwähnt) vor dem Fürsten und der Nanette gespielt
und „zweifelte anfangs der schwierigkeit wegen über dieselbe eini=
gen beyfall zu erhalten". Sie war schon ein Jahr zuvor für
Marianne bestimmt und „nur das Adagio habe ich erst ganz
neu dazu verfertigt, welches ich aber Euer Gnaden auf das
allerbeste anempfehle; es hat sehr viel zu bedeuten, welches ich
Euer Gnaden bei gelegenheit zergliedern werde; es ist etwas
mühsam, aber viel Empfindung".

---

14 Jos. Eybler, später Hofkapellmeister, wurde 1787 von Haydn an Ar=
taria empfohlen, damit dieser 3 Clavier=Sonaten „die gar nicht übel gesetzt sind"
in Verlag übernehme.

Weitere Compositionen aus diesem Jahre:

6 Streichquartette (d. 57—62), in Autograph vorhanden.

3 Arien, Einlage in Gaßmann's *L'amore artigiano;* darunter Tenorarie »*Da che pensa a maritarmi*« (n. 11), in Auto= graph erhalten.

1 Lied „Trachten will ich nicht auf Erden", in Autograph vor= handen. Es ist am Vorabend von Haydn's Abreise compo= nirt und Haydn schien dieser Umstand wichtig genug, aus= nahmsweise am Schlusse des Liedes das volle Datum (14. Dez. 790) beizusetzen.

Abschiedslied, für Frau von Genzinger componirt.

––––––––

Der Tag der Abreise, Mittwoch der 15. December, war angebrochen. Daß Mozart nicht fehlen würde, war vorauszusehen. Salomon hatte schon Tags zuvor beim Abschiedsmahle vorläufig mit ihm verabredet, daß er nach Haydn's Rückkehr unter ähn= lichen Bedingungen nach London kommen sollte. Wie schwer mag Mozart der Tag geworden sein! War ihm doch eben von Lon= don kurz zuvor vom Director der italiänischen Oper das Aner= bieten gestellt worden, von Ende Dec. 1790 bis Ende Juni 1791 seinen Aufenthalt in London zu nehmen und in dieser Zeit wenig= stens zwei heitere oder ernste Opern zu schreiben, wofür ihm 300 Pfd. Stlg. geboten wurden nebst dem Vortheil, für die *Professional=* (Fachmusiker=) oder andere Concerte (mit Ausnahme der übrigen Theater) schreiben zu können.[15] Mozart, der wieder= holt aus eigenem Antrieb nahe daran war, nach England zu gehen und nur dem Vater zu Liebe die Reise unterließ, hätte diesesmal die Gelegenheit gewiß mit Freuden ergriffen, wenn er nicht im Augenblick gegründete Hoffnung gehabt hätte, in Wien selbst bei Hof eine höhere Anstellung als bisher zu finden. Ge= täuschte Hoffnung! Er blieb unberücksichtigt und sah obendrein seinen Lieblingsplan verscherzt.

Haydn hatte man von allen Seiten von der Reise abzuhal= ten gesucht. Man machte ihm Vorstellungen, daß er noch nie über die Grenzen seines Vaterlandes hinaus gekommen sei und bereits in einem Alter stehe, in dem das ungewohnte Reisen

15 Nottebohm, Mozartiana, S. 67 f.

doppelt beschwerlich falle, worauf Haydn zuversichtlich die bün=
dige Antwort gab: „Ich bin aber noch munter und bei guten
Kräften". Auch Mozart hatte Bedenken und meinte gutmüthig:
„Papa! Sie sind nicht für die große Welt erzogen und reden zu
wenig Sprachen. Worauf Haydn: „Aber meine Sprache versteht
man in der ganzen Welt".

Der Augenblick der Trennung war gekommen. Haydn und
Mozart waren bis zu Thränen gerührt, am meisten Mozart.
Tief bewegt und voll Besorgniß für Haydn ergriff er dessen
Hände beim Abschied und sagte ahnungslos: „Ich fürchte, mein
Vater, wir werden uns das letzte Lebewohl sagen"!

Der Wagen fuhr davon. Noch einmal grüßte Haydn zurück,
dann war er verschwunden .....

Mozart stand allein — der beste, der rechtlichste Freund
hatte ihn verlassen — — sein liebes Auge sollte ihn nie mehr
wiedersehen — !

Muſikaliſcher Theil.

Inſtrumental.

Symphonien.

Ouverturen.

Divertimenti.

Streichquartette.

Concerte.

Barytonſtücke.

Tanzmuſik.

Clavierſonaten.

Clavierſonaten mit Violine.

Clavier=Trios.

Clavier=Concerte.

Kleinere Clavierſtücke.

Vocal.

Meſſen.

Kleinere Kirchenmuſikſtücke.

Oratorien und Cantaten.

Opern.

Arien und einſtimmige Cantaten.

Lieder.

Wir haben nunmehr Haydn an der Hand jener vorge=
nannten Werke, die er in der mittleren Periode seiner Künstler=
laufbahn im Zeitraum von nahezu einem Vierteljahrhundert ge=
schaffen, in gleicher Weise wie seine Erstlingswerke kennen und
würdigen zu lernen. Alles was vorausgreifend über seinen Werth
als Schöpfer und Ebner neuer Wege und über den Grundzug
seiner Werke gesagt wurde, tritt erst jetzt in volle Kraft. Mehr
und mehr werden wir zu bewundern haben sein rastloses Vor=
wärtsstreben, seine unvergleichlich melodiöse Erfindungsgabe, seine
erstaunlich kunstvolle thematische Durchführung, die stete Erwei=
terung seiner Instrumental=Kenntnisse, sein Bemühen der Form
und Technik vollständig Herr zu werden und stets das natürliche
Maß künstlerischer Gestaltung einzuhalten. So finden wir ihn
denn am Schlusse seiner mittleren Künstlerperiode als gereiften
Künstler, der, wie wir sahen, schon jetzt die Anerkennung und
Achtung der Welt errungen hat und im gerechten Bewußtsein
seines eigenen Werthes, obwohl schon bei Jahren, freudig und
kampfeslustig dem Rufe nach fernem Lande folgt, um dort neue
Lorbeern zu sammeln.

Wir haben vorerst seine Instrumental=Compositionen im
Auge. Von seinen vielseitigen Werken dieser Gattung ist es nebst
dem Streichquartett die Symphonie, die unsere vollste Auf=
merksamkeit beansprucht und ihr wenden wir uns zunächst zu.
Wie vordem werden wir auch hier, um die nachhaltige Lebens=
kraft der Haydn'schen Werke dieser Gattung bemessen zu können,
die Reihen jener Componisten mustern, die gleichzeitig mit Haydn
und durch sein Beispiel angefeuert, das Symphoniefach pflegten;
es sind meistens längst verschollene Namen oder solche, die wenig=
stens auf diesem Gebiet nicht mehr genannt werden. Viele der

früher genannten Componisten[1] reichen noch in die jetzige Periode; unter ihnen C. F. Abel, Agrell, Ph. Em. Bach, Franz und Georg Benda, Cambini, Ditters, Galuppi, Gluck, Graun, Gebel, Hasse, J. A. Hiller, Holzbaur, Jomelli, Locatelli, Lorenzitti, Misliweczek, Leop. Mozart, Neruda, Scarlatti, C. Stamitz. Unter den neu Hinzugekommenen, deren Werke in Paris, London, Amsterdam, Leipzig, Bonn, Nürnberg, Berlin, Wien, Offenbach und Mainz, häufig sogar in Serien zu 6 Nummern erschienen, sind hervor= zuheben: J. C. Bach in London, Filtz, Fr. Xav. Richter, Canna= bich und Fränzel in Mannheim, Deller, Duni, Fauner, Harrer in Leipzig, Hertel in Schwerin, Kirnberger und Nickelmann in Berlin, Organist Krebs in Altenburg, Pugnani, Kuntz in Lübeck, Roellig, Naumann und Scheibe in Dresden, Ant. Bulant, W. Leeder, Sarti in Dänemark, Schaffrath, Zoppin, Riegel, Van Maldere, Roy, Toeschi, Schmidtbauer, Pichl, Gossec, Neefe, G. F. Reichardt, C. E. Graaf im Haag, Franz Duscheck in Prag, Gazzaniga, Ernst Eichner, Herschel, Baron von Gemmingen, Anton Rosetti, C. Stamitz d. ä., Jos. Demachi, J. F. H. Sterkel, Kleinknecht, Boccherini, Lachnith, Beecke, Le Duc, Vinc. Mascheck, Sperger, Jos. Schuster, Peter Winter. Von Wiener Compo= nisten (und diese sind besonders erwähnenswerth, da Haydn ihre Werke in den Wiener Akademien gehört haben mußte): L. Hoff= mann, Ziegler, Vanhall, Wagenseil, Dittersdorf, Aspelmayer, Bonno, L. Kozeluch, Christoph Sonnleithner, Huber, Starzer und d'Ordonez.

Was die Orchesterbesetzung betrifft, finden wir neben den Streichinstrumenten abwechselnd Oboen und Hörner mit oder ohne Flöte und Fagott; Klarinetten sind nur bei Pichl und Bulant genannt; ebenso Trompeten und Pauken nur einigemal; zwei Paare Hörner bringt Vanhal, einmal sogar noch ein Solohorn.

Wir haben noch speciell Mozart zu nennen. Im Verzeichniß der erschienenen Symphonien ist er nur wenig genannt. In die Wiener Zeit fallen seine letzten sieben Symphonien. Daß sie so= wohl in Mozart's als auch in anderen Akademien zu hören waren, erfuhren wir in der Chronik. Haydn hatte aber auch, wie kaum zu bezweifeln, Gelegenheit, ein und die andere bei dem Musik= freunde v. Kees kennen zu lernen.

---

1 Band I. S. 280 f.

Über die Form der einzelnen Symphoniesätze und speciell
der Haydn'schen wurde schon gesprochen.[2] Von den nun vorliegenden thematisch verzeichneten 63 Symphonien sind alle bis
auf eine einzelne (Nr. 32)[3] in Haydn's thematischem Katalog
notirt; 9 Nummern stehen in 6 verschiedenen Molltonarten;
16 Nummern haben kurze Einleitung in pathetischem Zeitmaß, nur
Nr. 20 hat einen vollständig durchgeführten langsamen ersten
Satz. Mit Ausnahme von Nr. 6, in welcher der Menuett fehlt,
bestehen alle aus vier Sätzen (der Menuett als 3. Satz). Bei
den Saiteninstrumenten ist in erster Linie die allmählige Selbstständigkeit der zweiten Violine zu beachten, ferner die Violen und
Violoncells, welche sich bald ihre eigenen Wege zu bahnen suchen
oder auch zur Verstärkung der Melodie mit den Violinen oder
einem der Blasinstrumente zusammengehen; endlich wird auch
der Baß, ein stets wichtiger Factor, sich mehr und mehr seiner
Würde und Macht bewußt. Die Blasinstrumente hat Haydn,
wie wir gesehen, schon vordem mannigfach benutzt und die vielen
Stücke für die Feldharmonie hielten ihn hier in steter Übung.
Doch in Verbindung mit den Streichinstrumenten und zur Verwendung bei Symphonien mußte er auch hier neue Studien machen. So finden wir anfangs das den Kern bildende Saitenquartett nur durch Oboen und Hörner verstärkt; manchmal ist
die Flöte im langsamen Satz als Solo und meist bei gedämpften
Streichinstrumenten verwendet. Der Fagott löst sich nur allmählig vom Basse los, nimmt aber auch zuweilen die Melodie
mit einem der anderen Instrumente auf. Endlich aber werden
paarweise Flöten, Oboen, Hörner und Fagotte zur Regel und bilden
erstere von Nr. 40 an einen wesentlichen Bestandtheil in der
Besetzung. Trompeten und Pauken (erstere auch allein) kommen
nur in einigen Nummern vor und wo sie bei den Symphonien
der 80er Jahre erscheinen, sind sie mit wenigen Ausnahmen von
Haydn nachgetragen. Vierfach vertretene Hörner kommen nur
zweimal (Nr. 7 und 16) vor; Klarinetten sind nie angewendet,

---

2 Bd. I. 276 ff.

3 Die Partitur existirt in Haydn's eigener Handschrift und in einer Copie.
Zweifelhafte Symphonien (und es sind deren sehr viele) sind nicht aufgenommen. Ausgeschieden sind jene Nummern, die als eigentliche Ouverturen nicht
hierher gehören. Einige Nummern sind bei Haydn auch zweimal verzeichnet
durch Umstellung der Sätze.

was um so auffallender ist, als sie Haydn mitunter in seinen
Opern benutzte. Eigene Bläser aber waren für dieses Instrument,
mit Ausnahme der beiden Griesbacher (1776—78) nicht im Orchester angestellt und wurden also nöthigenfalls von der Feldharmonie requirirt. Lange Zeit sind die Blasinstrumente vorzugsweise nur zur Verstärkung der Harmonie benutzt, endlich aber
greifen auch sie selbstständig ein und treten sogar, Licht und
Schatten und Klangwechsel verbreitend, den Streichinstrumenten
gruppenweise gegenüber.

Von den Symphonien dieser Periode sind viele bis über die
Hälfte hinaus nur insofern von Interesse, als sich an ihnen die
allmählige Entwickelung von Haydn's Meisterschaft verfolgen läßt.
Häufig zeigt sich hier nur in einzelnen Sätzen, was Charakteristik
und Tiefe betrifft, eine besondere Eigenthümlichkeit. Ganz anders
aber stellt sich das Verhältniß im letzten Drittel der Symphonien
heraus, hier werden die nur wenig schwächeren Nummern zur
Ausnahme. Bis dahin hatte Haydn eben nur für den augen-
blicklichen Genuß, für angenehme Anregung in seinem einge-
schränkten Wirkungskreise zu sorgen. Jetzt aber, wo er wußte,
daß seine Werke mit immer größerem Eifer in fremden großen
Städten gesucht und gespielt wurden und er auf specielle Bestellung und für ein eigentliches Publikum schrieb, nahm auch sein
Flug eine höhere Richtung und die Freude am Schaffen wuchs
sichtlich mit fast jeder neuen Nummer. Wir haben somit sehr
wohl jene Symphonien, welche in die Zeit bis etwa zu Anfang
der 80er Jahre fallen von den nachfolgenden zu unterscheiden.

Suchen wir vorerst einen summarischen Überblick über die einzelnen Sätze zu gewinnen. Die ersten Sätze weichen in der Haupt-
sache nur selten von der früher[4] besprochenen, nun aber allmählig
erweiterten Structur ab. Die meisten sind frischen, kräftigen Cha-
rakters und fesseln selbst bei den kleinsten Symphonien durch originelle Gedanken und interessante Mache. — Auch über die zweiten
Sätze wurde schon gesprochen[5]; in diesen einfachen, das deutsche Gemüth kennzeichnenden, meistens dem Volkston sich nähernden Gesang-
weisen schlägt Haydn so recht aus dem Innern die Gefühlssaiten an.

---

4 Bd. I. S. 270, 293.
5 Bd. I. S. 277, 293.

Eine wohlige, sanfte Abendstimmung lagert über diesen stimmungs-
vollen Bildern; es ist der wahre Seelenfriede, der aus ihnen
spricht. Wie früher so finden wir auch jetzt wieder hier mit Vorliebe die kleinen Taktarten ($^3/_8$, $^2/_4$, $^6/_8$) gewählt. Die Melodie
ist vorzugsweise der Primgeige, zuweilen der Flöte oder Oboe
zugetheilt, oder es geht erstere mit einem dieser Instrumente zusammen. Zehn Sätze sind nur für die Streichinstrumente geschrieben[6]; bei 25 Sätzen bedient sich Haydn der Sordinen. Bei
einigen herrscht im Quartett auch noch die Zweistimmigkeit vor
(je 2 Stimmen zusammen). Trotz der vorwiegend weicheren Stimmung sind doch nur fünf Nummern[7] in der Molltonart geschrieben. 27 Sätze stehen in der Unter-, 18 in der Ober-Dominant
der ersten Sätze; die übrigen behalten die Tonart derselben
bei. Zehn Sätze sind im Charakter der Serenade, Sicilienne,
im Balladen- oder Romanzenton geschrieben, fast alle aber haben,
wie gesagt, volksliedmäßige und häufig sehr zarte und gemüths-
innige Themas und beweisen zur Genüge, daß Haydn ganz wohl
auch gesanglich dachte, wie dies von einem im Gesange aufer-
zogenen Musiker nicht anders zu erwarten ist. Meisterhaft hat
Haydn in vielen Nummern (es sind deren 18 und vorzugsweise
aus dem letzten Drittel[8]) die erweiterte Variationenform angewendet und ausgebildet, die später Beethoven mit sichtlichem Interesse studirte. Sie zeigen von besonderer Vorliebe für dieses
Genre und eine gewisse Sauberkeit und Delikatesse. Ganz richtig
sagt Abbé Vogler in seiner Kritik der Forkel'schen Veränderungen
(S. 8) in diesem Betracht: „Der erste Mann, der uns allgemeine
Variationen gelehrt, der sie auf alle Instrumente verbreitet, der
noch zum Verdienste, phraseologisch groß zu sein, jenes, Gesänge
und Themen selbst erfinden zu können, gesellet, ist der unnachahmliche Haydn. Er, ein wahrer Phöbus, dessen Arbeiten keiner
fremden Wärme bedürfen, dessen Werke schon genug leuchten, ohne
daß der von einem beliebten Satz geborgte Schimmer sie aufhelle,
zeigte uns in Sinfonien, wie wir variiren sollen. Von keiner
Vorliebe gehindert, durch keine Kurzsichtigkeit eingeschränkt, war
er gegen alle Instrumente gleich wohlthätig. Da er den Werth

6 Nr. 2—8, 14, 17, 28.
7 Nr. 4, 14, 25, 31, 36.
8 Nr. 26, 31, 36, 41—43, 45—47, 51—55, 57—61, 63.

und die Wirkung von allen genau kannte, so wies er jedem seinen
Standpunkt an, um glänzen zu können, ohne je eines zu ver-
dunkeln".

Haydn's Menuette in diesen Symphonien bekräftigen, was
schon von den früheren gesagt wurde.[9] Ihren, von Haydn gleich
zu Beginn angestrebten und dann typisch gewordenen Charakter
finden wir nun noch mehr ausgeprägt und gefestigt. Während
Mozart hier mehr einen veredelten, den Tanz der vornehmen
Welt repräsentirenden Zug beibehielt, hielt sich Haydn an den
mittleren und niederen Stand, indem er Würde und feine Grazie
durch volksthümliche Heiterkeit und behagliche Laune ersetzte und
seinem Hang zur humoristischen Neckereien und Überraschungen
freien Lauf ließ. Häufig herrscht in ihnen eine gewisse derbe
Strammheit und spricht sich der beabsichtigte Grundton mit festen
Strichen sogleich in den ersten Takten aus, während die Trios in
Erfindung und Behandlung leicht bewegter und feiner gehalten sind,
eine Fülle von naiven witzigen Einfällen bieten und häufig durch
ihre gemüthlichen Weisen uns mitten unter das Volk versetzen,
wobei aber stets die künstlerische Gestaltung gewahrt bleibt. Der
Reichthum an immer neuen Motiven und geistreichen Wendungen
ist hier umsomehr anzustaunen als die Anforderungen an Haydn
gerade in diesem Genre wahrhaft exorbitant waren. Zwei Drittel
der Trios haben gleiche Tonart mit ihren Menuetten; von den
übrigen stehen 5 in der Unter- und ein einziges in der Ober-
Dominant, 2 haben die Parallel-Tonart, 8 stehen in Moll.
Eigenthümlich rhythmische Gliederungen kommen im Menuett-Trio
vor, wir zählen Gruppen zu 8 gegen 12 bis über 40 Takte.
Die Themas werden bei den Menuetten bis zu 4 Instrumenten
(Streich- und Blasinstrumenten) im Einklang oder in der Octav
ausgeführt; bei den Trios ist zuweilen nur das Saitenquartett
verwendet (z. B. in Nr. 4, 9, 25, 27) oder es treten einige
Blasinstrumente, meistens aber nur sehr discret hinzu; einigemal
bleibt diesen auch allein das Wort z. B. in Nr. 8 (2 Ob.,
2 Fag., 2 Hörner) oder in Nr. 44 (dieselben Instrumente nebst
3. und 4. Horn und 2 Clarini) oder es hat wenigstens ein Blas-
instrument ein Solo, wie bei 40 (Fagott), 57 (Oboe), auch der
Contrapunkt kommt einigemal zur Anwendung (z. B. Nr. 13,

---

9 Bd. I. S. 279, 294.

16). — In den vierten und Schlußsätzen, die nun in keinem einzigen Fall das früher häufige Tempo di Menuetto aufweisen, concentrirt sich eine unerschöpfliche Fülle von Geist und Witz. Hier mehr denn irgend wo spricht sich Haydn's Freude am Schaffen aus. Das scheinbar nur leichthin angeschlagene Hauptthema zieht sich rondoartig durch den ganzen Satz; einzelne Motive lösen sich los, werden selbstständig, neue treten hinzu und spielend mischt sich die sonst so gefürchtete strenge Schreibweise dazu; immer kunstvoller gestaltet sich der Bau bis der arglose Zuhörer erst jetzt gewahr wird, wohin ihn die kundige Hand führte und an des Dichters Ausspruch gemahnt wird: „Ein kluger Mann sagt öfters erst mit Lachen, was er hernach im Ernste wieder-holen will".

Die vorliegenden Symphonien lassen sich, will man die Grenzen nicht allzu scharf ziehen, in zwei Abtheilungen und etwa fünf Gruppen sondern, in solche die 1. an sich klein, aber hübsch sind; 2. in denen einzelne Sätze der Beachtung werth sind; 3. die in ihrer Totalität interessant oder bedeutender sind; 4. in die be-sonders hervorragenderen und 5. in die reifsten und vorzüglichsten.

Der ersten Gruppe haben wir Nr. 1 vorauszuschicken, eine concertante viersätzige Symphonie »Le matin« betitelt, welche ihrem ganzen Wesen nach in die Zeit der früher erwähnten Symphonien »Le midi« und »Le soir« fällt.[10] Damit hatte denn Haydn des Fürsten Wunsch, „die vier Tageszeiten" musikalisch zu illustriren ,sich auf drei beschränkend' erfüllt.[11]

Wir fassen nunmehr die Symphonien der ersten Abtheilung bis Nr. 45, zusammen. In die erste Gruppe sind 13 Nummern aus den Jahren 1767—75 einzureihen.[12] — Von den ersten Sätzen derselben sind Nr. 2—4, 7, 10 und 14 klein, aber an-sprechend, frisch und flott, 8 mehr graziös, 12 markig und voll Mozart'scher Anklänge; 13 hat trotz etwas veraltetem Figurenwerk doch eine gewisse Noblesse und Entschiedenheit; 28 zeichnet sich durch besonderen Wohllaut aus. — Unter den zweiten Sätzen haben nur 9 und 10 Blasinstrumente; 2, 3, 8, 9, 28 ausge-

---

10 Bd. I. S. 285, 288.

11 Bd. I. S. 229. Dies (biogr. Nachrichten S. 44) meint, Haydn habe dazu die Quartettform gewählt.

12 Nr. 2—4, 6—10, 12—14, 23, 28.

nommen haben die übrigen gedämpftes Streichquartett. Nr. 2
hat ein zartes Andante; 3 ein Adagio von pathetischem Anflug
mit Violinsolo und Violoncell obl.; 6 und 14 sind im Charakter
der Sicilienne und Nr. 14, poco adagio, besonders zierlich:[13]

Die hübschen Andante von 7 und 8 sind fast durchaus zwei=
stimmig (beide Violinen zusammen, Viola und Baß in Octaven).
Ein schönes, sehr gesangvolles und viel an Mozart erinnerndes
Andantino hat Nr. 9; die Melodie bringen zuerst beide Violinen,
begleitet von Viola und Baß; später treten die Oboen und erst
gegen Schluß des zweiten Theils die Hörner hinzu. Im Auto=
graph sind im 1. und analog im 2. Theil 3 Takte ausgestrichen
und die Bemerkung hinzugefügt: „Dieses war vor gar zu gelehrte
Ohren". Nr. 10, im Charakter der Serenade, ist noch gesättigt
durch Flöte, Oboen und Hörner; beim 2. Theil arpeggirt die
Flöte in 32teln; die Figur, vom Baß übernommen, kehrt dann
zur Oberstimme zurück, der Schluß ist sanft ausklingend. In
23, Adagio ma semplicemente, wird das Thema variirt und
mag etwa dessen abgemessener Gang

der Symphonie ihren Beinamen „Der Schulmeister" veranlaßt
haben. Eine milde Stimmung spricht sich im Andante von Nr. 28
aus. — Menuett und Trio bleiben sich in diesen Nummern
ziemlich gleich; Nr. 8, 9, 23, 28 sind nur für Blasinstrumente
(2 Ob., 2 Hörner, 1 Fag.). Men. und Trio von 8 hat Haydn
auch für Streichinstrumente nebst Oboen und Hörner arrangirt.
In 23 bildet im Trio das Violoncell einen obligaten Baß in
laufenden Achtelnoten. — Die letzten Sätze bieten noch wenig
bemerkenswerthes. Gleich einem früheren Allegro[14] hat das
Allegro molto in Nr. 7 ein aus großen Intervallsprüngen ge=
bildetes Thema:

---

13 Partitur Rieter=Biedermann Nr. 1.
14 Bd. I. S. 301.

Nr. 8 ist fugirt; Nr. 10, ein kurzes Presto $^2/_4$ und meistens aus Triolen bestehend, ist voll Leben, etwa im Charakter einer Buffoscene.

In die zweite Gruppe mit einzelnen beachtenswerthen Sätzen reihen wir 8 Nummern aus den Jahren 1772—79 ein.[15] Das Adagio von Nr. 15 hat den in der Charwoche gebräuchlichen römischen Kirchengesang *Lamentatio Jeremiae*, nach dem die Symphonie benannt ist (fälschlich auch Weihnachts-Symphonie betitelt). Oboe I und Violine II bringen das Thema, Violine I hat dazu selbstständige Gegenmelodie; Viola und Baß bewegen sich durchaus im Einklang in Steln. Im 2. Theil, letzte Hälfte bringen beide Oboen die Melodie. Der vollständige Gesang lautet:

Auch in Nr. 16 ist der 2. Satz bemerkenswerth; er steht im doppelten Contrapunkt der Octav, das Thema ist viermal variirt und bietet viel Abwechselung in der Bewegung. Menuett und Trio haben ebenfalls strengen Satz; sie sind *al rovescio* geschrieben, der erste Theil bildet also, rückwärts gespielt, den zweiten Theil (im Autograph, in dem in allen Theilen die verschiedenen Vortragszeichen, Bindungen und kurze Noten, p. und f. sehr genau angegeben sind, ist natürlich auch nur der Vordertheil beider Nummern geschrieben). Das ziemlich lang ausgeführte Finale, Presto assai, bewegt sich nur in der größeren Notengattung, selbst die *Brevis* (▬) kommt im Original vor. — Von wesentlichem Einfluß ist in Nr. 17 die Molltonart; erster und letzter Satz drücken Energie aus und selbst der Menuett nimmt es ernster. Nr. 19, eine ungedruckte, aber im Original erhaltene Symphonie hat in den Außensätzen einen frischen Zug; im 2. Satz,

---

15 Nr. 15, 16, 17, 19, 22, 25, 30, 37.

Andante moderato, ist von den Bläsern nur die Oboe beibe=
halten; das Thema bringen Violoncell obl. und 1. Violine:

Im 2. Satz von Nr. 22, Adagio, F. ²/₄, haben 1. Violine
und Fagott ein melodiöses Thema; erstere ist außerdem auch reich
figurirt; das gedämpfte Streichquartett wird von Oboen, Hörnern
und Fagott unterstützt. Das Finale, Prestissimo, sprüht von
Leben und erinnert im ganzen Wesen lebhaft an den letzten Satz
einer Mozart'schen Symphonie Köchel Kat. Nr. 338¹. Nr. 25
hat einen besonders frischen ersten Satz; der 2. Satz, Andante
più tosto allegretto, ist im Romanzenton:

Im Finale, Allegro assai, beginnen die Hörner gleich einem
Signalruf, dem die Oboen antworten. War die Symphonie ein
Theil der Musik, die Haydn für die Wahr'sche Truppe in Esterház
zu dem auch im Burgtheater 1774 aufgeführten Schauspiel „die
Feuersbrunst" schrieb (vergl. S. 12), so mag sich ihre Bezeichnung
„Feuer=Symphonie" daher datiren. In Nr. 30 hat der 2. Satz,
Adagio, eine wohlige, reich mit Holz= und Blasinstrumenten ge=
tränkte Melodie; das Finale ist ein im Charakter der Tarantelle
feurig dahin stürmendes Prestissimo. In Nr. 37 zeichnet sich
das Finale, Presto ²/₄ durch Lebhaftigkeit aus; gegen Schluß
begegnet man dem von Haydn mit so viel Vorliebe gepflegten
neckischen Motivenspiel.

In die dritte Gruppe, der in ihrer Totalität interessanten
oder bedeutenderen Symphonien, nehmen wir 14 Nummern auf,[16]
die sich auf die Jahre 1772—81 vertheilen. Nr. 11, die bekannte
Abschieds = Symphonie wurde schon besprochen (S. 51); sie ist
ebenso interessant durch die ihr zu Grunde liegende Idee als auch
durch den Reichthum an Gedanken, durch ihre sichere Factur und
den einheitlichen, alle Sätze verbindenden Charakter. In Nr. 13[17]

[16] Nr. 11, 13, 18, 20, 26, 27, 30, 31, 33, 38—41.
[17] Part. André, neu, Nr. 3.

ift wiederum die Molltonart von günstigem Einflusse; der 1. Satz
tritt entschieden und kräftig auf; der 2. Satz, Adagio E-dur ²/₄,
mit gedämpften Quartett, zu dem dann die Flöte tritt (Oboen
und Hörner nur wenig benutzt) ist ein lieblicher, rührender Ge=
sang voll Wohllaut. Ein Umstand ist hier auffallend: während
der erste Theil drei wohlgeordnete Perioden zählt, besteht der
zweite gewissermaßen nur aus einer einzigen von 42 Takten und
ist dennoch durch geschickt vertheilte Halbcadenzen klar und faß=
lich. Dieser Satz wurde im Sept. 1809 in Berlin bei der Todten=
feier für Haydn aufgeführt. Gegen den strammen Kanon in der
Octav (Canone in diapason) hebt sich das Trio weich und
schlicht ab. Das Finale, Presto, hat kernigen Zug; die Spiel=
weise des Themas findet man gedruckt und geschrieben verschieden
angegeben. Die richtige ist:

Die schon S. 63 erwähnte sogenannte „Maria=Theresia=Sym=
phonie" Nr. 18, hat in den Außensätzen festlichen Zug. Dem
etwas breit angelegten zweiten Satz folgt der kräftige Menuett,
in dem unerwartet genug eine Art Fanfare auftritt; das Trio
versucht es für diesmal mit gravitätischem Ernst. In Nr. 20[18]
wechseln ausnahmsweise die beiden ersten Sätze die Rollen; der
erste hat ein vollständiges Adagio, ausdrucksvoll und zu sanfter
Schwermuth hinneigend. Der 2. Satz in gleicher Tonart und
feurigem Zeitmaß, Allegro di molto, ist auffallend erregt, das
vornehme Thema mit halben Noten in weit ausgegriffenen Inter=
vallen von beiden Violinen gebracht, denen Violen und Bässe
und beide Oboen in 8tel Bewegung im Einklang und der Octav
entgegengetreten. Selbst der Menuett schreitet gemessen einher.
Das Finale, Presto F-moll, nimmt den erregten Ton des zweiten
Satzes wieder auf und steigert ihn bis zur Leidenschaft. Der
Sage nach schrieb Haydn die Symphonie zu einer Zeit, da ihm
ein Trauerfall besonders nahe ging. In Nr. 26 kündigt schon
der erste Satz mit seinem aus dem Dreiklang gebildeten Motiv
gesundes Leben an; so halten auch die anderen Motive und der
ganze breite Durchführungssatz den angeschlagenen Ton fest. Das

---

18 Vierhändig, Rieter=Biedermann Nr. 1.

Andante hat wieder ein schönes im Volksliederton gehaltenes fünfmal variirtes Thema:

Der Menuett hat nach einem unerwarteten Trugschluß einen langen Orgelpunkt auf der Dominant, über der sich die Stimmen in chromatischen Verschlingungen ausbreiten. Das Finale, Capriccio moderato, ist reich an harmonischen Wendungen. Im Mittelsatz, D-moll, sind zum Theil Streichquartett und Bläser in Gruppen gegenübergestellt; die Wiederholung in Dur führt zu brillantem Schlusse. — Der erste Satz von Nr. 27 hat wieder Mozart'sche Anklänge; der zweite Satz, Adagio,[19] hat ein eigenthümlich interessantes variirtes Thema, dessen erstes Motiv (der erste Takt, pizzicato) gleich dem Refrain einer Ballade nach jeder Variation wiederkehrt.

pizzicato			col arco		pizzicato.			col arco

Der letzte Satz, Prestissimo, ist meistens auf Triolen gebaut und brillant bis zum Schluß. Nr. 29 ist die, Seite 76 erwähnte Symphonie. Zu einem Lustspiel („Der Zerstreute") geschrieben, dürften die einzelnen Sätze auf die Vorgänge auf der Bühne Bezug haben. Absonderlich ist der letzte Satz: er beginnt in Moll, geht dann nach Dur über und folgt ein Adagio F $^2/_4$, in dem plötzlich alle Instrumente durch fünf Takte einen Signalruf anheben. Weiterhin folgt ein Allegro von 4 Takten und endlich ein Prestissimo C-dur, mit dem ein Schelmenspiel beginnt. Nach 16 Takten folgen zwei Takte Generalpausen, dann erklingen von beiden Violinen ganz allein durch 2 Takte die leeren Saiten e, a, abermals nach 2 Takten die Saiten a, d und gleich darauf, durch 4 Takte gehalten, die Saiten d, f (die g-Saite nach f herabgestimmt); dann erst folgen durch 3 Takte die leeren Saiten d, g und bewegt sich dann alles dem Schlusse zu. — Der erste Satz von Nr. 31, kurz und frisch, bildet die

---

19 Die Auflagstimmen von Simrock, Nr. 2, haben das richtige Adagio, das anderwärts durch das Andante aus Nr. 29 unseres themat. Verzeichnisses ersetzt ist.

Einleitung zu Haydn's Oper »*Il mondo della luna*«. Das variirte Allegretto hat zum Thema die französische Romanze „Roxelane", die der Symphonie den Namen gab.[20] Das lebhafte Finale bietet interessante Harmoniefolgen. Die Symphonie war seinerzeit besonders beliebt. — Eine nicht große aber hübsche Symphonie haben wir in Nr. 33. Dem ersten feinen Satz folgt ein Largo von dramatischer Eigenheit und besonders im letzten Theil so interessant, daß es zur Vermuthung drängt, Haydn habe hier ein poetischer Grundgedanke vorgeschwebt. Das Finale, Presto, ist voll hübscher Wendungen; gegen Schluß erscheint noch eine verlängerte Phrase auf dem Septimenaccord. — In 35 stehen die Sätze so ziemlich auf gleicher Höhe. Wiederum scheint die Kapelle in Esterház über Gebühr zurückgehalten worden zu sein, worüber sich ein Primgeiger auf seiner Auflagstimme mit den Worten Luft macht: „Bettet für die Gefangenen". — Nr. 38 bringt uns eine größere Symphonie mit besonderen Eigenthümlichkeiten. Der erste Satz hat interessante Harmoniefolgen, doch warten wir vergebens auf eine dem jagdlustigen Hauptmotiv entsprechende reiche Verwendung der Hörner. Das Adagio, in größerem Stil, die Streichinstrumente mit Sordinen, bewegt sich im Balladen- oder Romanzenton; namentlich der 2. Theil ist bemerkenswerth wegen der Violinführung. Kurz vor dem Schlusse werden wir durch einen bei Haydn unerhörten Fall überrascht: die Streichinstrumente haben insgesammt mit umgekehrtem Bogen zu spielen *(col legno dell' arco)*. Auch das Trio vom Menuett hat seine Eigenart: nur die beiden Violinen sind beschäftigt und hat die erste Violine ihr Solo nur auf der e-Saite in hoher Lage, während die zweite Violine eine dudelsackartige Begleitung auf den tieferen Saiten d, f ausführt (die g-Saite auch hier nach f herabgestimmt).

---

20 Die Variationen, für Clavier arrangirt, sind bekannt durch verschiedene Ausgaben.

Das hübsche und lebhafte Finale, Allegro molto, in dem die Violinen das Hauptthema in weitausspannendem Bogen brin= gen, hat eine zart gehaltene und in beiden Theilen vor dem Schlusse eine, wie man glauben möchte, zur Zeit beliebt gewesene populäre kerngesunde Melodie, wie eine derartige schon früher[21] vorkam und auch in einem Mozart'schen Clavierconcert (Köchel Nr. 216) zu finden ist. Die Melodie wird zuerst von der ersten Violine gebracht; dann treten auch Oboen und Fagotte hinzu.

Die festliche Stimmung des ersten Satzes von Nr. 39 scheint Haydn oder den Verleger Artaria später bewogen zu haben, die Symphonie (wie Seite 198 erwähnt) nach dem gefeierten Helden Loudon zu taufen. Sie mag auch ursprünglich für ein Fest be= stimmt gewesen sein, etwa zur Vermählung des Grafen Forgács mit der Gräfin Ottilie Grassalkovics, die 1779 in Esterház statt= fand, über die aber nur soviel vorliegt, daß bei dieser Gelegen= heit die Oper *L'amore soldato* von Sacchini zur Aufführung kam.[22] Der erste Satz ist reich an Motiven und überraschenden Wendungen und ziemlich ausgedehnt. Zweiter und dritter Satz stimmen wenig zum Charakter des Vordersatzes. Das jetzige Finale, Presto 2/4, scheint Haydn später an Stelle des auf Triolen gebauten Satzes hinzugefügt zu haben. — Zu dem schon fertigen letzten Satz von Nr. 40,[23] der den 3. Akt der Oper »La fedeltà

21 Bd. I. S. 301.

22 Eine Ouverture, D-dur, zu der gleichnamigen Oper wird Haydn zu= geschrieben und existirt auch gedruckt, soll aber von J. B. Moulinghen sein; auch Felici componirte dasselbe Textbuch.

23 Partitur, neu, Rieter=Biedermann, Nr. 5.

premiata« einleitet (S. 191), hat Haydn die vorderen Sätze nach-
componirt. Der erste Satz enthält hübsche Einzelheiten. Das
Andante hat ein echt volksliedartiges Thema, das durch den ganzen
Satz durchklingt:

Der frische Menuett hat im Trio ein Fagottsolo. Beim
Finale, das der Symphonie den Namen gab *(La chasse)*, sind
wir endlich im Jagdrevier; die Hörner leben auf, werden von
Oboen unterstützt und die Motive wandern von Instrument zu
Instrument. Von kräftiger Wirkung ist vor dem Wiederbeginn
des Anfangs der vereinigte Anlauf der Instrumente. (Gegen
Ende nach dem letzten Halt bringen Oboen und Hörner noch
einmal ihr Hauptmotiv und letztere treten dann gegen alle Jagd-
regel gänzlich ab; statt kräftigem Schluß werden nun auch die
anderen Instrumente kleinlaut und verhallen mehr und mehr in
der Ferne. Auch die Jagd-Symphonie war seinerzeit sehr beliebt
und wurde rasch auswärts bekannt, so in Paris, London und
selbst in Neapel.[24] — In Nr. 41 zeichnen sich die beiden Außen-
sätze durch Frische aus; das Adagio hat ein hübsches viermal
variirtes Thema; das Finale, Vivace, bringt echt Haydn'sche
Züge und hat knapp vor dem Schlusse (wie bei Nr. 38) eine
populäre Melodie:

In die vierte Gruppe (im Allgemeinen hervorragende Symphonien) sind 6 Nummern[25] aus den Jahren 1774—81 einzureihen. Der erste Satz von 21 ist frisch, breit angelegt und hat
im zweiten Theil eine tüchtige Durchführung. Der 2. Satz,

---

24 Jagdsymphonien waren damals und schon früher sehr beliebt; es giebt
deren von Leopold Mozart, Stamitz, Gossec, P. Mascheck, P. Wranitzky, Rosetti;
so auch Clavierstücke von Dussek, Clementi 2c.

25 Nr. 21, 32, 34, 36, 42, 43.

Adagio assai, ist reizend, voll feiner Züge; dem gedämpften Streichquartett sind Oboen und Hörner beigegeben — es ist der bis dahin (bis 21) schönste 2. Satz.

Im Menuett=Trio gesellt sich den Streichern nur Fagott hinzu, der mit der 1. Violine eine sehr hübsche Melodie aus= führt. Das Finale hat den gesunden Zug des ersten Satzes. — Der erste Satz von Nr. 32 [26] spricht freudige Stimmung aus. Das sehr zart gehaltene Andante, D-dur $^6/_8$, mit Sordinen, er= innert in der Anlage lebhaft an Mozart's Briefduett in „Figaro's Hochzeit. Der letzte Satz ist voll feiner Einzelheiten. — In Nr. 34 [27] liegt uns eine feine und reizende Symphonie vor. Das auch hier überaus zarte Andante

versetzt uns gleich dem neckischen Menuett und Trio gradezu in einen Hain, in dem uns von allen Zweigen der lebensfrohe Ruf seiner gefiederten Bewohner bewillkomnt. Dem entsprechend ath= met auch das Finale, Presto $^{12}/_8$, idyllischen Charakter. — Eine vorzugsweise contrapunktische Arbeit bietet Nr. 36, mit Trom= peten und Pauken verstärkt (letztere von Haydn selbst erst später hinzugefügt). Das ernst gemessene Andante, D-moll $^3/_4$, ein fein gearbeiteter, interessanter Satz, ist im doppelten Contrapunkt der Octav geschrieben; das erste Motiv des mehrfach variirten Themas erinnert an einen bekannten Kanon. („Bruder Martin“). Trotz der Dur=Tonart des ersten Satzes bewegt sich das Finale in Moll und geht erst gegen Schluß in Dur über. Wir haben hier 3 Themen im doppelten Contrapunkt der Octav (à tre soggetti

26 Die ersten vier Seiten existiren zweimal in Haydn's Handschrift und dennoch fehlt diese Symphonie in dessen Katalog.

27 Rieter=Biedermann, vierhändig. Nr. 6.

in contrapunto doppio in ottava). Wie im Scherz hingeworfen
neckt die Violine mit einem an sich nichtssagenden Motiv, aber
erst im 27. Takt beginnt der Kampf, der aber durchaus nicht in
trockener Weise durchgeführt wird; wie der Satz begonnen, er=
folgt auch der höchst humoristische Abschluß mit demselben Motiv. —
Nr. 42 läßt eine ursprünglich andere Zusammenstellung der Sätze
vermuthen. Nach dem kräftigen ersten Satz, der als Ouverture
einer Oper diente[28] folgt als zweiter Satz jener in Nr. 32 (hier
als Allegretto); auch das Finale ist von dorther entnommen; nur
Menuett und Trio sind neu. — In Nr. 43 haben wir wieder
eine größere Symphonie, zu der Haydn erst später Trompeten
und Pauken hinzusetzte. Der 2. Satz, Poco Adagio, hat ein
fast feierliches Thema

das in seiner Art an ein späteres in Nr. 57 erinnert. Es ist
hier viermal in interessanter Weise variirt (einmal mit Violoncell=
solo) und zum Schlusse gleitet die Melodie ruhig über der sanft
wogenden Begleitung dahin. Haydn führte die Symphonie in
London auf und erwähnt bei diesem zweiten Satz in seinem
Tagebuch eines Geistlichen, der bei Anhörung desselben „in die
tiefste Melancolie versunk, weil ihm Nachts zuvor von diesem
Andante träumte, und es ihm den Tod ankündige. Er verließ
augenblicklich die Gesellschaft und legte sich zu Bett". — „Heute
den 25. April" (1791), ergänzt Haydn, „erfuhr ich durch Herrn
Barthelemon (einen englischen Componisten und Violinspieler),
daß dieser evangelische Geistliche gestorben sei".[29] Der energische
Menuett sammt dem freundlichen Trio, in dem die Flöte mit der
Primgeige unisono die Melodie bringen, führt wieder die alte
Stimmung herbei und so folgt noch im Finale, Vivace, ein echt
Haydn'scher Satz voll Witz und Laune. Schon das von den
Violinen gebrachte schwungvolle Thema

---

28 Auf der Auflagstimme der Flöte steht von Haydn's Hand geschrieben:
Primo atto tacet. Dies ist ausgestrichen und steht dabei die Bemerkung:
„Freund! Suche das erste Allegro" (vergl. S. 21).

29 Pohl, Haydn in London, S. 193 f.

verspricht reges Leben. Die volle Lust geht auch in den Mittel=
satz in Moll über, in dem Fagott, Viola und Baß mit ihrem
polternden Thema sich der kräftig auftretenden Violine sammt
Gefolge entgegenstemmen. Beim Wiederbeginn in Dur werden
nun alle Motive kunstvoll verarbeitet; umsonst versuchen zwei
energische Schläge Halt zu gebieten, die erste Violine leitet in
großem Bogen wieder in den Anfang ein und alles eilt nun
einem fröhlichen Schlusse zu.

Die zweite kleinere Abtheilung umfaßt die Nummern 45 bis
63, welche der 3., 4. und 5. Gruppe angehören. In die 3. Gruppe,
der in ihrer Totalität bedeutenderen Symphonien, reihen wir ein
die Nummern 45—51 (1782—84); in die 4. Gruppe, die be=
sonders hervorragenderen, die Nummern 52, 53, 59 (1786—87)
und in die 5. und letzte Gruppe, die reifsten und vorzüglichsten,
die Nummern 54, 58, 60, 61, 63 (1786—90).[30]

Die Symphonie Nr. 45 hat im kernigen ersten Satze eine
höchst humoristische Stelle, freies Anschlagen von Quinten, im
1. Theil durch die Violinen, im 2. Theil in erweitertem Maße
auch von den anderen Instrumenten. Der 2. Satz behält die
volle Harmonie bei; sein hübsches Thema deutet unmittelbar auf
Mozart hin.

Wir haben nun in 2 Serien die Nummern 46—51, in denen
die Besetzung unverändert bleibt; Trompeten und Pauken wurden
auch hier erst später von Haydn zugefügt. Auch jetzt finden wir
öfters sehr überraschende Anklänge an Mozart und selbst aus
dessen letzten Werken, sowie anderseits sich häufig auch dessen
Einfluß auf Haydn bemerkbar macht. Besonders die ersten Sätze
haben nun mehr oder minder einen erhöhten Werth. Nr. 46
zeigt ein wahres Schwelgen in thematischer Verarbeitung; 47 ist
durch seine Wendungen gehoben; 48[31] ist von ernster, vornehmer
Haltung; in 49 herrscht fast leidenschaftlicher Ton, der aber bald
einer versöhnenden Stimmung weicht; in 50 ist ein Zusammen=

---

30 Nr. 62, die Kindersymphonie (siehe S. 226 f.), ein scherzhafter Einfall
ohne künstlerische Bedeutung, kommt hier natürlich nicht in Betracht.

31 Partitur, neu, Rieter-Biedermann Nr. 6.

treffen mit Mozart unverkennbar. Im Ganzen aber steht dieser
sowie der erste Satz von 51 gegen die früheren etwas zurück.

Die zweiten Sätze haben durchweg hübsche und meistens
liebliche Themas und auch sie erinnern zuweilen an Mozart, so
in der 2. Serie (49—51). Nr. 47 und 51 sind variirt; über
dem Andante sostenuto von 47 lagert es wie milde Ruhe. Das
Thema von 46, Adagio ma non troppo, ist besonders reizend:

Viol. I. cantabile.

Nr. 49 ist breit angelegt und athmet sanfte Melancholie;
Mozart's Geist spricht aus diesen Tönen, mehr aber noch mahnt
Nr. 50 an den 2. Satz von Mozart's bekannter, 1788 compo=
nirter Es-dur Symphonie (Köchel 543); der Satz dürfte übrigens,
mit Sordinen gespielt, nur gewinnen. Der Hauptsatz leitet un=
nachahmlich schön über zu dem bewegteren Tempo.

Menuett und Trio haben wohl die schon längst ausgebildete
Haydn'sche Art, bieten aber gerade hier in beiden Serien nichts
hervorragendes.

Von den letzten Sätzen sind die ersten 4 Nummern die be=
deutenderen; namentlich ist Nr. 46 reich an neckischen Einfällen
und unerwarteten Harmoniefolgen und hat fast den Charakter
einer Buffo=Opernscene. Nr. 48 ist reich in der Durchführung
und von ernster Stimmung. Nr. 49, Presto, beruht auf durch=
aus humoristischer Verwendung der Syncope — ein wahrer
Prüfstein für schwankende Orchester. Das Thema lautet:

Viol. I.

Es folgen nun die 6 Pariser Symphonien, 52—57. Man
hat hier nicht zu vergessen, daß Haydn hier ganz besonders sich
ein fremdes Orchester und den Geschmack eines ihm ebenso
fremden Publikums vergegenwärtigen mußte und daß ihm wohl
auch Andeutungen bezüglich der Besetzung, der Leistungsfähig=
keit der Solospieler und Wünsche in Betreff einzelner Sätze

mögen vorgelegen haben. Es ist leicht begreiflich, daß er sich
mit ganz besonderem Eifer dieser Aufgabe hingab; schon der
Ehrgeiz mußte ihn anspornen, den Erwartungen einer Gesellschaft,
die bereits von seinen früheren Werken entzückt war, in erhöhtem
Maße gerecht zu werden.

Betrachten wir wieder die ersten Sätze in ihrer Reihenfolge,
so zeigen sie alle eine reichere und gewähltere Durchführung und
größere Mannigfaltigkeit; eine Ausnahme bildet allenfalls der
Satz von 52,[32] den bereits sein Alter drückt. Um so besser steht
es mit 53, dem ein kräftiger, männlich ernster Zug wohl an=
steht; nicht minder interessant ist Nr. 54[33] mit seinen schönen
Mittelsätzen und Wendungen. Nr. 55[34] ist markig, voll Leben
und Schwung, trotzdem ihm ein eigentliches Seitenthema fehlt.
Überraschungen giebt es auch hier, so beim Beginn des zweiten
Theils; dann den an die „Zauberflöte" mahnenden Baßgang der
Priester:

Nr. 56[35] und 57 sind interessant, labend wie ein frischer
Trunk.

Die zweiten Sätze überbieten sich an Schönheit und Gehalt.
Wir finden hier wahre Schmucksachen, aufs feinste ausgefeilt,
reich in Erfindung und mannigfaltig in der Form. Wie kindlich
liebkosend und einschmeichelnd giebt sich gleich das erste im Volks=
ton gehaltene Allegretto in Nr. 52. Die Anfangstakte genügen
um an den wahrhaft reizenden, die volle Unschuld athmenden
Satz zu erinnern.

Viol. I.

Wie reich an Wechsel sind nicht die Variationen, auf alle
Instrumente Bedacht nehmend; immer gesättigter wird der Satz,

32 Partitur, André, Nr. 2.

33 Partitur, Rieter=Biedermann, Nr. 4.

34 Partitur, Bote & Bock, Nr. 11.

35 Partitur, Bote & Bock, Nr. 12.

immer reicher tritt die Harmonie hinzu, bis endlich das Thema,
von allen Instrumenten getragen, sanft austönt. Sehr sinnig
ist der Anfang des weichen Themas in 54 dem einleitenden Largo
des ersten Satzes nachgebildet. Eine der fein gearbeiteten Varia=
tionen ist von kräftiger Wirkung durch den markirten Zusammen=
gang der Bässe und Fagotte gegenüber den Flöten, Oboen und
der ersten Violine, welche das Thema bringen; im 2. Theil
tauschen die Instrumente die Rollen. Nr. 55 bringt reizende
Variationen über eine allerliebste französische Romanze. Eine der
Variationen, Es-moll, ist nur für das Streichquartett; in der
nächsten flattert die Flöte gleich Vogelflug über dem Thema.
Zur Zeit da Haydn diesen Satz componirte, hatte er gerade die
Concerte für die Leier in Arbeit und scheint ihm das Thema selbst
gefallen zu haben, denn er schrieb einen der Sätze in auffallend
ähnlichem Charakter dieser Romanze und benutzte später das Stück,
mit Coda versehen, zu seiner Londoner Militär=Symphonie. Die
bei Haydn nur wenig abweichende Romanze lautet:

Andante.

La gen-tille et jeu-ne Li-set-te ne vou-droit ja-mais s'enga-

ger; s'il fal-loit croi-re la fol-let-te tout a-mant est faux et lé-

ger. Laissez di - re la jeune Li-se, at-ten-dez l'instant de la

cri-se, et l'heure du ber-ger. Jeu-ne fil - le fait la sé-

vè-re, mais il faut qu'elle aime à son tour. Tôt ou tard, tôt ou

tard mê - me la plus fiè - re se rend à l'a-mour.[36]

* bei Haydn:

36 2me Strophe. Tendre amant de la jeune Lise
Qui brûlez d'offrir un bouquet

18*

Einen grellen Abstand bietet das Capriccio, Largo, in Nr. 56, das ungewöhnlich ernst und gemessen ist. Das Adagio in 57, dessen feierliches Thema:

im Charakter jenem in 43 gleicht, ist für concertirende Soloinstrumente, Flöte, Oboe, Fagott und erste Violine geschrieben; die harmonisch hübsche Coda schließt den Satz würdig ab.

Im Menuett und Trio ist Haydn unerschöpflich in Erfindung und originellen Einfällen; die zarter gehaltenen Trios fesseln durch immer neuen Reiz und sind mitunter sehr ausgeführt. Häufig bringen erste Violine, Fagott oder Flöte die Melodie in Octaven oder hat die erste Oboe ein Solo im Ländlerton, wie in 55 und 57; reizend und allerliebst ist in 55 im 2. Theil die Rückkehr zur Melodie.

Ganz besonders zeigt sich Haydn's Kraft und Genialität in den letzten Sätzen. Das Finale, Vivace assai, in 52 beginnt mit dem wohlbekannten Bärenbaß, der der Symphonie den Namen gab (*L'Ours*). Über demselben bringt zuerst die Primgeige ein leicht geschürztes Thema:

dem sich die Oboe mit einem zweiten anschließt; es folgt dann noch ein drittes Thema. Das erste Baß-Motiv hat sich unterdessen auch bei den anderen Instrumenten eingestellt und es währt nun bis zum Schlusse ein lebenslustiges Treiben. — In Nr. 53 ist das Finale, Vivace, der bedeutendste Satz, alles zeigt Leben

A l'amante qui le méprise,
Mêlez-y la rose et l'oeillet!
Si la Belle fait la sévère
Pressez-la, mais soigneux de plaire
　　Soyez toujours discret.
Quoiqu'elle fasse la farouche
Et vous refuse un tendre aveu,
Soyez sûr, soyez sûr, dès que l'amour la touche,
　　D'être un jour heureux.

und Kraft. Das jagdmäßige Thema in dem bei Haydn seltenen Zeitmaß:

wird interessant durchgeführt, die Motive werden gegeneinander gestellt, auf= und abwärts geführt und so geht alles einem fröh= lichen Ende zu. Wie die Symphonie zu der Bezeichnung *La Poule* gekommen, ist nicht nachzuweisen. — Auch das Finale von Nr. 54 zählt zu den besten, hat genialen Flug und ist reich an thematischer Verarbeitung. Wiederum deutet Haydn prophe= tisch auf ein noch ungebornes Werk Mozart's hin, diesmal auf die Ouverture der „Zauberflöte" [37]

Das Finale von Nr. 55, ein ausgesprochenes Rondo, ist voll kecker Züge, ein wahres Fangballspiel mit Motiven und ihren Theilchen und überraschenden Accorden; besonders neckisch ist die Rückkehr ins Thema. Der ganze Satz ist hochbedeutend wie die ganze Symphonie. Die etwa mögliche Veranlassung der Be= nennung *La Reine* wurde schon S. 223 angedeutet[38]. Die Fina= les von Nr. 56 u. 57 gleichen den ersten Sätzen in Frische und sprudelnder Laune, in ungezwungener Anlage und Ausführung.

Es erübrigt noch der letzten fünf einzeln erschienenen Sym= phonien zu gedenken, von denen Haydn 2 oder 3 an Sieber in Paris verkaufte. Haydn hat mit ihnen (Nr. 59 ausgenommen) selbst die besten der vorhergehenden nicht nur erreicht, sondern

---

[37] *Deldevez* (*Curiosités musicales*, p. 36) giebt der Symphonie die Bezeichnung »*Les 7 Paroles*« und sagt in der Anmerkung: » *Quelques unes des symphonies de Haydn ont été écrites pour les jours saints*«. Beide Bemerkungen beruhen, wie man sieht, auf einer Verwechselung mit Haydn's „Die sieben Worte Christi am Kreuze".

[38] Deldevez, p. 34, bezeichnet sie irrthümlich als die letzte der 18 (*sic*) englischen für Salomon componirten Symphonien, zu denen er auch die Num= mern 40, 57, 58, 61 zählt.

theilweise selbst überflügelt. Sie sind sogar, was Ursprünglich=
keit betrifft, einigen der Londoner Symphonien vorzuziehen. Bei
einer heutigen Ausführung vertragen sie auch, was man nur bei
wenigen der früheren ohne Schädigung wagen darf, die uns
schon geläufige stärkere Besetzung der Streichinstrumente. Der
gewaltige Umschwung, namentlich in Beherrschung des Orchesters,
Behandlung der Blasinstrumente zeigt sich sogleich bei Nr. 58.
Das neckische Hauptthema, das unwillkürlich an Beethoven's letz=
ten Satz seiner 8. Symphonie erinnert, wird glänzend durch=
geführt, sowie überhaupt der ganze, von Frische trotzende erste
Satz in Anlage und Durchführung als Muster seiner Art da=
steht. Der zweite Satz, Largo, hat eine feierliche, auf breite Aus=
führung berechnete Melodie, die ungemein gehoben wird durch
die intensive Klangwirkung der zusammengehenden Instrumente
und sich durch den ganzen Satz gleich einem Opfergesang mit immer
neuen Veränderungen der Begleitung wiederholt.

Mit dem kräftigen Menuett und seinem reizenden Trio lockt
uns Haydn mit magischer Gewalt auf den ländlichen Tanzboden
unter grünem Laubdach. Oboe und Violine stimmen den echten,
gemüthlichen Ländlerton an und die Flöte gesellt sich ihnen zu,
während Violen und Fagotte unverdrossen ihre Quint festhalten
und das Cello sich auf und niederwiegt;

namentlich im 2. Theil ist der Wechsel von *crescendo* und *de-
crescendo* von prächtiger Wirkung. Trotz so vielem Vortrefflichen
ist man dennoch versucht, das Finale, Allegro con spirito, als
die Krone der Symphonie zu bezeichnen. Das von der Prim=
geige und in drolliger Weise in Gemeinschaft mit dem ehrsamen
Fagott gebrachte lebensfrohe Thema:

führt uns in Rondoform in raschem Flug mitten hinein in ein Leben voll toller Lust; die Motive fliegen auf und nieder, trennen sich und dehnen sich aus; nun vereinigen sich Fagott, Violoncell und Baß und faßen nach Durchlaufen von fast zwei Octaven abwärts in fremder Gegend Posto, aus der ihnen die Violinen, einander neckend, heraushelfen und wieder zum Thema führen. Der alte Tanz beginnt aufs neue und nach einer General=Halt= pause erfolgt dann gleich einem Sturzbad der gemeinsame Wett= lauf bis zum Schluße. — Bei der nächstfolgenden viel kürzer gehaltenen Symphonie Nr. 59 scheint es Haydn etwas eilig ge= habt zu haben. Er benutzte zum 2. und 4. Satz das erste der Leier=Concerte, die er kurz zuvor geschrieben und fügte nur die fehlenden 2 Sätze hinzu. Der erste Satz hat die gewöhnliche Factur; der zweite und beste Satz dieser Symphonie, Andante con moto, ist im ruhig dahingleitenden Romanzenton gehalten

und hat zur nöthigen Schattirung einen kräftigen Mittelsatz in C-moll und ist überhaupt auch reicher ausgestattet. Dem uner= heblichen Menuett folgt ein lebhaftes aber auffallend flaches Rondo, das nicht entfernt an seine Vorgänger hinanreicht. — Eine reiche Entschädigung bietet Nr. 60.[40] Dem frischen ersten Satze reiht sich ein reizendes Andante mit echt Haydn'schem Thema an

von Primgeige und Fagott in Octaven gebracht und viermal sehr dankbar für die Soloinstrumente variirt. Von wohlthuendem

39 Partitur: Breitkopf & Härtel Nr. 13, Bote & Bock Nr. 8, Aubré Nr. 2, Peters Nr. 8.

40 Partitur: Rieter=Biedermann Nr. 3.

Eindruck ist in der Coda nach der Ausweichung nach Des der Wieder=
eintritt der Haupttonart; dann bringen noch die Bläser, einer um
den anderen, das erste Motiv gleich einem Abschiedsgruß. Mit
besonderem Fleiß ist der erweiterte Menuett gearbeitet, in dem
die Bläser in Gruppen auftreten; gegen die dichte Besetzung des
Menuett ist das Trio ganz leicht instrumentirt. Der letzte Satz,
Allegro assai, reiht sich den vorzüglichsten an. Das leicht ge=
schürzte Thema:

giebt das Signal zu ausgelassener Fröhlichkeit; der Humor schwingt
das Scepter und jedes Instrument wird in den Taumel mit fort=
gerissen. Frappant ist die Stelle, wo nach C-dur, durch 4 Ge=
neralpausen getrennt, das Thema in Des eintritt, als habe Haydn
selbst vor seiner Kühnheit zurückgeschreckt. Von da ab gährt es
in allen Motiven, die Sechszehntel rollen und alles treibt sieges=
lustig dem Schlusse zu. — Die sogenannte Oxford = Symphonie
Nr. 61 reiht sich der vorhergehenden würdig an. Als Haydn nach
der bekannten Universität kam, um persönlich die Doctorwürde ent=
gegen zu nehmen, brachte er auch eine neue Symphonie mit, um
sie in den Festconcerten aufzuführen, da aber durch sein ver=
spätetes Eintreffen keine Zeit zum Einstudieren übrig blieb, wählte
er unter den vorhandenen unsere, seitdem nach dem Namen der
Musenstadt benannte Symphonie, zu der er später Trompeten
und Pauken hinzucomponirte.[41] Der erste und umfangreichste Satz
zeigt wo möglich abermals eine Steigerung in Haydn's Schaffen;
er zeigt so recht, was thematische Arbeit vermag. Die Spielweise
betreffend ist zu beachten, daß die Achtel im ersten Motiv des
Allegro spiritoso jederzeit im Verlauf des Satzes leicht gestoßen
werden müssen (siehe themat. Verz.). Das Thema ist sehr fleißig
ausgenutzt, was beim zweiten, das lebhaft an eine Stelle in
Rossini's „Barbier von Sevilla" erinnert, durchaus nicht der Fall
ist.[42] Der 2. Satz, Adagio cantabile

---

41 Pohl, Haydn in London S. 148; Partitur: Rieter=Biedermann Nr. 2,
Peters Nr. 9.

42 Act I, Scene I. Fiorillo: *Piano, pianissimo senza parlar.*

hat ein blühendes Colorit durch hervorragende Benutzung der Blasinstrumente, die hier mehrmals auch selbstständige Gruppen bilden. Eine Stelle (8 Takte vorm Schluß) bedarf der Berichtigung: wie sie steht, bildet sie eine Reihe von Quartsext-Accorden, die doch wohl als Sextaccorde gedacht sein mögen und leicht dahin zu ändern sind. Die Stelle lautet:

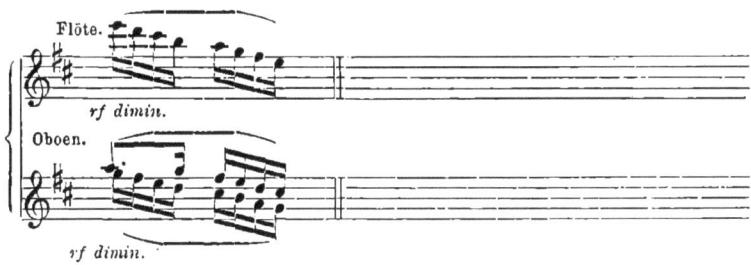

Das schöne Thema wird in sorgfältig gewählter Weise variirt und kräftige Stellen sorgen für die nöthigen Schlagschatten; der Schluß aber mit seinem äußerst zarten Gewinde hat einen leichten Anflug von Melancholie. Der Menuett bleibt seinem herkömmlichen Charakter treu und bietet einen anregenden Wechsel der Instrumente. Im Trio sind die Bläser abermals gruppenweise verwendet. Die Syncope ist hier vorherrschend.

Das Finale, Presto ²/₄, ist einer der längsten (342 Takte) und trefflichsten Sätze. Drei Themen treten auf und werden namentlich im 2. Theil, auf- und absteigend, von den verschiedenen Instrumenten übernommen. Von humoristischer Wirkung sind die wiederholt eintretenden Generalpausen; die Bläser greifen auch hier sehr wirksam ein.

Es folgt nun als letzte Symphonie dieser Periode Nr. 63,[43] jene Symphonie, um deren Zusendung Haydn von London aus so oft und so dringend seine verehrte Freundin v. Genzinger er-

---

43 Partitur: André Op. 66 Nr. 1.

sucht und dabei erwähnt, daß er „vieles davon für die Engländer
abändern müsse“,[44] worunter er wohl eine reichere und kräftigere
Vertheilung von Licht und Schatten verstanden haben mochte.
Der erste Satz ist einer der interessantesten, namentlich durch die
meisterhafte und mannigfaltige thematische Arbeit. Höchst sinn=
reich ist das nur zweistimmige Hauptthema gebildet, indem die
zweite Periode desselben (die zwei Ausgangstakte abgerechnet) nur
aus der Umstellung der Ober= und Unterstimmen besteht.

An Beethoven mahnt die stufenweise (Des, Es, Fm.) Wieder=
holung des Takt 68 auftretenden Motivs. Das Andante bringt
uns wieder eine jener reizenden populären Melodien, in denen
Haydn unnachahmlich dasteht. Es ist als hörten wir bei diesen
Tönen die liebe Großmutter ihren Enkeln ein Mährchen aus
alter Zeit erzählen.

Das Thema wird in immer gesteigertem Ausdruck viermal
variirt; namentlich macht die Phalanx von Trillern eine prächtige
Wirkung. Die Trillerkette erscheint dann nochmals vorm Schlusse
gleich einem Siegessang, worauf dann plötzlich beim Ausgang
über leisem Wellenschlag der Begleitung ein Motiv der ersten

---

44 Pohl, Haydn in London, S. 192.

Arie aus den „Jahreszeiten" gleich einem freundlich blinkenden Stern uns zuwinkt. Menuett und Trio, letzteres mit Fagott= solo und Primgeige in Octaven, stehen den so trefflichen Vorder= sätzen wohl merklich nach, doch gleicht das von echt Haydn'schem Geiste beseelte lebensfrohe Finale alles wieder aus. So scheiden wir denn für jetzt von diesem Revier seiner Muse, bewundernd und dankerfüllt und nicht vergessend, daß er es war, der ganz besonders hier die Pfade öffnete und ebnete — eine Leuchte für seine großen Nachfolger.

Wir besitzen nur wenige eigentliche Ouverturen von Haydn und selbst diese hat er in seinem thematischen Katalog nicht apart, sondern unter seine Symphonien aufgenommen, obwohl er, wie wir gesehen (S. 195) selbst dagegen protestirte, als Artaria 6 derselben unter dem Titel „Symphonien" herausgab. (Im „Wiener= blättchen" 1784, 13. Aug., sind sie von einem Copisten sogar als „Karakter=Simphonien" angekündigt.) An Stelle einer Ouverture nahm Haydn häufig einen Symphonie=Satz oder, wenn er wirk= lich eine Ouverture geschrieben hatte, ergänzte er sie aus andern Nummern der Oper oder schrieb die fehlenden Sätze hinzu und die Symphonie war fertig. Der Zusammenhang mit Oper oder Cantate war ein so lockerer, daß dies Verfahren nichts gewalt= sames an sich hatte. Übrigens nannte man auch damals noch die Ouverture »Sinfonia«.

Nr. 1 die Ouverture zur Marionettenoper „Philemon und Baucis" besteht aus zwei reizenden, kurzen Sätzen, die sich in ruhigem Geleise bewegen und, schon dem gegebenen kleinen Or= chesterraum entsprechend, nebst 2 Oboen und Hörnern nur auf ein sehr schwach besetztes Streichquartett berechnet sein mußten. Als eigentlicher Abschluß oder Einleitung in die Handlung mag wohl ein 3. Satz gedient haben, denn beim Aufziehen des Vorhanges „herrscht ein fürchterliches Donnerwetter".

Nr. 2. Ouverture zur italiänischen Oper *Il mondo della luna* ist zusammengesetzt aus einer markigen Introduction zu Act. III, einem *Grazioso un poco adagio* als Einleitung zu Act II (»Sin= fonia« bezeichnet) und einem Allegretto G-moll $^3/_4$, einer Arie aus demselben Act, die Haydn später Note für Note als Bene= dictus seiner „Mariazeller Messe" benutzte.

Nr. 3—8 sind die bei Artaria erschienenen *Sei Sinfonie a grand orchestra*, *opera* XXXV. Nr. 3 (Ouverture zu *L'Isola disabitata*) und Nr. 4 haben kurze Einleitung und gleich 5 und 7 einen langsamen Mittelsatz, bei Nr. 3 ein kurzes Allegretto, Fagott und beide Violinen zusammengehend, das den Charakter stiller Ergebung trägt; bei 4 ein hübsches Andantino mit Violoncell-Solo (mit der Primgeige zusammen), das Thema stark an Mozart mahnend; bei 5 ein längeres Andante, durchaus Flötensolo (Primgeige in der unteren Octav); bei 7 ein ebenfalls längeres Poco adagio, Solo der ersten Oboe unisono mit der ersten Geige. Die Allegro- oder Presto-Sätze sind durchaus frisch, die Schlußsätze ganz kurz und nur Wiederholungen aus den Vordersätzen. Etwas complicirter ist Nr. 6, Ouverture zur ital. Oper *La vera costanza*, deren Allegretto und Andante dem Anfang der Oper entnommen und nur in anderer Reihenfolge gestellt sind. Nr. 8 die Ouverture zum Oratorium „Tobias" hat nach kurzer Einleitung ein Allegro ohne bemerkenswerthe Einzelheiten.

Das Presto Nr. 9 erschien allerdings als „Ouverture" in Auflagstimmen und für Clavier allein bei Hoffmeister in Wien, sucht aber vergebens den Charakter eines Symphonie-Finale zu verleugnen. Es erfordert eine besonders leichtbeschwingte Ausführung; das Thema, von dem Haydn gar nicht loskommen kann, treibt gleich einem Kobold sein neckisches Spiel. Es muß eine Stunde der glücklichsten Laune gewesen sein, der das von Lebenslust überquellende Ding sein Dasein verdankt. Man sehe nur, abgesehen von der meisterhaften Durchführung, die immer neuen und unerwarteten humoristischen Züge; so der Eintritt der Generalpausen und was nachfolgt; dann die wuchtigen Accorde bis zur Haltung; danach das Tändeln mit dem Motiv, das endlich die Violine, bereits keuchend, nur noch in gedehntem Zeitmaß (in Vierteln) bringt, worauf dann der ganze Chor der Instrumente fortissimo wie um Erbarmen flehend und zwar mit Erfolg aufbegehrt, denn der tolle Elfenspuk nimmt darauf jählings ein Ende.[1]

---

1 Partitur, Auflagstimmen und vierhändiger Clavierauszug erschienen bei Rieter-Biedermann. Im Vorwort setzte ich die Zeit der Ouverture in die 70er Jahre. Sie ist nun in die richtigere Zeit verlegt, wohin sie ihrer feinen und detaillirten Ausarbeitung nach auch gehört.

Nr. 10 und 11 sind endlich wirkliche, als solche gedachte Ouverturen. Nr. 10 zur ital. Oper *Orlando Paladino*, ein kräftiges, aus einem einzigen Satz bestehendes Tonstück. Nr. 11 zur Oper *Armida*, ein zusammenhängendes Ganze, Vivace überleitend nach Allegretto mit Solo für Oboe und Violine unisono und mit Vivace, und einem Siegesruf (Oboen, Fagotte, Hörner) schließend.

Das thematische Verzeichniß zeigt uns unter der Rubrik „Divertimenti" verschiedene Werke, die noch zu ergänzen wären durch eine Anzahl Serenaden, Concertinos, Cassationen für gemischte Instrumente, größtentheils aus den Jahren 1766 bis etwa 1774. Sie sind zum Theil in Haydn's Katalog angegeben, zum Theil in Privatsammlungen erhalten oder auch verschollen. Die noch erhaltenen mehrsätzigen Stücke reihen sich nach Anlage und Werth etwa den früher erwähnten (I. S. 317 ff.) an, ohne gerade unseren Zweck zu fördern und können daher unbeschadet unserer Aufgabe übergangen werden. Die vorliegenden Nummern sind namentlich in Rücksicht ihrer Verschiedenartigkeit von Interesse.

Das Divertimento Es-dur Nr. 1 ist für Horn, Violine und Cello geschrieben und besteht aus einem dreimal variirten Thema sammt Finale. Man sieht schon aus den Anfangstakten, daß hier an den Hornisten tüchtige Anforderungen gestellt werden. Nach der Zeit zu urtheilen, in der das Stück componirt ist (1767), wird dies wohl der uns schon bekannte Thaddäus Steinmüller (I. S. 266) gewesen sein, dessen drei Söhne, später ebenfalls tüchtige Hornisten, das Ehepaar Haydn aus der Taufe hob.[1]

Die 6 Violinsolos (oder Sonaten) mit Begleitung einer Viola (2—7) sind mit Sorgfalt gearbeitet und von größerem Zuschnitt; die Viola ist nicht immer nur begleitend, sondern tritt auch selbstständig und häufig imitatorisch auf. Die Hauptstimme ist mit Verzierungen, Doppelgriffen u. dgl. insoweit ausgestattet, als es der Fähigkeit eines etwas vorgerückteren Spielers entspricht. Jede Nummer besteht aus der dreisätzigen Sonatenform;

---

1 Auf einem Zettel, der dem Autograph beiliegt, schrieb der damalige Besitzer, der ältere Hornist Prinster an den Domherrn Silberknoll in Raab, daß er als Ersatz der versprochenen Sonate dieses Trio schicke, „welches unser seliger Haydn-Papa für einen meiner Vorgänger geschrieben hat".

der erste zweitheilige Satz aus einem breit angelegten Allegro oder Moderato (nur die letzte Nummer hat ein variirtes Andante); der zweite Satz aus einem gesangvollen Adagio (die erste Nummer im Charakter der Sicilienne, die fünfte etwas pathetisch); der letzte Satz aus Tempo di Menuetto, einigemal variirt. Der in diesen 6 Nummern angeschlagene Ton ist fast herb zu nennen; Haydn hatte in dieser Serie vorwiegend den Unterrichtszweck im Auge, dem sie auch vollkommen entspricht.[2]

Die schon früher (I. S. 254) erwähnten 6 Divertimenti für 8 concertirende Stimmen (8—13) erschienen zuerst bei Artaria als op. 31. Sie gehörten ursprünglich (wenigstens 3 davon) zu den größeren Barytonstücken und datiren zwei davon aus dem Jahre 1775. Haydn hat den Baryton hier durch Flöte ersetzt, wobei es nur geringer Veränderungen bedurfte (am häufigsten ist die Flöte eine Octave höher gesetzt). Alle Nummern sind dreisätzig, von mäßigem Umfang, aber nicht gleich in der Anlage. Nr. 2 und 3 haben als ersten Satz ein vollständiges zweitheiliges Adagio und dafür als zweiten Satz ein Allegro. Die Schlußsätze sind meistens variirt. Hervorzuheben sind aus Nr. 1 das kurze aber gemüthvolle Adagio; aus Nr. 2 und 3 der erste, aus Nr. 6 der 2. Satz von ähnlicher Stimmung. In Nr. 2 hat der letzte Satz abermals ein Thema, Allegretto, das den Volkston anschlägt und hübsch variirt ist; nach jeder Variation wird das ansprechende Thema gleich einem Rundgesang wiederholt.

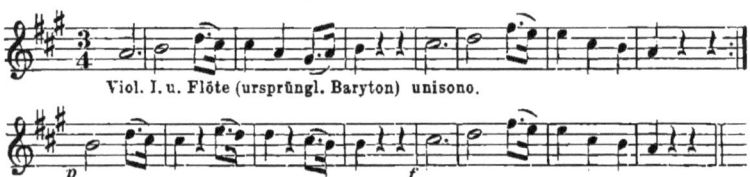

Viol. I. u. Flöte (ursprüngl. Baryton) unisono.

In Nr. 3 folgt dem Adagio ein Allegro, das eher seinen Platz als Finale ausfüllen würde; trotzdem folgt ihm noch ein Presto, das, an sich schon matter, durch seine Stellung doppelt geschädigt ist.

---

2 Die 6 Nummern erschienen bei Artaria u. Co. (*Sei sonate per il Violino, e Viola*), die 1. 4. u. 5. Nummer in Paris und bei André; Op. 93 auch in neuer Ausgabe (*Trios Sonates pour le Violon avec acc. d'Alto*. Ein einzelnes *Arioso con Variazioni*, Violinsolo mit Baß, ist 1768 in Breitkopf's Katalog angezeigt.)

Die Divertimenti stellen an die Ausführenden nur sehr mä=
ßige Anforderungen; selbst die Violinen, die hier vorzugsweise
das Wort führen, bringen es zu keinem Glanz; es fehlt über=
haupt an anregender thematischer und rhythmischer Erfindung und
an der nöthigen Schattirung, was schon bei den einzelnen Num=
mern, bei der ganzen Serie aber fühlbar ermüdend wirkt.

Das Sextetto, Nr. 14, besteht aus 3 Sätzen, in denen alle
Instrumente ziemlich gleich in Anspruch genommen sind; das
Waldhorn hat einzelne ziemlich schwierige Stellen. Der erste Satz
ist der ausgedehnteste; dem etwas matten Larghetto folgt ein
kurzer Menuett und zwei ebenso kurze Trios, das erste mit Horn=,
das zweite mit Fagott=Solo. Es ist beiläufig eine Gartenmusik,
und eine ziemlich trockene, die uns geboten ist; es fehlt so ziem=
lich alles, was wir in Haydn's Musik suchen, ja selbst der Menuett
sammt seinen zwei Satelliten läßt Haydn's Geist vermissen.

Ganz anders repräsentiren sich die im Jahre 1790 vom
König von Neapel bestellten 7 Notturni (15—21), welche Haydn
in seinen Katalog aufzunehmen vergaß. Es galt hier, demselben
Stücke für sein Lieblingsinstrument, die Leier, zu liefern und
mögen Haydn wohl auch hier, wie bei den früher bestellten Con=
certen (die wir noch kennen lernen), Muster und Andeutungen
vorgelegen haben, um der Fertigkeit und dem Geschmack des Kö=
nigs gerecht zu werden. Erstere scheint jedenfalls eine bescheidene
gewesen zu sein, auch unterscheiden sich erste und zweite Leier
kaum von einander. Selten nur wagen sie sich ohne weitere Be=
gleitung hervor, gehen häufig in Terzen und Sexten zusammen
oder folgen einander in zwangloser Imitation. Mit den übrigen
Instrumenten verbinden sie sich in mannigfacher Weise. Überall
zeigt sich die feine und wählerische Arbeit. Außer der Leier waren
Haydn wohl auch die übrigen Instrumente vorgeschrieben und so
finden wir denn unter ihnen auch die von ihm selten benutzte
Klarinette. Einige dieser Notturni (wie auch der Concerte) hat
Haydn in London in den Salomon=Concerten aufgeführt (die
Leier durch Flöte und Oboe, die Klarinetten durch Violinen er=
setzt). Obwohl Haydn diesmal schon sicherer gehen konnte, da
die neue Bestellung auf die Zufriedenheit des Königs deutete,
hielt er sich nach zwei Seiten hin reservirt, indem er die ernstere
Stimmung sowohl als die heitere in gewissen Schranken hielt
und auch der Auffassung nichts außergewöhnliches 'zumuthete.

Alles ist klar und durchsichtig und ohne tiefere Ansprüche. Ob=
wohl Notturnen eine größere Anzahl Sätze zulassen, hat sich Haydn
auch hier auf drei beschränkt, nur in Nr. 1 macht gleichsam als
eine Entrata ein Marsch den Anfang. Nr. 2 und 3 haben eine
kurze Einleitung in langsamem Tempo. Sind die ersten zwei=
theiligen Sätze durchschnittlich frisch zu nennen, bewegen sich da=
gegen die langsamen Mittelsätze in getragenem Gesang mit leichtem
Anflug von Melancholie, den aber die Finales gründlich hinweg=
scheuchen — Sätze mit heiteren, leichtlebigen Motiven, die gleich
den Mückenschwärmen im warmen Sonnenstrahl ihr kurzes Da=
sein rasch noch ausnutzen. Ein einziges Finale, Nr. 5, macht eine
Ausnahme, indem es sich auf ein Fugenthema wirft und sammt
seinem Gegenthema wacker durchgepeitscht wird. Nr. 2 hat wieder
ein Thema, Allegro con brio, das dem Volksliede entsprungen ist:

Ein zweiter, ebenso lebensfroher und zum Schlusse noch rasch
hingeworfener Gedanke:

erinnert in seiner Art an ähnliche Sätze aus Haydn's frühesten
Werken[3]; getrennt durch fast drei Jahrzehnte spricht aus ihnen
dieselbe kerngesunde Natur.

—————

Mit seinen ersten 18 Streichquartetten hatte Haydn
seinen Namen rasch im Auslande bekannt gemacht; wie wir ge=
sehen[1], erschienen sie zuerst in Paris, ebenso seine nächsten Serien
von je 6 Nummern, dann aber auch in Amsterdam, Berlin,
Mannheim und Wien. In diesen Quartetten schon hat Haydn
die Sonatenform vollständig zu Grunde gelegt; stetig schreitet er
vorwärts und immer concentrirter gestalten sich die einzelnen
Sätze, immer selbstständiger bewegen sich die einzelnen Instru=
mente, gleichzeitig in anregenden Wechsel zu einander tretend.

3 Bd. I. S. 301, Finale der Symphonie Nr. 6.
1 Band I. S. 333.

Haydn arbeitete hier sichtbar mit besonderer Vorliebe; er mußte es wohl selbst schon längst gefühlt haben, daß das Quartett jenes seiner Individualität am meisten entsprechende Gebiet sei, daß er hier alles vereinigen könne, was sich durch ein seltenes Talent, durch Studium, Fleiß und Erfahrung erreichen lasse. Überdies mußte er bald gewahr werden, daß die Pflege dieses Gebietes jeder musikalischen Familie zugute komme. Die Elemente lagen vor, es bedurfte nur der äußeren Anregung, um für dasselbe zu interessiren. So wurde Haydn auf diesem Wege der Schöpfer echter beglückender Hausmusik, wie anderseits seine Symphonien die Gründung und Belebung unzähliger Vereine veranlaßten.

Bei der gleichzeitigen Thätigkeit Mozart's in dieser Richtung lag es nahe, daß man schon damals häufig die Vorzüge des einen auf Kosten des anderen hervorhob, ein Verfahren, das leicht zur Einseitigkeit führt. Man wird Otto Jahn[2] nur zustimmen, wenn er hier so treffend bemerkt: „Jede summarische Gegenüberstellung der beiden Meister erscheint leicht als Über- oder Unterschätzung des einen oder anderen, da nur eine im Detail angestellte Vergleichung jedem sein volles Recht widerfahren lassen und die freudige Bewunderung beider rechtfertigen kann." Was Mozart von Haydn's Quartetten hielt und wie er ihnen nachzustreben trachtete, haben wir gesehen, und daß in so manchen Quartetten Beethoven's Haydn als Vorbild erkenntlich ist, darf wohl nicht erst nachgewiesen werden. Studiert hat er ihn gewiß fleißig; es genügt, daran zu erinnern, daß er sich, wie früher (Bd. I. S. 330) erwähnt, eines derselben (Nr. 33) eigenhändig aus den Auflagstimmen in Partitur setzte.

Haydn's Quartette haben nun größtentheils ein volles Jahrhundert überdauert. Um solche Lebenskraft recht zu verstehen, dürfen wir nur auch hier wieder jene Componisten in's Auge fassen, deren Werke längst verschollen sind und selbst das Ende des vorigen Jahrhunderts nicht einmal erlebten. Es sind deren weit über hundert, die zum Theil mit ganzen Serien genannt werden, von denen wir unter den bekannteren namhaft gemacht finden[3]: Leopold Hofmann, Kirmayr, Aspelmayer, Boccherini,

---

2 Mozart, Band II. S. 178.

3 Als Verlagsorte sind der Reihe nach genannt: Paris, Amsterdam,

Francisconi, Karl Stamitz, Kospoth, Vanhal (42 Quartette in
. 7 Serien), Kammel, J. C. Bach, Ign. Fränzl, Gossec, d'Avaux,
Giordani, St. George, Lolli, Cambini, Cannabich, Zimmermann,
Misliweczek, d'Ordonez, Kerzelli, E. W. Wolff, Capuzzi, Man=
frebini, Paisible, Wenzel Pichl, Paisiello, Ant. Rosetti, Pleyel
(39 Quartette), Silvère Müller, Franz Neubauer.

Den ersten 18 Quartetten Haydn's[4] sind zwei einzelne, Es-
bur und D-moll (Nr. 19 und 20) anzureihen[5]. Ersteres stammt
allerdings noch aus früher Zeit und ist schon 1765 unter ver=
schiedenen Divertimenti angezeigt. Haydn mochte wohl keine Gelegenheit gefunden haben es passend unterzubringen; daß er es
nicht verloren wissen wollte, bezeugt der Umstand, daß er, wie
schon erwähnt (I. S. 258), es als „ein nicht gestochenes Quar=
tett" anführt. Über dasselbe ist das Nöthige schon früher (Bd. I.
S. 343) gesagt. — Aber auch das zweite Quartett, D-moll, ob=
wohl spät erschienen und noch heute nach Nr. 44 (unserer Reihen=
folge) eingeschaltet, gehört seinem Gehalt nach zu den obigen
Quartetten. Es erschien zuerst in Wien bei Hoffmeister in höchst
primitiver Ausgabe und mag wohl Haydn dem Andrängen der
gerade im Aufblühen begriffenen Verlagshandlung in der für
ihn bequemsten Art durch ein halbvergessenes Quartett sich ent=
ledigt haben.[6] Wir erkennen übrigens in demselben in der sicheren
Anlage, knappen Form und Ausnutzung der Motive den ganzen
Haydn *in nuce*. Dem thematisch hübsch gearbeiteten ersten Satz
folgt ein kurzer Menuett sammt Trio, ein kleines anspruchsloses
Adagio und ein ebenso kurzes Presto. Diese viersätzige Form ist
fortan beibehalten, doch bildet der Menuett erst später fast regel=
mäßig den dritten Satz.

Die Quartette erscheinen nunmehr in Serien zu 6 Nummern.

London, Mannheim, Lyon, Frankfurt a. M., Offenbach, Wien, Haag, Florenz.
Berlin, Speyer.

4 Siehe Bd. I. S. 334.

5 Breitkopf's Katalog führt in den Jahren 1766—84 noch 3 vereinzelte
Quartette an, über die nichts bekannt ist und die auch nicht von ihm bestätigt
sind, wie so manche in Abschrift auf Haydn's Namen circulirende Quartette.

6 Die beiden Quartette erschienen bereits in der hier angenommenen
Reihenfolge (nach den ersten 18) in der *Collection Sieber* als *livre* IV. und
war also jenes in Es, Nr. 19, denn doch gedruckt. Handschriftlich existirt
auch als Trio auf der k. Bibliothek in Berlin.

In der zunächst folgenden Serie (21—26) [7] ist in den ersten und dritten Sätzen das Überwiegen der ersten Violine auffallend, die meistens stimmführend und häufig concertirend auftritt, so namentlich in den ersten Sätzen von Nr. 21, 22, 24, dann in den dritten Sätzen aller 6 Nummern, die sogar vor dem Schlusse auf der Fermate mit Triller und in 22 mit ausgeschriebener verzierter Cadenz geschmückt sind. Da alle Violinconcerte Haydn's in jene Zeit fallen, mag dies seine Vorliebe für die Primgeige begreiflich machen. [8] Es ist ihr aber auch schöner Gesang zugewiesen, so in den dritten Sätzen von Nr. 21, 22 und 23, der in 22 selbst pathetischen Charakter annimmt. Zu den hübscheren Menuetts gehören jene in Nr. 21 und 22; die Trios haben, wie schon in den früheren Quartetten, meistens einen aparten Zug. Die letzten Sätze haben knappe Form und sind in der leichtbeschwingten, lebensfrischen Weise Haydn's gehalten; namentlich in 26, in dem der ganze Satz aus einem kurzen fröhlichen Wettlauf mit dem Sechszehntel-Motiv besteht; das ganze Quartett, dessen erster Satz ebenfalls voll Leben ist, scheint übrigens einer früheren Zeit anzugehören. In Nr. 22 ist das Thema mehr compact und greifen auch die einzelnen Stimmen mehr ein.

Auch in der nächsten Serie (27—32) [9] ist die reiche Verwendung der ersten Violine vorherrschend; hier namentlich bewegt sie sich auch häufig in der höchsten Lage, im hohen b und c und auch an verzierten Cadenzen fehlt es nicht. Reiche concertartige Figurirung und selbst Doppelgriffe bieten die dritten Sätze in Nr. 30 (Adagio) und 32 (Largo). Besonders in dem gehaltvollen Satze von Nr. 31 (Adagio) ruht das Hauptgewicht auf der Primgeige, die hier meistens recitirend gewissermaßen eine dramatische Scene ausführt. Von den ersten Sätzen hat Nr. 30 einen mehr ernsten, gemessenen Charakter; Nr. 31, ein zum öffentlichen Vortrage mit Vorliebe gewähltes Quartett, hat den meisten Schwung und findet sich hier auch der bis jetzt ausgedehnteste Durchführungssatz.

---

7 Siehe S. 43. Diese Quartette erschienen zuerst in Paris als *oeuvre* IX.

8 So ist auch in den von Mozart in Wien im J. 1773 componirten Quartetten die erste Violine stimmführend, wenn auch nicht als Soloinstrument behandelt.

9 Siehe S. 49. Auch diese Quartette erschienen als *oeuvre* XVII zuerst in Paris, als op. IX in Amsterdam.

Auch in dieser Serie sind die Menuetts dem zweiten Satze zugewiesen; zur ersten Violine treten nun schon die anderen Stimmen nicht bloß accordisch sondern selbstständig auf, zuweilen imitatorisch wie in Nr. 27.

Von den dritten Sätzen ist der in 27 (Adagio) annähernd im Charakter der Sicilienne gehalten; kühne Ausweichungen finden sich in 29 (Adagio). In 30, dem bis jetzt ausgeführtesten Satze, und 32 sind alle Instrumente reich ausgeschmückt. Die letzten Sätze zeigen sämmtlich eine mehr und mehr freie Bewegung der Stimmen, die das Hauptthema aufgreifen oder in einzelnen Motiven an dasselbe anklingen und diese wieder unter sich verarbeiten. Mit Ausnahme von Nr. 30, das mehr ernst auftritt, tragen alle letzten Sätze einen lebensfrohen Charakter; jener in 31 entspricht dem besonderen Werth der vorhergehenden Sätze.[10]

An Haydn's vorliegender, äußerst feiner und sorgfältiger Handschrift dieser 6 Quartette (er nennt sie auch jetzt noch Divertimenti) erkennt man, wie ungemein sicher er, nach reiflicher Überlegung, in der Arbeit zu Werke ging. Wohl liegen Beweise vor, daß er mit den nöthigen Skizzen und Entwürfen vorarbeitete, aber in der Ausarbeitung läßt sich kaum eine Correctur nachweisen. Mit den gestochenen Auflagstimmen verglichen zeigt die autographe Vorlage in allen 6 Quartetten zahlreiche Abweichungen, die hier anzuführen uns zu weit führen würde.

Irgend ein Umstand mag Haydn veranlaßt haben, einmal auch in seinen Quartetten die Fuge besonders zu bevorzugen. Vielleicht wollte er damit dem schon damals ihm gemachten Vorwurf entgegen treten, daß er zuviel „tändle" und daß er damit „die Kunst herabwürdige". So griff er denn in der nächsten Serie (33—38)[11] frischweg zum feierlichen Contrapunkt, verwendete ihn aber auch gleich im Finale dreier Nummern in verschiedener Gestalt: in 34 mit vier, in 37 mit zwei, in 38 mit drei Subjecten. Unwillkürlich zogen auch die anderen Sätze von der Strenge an und so erhielt die ganze Serie einen mehr ernsten Charakter. „Die großen Quartette" — unter dieser Bezeichnung waren sie dann

---

10 Diese 6 Quartette erschienen auch als Violinduette arrangirt, op. 102 in 2 Heften bei N. Simrock.

11 Siehe S. 67. Diese Quartette erschienen ebenfalls in Paris, *oeuvre* XX, dann in Berlin bei Hummel, op. 16.

auch jedem Musiker und Dilettanten geläufig. Interessant ist
namentlich die Verwendung des Hauptmotivs in Nr. 37, F-moll,
das wir auch in Händel's „Messias" (2. Theil, Nr. 4 »*And with
his stripes we are healed*«), im Oratorium „Joseph" (Schlußchor
„Hallelujah"!, aber in Dur) und in Mozart's „Requiem" (*Kyrie
eleison*) wiederfinden. Bei aller Kunstentfaltung bewegen sich
diese Sätze doch frei und ungezwungen und bieten uns bei der
gleichen Betheiligung aller Stimmen in Wahrheit ein „Vier=
gespräch".[12] Auch der erste Satz in 37 ist besonders ernst ge=
halten; im Adagio ist die höchst interessante Figurirung der stark
beschäftigten Primgeige zu beachten; ebenso in 33 der erste Satz
durch seine durchsichtige, lichtvolle Gruppirung der Stimmen; der
dritte Satz, As-dur $^3/_8$, bildet hier ein durch alle Stimmen har=
monisch engverbundenes Ganze. In Nr. 34 hat der zweite Satz,
Adagio C-moll, einen energischen und dramatischen, fast herben
Charakter, der sich schon in den vier Anfangstakten entschieden
ankündigt und dem das gesangvolle zweite Thema mild entgegen=
tritt. Der Satz macht auf der Dominante Halt und geht zum
Menuett über, in dem die erste Violine abermals zum hohen c
hinaufsteigt. Menuett und Trio bilden auch in 36 und 38 den
dritten Satz; beide sind hier sehr kurz gehalten, doch läßt es der
in 38, *Allegretto alla Zingarese*, trotzdem an Humor nicht
fehlen. In Nr. 36 zeichnet sich der erste Satz durch wohlthuende
Färbung aus, in etwas melancholischer Stimmnng folgt der
zweite Satz; der letzte eilt rasch pulsirend vorüber. Gerber sagt
in seinem Lexikon über diese Serie: „Von dieser Nummer an er=
scheint Haydn in seiner ganzen Größe als Quartetten=Komponist".
Zmeskall von Domanovecz, dem Haydn diese sogenannten „Sonnen=
quartette"[13] in der im J. 1800 revidirten Ausgabe widmete, ist
derselbe, den auch Beethoven durch Zueignung seines F-moll=
Quartetts op. 95 auszeichnete.

Einen bedeutenden Fortschritt zeigt die nun folgende Serie
(39—44)[14]; sie ist dem Großfürsten Paul gewidmet und die
Quartette heißen daher kurzweg „die Russischen". Sie sind auch

---

12 Auch in den gleichzeitig von Mozart componirten 6 Quartetten tritt
die contrapunktische Arbeit in den Vordergrund.

13 Vergleiche S. 67.

14 Siehe S. 189. Diese Quartette erschienen mit schönem und sorg=
fältig gestochenem Titelblatt zuerst bei Artaria in Wien (Verlagsnummer 26 u. 27).

unter dem Beinamen » *Gli Scherzi* « bekannt, da in allen sechs
Nummern ein Scherzo, mit Beibehalt des ³/₄-Taktes, den Menuett
vertritt, in den ersten vier Nummern als zweiter, in den anderen
als dritter Satz. Nr. 39 und 40 erfüllen in kleinstem Raume
ihre Aufgabe als Scherzando. In 39 bedient sich Haydn, wie
auch später, des Doppelklanges gleicher Töne auf wechselnden
Saiten. Reizend ist auch das Trio, H-dur, auf ein einziges
kurzes Motiv gebaut, das theils in Gruppen zu zweien, auf-
und absteigend, theils imitirend auftritt. Als Ganzes sei hier
Nr. 41 hervorgehoben, das zu öffentlichen Aufführungen häufig
benutzte sogenannte „Vogelquartett", aus dessen erstem Satze man
ganz wohl die sehnsuchtsvollen Laute der Nachtigall und das muntere Gezwitscher sonstiger Vögel herausdeuten mag. Haydn selbst
vermag sich von diesem harmlosen Spiel nur schwer zu trennen,
indem er sogar eine kurze Coda anhängt. Ein wundersamer zweiter
Satz folgt, der aber als Scherzo kaum gelten kann. Will man
aber das erste Bild hier übertragen, so paßt dies weit eher auf
das sehr knappe Trio, das nur von den zwei Violinen als eine
Art Zwiegespräch ausgeführt wird. Der Hauptsatz aber hat einen
durchweg noblen Zug, noch gehoben durch die eigenthümliche Führung des Basses. Der dritte Satz, Adagio ³/₄, dürfte als Hymne zur
Verherrlichung der Waldruhe gelten, der feierliche Gesang bei der
Wiederholung nur mäßig verziert, dem leichten Windeshauch vergleichbar, der in der Mittagshitze den Blättern Kühlung zufächelt.
Im Schlußsatz bringt der Kukuk neues Leben und alle Waldgenossen
antworten. Munter fliegen die einzelnen Motive von Stimme
zu Stimme, nach einander, gegen einander, zu zweien, zu dreien
(alles mit gesprungenem Bogen). Ein zweites Thema stellt sich
ein, diesesmal in gebundener Melodie und nach Ungarn hinweisend. Und wieder beginnt der Bogen zu springen, die Motive
zu flattern; noch eine Haltpause, ein Forte-Ansatz, dann verliert
sich der ganze Waldesspuk leise verhallend — ein Glanzstück für
tüchtige Geiger.

Von den noch übrigen ersten Sätzen ist Nr. 42 mehr ruhig
gehalten, 43 und 44 dem Charakter eines lebhaften Finale entsprechend. Der dritte Satz in 42, Largo Es-dur, athmet Ruhe,
der melodische Theil ist leicht verziert, wobei die erste Violine
wieder ihr hohes c aufsucht. Der zweite Satz in 44, Andante
D-moll, hat breiten Gesang. Die letzten Sätze von 40, 42 und

44 zeigen den ganzen Haydn in seiner hellen fröhlichen Weise; Nr. 44 scheint, wie das ganze Quartett, älteren Ursprungs. Der letzte Satz in Nr. 40, Presto ⁶/₈, hat noch etwas apartes: gegen Schluß treten unerwartet vier Takte Adagio auf und folgt dann wieder ein humorvolles Spiel mit dem Thema, von General= pausen unterbrochen. Eine Abweichung von den heiteren Finales zeigt Nr. 43, ein Allegretto im Styl der Sicilienne, viermal variirt und unterbrochen durch ein Presto. Reichardt[15] sagt von diesen Quartetten und den 6 bei Hummel als op. 18 erschienenen Symphonien:[16]

„Diese beiden Werke sind voll von der originälsten Laune, des lebhafte= sten angenehmsten Witzes. Es hat wohl nie ein Komponist so viel Eigenheit und Mannigfaltigkeit mit so viel Annehmlichkeit und Popularität verbunden als Haydn: und wenig angenehme und populäre Komponisten haben auch zugleich einen so guten Satz wie Haydn ihn die meiste Zeit hat. Es ist äußerst interessant Haydens Arbeiten in ihrer Folge mit kritischem Auge zu betrachten. Gleich seine ersten Arbeiten, die vor einigen zwanzig Jahren unter uns be= kannt wurden, zeigten von seiner eigenen gutmüthigen Laune: es war da aber meistens mehr jugendlicher Muthwille und oft ausgelassene Lustigkeit, mit ober= flächlicher harmonischer Bearbeitung; nach und nach wurde die Laune männ= licher, und die Arbeit gedachter, bis durch erhöhte und gesestete Gefühle auch reiferes Studium der Kunst, und vor allem des Effektthuenden, der reife ori= ginäle Mann und bestimmte Künstler sich nun in allen seinen Werken dar= stellt. Wenn wir auch nur einen Haydn und einen C. Ph. E. Bach hätten, so könnten wir Deutsche schon kühn behaupten, daß wir eine eigene Manier haben und unsere Instrumentalmusik die interessanteste von allen ist".

Karl Friedrich Cramer[17] sagt von derselben Sammlung:

„Diese Werke werden gepriesen, und könnens auch nicht genug, in Ab= sicht der alleroriginellsten Laune, und des lebhaftesten angenehmsten Witzes, der darinnen herrscht. Ich weiß, daß Bach in Hamburg, der, so weit er auch im gemeinen Leben von lieblosem, strengen, verwerfenden Richten geringerer Talente als der seinigen sich entfernt, natürlicher Weise doch sehr eckeln Gaumens ist, über diese Werke von Haydn, besonders da Schick und Triklir sie so vortreff= lich vortrugen, seine äußerste Zufriedenheit bezeugt hat."

In der dem König von Preußen gewidmeten Serie (45 bis 50)[18] finden sich alle bisher errungenen Vorzüge, die wir in Haydn's Quartetten bewundern, vollkommen ausgeprägt vereinigt:

---

15 Musikalisches Kunstmagazin 1782. S. 205.

16 Siehe themat. Verzeichniß Nr. 43. 31. 36. 41. 42. 45.

17 Magazin der Musik 1783. S. 259.

18 Siehe S. 223. Sie erschienen gleichzeitig mit der Berliner Ausgabe (op. 29) bei Artaria. (Verlagsnummer 109.)

vollendete, für die ganze Kunstgattung mustergültige Form; Un=
mittelbarkeit und Vielseitigkeit, prägnanter klarer Periodenbau,
Gleichberechtigung aller Stimmen, kunstvolle thematische Arbeit,
unerschöpfliche melodische Erfindung, vertiefter Ausdruck, Witz,
originelle geistreiche Laune, gepaart mit männlichem Ernst. Es
ist wohl zu beachten, daß Haydn, wie wir sahen, kurz zuvor
Mozart's Quartette, die dieser ihm dann dedicirte, kennen gelernt
hatte. Hätte es bei Haydn überhaupt einer Anspornung bedurft,
so hätte deren Vortrefflichkeit genügt, ihn aufzumuntern, so un=
mittelbar nach diesen auch seinerseits sein bestes Wissen und
Können einzusetzen. Die ersten Sätze schon lassen alle oben ge=
nannten Vorzüge erkennen; besonders gilt dies von Nr. 46, dem
längsten Satz dieser Serie, mit seinem stramm gehaltenen, im
Durchführungssatz contrapunktisch vortrefflich verwertheten ersten
Thema, seinem gesangvollen zweiten Thema und der klaren, jede
Stimme berücksichtigenden Führung. Würdevoll, mehr ernst in
der Stimmung sind die ersten Sätze von Nr. 47 und 48 (die
erste Violine steigt nun schon bis ins d) und Nr. 50, mitunter
an Mozart mahnend, während 49 mehr humoristisch gehalten ist.
Die zweiten Sätze haben durchaus gesangvolle, zarte Melodie,
ruhigen und sinnigen Charakter, mitunter von sanfter Melancholie
angehaucht. Es sei wenigstens das Andante, A-dur ²/₄, von
Nr. 48 hervorgehoben, das in seinem Dur= und Moll=Wechsel
ein Bild wechselnder Stimmung, von Klage und frommer Er=
gebung widerspiegelt, von denen eine die andere zu bekämpfen
sucht. Auch dem Menuett und Trio ist der heitere Himmel ab=
handen gekommen; der Ausdruck ist unerbittlich streng. Dies
gilt noch mehr vom letzten Satz, der sich zur ernsten Fuge flüchtet,
dessen Thema in wenigen Noten unsagbare Klage ausspricht und
von dem die Anfangsnoten bei jedem neuen Eintritt wahrhaft
einschneidend eingreifen. Kurz vor dem Schlusse wiederholen je
zwei Stimmen noch ergreifender die wehmuthsvolle Klage, steigert
sich der Schmerz, bis endlich Stimme um Stimme zum letzten=
male ermattet ihr Leid austönt. Wo bist du hingerathen, guter,
kinderseliger Haydn!

In dieser Serie kommt der Menuett wieder zu seinem Recht
als dritter Satz und behauptet diesen Platz auch in der nächsten
Serie. Die Menuetts in 46 und 47 haben mehr scherzartigen
Charakter und ist der zweite Theil ungewöhnlich erweitert (8 zu

42, 12 zu 45 Takten). Letzterer hat interessante Ausweichungen und spannt noch vor dem Schlusse die Erwartung durch zwei Haltpunkte. In 50 wird das Interesse durch erfinderische Wendungen gesteigert; wie Vogelflug giebt sich das zu Grunde liegende Motiv, während ein zweites an den Wachtelschlag mahnt. Hier ist einmal auch der zweite Theil des Trio, mit interessantem Orgelpunkt, bedeutend verlängert (12 zu 42 Takten). In den letzten Sätzen der Nummern 45—47 und 49 zeigt sich Haydn so recht im heiteren, frischen Lebenselement; in unerschöpflichen Wendungen weiß er hier ein Thema in Rondoform wiederzubringen. In Nr. 46 überrascht uns ein an die „Zauberflöte" erinnerndes Motiv der drei Damen („auf Wiedersehn"). Das Finale von Nr. 50 ist auf den oben schon erwähnten Effekt gleichklingender Töne auf wechselnden Saiten berechnet, ein Scherz, den zum Schlusse sogar drei Instrumente gleichzeitig ausführen, während nur der Baß sich eigensinnig in die Tiefe verliert. Man hat diesem Quartett wegen dieser harmonisch quakenden Absonderlichkeit den Beinamen „Froschquartett" beigelegt.

Die zwei letzten Serien aus dieser Zeit (51—56, 57—62) sind dem uns schon bekannten Großhändler und Kunstfreunde Tost gewidmet.[19] Es läßt sich aus ihnen beiläufig dessen Spielweise und Geschmack errathen. Jedenfalls war er ein tüchtiger Violinspieler, der sich gerne als Solist hervorthat und sich auf seine Fertigkeit in der höchsten Lage etwas zugute hielt. In ersterem Falle hielt sich Haydn an jene früheren Quartette (21 bis 32), in denen die Primgeige mehr concertirend auftritt, verband aber damit die seitdem erreichte Selbstständigkeit des Quartettsatzes, so daß auch die übrigen Stimmen entsprechend berücksichtigt sind, obwohl man ihm auch da noch vorhielt, daß er „fast alle Hauptgedanken oder concertirende Stellen der ersten Violine gegeben und die übrigen Instrumente größtentheils nur zur Begleitung benutzt habe. Einem Haydn müßte es doch wohl wenig Mühe verursachen, wirkliche Quartette zu schreiben". Auch warf man ihm gleichzeitig vor, „daß seine Ausweichungen vielleicht hin und wieder zu frappant seien" (folgt als Beispiel eine solche von C nach As-dur, in Nr. 52) und würden dadurch

19 Siehe S. 229. Beide Serien erschienen zuerst in Wien *Au Magasin de Musique* auf Pränumeration als op. 59 u. 60 und 64 u. 65.

„auch angehende Tonseßer — um ihren Arbeiten eine gewiffe
Neuheit und Originalität zu geben — zu ähnlichen äfthetifchen
Fehlern verleitet".[20] Für hohe Lagen hatte Haydn fleißig Sorge
getragen, denn er geht noch über die fchon früher erwähnten
Töne hinaus bis zum viergeftrichenen es.

Gehen wir zunächft auf die Serie Nr. 51—56 und auf
deren erfte Säße über, fo finden wir hier die Oberftimme aller=
dings häufig dominirend; doch intereffant durch Schwung, feine
Züge und kunftvolle thematifche Arbeit find 52—54; Nr. 55 hat
ausnahmsweife ruhige und gemeffene Bewegung, das Thema in
Dur und Moll variirend. Um fo lebhafter tritt Nr. 56 auf,
deffen Hauptthema alle Stimmen gleichzeitig angeben; ein zweites
Thema tritt dann im Baß in fchneidiger Kraft wirkfam entgegen,
das ebenfalls alle Stimmen aufnehmen. In den zweiten Säßen
von 52 und 53 hält fich die Primgeige gleichfam improvifirend
auf gleicher Höhe; in 52, Adagio C-moll, nimmt die zweite
Violine das fehr ernfte Thema des erften ab, während diefe in
reicher Ausfchmückung ihren Weg fortfeßt; der an fich kurze ele=
gifche Saß endigt mit Halbfchluß auf der Dominant. Noch ele=
gifcher, romantifcher tritt das Largo, A-dur 3/4, in 53 auf,[21]
deffen ergreifender Ausdruck fich im Mittelfaß, A-moll, noch
fteigert. Der ganze Saß mit feinem tiefen Gefühlsleben bietet
namentlich der erften Violine reiche Gelegenheit zu künftlerifchem
Vortrag. Nahezu hundert Jahre find verfloffen, feit diefe beiden
Säße entftanden find, aber die Zeit ift machtlos an ihnen vor=
übergeeilt. Dem trefflich gearbeiteten Saß von 54 folgt ein nicht
minder werthvolles Adagio, D-dur 2/4, in dem fich alle Stimmen
in mannigfacher Verwendung zu einem kunftvollen Ganzen ver=
einigen. Als Gegenfaß zu dem langfamen Saß von Nr. 55 hat
diefes einzige Mal in der Serie der zweite Saß ein Allegro, eben=
falls in F-moll und mit leidenfchaftlich erregtem Charakter.

---

20 Allgemeine deutfche Bibliothek, Bb. CXI., Stück I. 1792. S. 121.
21 Von befreundeter Seite wurde ich darauf aufmerkfam gemacht, daß
der Anfang an Zumfteeg's Ballade „Die Büßende" erinnert. Die rhythmifche
Gliederung ift allerdings anders; es heißt dort:

Hört ihr lie=ben deut=fchen Frau=en

Gleich zu Beginn tritt der Satz kräftig, energisch auf; nach den ersten 16 Takten mit F-moll-Schluß folgen zwei Takte General-pausen, um auf einen gewaltsamen Ruck vorzubereiten, denn das Thema tritt nun unmittelbar in Ges-dur auf und wendet sich dann nach As-dur (der Parallel-Tonart von F-moll), welcher Gang sich im zweiten Theil im entsprechenden Wechsel der Ton-art wiederholt. Der Satz geht dann zur Fuge über, das Grund-Motiv als Subject aufnehmend, bis der Baß auf C, der Do-minant, als Orgelpunkt Posto faßt, über dem sich die erste Vio-line in weitem Bogen ausbreitet; der Ausgang folgt dann in F-dur. Der zweite Satz von 56 bringt ein ruhig ernstes Thema, zweimal variirt und melodisch sanft abschließend.

In den Menuetts ist meistens die erste Violine stimmführend; im Trio von 51 hat das Violoncell ein Solo in Achtelbewegung. Im Trio von 52, C-moll, erscheint eine merkwürdige Stelle (Takt 4—8), die sich wohl nur dahin erklären läßt, daß man das als Dissonanz erscheinende es als orgelpunkthaltende Mediant gelten läßt. Der graziöse Menuett in 53 bildet einen merklichen Contrast zu dem vorhergehenden Largo. Im Trio von 54 mag Haydn die Absicht gehabt haben, seinen offenbar für die oberen Regionen der E-Saite schwärmenden Primgeiger endlich einmal ergiebig zu befriedigen; wenn er ihn dagegen am Schlusse gleich-sam als Strafe auf die schwindelnde Höhe der G-Saite verbannt, so ist dies ein drastischer Zug von Humor, der Haydn ja stets so eigen war.

In den letzten Sätzen herrscht wieder ungetrübter Frohsinn, namentlich in Nr. 56 lebt und webt es in allen Stimmen. Der rollenden Sechszehntel-Figur stellt sich noch ein heiterer, alle Sorgen verscheuchender Gesang entgegen, wie solcher auch in den frühesten Quartetten und Symphonien erscheint. Eigenthümlich ist Nr. 52 aufgebaut: wir haben zuerst einen breiten Gesang der ersten Violine; der Satz erscheint dann auch in Moll, schließt auf der Dominant ab und nun folgt ein Presto, C-dur ²/₄, das so unvermittelt gleich einer Vision auftritt. Wie Elfenreigen tobt es in wilder Hast ohne einen Moment der Ruhe in fortlaufender Bewegung an uns vorüber, wobei sich namentlich ein wie vor-wärts drängendes kurzes Motiv mit der einschneidenden Viertel-note bemerkbar macht. Und wiederum tritt es auf, da plötzlich mit einer charakteristischen Wendung vom Sextaccord der ersten

Stufe auf den Quintsextaccord der Dominant erstarrt das Bild
wie durch Zauberschlag gebannt. Der feierliche Gesang erklingt
wieder, verhallt leise und wie im Nebel erlischt das Traumbild.

Die Serie Nr. 57—62 steht in ihrem Gesammtwerthe, be=
sonders in Erfindung und interessanter thematischer Arbeit auf
gleicher Höhe mit der vorhergehenden. Von den ersten Sätzen
hat Nr. 57 einen vorzugsweise mehr kräftigen, 62 einen weichen
Charakter; 58 ist reich an Motiven; 60 hat einen frischen, blü=
henden Zug wie das ganze sehr beliebte Quartett überhaupt;
61 ist voll Wärme und flüssiger Gesangsführung. Bei den
zweiten Sätzen finden wir wieder den Menuett zweimal vertreten;
in 57 mit kräftigem, in 60 mit allerliebst neckischem Zug. Nr. 58
und 59, zwei langsame Sätze, bestehen jeder aus einem einzigen,
mit Melismen reich versehenen Gesangsthema für die erste Vio=
line, wobei wohl die vielen Halb= und Ganzschlüsse etwas er=
müden. Eines der schönsten Adagios hat Nr. 61, A-dur $^3/_4$,
Innigkeit und seligen Frieden ausströmend; der Vortrag verlangt
hier besondere Zartheit. Das Andante in 62, B-dur $^3/_4$, ist
für alle Instrumente lohnend durch gebundene Schreibweise und
wird gehoben durch einen kräftigen Mittelsatz in Moll mit stimm=
führender erster Violine. Als dritten Satz hat Nr. 57 ein be=
haglich sich wiegendes Allegretto scherzando, dessen Thema in
den Variationen abwechselnd auf alle Instrumente übergeht. Der
Menuett in Nr. 58 hält eigensinnig das kleine Motiv des zweiten
Taktes fest; im Trio ist die stimmführende Violine durchaus in
hoher Lage und geht in 62 sogar bis *es*. In dem als dritter
Satz dieser Serie einzigen Adagio in 60 hat die erste Violine
einen volksthümlichen Gesang, abwechselnd variirt und im Accom=
pagnement von den anderen Instrumenten in voller Thätigkeit
unterstützt. Von den Schlußsätzen, sämmtlich Presto, zeichnen
sich 57 und 60 namentlich durch äußerst munteres und frisches
Leben aus. Ein Glanzstück für virtuosen Vortrag ist das fast
ohne Unterbrechung in Sechszehntel=Bewegung staccato dahin=
stürmende Presto in Nr. 61; es schließt in seiner Mitte einen
Fugensatz in der gleichen Bewegung ein. Paganini soll durch
diesen Satz zu seinem *Moto perpetuo* angeregt worden sein. Das
elfte der ersten 18 Quartette [22] bringt als letzten Satz einen Vor=

---

22 Band I. S. 340.

läufer dieser allbeliebten Nummer. Das letzte Presto, Nr. 62, ist voll Witz und Laune und kerngesundem Frohsinn; kurz vor dem Schlusse überrascht uns Haydn auch noch durch einen seiner liebenswürdigen Scherze und nimmt dann rasch Abschied.[23]

Von Haydn's Concerten für Streich= oder Blasinstrumente seien zunächst seine Violin=Concerte erwähnt, von denen zwei eigens für seinen Primgeiger, Luigi Tomasini, geschrieben sind; Haydn's Katalog giebt 3 Concerte an, die aber alle ver= schollen sind. Außer diesen giebt es 6, von denen 4 nach ge= schriebenen Stimmen in Partitur vorhanden sind. Sie bestehen aus den üblichen Sätzen, Allegro, Adagio und Finale (eines mit Tempo di Menuetto). Der erste Satz zerfällt in die herkömm= lichen 3 Hauptabschnitte; zur Begleitung dient das Streichquartett (einmal mit 2 Hörnern). Das Soloinstrument ist bei einigen besonders reich ausgeschmückt mit Doppelgriffen, Trillern, aber mit mehr Lauf= als Passagenwerk; Tutti und Solo wechseln in der gewöhnlichen Weise. Obwohl noch Traeg's Katalog (1799) 3 Concerte in geschriebenen Auflagstimmen ankündigt,[1] scheinen sie doch schon früher als veraltet außer Gebrauch gewesen zu sein.

Wurde Haydn wohl zumeist durch seinen Liebling Tomasini zu Violinconcerten angeregt, so fand dies noch weit mehr bei dem in Esterház vorzüglich vertretenen Violoncell statt. Hatte er doch in Weigl, Küffel, Marteau und später in Kraft ausgezeichnete Solospieler. Es sind zwar in Haydn's Katalog nur 3 Celloconcerte verzeichnet, doch kündigt Breitkopf noch 3 weitere an, von denen sich wenigstens eines (Nr. 5) erhalten hat.

23 Es sei schon hier bemerkt, daß als Curiositäten zwei angeblich von Haydn componirte Quartette existiren. Eines, nur auf losen Saiten zu spielen (*Non tangendo digitis cordas*) ist für 3 Violinen und Vcll. geschrieben und besteht aus 7 Nummern. Das andere, als „Kunstquartett" betitelt, ist in der gewöhnlichen Besetzung, besteht aus Adagio und Fuge=Allegro und hat jedes Instrument auch andere Takt= und Tonart. So bestimmt auch die Tradition dieses Quartett Haydn zuschreibt, so ist es doch thatsächlich von A. André compo= nirt und erschien bei André in Offenbach unter dem Titel »*Poisson d'Avril*« als op. 22 in Partitur und Stimmen in 2. Auflage.

1 Der Auctions=Katalog von Breitkopf & Härtel (1836) enthält sogar 12 Concerte.

Zur Begleitung dient das Streichquartett (einmal auch mit 2 Hör=
nern). Der erste Satz ist ziemlich lang, nicht uninteressant und
von fast energischem Ausdruck; das Violoncell ist reichlich be=
dacht und über demselben ist theilweise auch die Violine selbst=
ständig geführt. Der 2. Satz, Adagio, H-moll, drückt ebenfalls
Energie aus, dagegen ist das Finale matt; es verläuft zu gleich=
förmig und bietet dem Soloinstrument zu wenig. Diese Concerte
scheinen sich noch weniger als die obigen verbreitet zu haben;
Traeg's Katalog nennt kein einziges. Das größte Concert (Nr. 9)
ist auch das einzige, das sich bis auf unsere Tage erhalten hat.[2]
Der Unterschied gegen die früheren Concerte ist ein bedeutender.
Das Soloinstrument hat mehr Schwung, ·Eleganz, ist reicher
ausgestattet und auch mit dankbarer Cantilene bedacht, die In=
strumentirung ist gewählter und wirksamer. Das Adagio, A-dur
$^2/_4$ (wohl mehr Andante), ist von hübscher Haltung, nicht tief
aber voll Adel. Der letzte Satz, Allegro $^6/_8$, hat die gewöhnliche
Rondoform, die Stimmung ist leicht und heiter, etwa wie bei
der Mehrzahl der Mozart'schen Schlußsätze seiner Clavierconcerte.

Haydn's Katalog führt auch ein Concert für den Contrabaß
an, das aber spurlos verschwunden ist.

Unter den Concerten für Blasinstrumente ist Flöte und
Waldhorn vertreten. Haydn's Katalog hat nur ein einziges
Flötenconcert, das aber verloren ging; ein zweites aus den
70er Jahren bietet keinen Anlaß zur Besprechung. Waldhorn=
concerte führt Haydn in D und Es (für 2 Hörner) auf.
Beide gingen verloren; letzteres ist noch von Traeg angezeigt.
Ein drittes von Haydn unerwähntes wurde schon besprochen (I.
S. 230). Ein viertes Concert (Nr. 11) für das 2. Waldhorn
ist bei Breitkopf (1781) und Westphal (1783) angezeigt und
existirt in Partitur nach den vorhandenen Stimmen. Die 3 Sätze
sind von mäßigem Umfang; das Adagio zählt zu den besseren.
Ein größeres Concert für die Trompete, das letzte Concert
überhaupt, das Haydn geschrieben, wird uns erst in den 90er
Jahren beschäftigen.

Diese Rubrik beschließen jene 5 Leier=Concerte, die
Haydn für den König von Neapel schrieb (siehe S. 222). Auch,

2 *André, nouvelle édition.* Op. 101. *La Partie de Piano arr. par
G. Goltermann; la Partie de Violoncelle revue et doigtée par R. E. Bock-
mühl* (mit 2 Cadenzen von C. R.)

hier mögen ihm, wie bei den Notturni, Vorlagen zur Orientirung gedient haben. *Concerto per la Lira organizzata* ist jedes einzelne von Haydn betitelt; in seinem Katalog aber sind sie ebenso wie die Notturni vergessen. Was Fertigkeit und Geschmack betrifft, scheint sich Haydn den Besteller als einen „für einen König" ganz annehmbaren Liebhaber vorgestellt zu haben. Die Concerte halten im Durchschnitt die mittlere Stimmung fest; sie sind eher heiter als ernst, die Auffassung leicht, die Ausführung ebenso. Einige Sätze stehen, gleichsam als ein Fühler, an Gehalt höher. Die an sich gewiß glückliche Zusammenstellung der Instrumente ist immer dieselbe. Eigentlich concertirendes wird man wenig finden, am wenigstens bei den Hauptstimmen (den beiden Lyren); hauptsächlich werden ihnen die Gesangstellen zugetheilt, häufig begleitet von den Violinen; doch kommen auch Terzen und Sextgänge und leichte Imitationen vor. Nur selten wagen sie sich der Begleitung ganz zu entschlagen und wenn sie als Cadenz auf der Dominant einen Doppeltriller riskiren, scheint ihr Ehrgeiz vollauf befriedigt zu sein. Offenbar war es dem König mehr darum zu thun, sich als Mitspieler an dem Treiben um sich herum zu unterhalten als selber glänzen zu wollen.

Jedes Concert hat ordnungsmäßig seine 3 Sätze. Der erste (nicht zweitheilige) Satz ist frisch und stramm gehalten, häufig mit Mozart'schen Wendungen. Am bedeutendsten ist Nr. 2, ein an Motiven reicher, wie aus einem Guß geschriebener Satz, der selbst symphonischen Charakter hat. Das wohlbekannte Motiv von Nr. 1 spannt wohl unsere Erwartung, aber statt der gehofften Durchführung, wie wir dies in einer früheren Symphonie gesehen (I. S. 302), erscheint es, gleichsam um uns nur zu foppen, nur noch einmal knapp vor dem Schlusse. Auch hier begegnet man wieder Mozart, diesmal mit einem Motiv aus der Ouverture zu »Così fan tutte«, ein Motiv das bei Haydn auch in der Symphonie Nr. 50 vorkommt.

Die Mittelsätze sind die schönsten; hier hat sich Haydn offenbar selbst genügen wollen. Nr. 1, Andante $^6/_8$, hat den Charakter der Sicilienne; wir haben den Satz schon in der Symphonie Nr. 59 kennen gelernt. Interessant ist es zu sehen, wie Haydn den Satz für den reicheren Rahmen einrichtete: die beiden Lyren sind auf Violine und Oboe vertheilt, die Hörner sind mehr beschäftigt, die beiden Violen sind auf eine reducirt, der Fagott

ift neu hinzugeſetzt. Nr. 2, Allegretto, iſt eine Romanze von
etwas ſoldatiſchem Zuſchnitt:

wie S. 275 erwähnt hat Haydn dieſen Satz ſpäter in ſeine Lon=
doner ſogenannte „Militär = Symphonie" aufgenommen und nur
einen entſprechend kräftigen Schluß hinzugefügt. Nr. 3, Andante
⁶/₈, iſt äußerſt zart und anmuthig; ebenſo Nr. 4 und 5, die
beide ſehr ſauber gearbeitet ſind; aus Nr. 5, Andante, ſpricht
beſonders eine weiche, faſt melancholiſche Stimmung.

In den letzten Sätzen fliegen die heiteren Hauptmotive wie
im Ringeltanz dahin, in 2 Nummern (3. und 5.) plötzlich von
Adagio unterbrochen, in Nr. 4 in luſtigen Jagdrythmen ſich
tummelnd (wohl eine Aufmerkſamkeit für den König, den gewal=
tigen Nimrod). Im Ganzen genommen bewegen ſich dieſe Schluß=
ſätze ſtark auf der Oberfläche und wirken ermüdend und einför=
mig. Nr. 1 hat Haydn, wie wir geſehen haben, zur Symphonie
Nr. 59 benutzt.

———————

Über das Baryton, das Lieblingsinſtrument des Fürſten
Nicolaus Eſterházy, wurde bereits ausführlich geſprochen; ebenſo
über Haydn's Compoſitionen für dieſes Inſtrument, und ſei hier
auf jene Abſchnitte verwieſen.[1] Die weitaus größere Anzahl
dieſer Compoſitionen fällt in die Zeit nach 1766 und liegen noch
Autographe bis 1775 vor, wahrſcheinlich auch die letzten der=
artigen Werke von Haydn. Wenn man nur allein die große
Anzahl meiſtens dreiſätziger Divertimenti für Baryton, Viola und
Baß betrachtet, die ſtete Abwechſelung der einzelnen Nummern
und Sätze, die auch hier erſtaunliche Erfindungsgabe, die ſehr

———————

1 Band I. S. 249 ff. und 254 ff.

forgfältige thematische Verarbeitung wird man, es sei dies hier wiederholt betont, staunen müssen, daß Haydn's Genius solcher Aufgabe nicht endlich erlag, daß er im Gegentheil im Stande war, sich nur um so frischer den größeren Arbeiten hinzugeben. Aber gerade an diesen Arbeiten in kleinerem Rahmen, deren Masse jeden minder Begnadeten für höhere Zwecke lahm gelegt hätte, scheint er jene Sicherheit, jenen Vorausblick und jenes nicht genug zu schätzende Maßhalten, welche Eigenschaft insbesondere wir an allen seinen Werken schätzen, sich errungen zu haben. Wie Haydn wenigstens einen kleinen Theil dieser Stücke ver= werthete, wurde schon nachgewiesen[2]; weiteres wird in dem vor= bereiteten thematischen Verzeichniß der Werke Haydn's seinen rich= tigeren Platz finden. Hier seien noch wenigstens einige Bruch= stücke thematisch angegeben, auf die früher (I. 254) hingewiesen wurde. Nr. 1 ein Duett, Moderato, für zwei Baryton (*Duetto 2do in G. per il Pariton primo e Pariton secondo*, das einzige erhaltene dieser Stücke) als Beispiel der Compositionsart für dieses Instrument. 2. Polonaise aus einem größeren, aus 7 Sätzen bestehenden Divertimento für Baryton, Viola und Baß (eins der wenigen Beispiele dieser Art bei Haydn). 3. Menuett=Trio, als Beispiel, welch' hübsche Sätze diese anspruchslosen Divertimenti enthalten.

Über die Wiener Tanzmusik in der zweiten Hälfte des vorigen Jahrhunderts und Haydn's Betheiligung an derselben wurde wiederholt gesprochen.[1] Die Menuette Haydn's, die wirklich für den Tanz geschrieben waren, unterscheiden sich wesentlich von jenen in seinen Symphonien, Quartetten und sonstigen Werken; sie sind leichtbewegter und munterer, während jene mehr kräftig und in den Trios feiner gehalten sind. Sie sind theils für ganzes Orchester, theils für 2 Violinen und Baß geschrieben und meistens auch für Clavier arrangirt. Menuetts und Trios sind in der Regel zweitheilig zu je 8 Takten. Dasselbe gilt auch von den Allemanden, doch wechselt hier mit jeder Nummer auch die Tonart. Das beste in dieser Musikgattung hat Haydn erst in den 90er Jahren geschrieben. Aus jenen Tanzheften, die bis jetzt hier erwähnt wurden, seien wenigstens 2 Nummern als Beispiel angegeben. Nr. 1 ist aus Six Allemandes für vollständiges Orchester; Nr. 2 aus XII Menuets.

1 Bd. I. S. 102, 327; II. S. 152, 205, 220, 249.

20 *

Während ſich Haydn im Symphonie= und Quartettfach zu
ſo ungeahnter Höhe erhob, blieb er auch in der Claviercom=
poſition nicht unthätig, obwohl er hier gegen Mozart, in dem
Virtuoſe und Componiſt vereinigt war, zurückſtand. Die Ent=
wickelung der Claviertechnik war durch Ph. Emanuel Bach nach
den Grundſätzen der von ſeinem Vater ausgebildeten Applicatur
begründet und zunächſt von Mozart und Clementi weitergeführt
worden. Ihre eigene Virtuoſität hatte auch weſentlichen Einfluß
auf ihre Compoſitionen, indem ſie die Erweiterung aller Mittel
der Technik denſelben nutzbar zu machen verſtanden. Das Augen=
merk Haydn's, deſſen Individualität, wie ſchon erwähnt (I. 354),
dieſe Richtung nicht zuſagte, war dagegen mehr auf die Compo=
ſition ſelbſt, auf die Abrundung und Gedrungenheit der Form
und die Vortheile thematiſcher Arbeit gerichtet, und daß er, nach=
dem er die erſten Schwierigkeiten überwunden hatte, auch auf
dieſem Wege ſiegreich vordrang, werden wir bald ſehen. Die
Namen jener Componiſten, die früher mit ihm gleichzeitig im
Clavierfache thätig waren, haben wir kennen gelernt (I. 348);
einige davon, wie Birk, Gruner, reichen noch in unſere mittlere
Periode. Unter den beſſeren, die nun hinzutreten, ſind in der
Sonate hervorzuheben: Giov. Marco Rutini (Florenz, 1774),
Joh. Gottfried Eckard (Riga, 1773), Joh. Chriſtian Bach (Lon=
don), C. W. Podbielski, Organiſt in Königsberg (1780 und
83), E. W. Wolf (1779—84), Eckhardt (Paris), Joh. Gottfr.
Vierling, Organiſt in Schmalkalden (1781), Franz Xav. Rigler,
Profeſſor der Muſik in Preßburg (1781), Benedict Friedr. Zink,
herzogl. Hofmuſikus in Schwerin (1783) ſowie die Wiener Com=

poniſten: Mozart, die beiden Hofclaviermeiſter Joſ. Steffan und
Kozeluch, Wagenſeil und Vanhal.

Wir wiſſen wohl, daß Haydn ſich die Anſchaffung auch der
ſpäteren Werke Ph. Emanuel Bach's, den er ſtets dankbar als
ſein Vorbild anerkannte, angelegen ſein ließ[1] und daß er dann
auch mit jenen von Clementi bekannt wurde.[2] Ob er jedoch auch
nur den kleinſten Theil der oben genannten, für ihre Zeit nicht
unbedeutenden Componiſten in ihren Werken kennen lernte, iſt
ſehr fraglich. Er hätte dazu wohl kaum die Zeit gehabt, denn
außer Erfüllung ſeiner Amtspflicht hatte er auch im Clavierfach
genug zu thun, Schüler, Dilettanten und ſpeculative Verleger
zu befriedigen. Ein Einfluß der genannten Componiſten iſt auch
nicht wahrzunehmen und ſelbſt Em. Bach gegenüber ging Haydn
in der Sonate bald ſelbſtſtändig vor, erweiterte und vertiefte
deren Sätze, ihnen zugleich eine einheitliche Stimmung wahrend,
und übertraf ihn durch feſtgegliederten logiſch ſich entwickelnden
Aufbau derſelben, gab ihr die von da an bleibende Form und
wußte ſie obendrein durch eine glückliche Beimiſchung von Volks-
thümlichkeit anziehend und feſſelnd zu machen. Obwohl ſchon
ſeinen früheren Claviercompoſitionen beſonders eine überſichtliche
Anlage und Klarheit eigen iſt, gewinnen doch auch hier dieſelben
nun an Bedeutung durch beſtimmten Ausdruck, abgerundete Geſtalt und inneren muſikaliſchen Gehalt, welch letzterer, wie geſagt,
entſchädigen muß für den Mangel an feſſelnder Spieltechnik.
Letzterer Umſtand mußte ihm in erhöhtem Grade im Concert fühlbar werden, ſo daß er hier zu rechter Zeit abbrach und ſich mehr
dem von ihm lang vernachläſſigten Trio zuwendete.

Wenden wir uns zunächſt der auf Kuhnau zurückzuführen-
den, auch der Symphonie und dem Quartett zu Grunde liegenden Sonate zu. Die Anforderungen an den Bau derſelben
ſind bekannt; ihre dreiſätzige Form wurde endlich maßgebend,
ſelten noch wurde ſie auf zwei beſchränkt, ſpäter aber auch auf
vier ausgedehnt. Dem lebhaften erſten Satz als dem eigentlichen

---

1 „Nebſt dem bitte ich auch mir die letzten 2 Werke für das Clavier von
C. P. Emanuel Bach zu überſenden" (Brief an Artaria, 1788, 16. Febr.).

2 „Für die Clavierſonaten von Clementi ſage ich verbundenſten Dank, ſie
ſind ſehr ſchön. Sollte der Verfaſſer in Wien ſeyn, ſo bitte bey Gelegenheit
demſelben mein Compliment" (Brief an Artaria, 1783, 18. Juni).

charakteriſtiſchen Theil der Sonate folgt der langſame Mittelſatz
von ruhigem, ernſtem Ausdruck, öfters mit variirtem Thema und
dieſem der mehr heitere Schlußſatz, häufig in variirter Rondoform oder im Menuetttempo. Der erſte Satz, als die Sonatenform im engeren Sinn bezeichnet, beruht auf der Gliederung der
Hauptmotive des erſten Theils und der Durchführung derſelben
im zweiten Theil. Wir unterſcheiden im 1. Theil einen Haupt-
Übergangs- und Seitenſatz; im 2. Theil einen Durchführungs-
Haupt- Seiten- und Schlußſatz und in analoger Weiſe im 2. und
3. Satz der Sonate dieſelben unterſcheidenden Abgrenzungen.

Unter den 28 vorliegenden Sonaten finden wir 7 Nummern
nur auf 2 Sätze beſchränkt und unter dieſen nur eine einzige
(Nr. 1) aus früher Zeit (1767); erſt nach 9 Jahren und ſpäter
folgen die übrigen. Ausgeſprochen langſame erſte Sätze haben
nur 2 Nummern (13., 23.); von den Mittelſätzen haben nur 2
einen Menuett (8., 12.), ein Scherzando kommt nur einmal vor
(17); der Menuett iſt in den letzten Sätzen 6mal vertreten und
meiſtens variirt. Die Mittelſätze ſtehen theils auf gleicher Stufe
mit dem Hauptſatz (9mal); theils in der Unter- (7mal), theils in der
Oberdominant (2mal) oder in der Paralleltonart (2mal) oder großen
Unter-Mediante (2mal). — Vortragszeichen findet man bei Haydn
in den Sonaten wie anderwärts nur wenige, höchſtens ab und
zu ein p., f., fz.; er überließ dergleichen dem Urtheil und Geſchmack des Spielers. Als Verzierungszeichen erſcheinen ⁓ (Prall-
triller oder Schneller), ⁓ (halber Mordent), ∾ (Doppelſchlag).
Nur zweimal äußert ſich Haydn in Briefen an Artaria über dieſen

Punkt und rückt dem Stecher zu Leibe. Bei ≣♪≣ bringt Haydn
darauf, daß der Stecher den Doppelſchlag genau über den Punkt
ſtelle und dieſen alſo nicht allzu nahe an die Note; ſtatt dem *tr*,
den der Stecher eigenmächtig mit ⁓ vertauſchte, beſteht Haydn
darauf, daß dies geändert werde „dan das erſte bedeutet einen
Triller, meines aber einen halben Mordent".

Haydn's Sonaten haben ſich bis heute in unzähligen neuen
Auflagen in Haus und Familie eingebürgert. Tauſenden und aber
Tauſenden wurden ſie der Grundſtein ihrer Ausbildung, was um ſo
mehr überraſchen muß, wenn man dabei in Anſchlag bringt, daß
durch die immenſe Vervollkommnung unſerer Claviere auch die
Spiel- und Compoſitionsart eine entſprechende Veränderung er-

fahren mußte. Worin liegt nun der Zauber, der dieser Erscheinung inne wohnt? Es ist abermals der hier aufgehäufte Reichthum an Ideen, die gesunde mitunter selbst herbe Kraft, die jeden Satz durchdringt und ihn wie gemeißelt hinstellt, die Sicherheit in der Ausführung, die leicht faßliche kunstvolle Anordnung der Haupt= und Nebensätze und die thematische ungekünstelte Arbeit, die auch den Laien fesselt. Die Freudigkeit des Schaffens, die aus den Werken spricht, trägt sich unwillkürlich auf den Spieler über und willig folgt er hier dem ernsteren dort dem fröhlicheren Zug und der humoristischen Laune. Letzteres gilt besonders von den Schlußsätzen, in denen Mozart nachsteht, der aber dagegen in den Mittelsätzen eine Anmuth und Lieblichkeit entfaltet, die Haydn wohl einigemal durch Ernst und selbst Pathos ersetzt, sich aber gerade hier, vom Clavier beeinflußt, wie beengt fühlt, wo er doch an derselben Stelle in der Symphonie und im Quartett sich unerschöpflich zeigt in reizender Melodie, und eine zauberhafte, gemüthstiefe Grundstimmung zu entfalten weiß.

Wir haben schon gesehen, daß die meisten Sonaten der mittleren Periode in Serien erschienen sind, so die Nummern 4 bis 6[3] (1774, zusammen mit 3 Sonaten mit Violinbegleitung)[4]; 7—12 (1776); 16—20 und 3 (1780 und 1771); 21—23 (1784); 24—26 (1786). Sie alle verfolgen mehr oder minder einen musikalisch = pädagogischen Zweck.[5] Unter die Sonaten mit an Gehalt gleichebenbürtigen Sätzen sind etwa 8 Nummern (3, 14, 15, 19, 21, 24, 25, 28) zu zählen. Von den übrigen ist entweder der erste oder letzte, selten der Mittelsatz hervortretend. Unter den ersten Sätzen seien 11 Nummern (3, 15, 17, 19, 21 bis 25, 27, 28) hervorgehoben. Nr. 3 fällt durch ihren beredten Ernst und die gedrungene Ausarbeitung auf, denen man die frühe Entstehung (1771) kaum zugeben möchte. Nr. 15, wohl eher als Allegro moderato zu nehmen, hat einen kräftigen weit aus=

---

3 Nr. 5 u. 6 sind jene Sonaten, in denen Haydn in der englischen periodischen Schrift *The European Magazin* 1784, Oct. 6 beschuldigt wurde, Ph. Em. Bach's Stil copirt oder vielmehr caricirt zu haben. (Siehe Bd. I. S. 138 f.; C. H. Bitter: C. Ph. Em. und W. Fr. Bach, II. S. 105.)

4 Siehe themat. Verzeichniß Nr. 1—3.

5 Über die 4 früheren siehe Bd. I. S. 351 f. Ausgabe Breitkopf & Härtel Nr. 21. 33. 34. 22.

ſpannenden Zug; ebenſo deſſen Schlußſatz, Preſto, ein ausge=
ſprochenes Scherzo von geſundem echt Beethoven'ſchem Humor⁶;
Ernſt und Würde ſpricht aus Nr. 17; ſo feierlich das erſte Motiv
in Moll auftritt, ſo ſanft wirkt es als Seitenſatz in Dur be=
nutzt; doch die Regung iſt nur vorübergehend — der Ernſt kehrt
wieder und gegen Schluß nimmt der Satz faſt dramatiſche Hal=
tung an.⁷ Nr. 21 iſt eine reizende Idylle, vorübergehend nur
leicht getrübt durch den Seitenſatz im G-moll; beide Sätze ſind
ebenſo hübſch variirt. Auch das Preſto dieſer zweiſätzigen So=
nate harmonirt mit dem lieblichen Bilde; auch hier zeigen ſich
Wölkchen im Seitenſatz E-moll mit ſeinem intenſiven Synkopen=
bau, faſt an die Schäferin mahnend, deren ſorgloſes Herz plötzlich
von Zweifeln beunruhigt wird. In Nr. 22, deſſen Hauptthema
erſt im 8. Takte eintritt, iſt ein energiſcher Ausdruck feſtgehalten,
nur hin und wieder etwas abgedämpft. Auch dem Schlußſatze,
an ſich ein Kleinod von trefflicher thematiſcher Durcharbeitung,
iſt derſelbe Charakter, wenn auch in anderer Weiſe, aufgedrückt.
Nr. 24 bringt uns knapp vorm Schluſſe beider Theile eines
jener volksliedartigen Themas, deren wir in den Symphonien
öfters begegnet ſind; im 2. Theil löſt ſich das Thema in der
Haupttonart cadenzartig auf; der Schlußſatz ſchließt ſich dem
erſten einheitlich an. Nr. 27 iſt bemerkenswerth durch die be=
ſonders hervortretende inſtructive Richtung; beide Theile beſtehen
faſt nur aus Läufen, Terzen= und Octavengängen. Mit Nr. 28
ſind wir wie mit einem Schlag der Schule entrückt; man fühlt
ſogleich Haydn's erhöhte Stimmung, da die Sonate „blos auf
ewig" für ſeine Freundin Frau von Genzinger beſtimmt war.
Energie, Entſchloſſenheit iſt der Grundzug der Sonate, deren
thematiſche Arbeit den vollendeten Meiſter bekundet. Die Mittel=
ſätze haben entweder einen breit angelegten, getragenen und viel
verzierten Geſang, meiſtens über gebrochenen Accorden (Nr. 6, 9,
16, 20), milden Ernſt (5, 13, 14), ruhige Haltung durch ge=
bundene Schreibweiſe (3, 26), thematiſche Durchführung (2, 25)
oder dienen nur als überleitende zum Theil hochpathetiſche Inter=

---

6 Dieſe Sonate erſchien erſt 1805 bei Breitkopf & Härtel als op. 93.

7 S. Bagge hat auf eine auffallende Stelle aufmerkſam gemacht, daß
nämlich Takt 10 im 2. Theil des erſten Satzes, wie es die Combination er=
heiſcht, die Noten im oberen Syſtem eine Terz tiefer (his, dis, gis) zu ſetzen
ſind (Leipz. Allg. Muſ. Ztg. 1867. S. 259).

mezzi (10, 14, 18), sind aber auch durch Menuett und Trio vertreten (7, 8, 12). Nr. 17 ist das einzige Scherzando, das ein
und dasselbe Motiv mit dem ersten Satze von Nr. 20 gemein-
schaftlich hat, was Haydn, wie wir gesehen (S. 173), „mit Vorbedacht" gethan, um „den Unterschied der Ausführung" zu zeigen,
d. h. wie man mit ein und demselben Gedanken einen verschiedenen Charakter ausprägen könne. Ob ihm dies wirklich gelang?
Als Scherzando wird man den Satz kaum hinnehmen; auch gegen
die beidemalige Bezeichnung Allegro con brio sträubt sich das
harmlose Thema, das viel mehr einem Allegretto entspricht. Das
schöne Adagio von Nr. 28 haben wir besonders zu beachten. Es
ist weit ausgesponnen; Haupt- und Seitensatz werden variirt; ein
kurzer harmonisch interessanter Mittelsatz sorgt für den nöthigen
Wechsel der Schattirung, Cadenz und Schlußsatz verleihen weiteren
Schmuck. Es ist dasselbe Adagio, das Haydn 1790 für Frau
v. Genzinger eigens neu zu der schon fertigen Sonate componirt
hatte und derselben aufs allerbeste anempfiehlt „es hat sehr vieles
zu bedeuten, welches ich Euer Gnaden bei Gelegenheit zergliedern
werde, es ist etwas mühsam, aber viel Empfindung" (vergl. S. 29).
Die Sonate gefiel der Freundin „überaus wohl", nur wünschte
sie, daß Haydn die Stelle mit dem Überschlagen der Hände abändern möcht, „weil ich solches nicht gewöhnt bin, so kömmt es
mir schwer an".

Unter den letzten noch nicht erwähnten Sätzen, in denen
meistens die Rondoform vorherrscht, neigen sich mehrere der ernsteren Richtung zu oder zeichnen sich durch flüssige und auch
contrapunktische Arbeit aus. Dahin zählen Nr. 3, wo wir bereits die eben erwähnte Anwendung des Überschlagens der Hände
antreffen und 19, das sich mit seinen Vordersätzen gut abrundet.
So auch Nr. 25 und 26, von denen ersteres ebenfalls dem mehr
ruhigen, gelassenen Ton seines Vordersatzes sich anschmiegt, während
26 darin den seinigen noch weit überragt. Durch ungezwungene
contrapunktische Arbeit heben sich Nr. 23 und 27 hervor. In
Menuettform treten auf Nr. 10 (mit Variationen), Nr. 17 (Men.
und Trio), 5, 9, 13, 28 (mit Tempo di Menuetto). Letztere
sorgfältig ausgearbeitete Nummer schließt die Sonate für Frau
von Genzinger würdig ab. „Wunderbar aber ist es (schreibt ihr
Haydn), daß eben das letzte Stück von dieser Sonate den nem-
lichen Menuett und Trio in sich enthält, was Euer Gnaden in

Ihrem letzten Brief von mir forderten." — Zu den lebhaften, heiteren und frischen Finalsätzen gehören 8 Nummern (2, 4, 6, 7, 11, 14, 16, 18). Nr. 2 schließt eine Sonate ab, die noch in Autograph existirt und in mancher Hinsicht, in Zeichen und Noten, von den gedruckten Ausgaben abweicht, namentlich gilt dies von den langen und kurzen Vorschlägen, vom *tr* und ~, von gebundenen und abgestoßenen Noten und zahlreichen Abänderungen in Noten und Accorden. Der Mittelsatz ist mit Andante bezeichnet; im 2. Theil des ersten Satzes, dem noch stark der sogenannte Alberti'sche Baß anhaftet, ist Takt 33 ganz zu streichen 2c. Die Oberstimme ist noch im Sopranschlüssel und die ganze Sonate, offenbar als Dedication bestimmt, wahrhaft kalligraphisch schön geschrieben mit andauernder Wiederholung aller sonst durch Abkürzungen angegebenen Notengruppen.

Einen grellen Contrast zu dem vorangehenden kurzen, eher zu einem Drama einleitenden Largo in Nr. 18 bildet das lebensfrohe Presto, ein Rondo mit einem jener Hauptthemas, die Haydn so geläufig waren. Humoristische Laune, musikalischer Witz und Humor offenbaren sich besonders in den letzten Sätzen der Nummern 8, 12 und 20: Nr. 8 ein neckisches Presto mit 5mal variirtem Thema; 12 ein scherzoartiges Presto voll drolligen Humors; besonders aber 12 und in noch erhöhtem Grade 20, welches auffallend genug gegen das vorhergehende, mit veralteten Figuren und Verzierungen überladene Adagio absticht. Dieses Prestissimo scheinen sich im Haupt-, Seiten- und Durchführungssatz, kurz überall, die ausgelassensten Kobolde zum Tummelplatz ihrer übermüthigen Spiele ausersehen zu haben. Dasselbe gehört der 5. Sonate jener Serie an, die Haydn für die von ihm hochgeschätzten Schwestern v. Auenbrugger, deren Beifall ihm „der allerwichtigste" war, geschrieben hatte (vergl. S. 173). Bemerkenswerth ist es, daß Haydn, um die Serie zu completiren, bei der 6. Nummer zu einer längst schon componirten Sonate (Nr. 3) zurückgriff und sie also selbst für werth genug hielt, diese ihn so nah berührende Sammlung in befriedigender Weise abzuschließen.

Gleichzeitige Recensionen über Haydn's Sonaten finden sich nur sehr wenige vor. Über die 1774 erschienenen 6 Sonaten (4—6 und 1—3 der Sonaten mit Violine) lesen wir:

„Wir können den Freunden des Klaviers obige Sonaten als ſehr ange=
nehme und unterhaltende Stücke empfehlen. Die ſtarke und originelle Laune,
die in des Verfaſſers neuen Quattros und Quintettos herrſcht, findet man hier
nicht, aber ſehr viel angenehme Laune und unterhaltenden Witz.“[8]

Über die Sonate Nr. 15, die erſt 1805 erſchien:

„Dieſe Sonate erſcheint wirklich zum erſtenmal im Publikum, ſie iſt aber
wahrſcheinlich aus ſehr früher Zeit dieſes Meiſters, und vielleicht als Gelegen=
heitsſtück für Jemand geſchrieben geweſen, der als Klavierſpieler noch wenig
geübt war und doch etwas von Haydn ſpielen wollte. Sie beſteht nur aus
zwey Sätzen: aus einem einfachen, ſingbaren Andante, wie deren mehrere in
Haydns früheren Klavierſonaten ſtehen, und aus einem Finale, das die ſchönen
Blüthen des heiteren Humors und dabey der tiefen Kunſt, wie ſie in den beſten
ſpäteren Stücken dieſer Art ſich reich und üppig entfaltet haben, wie in kleinen
Keimen, aber dem nur einigermaßen geübten Auge unverkennbar, darlegen.
Wenn ſonach das Werkchen wenig geübten Spielern zunächſt zu empfehlen iſt,
hat es doch auch etwas anziehendes für ernſthaftere Kunſtfreunde.“[9]

Reichardt[10], der Sonaten von Ph. Em. Bach, Georg Benda,
E. W. Wolff, N. G. Gruner, J. G. Vierling und Haydn als die
ihm wichtigſten unter den im vorigen Jahre (1781) erſchienenen an=
führt rühmt an den Haydn'ſchen 6 Sonaten (16—20, 3) „die origi=
nelle männliche Laune“. Gerber ſagt ſpäter in ſeinem Lexikon der
Tonkünſtler höchſt genügſam über dieſe und die 2 vorhergegange=
nen Serien: „Dieſe 18 Solos ſind das angenehmſte, womit ſich
ein Klavierliebhaber unterhalten kann“.

Ausführlicher ſpricht ſich Cramer[11] über die 3 bei Boßler
in Speier als op. 37 erſchienenen Sonaten (21—23) aus:

„Dieſe Sonaten ſind in einem andern Geſchmack gearbeitet, als die bis=
herigen dieſes berühmten Mannes, ſind aber nicht weniger ſchätzenswerth. Die
erſte aus G-dur iſt eigentlich nur ein kurzer ſehr melodiſcher Satz, wovon jeder
Theil 8 Takte hat. Dann folgt das Mineur aus G-moll. Beide werden hierauf
auf vortreffliche Art variirt. Das letzte Preſto aus G-dur iſt eben ſo bearbeitet.
In den Variationen herrſcht der feinſte Geſchmack. Die 2. Sonate aus B-dur
iſt ein Meiſterſtück in ihrer Art, ſo wie das letzte Allegro molto. Die dritte
aus D-dur hat auch ihren Mineur, und iſt faſt noch vortrefflicher als die erſte
variirt. Der Componiſt zeigt ſich in dieſen Variationen, die dem Inſtrument ſo
gut angemeſſen ſind, wie eine geſchickte und geſchmackvolle Sängerin, wenn ſie
ihre Arie wiederholt. Übrigens ſind die Sonaten ſchwerer in der Ausführung
als man anfangs glauben ſollte. Sie erfordern die höchſte Präciſion und viel
Delicateſſe im Vortrag.“

---

8 Allg. Deutſche Bibl., Bd. XXXIII., S. 458.
9 Allg. Muſ. Ztg. 1805, Bd. VII. S. 711.
10 Muſik. Kunſtmagazin, 1782, II. Stück, S. 87.
11 Magazin der Muſik, Bd. II. S. 535.

In einem Hamburger Brief in denſelben Blättern (S. 347) nennt ſie ein Correſpondent „ſehr artig, aber nach meinem Be=dünken zu ſchwer im Ausdruck“.

Auch die letzte unſerer Sonaten, Nr. 28, bei Artaria als op. 66 erſchienen, findet ihre Feder[12]:

„So lange Haydn fortfährt, mit dem Feuer der Einbildungskraft und mit dem Genius der Originalität zu arbeiten, der in ſeinen bisherigen Ton=ſtücken herrſcht, ſo lange wird man auch jedes Produkt ſeiner Muſe mit Beifall im Publikum aufnehmen, und es iſt nicht zu zweifeln, daß auch dieſer einzel=nen Sonate ein gleiches Glück zu theil werde da ſie in ſeiner bekannten Schreib=art verfaßt iſt. Das Adagio cantabile iſt ein Muſter eines ſchönen Geſanges.“

Den noch übrigen 3 Sonaten, die zu den ſchönſten zu zählen ſind, werden wir erſt in ſpäterer Zeit begegnen. —

Haydn hatte es offenbar an Anregung gefehlt, Sonaten für Clavier mit Violinbegleitung zu ſchreiben und ſelbſt bei den wenigen, die wir beſitzen, kann die untergeordnete, recht eigentlich nur begleitende Violine, wie ſchon die Bemerkung *ad libitum* beſagt, nach Belieben auch wegbleiben, daher dieſe So=naten in alten Ausgaben auch einzeln erſchienen ſind. Von den bekannten 8 Nummern dieſer Gattung haben für uns nur die erſten 5 Gültigkeit.[1] Sie dienen ſämmtlich dem Lehrzweck oder der leichten Unterhaltung für Dilettanten. Die Nummern 1—3 bilden die Ergänzung der im Jahre 1774 erſchienenen Serie (ſiehe S. 311). In dieſen und in Nr. 4 ſind die erſten Sätze klar und durchſichtig und für angehende Spieler eine lohnende Vorberei=tung zu ſchwereren Aufgaben. Nr. 1 hat als 2. Satz ein kurzes mit Verzierungen umkräuſeltes Larghetto, das zu einem Tempo di Menuetto überleitet. In Nr. 2 (zweiſätzig) ſteht daſſelbe im Canon der Octav; in Nr. 3 ſind Menuett und Trio *al rovescio* d. h. vor= und rückwärts zu ſpielen. Das ſich anſchließende kurze Finale gleicht dem Schnörkel, den der launige Schreiber ſeiner Schrift anhängt. Nr. 4, das auch nach As transponirt erſchien, hat als Mittelſatz zwei Menuette und beide ohne Trio. Ein heiteres, belebtes Rondo, faſt durchwegs auf die Zweiſtimmigkeit ange=

---

12 Muſikal. Correſp. b. teutſchen Filarmoniſchen Geſellſchaft. 1792, Nr. 25. S. 195.

1 Nr. 6, C-dur, iſt ein in verſchiedener Form erſchienenes Divertimento (vergl. Bd. I. S. 321). Nr. 7 und 8 ſind urſprünglich 2 Streichquartette aus dem J. 1799 (Men. u. Trio ſind weggelaſſen).

wiesen, beschließt die Sonate. Nr. 5, dessen erstes Motiv an
das Quartett Nr. 32 erinnert, erschien wohl nach 1790, gehört
aber vermuthlich einer früheren Zeit an. Beide Sätze sind frisch
und interessant, im 2. Satz ist vor dem Schlusse der Gang zum
Haltpunkt zu beachten, ein Zug sehnsüchtigen Verlangens, wie
er in ähnlicher Weise öfters in den langsamen Sätzen der Sym=
phonien vorkommt. —

Die Trio's, oder wie Haydn sie nennt Sonaten für Cla=
vier, Violine und Violoncell fallen, einige frühe abgerechnet, erst
in die 80er und, fast die Hälfte und zwar die interessantesten, in
die 90er Jahre. Haydn löste somit Mozart gleichsam hier ab,
dessen letzte Trio's in den Jahren 1783—88 entstanden sind. Offen=
bar waren es auch hier mehr äußere Gründe, Schüler, Dilettanten,
Verleger=Aufträge, die Haydn veranlaßten, diese Musikgattung nach
langer Pause wieder zu pflegen. Die Trio's haben die wesentlichen
Bestandtheile der Sonate, die Zahl der Sätze variirt zwischen 2 und
3; das Clavier ist reich bedacht, die Violine weniger; das Cello
hat im Clavierbaß seinen Wegweiser, und tritt nur selten aus
seiner Reserve heraus, ohne sich jedoch in Schwierigkeiten einzu=
lassen, höchstens daß es sich mitunter in die Tenorlage verliert.
Wie wenig Gewicht man zu jener Zeit auf die Mitwirkung des=
selben legte, beweist die häufige Ankündigung der Trio's als
Sonaten für Clavier „mit Begleitung einer Violine". Auch in
den Geschäftsbriefen zwischen Haydn und Artaria ist diese leicht
irreführende Bezeichnung oft gebraucht. Am auffallendsten ist das
Cello in den Variationen zurückgesetzt, die alle nur dem Clavier
oder der Violine zufallen. Die Trio's werden in aufsteigender
Linie nicht immer auch anziehender; es stehen z. B. die letzten 4
gegen manche der vorhergehenden, wenn auch nicht an technischer
Arbeit, so doch an geistigem Inhalt zurück.

Die laufende Reihenfolge der vorliegenden 17 Trio's [1] be=
ginnt mit 4 Nummern, die einer früheren Zeit angehören. Nr. 1
G-moll wurde schon besprochen (siehe I. S. 353). Nr. 2 und 3
hat Haydn im Jahre 1803 selbst als „aus frühester Zeit" stammend
bestätigt. Sie sind beide dreisätzig und stehn an innerem Werth dem
ersten Trio bedeutend nach; in Nr. 2 überrascht im 2. Theil des

---

[1] Ein Trio in B, dreisätzig, in Breitkopf's Katalog von 1769 angezeigt
und von Haydn auch anerkannt, ist in keiner Sammlung erschienen.

erſten Satzes das zum Haltpunkt auf der Dominant hinleitende
Recitativ-Solo. Auch in dem lebhaften Rondo, zu dem ein
kurzes, im Volkston gehaltenes Andante hinüberleitet, iſt ein
ähnlicher Gang. In Nr. 3 folgt das Allegro erſt als 2. Satz,
dem ſich ein nicht minder populär gehaltenes kurzes Finale an-
ſchließt. Dieſe beiden und das nächſte Trio, C-dur Nr. 4, ſchickte
Haydn im Nov. 1784 an Forſter in London auf Beſtellung, wo
er dann, durch die Zeit gedrängt, nicht nur ſeine älteren Sachen,
ſondern auch eine Arbeit ſeines Bruders Michael, eben dieſes
Trio Nr. 4, zu Hülfe nahm, das er im Jahre 1803 als
von dieſem componirt beſtätigte. Von den beiden letzten Sätzen
mag dies gelten, weniger vom erſten Satz, dem Haydn vielleicht
nachgeholfen hat.[2] Mit Nr. 5 (Seitenzahl Nr. 1)[3] hat Haydn
ebenfalls ſeinen Vorrath geplündert, da er mit dieſem eine 2. Serie
an Forſter im Oct. 1785 ergänzte (Nr. 5 und 6 gehören dazu).
Urſprünglich iſt dieſe Nummer ein Divertimento für Clavier mit
Begleitung von Baryton und 2 Violinen (vergl. S. 43), dann
umgearbeitet für 2 Violinen und Baß und endlich in die jetzige
Geſtalt. Es iſt wohl die ſchwächſte dieſer Nummern, denen das
erſte Trio G-moll ein beachtenswerther Vorläufer war. Erſt mit
Nr 2 ſtehen wir auf wirklich feſtem Boden; 2—4 bilden eine
Serie, die für die Gräfin Viczay geſchrieben war (S. 221). Hier
zeigt ſchon alles reiche Erfindung und die trefflichſte thematiſche
Arbeit; auch der Violinpart iſt reicher und mag wohl Haydn,
ſeiner hohen Schülerin zu Ehren, bei der Ausführung ſelbſt zu-
gegriffen haben. Nur das mittlere Trio in D, Nr. 3, hat 3
Sätze, der letzte ein breit angelegtes Rondo mit friſchem Thema,
von einem Mittelſatz in Moll mit Benutzung des Hauptmotivs
wirkſam unterbrochen; zu beachten iſt das ſinnige Einleiten vom
Mittel- in den Hauptſatz. Von den erſten Sätzen zeichnet ſich
Nr. 2 durch beſonders friſchen Zug, knappe Form und geiſtreiche
Benutzung der Motive aus. Nr. 3 ergeht ſich in Variationen,
bei denen auch die Violine nicht leer ausgeht. Nr. 4 in B iſt
von wahrhaft kerniger Natur; Nr. 2 und 4 ſchließen mit Menuett-

---

2 In gleicher Weiſe hat er auch ein Streichquartett, C-dur ³⁄₈ (zuerſt
bei André als op. 88, in neueſter Zeit von Rieter-Biedermann aufgelegt) in
London durch öffentliche Aufführung bekannt gemacht.

3 Von hier an iſt ſtets auf die Seitennummer verwieſen, die auch
im Haupttext beibehalten iſt.

Tempo, beide mit eingeschaltetem Mollsatz, in Nr. 2 mit schönem
Gesang für die Violine, Nr. 4 mit Benutzung des Hauptthemas;
das mittlere Trio Nr. 3 hat als Mittelsatz ein von Figuren leicht
umspieltes Andante, das in den Schlußsatz überleitet. Daß diese
3 Trio's auch für Streichinstrumente gedruckt erschienen, wurde
schon bemerkt (S. 221). Die Trio's 5 und 6 erschienen zusammen
mit Nr. 1 bei Hummel als op. 27; Nr. 6 auch einzeln bei Hoff=
meister in Wien.[1] Beide sind wieder zweisätzig; Nr. 5 hat einen
kurz gehaltenen ersten Satz, der nur auf einem gehaltvollen Ge=
sang beruht, an dem sich nicht nur die Violine, sondern diesmal
auch das Cello betheiligt. Dagegen ist der 2. Satz um so länger
— ein von hellem Sonnenschein erwärmtes Vivace, in dem alles
zu einem unlösbaren Ganzen ineinander gefügt ist. Nr. 6, Es=
dur ist wiederum zweisätzig. Den energischen Charakter des ersten
Satzes kündigt schon sein peremptorisch wie in Granit gemeißeltes
Grundmotiv an, auf dem der ganze stramm gehaltene Satz wie
auf Felsen aufgebaut ist. Ihm ebenbürtig zur Seite und doch
von ganz verschiedenem Charakter steht das Rondo; man glaubt
einen Weiher mit in der Sonnenwärme lustig sich tummelnden Fischen
vor sich zu haben. Welch' gesunde erfrischende Kraft in diesen
beiden Sätzen! Wie herrlich in der Anordnung, wie scharf die
Grenzen; wie kunstvoll in den Einzelheiten, die so harmlos auf=
treten, daß der Laie ihrer kaum gewahr wird. Unter den sehr
wenigen gleichzeitigen Urtheilen über die Trio's überhaupt findet
sich folgendes über die oben erwähnte bei Hummel erschienene
Serie (5. 1. 6.) in Cramer's Magazin der Musik (1787. S. 1310):

„Diese Sonaten behaupten unter seinen (Haydn's) Sachen eine der ersten
Stufen. Das Anfangs=Adagio der ersten, A=dur (5), hat einen unnennbaren
Reiz und contrastirt sehr angenehm mit dem darauf folgenden Vivace. In dem
Allegro der zweiten in F=dur (1) überrascht die Verkürzung des Rhythmus im
6. Tact den Zuhörer, manchen vielleicht zu unerwartet. Das Thema des Final=
Adagio mit 4 Veränderungen wird durch die Ausdehnung des Rhythmus im
7. Tact sehr original. Die schönste Sonate unter diesen schönen ist indessen
die dritte, Es=dur (6), worin Haydn's Genius im Fluge den höchsten Schwung
nimmt. Sie ist auch schwerer zu spielen als die vorigen."

Die Nummern 7—9 bilden wieder eine Serie, die bei Ar=
taria erschien; nur das mittlere Trio (8) hat 3 Sätze. Der erste

---

[1] Also gleichzeitig an 3 verschiedenen Orten: Förster, Hummel, Hoff=
meister, später auch Artaria.

Satz von Nr. 17 ist ein viermal, abwechselnd in Dur und Moll von Clavier oder Violine variirtes Andante, das ohne eigentliche Änderung als Trauermarsch zu verwenden wäre, nimmt man dazu die erste Variation in Dur, so hat man zugleich das gewünschte Trio. Es ist jene dritte Sonate „welche ich also (schreibt Haydn an Artaria) nach ihrem Geschmack mit Variazionen ganz neu ver= fertigte". Den Variationen folgt ein ziemlich ausgedehnter Schluß= satz, vorwiegend für den Schulzweck berechnet. Dasselbe gilt auch von Nr. 8 mit einem tüchtig durchgearbeiteten Vordersatz, einem vielverzierten Andante und einem weit ausgesponnenen Rondo. Mannigfache Anregung bietet dagegen Nr. 9 in beiden Sätzen durch Erfindung, harmonischen Reichthum und interessante Durch= führung. Im ersten Satz begegnen wir in beiden Theilen vor dem Schlusse (wie so oft bei Mozart) einem neuen Thema mit einfach populärem Anklang. Wie wir früher sahen (S. 236) drängte Haydn, alle 3 Trio's „baldmöglichst zum Stich zu be= fördern, weil schon viele mit schmerzen darauf warten". In der Allgemeinen deutschen Bibliothek [5] heißt es über diese Serie:

„Seit langer Zeit sind uns keine Sonaten vorgekommen, welche diesen dreyen den Vorzug streitig machen könnten. Sie zeichnen sich insgesammt durch des Verfassers bekannte Originalität äußerst vortheilhaft aus. Die Bearbeitung ist trefflich, und in einer größtentheils ernsthaften Manier. Besonders hat Herr Haydn in dem S. 26 befindlichen Zwischensatz aus C-dur gezeigt, wie an= ziehend ein gemeines Thema durch meisterhafte Ausführung werden könne. Mehr der häufigen Ausweichungen in entfernte Töne — wobei öfters viele, und zum Theil doppelte Versetzungszeichen vorkommen — als eigentlich schwerer und große Fertigkeit voraussetzender Passagen wegen, erfordern diese Sonaten einen nicht ungeübten Spieler. Sollte man sie aber auch nicht sogleich ohne Anstoß vom Blatte spielen können, so wird doch die Mühe sehr reichlich belohnt. Denn, in allen Stimmen nett, und mit dem gehörigen Ausdruck vorgetragen, gewähren sie das höchste Vergnügen, welches diese Art von Musik verschaffen kann."

Die Musikal. Real-Zeitung (1789, Nr. 36, S. 280) begleitet die Ankündigung des Trios in folgenden Zeilen:

„Die originelle Schreibart des Herrn Verfassers, seine schönen Modula= tionen und sein Reichthum an Gedanken sind bereits allzubekannt, als daß wir nöthig hätten, zur Empfehlung der angezeigten Tonstücke etwas weiter zu sagen. Weder die Hauptstimme, noch die begleitenden Stimmen sind mit solchen Schwierigkeiten verbunden, daß diese Sonaten vorzüglich geübte Spieler erfor= derten. Die Violinstimme übersteigt nur einmal im Andante der letzten (resp. zweiten) Sonate das dreigestrichene c und selbst diese dem Ungeübteren schwer dünkende Stelle fällt sehr gut in die Hand."

---

5 Band CXVII, Stück I. 1799. S. 71.

Die nun folgenden Trios erschienen jedes einzeln. Nr. 10 in As-dur bietet viel anregendes. Im ersten Satz, 2. Theil, sind interessante, kühne Harmoniefolgen und Wendungen; vermittelst enharmonischer Verwechselung greift Haydn zur Kreuz-Tonart und kehrt nach längerem Verweilen mit gleichem Kunstgriff ins alte Geleise zurück. Der langsame Mittelsatz bietet der Violine einen feierlichen, getragenen Gesang, der dann in Moll und mit reichem Figurenschmuck vom Clavier übernommen wird, worauf der vordere Theil wiederkehrt und nach Dis als Dominant zusteuert und mittelst enharmonischen Ruckes dann das Rondo in As mit munterem Thema in reicher Abwechselung eintritt. Haydn ließ sich diese Sonate sammt der später erwähnten Fantasie „auf klein Postpapier" copirt, durch seine Freundin v. Genzinger nach England schicken „weil solche in London noch nicht gestochen sind. Allein Ihro Gnaden müssen die Gewogenheit haben, Herrn Artaria nichts davon zu melden, sonst kommt er mir mit dem Verkauf zuvor". — In den letzten 3 Trios (11—13) ist die Violine nach Belieben durch die Flöte zu ersetzen; sie verfolgen vorwiegend instructive Richtung, sind musikalisch weniger anziehend und bieten keine neuen Momente. Nr. 11 ist frisch gehalten[6]; in Nr. 12 ist im letzten Satz gegen Schluß ein neckisches Hinüberleiten zum Thema; in Nr. 13 streift das Menuett-Tempo hart an die Polonaise. Eines dieser Trios sendete Haydn im Juni 1790 von Esterház aus seiner Freundin im Schottenhof. Er schreibt: „Ich erdreiste mir, Euer Gnaden eine ganz neue Claviersonate mit einer Flöte oder Violine begleitet, nicht als etwas sonderbares sondern nur im Fall der äußersten Langeweile als das allermindeste einzuschicken. Nur bitte ich, dieselbe baldigst abschreiben zu lassen und mir wieder zurück zu senden". —

Die zahlreichen Clavierconcerte und Concertinos, über die schon gesprochen wurde (I. 353), ergänzen sich nur noch durch 3 Nummern (1. 2. 3.), von welchen nur das letzte einen wesentlichen Fortschritt zeigt; dennoch steht auch dieses gegen Mozart zurück, gegen jene feinfühlige Art und Weise, mit welcher dieser durch die Verbindung des reicher ausgestatteten Orchesters

---

6 Gerber erwähnt, daß man in diesem Trio der eigenen Durchführung der Figuren und einer gewissen Härte halber Michael Haydn als den Componisten argwöhnte. (Neues hist.-biogr. Lexikon der Tonkünstler, Bd. II. S. 585.)

mit dem Soloinstrument ein vollständig Neues schuf und auch
hier so herrlich dasteht.[1] Das jüngere Concert in F (Nr. 1),
1771 bei Le Duc in Paris als »*Troisième concerto pour le
clavecin ou Piano-Forte*« erschienen, bietet in keinem der 3 Sätze
weder in Erfindung, Passagen, noch im begleitenden Orchester
ein besonderes Interesse und diente vermuthlich einem fingerfertigen
Spieler (denn es wimmelt von veralteten Figuren aller Art) als
Paradestück. Das letzte Concert in D (Nr. 3) ist das einzige,
das sich bis auf unsere Tage erhalten hat (S. 205)[2] nnd ver=
dankt dies doch nur seinem feurigen Schlußsatz. Das Orchester
ist hier reicher ausgestattet, hat volle Tutti und unterstützt die
Solostimme in discreter Weise. Der erste Satz ist frisch und glatt
gehalten, stellt aber an den Solisten sehr bescheidene Anforde=
rungen. Der langsame Mittelsatz ist ein einfacher von leichtem
Figurenschmuck umrankter Gesang. Dem Hereinstürmen einer
kecken Banda vergleichbar tritt nun das Finale auf, ein von
Lebenskraft überschäumender Rondosatz mit ungarischem Accent.
Haydn konnte es nicht schwer fallen, dessen packende Gewalt
wiederzugeben; hatte er doch Gelegenheit genug, die feurigen Ver=
treter jener charakteristischen Landesmusik in ihrer Urwüchsigkeit
kennen zu lernen. Mit fieberhafter Hast springt denn auch das
Hauptmotiv von Stufe zu Stufe, oft hart nebeneinander ohne
irgendwelche Vermittlung und nur momentan verdrängt durch ein
zweites Thema, das sich mit Sporengeklirre ankündigt. Das Or=
chester hält sich in diesem Satze sehr reservirt, nur einzelnen Stellen
mehr Farbe verleihend.

Ein Heft Cadenzen in Manuscript, angeblich von Haydn's
Composition, befindet sich im Archiv der Gesellschaft der Musik=
freunde zu Wien. Der Katalog von S. A. Steiner (1823) nennt
auch ein Heft Cadenzen von Haydn, Koželuch, Mozart ꝛc. Bei
J. Cappi erschien ferner: *Musique caractéristique ou collection
de Préludes et Cadences pour le Clavecin ou Piano-Forte,
composées dans le style de Haydn, Mozart, Kozeluch, Sterkel
et Vanhal, par Muzio Clementi.* —

---

1 Vergl. Jahn's Mozart, Bd. II. S. 163.

2 Es erschien sogar in mehreren neuen Auflagen. Bei André mit 2 Ca=
denzen von H. Henkel; bei Rieter-Biedermann in Auflagstimmen und vierhän=
dig von F. Wüllner.

Die kleineren Clavierstücke beginnen mit den im Jahre 1774 erschienenen Variationen in Es (Nr. 1) [1] über ein Original-Thema (auch als Favorit-Menuett bezeichnet). Sämmtliche 12 Variationen in leicht gehaltenem Arabeskenspiel haben dieselbe Ton- und Taktart und erfüllen ihren instructiven Zweck, den auch die vierhändigen Variationen (Nr. 2) verfolgen. Dieselben erschienen zuerst gestochen unter dem schon angegebenen Titel (S. 87) bei Gius. Schmitt in Amsterdam. Es sind 7 Variationen in gleicher Tonart; die Spieler sind wechselweise beschäftigt; ein längeres Tempo di Menuetto macht den Beschluß. Die Anzeige dieser Variationen finden wir in Cramer's Magazin der Musik (1783. S. 72) mit der Bemerkung begleitet:

„Da unter den jetzigen Modestücken in der Musik auch die für 2 Personen an einem Clavier gehören und von vielen mehr und weniger bekannten und berühmten Meistern jetzt welche componirt, und von Musikfreunden gesucht werden, so wird dieses Werk denselben auch willkommen seyn, da es angenehm und für 2 Freunde unterhaltend ist, sich zu gleicher Zeit und an einem Instrument zu vergnügen."

Fast zu gleicher Zeit mit Haydn hatten in London auch J. C. Bach und Dr. Burney nach dem Vorgange Mozart's, der als Knabe in London 1765 „sein erstes Stück für vier Hände componirte" und mit seiner Schwester sich auch im Vierhändig-spielen öffentlich hören ließ, Duette geschrieben. [2]

Im März 1789 bietet Haydn seinem Verleger Artaria „ein ganz neues Capriccio" an, das er, wie wir gesehen (S. 236) „bei launiger Stunde" schrieb und gewissermaßen selbst kritisirt und damit angiebt, wie er es betrachtet wissen will. Es ist insofern ein wirkliches Capriccio, als es sich anscheinend regellos weder an einen Plan noch an eine übliche Form bindet, ohne aber eine Grundempfindung vermissen zu lassen. Die launenhafte Willkür besteht hier darin, daß ein- und derselbe Gedanke festgehalten ist. Er erscheint in der Rondoform bald in der Ober- bald in der Unterstimme, in Dur und Moll und in verschiedenen Tonarten und immer mit neuer Gegenstimme und neuen Motiven

---

1 Über die früheren Variationen in A siehe Bd. I. S. 352.

2 Pohl, Mozart in London, S. 135. Haydn hat (einige sehr frühe Kleinigkeiten abgerechnet) keine weiteren vierhändigen Stücke geschrieben. Die hie und da angekündigten „Sonaten" unter verschiedenen Opuszahlen sind nur arrangirte Symphonien.

als Zwischentheilen, einmal mit frappanten Accordfolgen ver=
bunden, bis er nach einem Halt auf dem verminderten Dominant=
Septimenaccord der Haupttonart in eine Art Coda ausläuft.
Gerber[3] bemerkt bei diesem Capriccio: — „auf das Volkslied: Ich
wollt' es wär Nacht 2c." Nun findet man in Ludwig Erk's
„Deutscher Liederhort" S. 224 unter dem Titel „Liebeszwist" (mit
der Bemerkung: „Vielfach mündlich, aus dem Brandenburgischen,
aus Schlesien und dem Hessen=Darmstädtischen") folgende Melodie,
die aber, wie hier ersichtlich, nur in Umwandlungen zu Haydn's
Kenntniß gelangt sein konnte:

Dagegen machte mich mein Freund Nottebohm auf eine Stelle
in Mozart's *Galimathias musicum* (1766 im Haag comp.), auf=
merksam, nach welcher also die von Haydn benutzte Melodie mit ihrer
eigenthümlich rhythmischen Gliederung von 5 und 6 Takten längst
schon durch Druck oder sonstige Überlieferung bekannt sein mußte.

Weitaus überboten wird das interessante Capriccio durch die
erwähnte (S. 236) gleichzeitig entstandene Fantasia (Nr. 4). Diese
zwei Bezeichnungen sind in der Praxis ziemlich willkürlich. Prä=
torius[4] nennt sie gleichbedeutend; andere geben verschiedene Unter=
scheidungszeichen an; beide haben jedenfalls das gemein, daß sie
einer bestimmt ausgeprägten Form entbehren, ohne aber deshalb
in Regellosigkeit zu verfallen. Wir haben Phantasien von Seb.
und Ph. Em. Bach, Mozart, Beethoven, Schubert und jede hat

3 Neues hist.=biogr. Lexikon b. Tonkunst II. S. 382.
4 Syntagma, III. part. 1. S. 21.

ihre besondere Art. Bei Haydn ist sie die kunstvolle Verwerthung eines aufgegebenen Themas in freier Rondoform und diese ist ihm ganz besonders geglückt. Das Ganze gleicht einem Faschings= schwank; die einzelnen Theile des Themas tauchen in immer neuer harmonischer Wendung auf; neue Motive gesellen sich hinzu; Humor, Witz und Laune feiern ihren Festtag. Wie drollig ist das zweimalige Anhalten auf der Baßnote „so lange der Ton nachklingt"[5], und dann das Weitergleiten um einen halben Ton; und gegen Schluß das Hinaufdrängen in Octaven sammt den gefährlichen Zweiunddreißigsteln (eine zu jener Zeit in so raschem Tempo unerhörte Anforderung); obendrein fehlt es diesmal auch nicht an leicht geschürzter contrapunktischer Ausschmückung. Für= wahr: Haydn mußte sich damals in jener Stimmung befunden haben, die er selbst, wie früher erwähnt (I. 273) mit den Worten schilderte: „Man wird von einem gewissen Humor ergriffen, der sich nicht bändigen läßt". — Das Andante in C mit 6 Varia= tionen (Nr. 5) war das letzte Clavierstück, das Haydn vor seiner Abreise nach London componirte, und welches rechtzeitig an Artaria abzuliefern er sich schriftlich verpflichten mußte (S. 249). Alle 6 Variationen sind in gleicher Taktart und, mit Ausnahme von der fünften in C-moll, auch in gleicher Tonart und dienen gleich den früheren Variationen in Es-dur als gediegene Vorlage beim Unterricht. Sie sind, wie sie der Titel bezeichnet, »*faciles et agréables*« und haben sich als solche gleich ihren Vorgängern in immer neuen Auflagen bis auf unsere Tage bewährt.

Welche Ansprüche man in der Mitte des vorigen Jahrhun= derts an die Kirchenmusik stellte, konnte Haydn als Sängerknabe in Hainburg und natürlich in reicherem Maße in der Domkirche und Hofkapelle zu Wien kennen lernen. Was er an Werken italiänischer und deutscher Componisten, eines Palotta, Caldara, Ziani, Fux, Reutter, Tuma hörte und selbst praktisch übte, mußte sich ihm tief einprägen. Als er dann nach Eisenstadt kam, fand er einen, durch die langjährige Thätigkeit Werner's fest aus= geprägten, kunstfertigen Stil vor. Das Studium dieser beiden

---

5 »*Tenuto intanto, finche non si sente più il suono.*«

verschiedenen und doch wieder in Eins sich verknüpfenden Schreib=
weisen konnte nicht ohne Einfluß auf ihn bleiben. Der Richtung
Werner's[1] speciell, dieses merkwürdigen Mannes, hatte er vieles
zu verdanken; indem er seine bereits erworbenen contrapunktischen
Kenntnisse hier befestigte, wußte er sie in seiner glücklich ange=
strebten freieren Schreibart derart zu verwerthen, daß sein Name
auch auf kirchlichem Gebiete rasch populär wurde.

Über Haydn als Kirchencomponisten ist viel geschrieben und
mehr noch nachgeschrieben worden. Daß er nicht für die Sing=
stimme zu schreiben, überhaupt nicht einmal gesangmäßig zu denken
vermochte, gilt noch heute als Glaubenssatz — von ihm, der im
Gesange aufgewachsen war und stets die vorzüglichsten italiäni=
schen Sänger um sich hatte! Betreffs seiner Messen wird ihm weiter=
hin der Vorwurf gemacht, daß er sich zu sehr durch die Pracht
des Cultus zur Verherrlichung desselben zu rauschender Musik
verleiten ließ; daß er, dem inneren Drange folgend, nicht wahr=
haft tief, sondern heiter und jubelnd schrieb. Haydn selbst soll
zu Carpani gesagt haben: „Da mir Gott ein fröhlich' Herz ge=
geben hat, so wird er mir's schon verzeihen, wenn ich ihm fröh=
lich diene". Rossini entgegnete den Zweiflern: „Es war ihm
Ernst, aber sein Ernst war eben Heiterkeit aus einem durch und
durch liebenswürdigen Gemüth". — „Seine Andacht (sagt Grie=
singer) war nicht von der düsteren, immer büßenden Art, sondern
heiter, ausgesöhnt, vertrauend und in diesem Charakter ist auch
seine Kirchenmusik geschrieben". Und in gleicher Weise heißt es
an anderer Stelle, daß in Haydn's Messen eine heitere, aus=
gesöhnte Andacht, eine sanftere Wehmuth und ein beglückendes
sich bewußt werden der himmlischen Güter herrsche. Und wieder=
um: „Selbst in seinen Kirchencompositionen ist die Freude, der
Jubel des in Gott entzückten, auf Gottes Vaterhuld vertrauenden,
kindlichen Herzens vortretend, wie es der eigene Geist seines Glau=
bens mit sich brachte".[3] All' diese Urtheile deuten darauf hin,

---

1 Siehe Band I. S. 209 ff., 365 ff.

2 Man berücksichtige wohl, welch' verlockende, tief sich einprägende Bei=
spiele er als Sängerknabe vor sich hatte. Die Pracht solcher Kirchenfeste, — eines
derselben ist eben deßhalb früher (Bd. I. S. 75 f.) ausführlich beschrieben, —
mußte nachhaltig auf ein junges Gemüth wirken.

3 Jos. Fröhlich in „Allg. Encyclopädie d. Wissenschaften u. Künste, her=
ausg. v. Ersch u. Gruber".

daß Haydn's Kirchencompositionen von dem ihnen zukommenden gehörigen Standpunkte aus aufgefaßt sein wollen, den einzunehmen allerdings nicht Jedermanns Sache ist.[4] Berücksichtigt man aber Zeit, Ort und Verhältnisse, unter denen diese Werke entstanden, dann wird man in ihnen auch trotz mancher unleugbaren Schattenseiten die innere Wärme und aufrichtige Frömmigkeit, die Lebensfrische, den Ernst wo es gilt, die maßvolle Behandlung der Singstimmen, den melodischen und harmonischen Reichthum und vor allem die ungesuchte, scharf begrenzte und zielbewußte Factur, die alle Haupttheile plastisch hervortreten läßt, zu würdigen wissen und sich an ihrem künstlerischen Werth erbauen.

Fassen wir zunächst Haydn's erste Messen ins Auge[5], so finden wir in ihnen eine wohlvertraute Behandlung der Solo- und mehrstimmigen Sätze und des Chores. Wohl finden sich in ihnen noch veraltete, mit Coloratur verbrämte Arien, die zwei- und mehrstimmigen Soli aber sind dankbar und durch eingeflochtene strengere Schreibart interessant. Die Instrumentation ist die gewöhnliche; die Blasinstrumente sind nur selten obligat behandelt, der Streicherchor glänzend, doch nirgends den Gesang deckend. Gewisse Lieblingsgänge bei mehrstimmigen Soli kommen häufig vor, so verfehlt Haydn nie die Wirkung, wenn er bei ernsten Stellen die Stimmen vom Baß aus imitatorisch aufbaut oder ein Solo oder Duett mit dem Chore wechselt, und daß er dann auch tief und ergreifend wird, bezeugt er oft und eindringlich. Die allzu lebendig ausgestatteten Schlußsätze lassen sich wenigstens durch mäßigeres Zeitmaß, wie es Haydn selbst sich dachte, mildern.

Wir wenden uns nun den einzelnen Messen zu. Bei Nr. IV, Es-dur[6], müssen wir noch in das Jahr 1766 zurückgreifen; Haydn

---

4 Sehr richtig bemerkt hier Gräbener, daß theils dem evangelischen Religions- und Kunstbewußtsein, anderntheils den auf Bach und Händel'sche Weise fundirten Kunstprincipien so manche Mozart'sche und Haydn'sche Messe ihre Verkennung, ja Mißachtung in diesen und jenen Kreisen, namentlich denen des Nordens zu danken hat (Carl G. P. Gräbener, Ges. Aufsätze über Kunst ꝛc. S. 49).

5 Die erste Messe, Bd. I. S. 356 ff. besprochen, und zwei verloren gegangene (S. 362) kommen hier als Jugendarbeiten nicht in Betracht.

6 Gesang-Partitur mit Orgel von V. Novello bei J. A. Novello, Nr. 12 der Sammlung.

schrieb sie in Eisenstadt vor seiner Übersiedelung nach Esterház.[7]
Sie hat ausnahmsweise 2 Englisch Horn (durch 2 Oboen zu er=
setzen) und obligate Orgel. Es ist eine der am wenigst verbrei=
teten Messen Haydn's; der Grund mag wohl zunächst in dem
veralteten, concertartig behandelten Orgelpart liegen, der jedoch
nicht durchgehends und nur im *Benedictus* (mit 4 Solostimmen)
vollständig durchgeführt ist.[8] Mit ähnlichem Passagen= und
Schnörkelwerk hatte Haydn kurz zuvor den Clavierpart einer Fest=
cantate (Bd. I. S. 244) ausgestattet. Die Behandlungsweise ent=
spricht beiläufig seinem im Jahre 1756 componirten großen Orgel=
concert, von dem sich noch das Autograph erhalten hat. Es ist
interessant zu sehen, wie schon in dieser ersten größeren Messe
alle Keime zu seinen späteren Ausführungen ruhen. Die melodiöse
Erfindung und thematische und contrapunktische Arbeit ist frap=
pant und der Ernst den entscheidenden Momenten angemessen.
Haydn hatte tüchtige Solisten und so finden wir sie hier auch
reichlich beschäftigt, aber was sie an Verzierungen zu singen
haben, huldigt häufig noch dem Geschmack jener Zeit. Auch der
Chor will sich oft nur schwer den, fast möchte man glauben,
erst später untergelegten Worten fügen, so namentlich im *Dona
nobis*. Zu den anziehendsten Sätzen gehören das feierliche *Kyrie*,
das zarte *Gratias*, einzelnes im *Credo*, das wie in Weihrauch
eingehüllte *Sanctus*, *Agnus Dei* (Quartett=Solo) und die kurzen
fugirten Schlüsse des *Gloria* und *Credo*. Leider ist der Aus=
gang der Messe ein höchst bedenklicher: ein *Dona nobis*, in dem
die Stimmen im 6/8=Takt im Presto (!) in athemloser Hast zum
Schlusse drängen!

    Zwei Aufführungen in Leipzig im Jahre 1809 und 1816
(letztere unter Schicht) fanden eine merkwürdig günstige Aufnahme.
Die Messe wird hier als „eine seiner edelsten, gehaltvollsten, an=
dächtigsten Kirchenstücke" und einzelne Stücke als „zu dem Schön=
sten was Haydn für die Kirche geliefert hat" geschildert![9] Der

---

7 Vergl. S. 38. Die fehlerhafte Abschrift des Titels nach dem Auto=
graph *Missa Cellensis* (Mariazell) statt *solennis*, ließ O. Jahn vermuthen,
daß Haydn das *Kyrie* zu seiner Mariazeller=Messe verwendet habe.

8 Auch bei Mozart findet sich eine derartige Messe (Köchel, Nr. 259).

9 Allg. Mus. Ztg. 1809, S. 459. Unrichtig ist die Angabe, daß die Messe
(nach der Original=Partitur aufgeführt) nur mit Basset= und Waldhörnern be=
setzt sei.

zweite Bericht[10] nennt die Meſſe ebenfalls „ganz gewiß eine ſeiner
ſchönſten, würdigſten und andächtigſten Compoſitionen: vornäm=
lich gehört der 2. Theil, vom *Credo* an, unter die dem Referen=
ten allerwertheſten Werke dieſes Fachs aus neuer Zeit".

Nr. V G-dur, aus dem Jahre 1772, in Haydn's Entwurf=
Katalog richtig (mit *Sti. Nicolai*), im Hauptkatalog aber mit *Sti
Joseph* bezeichnet[11], hat den großen Vorzug leichter Ausführbar=
keit bei kleiner Beſetzung (2 Ob., 2 Hörner)[12], mäßiger Ausdeh=
nung und dankbarer Soli. Sie hat in vielen Theilen einen
lieblichen, einſchmeichelnden Charakter, ſo im *Kyrie*, *Gratias*
(Sopranſolo), *Benedictus* (Soloquartett) und alles iſt ſehr ſang=
bar. Dem Texte entſpricht der Charakter der Muſik allerdings
nicht immer. Ernſtere Sätze ſind das *Et incarnatus est* (Tenor=
ſolo), *Sanctus* und *Agnus Dei*; *Kyrie* und *Gloria* ſchließen
mit kurzen Fugen. Im *Credo* ſehen wir die vier Singſtimmen
gleichzeitig verſchiedenen Text ſingend, ein Auskunftsmittel, den
Satz muſikaliſch zu kürzen, wobei wenigſtens die Grundſtimmung
des Ganzen gewahrt blieb. Wir finden dies bei Haydn öfters, ſo
auch in der 6. und 8. Meſſe, in der 6. auch im Gloria. Zum
Dona nobis iſt das *Kyrie*, aber ohne die Fuge benutzt und hat
die Meſſe ſomit wenigſtens einen ruhigen Abſchluß wie z. B. in
Schubert's As- und Beethoven's C-Meſſe. Es ſpricht ſich in
dieſer ſogenannten „Sechsviertel=Meſſe" ſo recht der fromme, kind=
lich gläubige Sinn Haydn's aus. Im Vergleich zu der früheren
bietet ſie ſchon manche Eigenthümlichkeiten, wenn auch im Ganzen
die Behandlungsweiſe und Auffaſſung ihrer Zeit angehört.

Nr. VI, B-dur, iſt gleich Mozart's herrlicher F-Meſſe (Köchel,
Nr. 192) nur für 2 Violinen und den für die Orgel bezeichneten
Baß geſchrieben.[13] Dieſe beſcheidene Beſetzung und die ſichere,
knappe Form läßt vermuthen, daß ſie Haydn etwa für eine kleine
Dorfkirche ſchrieb, wo gelegentlich einmal die Mitglieder der fürſt=
lichen Kapelle die Ausführung übernahmen. Das Übereinander=

---

10 Allg. Muſ. Ztg. 1816. Nr. 17.

11 Vergl. S. 59. Part., Orcheſter= und Singſtimmen bei Simrock; Ge=
ſang=Part. mit Orgel Novello Nr. 7.

12 Seyfried hatte dieſe Meſſe zu einer Aufführung in der Peterskirche in
Wien in ganz ungehöriger lärmender Weiſe durch Zuſatz von Trompeten und
Pauken entſtellt.

13 Vergl. S. 86. Sie erſchien nur bei Novello Nr. 8.

stellen des Textes im *Gloria* und *Credo* finden wir, wie früher
gesagt, auch hier; ersteres ist dadurch mit nur 31 Takten abge=
than[14]; die homophone Satzweise herrscht hier vor. Beim *Credo*
macht nur der langsame Mittelsatz (*Et incarnatus est*) eine Aus=
nahme — ein gehaltvoller, würdiger Theil ohne zu düstere Fär=
bung. Beim *Crucifixus* steigt der Baß äußerst wirkungsvoll
chromatisch abwärts in interessantem Accordwechsel. Beim Wieder=
eintritt des *Allegro* (*Et resurrexit*) nimmt die Violine das An=
fangsmotiv des *Gloria* auf und beim *Et vitam venturi saeculi*
wird der ganze Schlußsatz des *Gloria* den Worten des *Credo*
angepaßt. Dem *Sanctus* schließt sich diesmal das *Osanna* in
sinniger, dem feierlichen Moment entsprechender Weise an. Das
Benedictus ist ein fromm erdachtes Sopransolo (das einzige Solo
in der Messe), leicht begleitet von Violinen und Baß. Die Orgel
ist hier das einzige Mal obligat behandelt, tritt aber außer dem
Vorspiel nur in den Zwischensätzen der Gesangstimme hervor.
Es ist wieder jene veraltete, verzierte Manier, wie in der Es=
Messe, doch in milderer Form. Der Eindruck, den diese Ver=
bindung der Orgel mit der Knabenstimme erzielt[15], (denn nur eine
solche bringt hier die rechte Wirkung hervor) erinnert etwa an jene
lichtumflossenen Heiligenbilder, die in ihrer Art aufgefaßt sein
wollen. Das tief empfundene *Agnus Dei* ist die Krone dieser
„Kleinen Orgelmesse“. Ernst und gemessen beginnen die Bässe
mit dem flehentlichen schmerzerfüllten Anruf des *Agnus Dei*, dann
in G-moll und C-moll wiederholt, dem sich jedesmal der Chor
anschließt mit *Qui tollis peccata mundi*, *miserere nobis*. Beim
drittenmal folgt die Bitte um Frieden, das *Dona nobis pacem*,
zuerst vom Tenor angestimmt. Wie von Zweifeln geängstigt ruft
dann noch zweimal der volle Chor ein lautes *Agnus Dei!* dann
leise die Bitte wiederholend, bis endlich die letzten Stimmen im
Gefühl der Ergebung und Zuversicht im letzten *dona* — *pacem* er=
sterben. Haydn hat hier glänzend bewiesen, wie würdig sich die
beiden Theile des letzten Satzes zu einem einheitlichen Ganzen

---

14 Über die Neugestaltung dieses *Gloria* durch Haydn's Bruder, Mi=
chael, siehe S. 87.

15 Hofkapellmeister Eybler in Wien ließ sich wohl nur durch den momen=
tanen Mangel eines verläßlichen Sängerknaben verleiten, das *Benedictus* für
vierstimmigen Chor zu arrangiren, wodurch der ganze Reiz der hier beabsich=
tigten kindlichen Naivität verloren geht.

verſchmelzen laſſen. Die ganze Meſſe aber iſt an ſich ein ſo koſt=
bares Juwel [16], daß man verſucht wäre, als Zeit ihrer Ent=
ſtehung eine viel ſpätere Periode zu muthmaßen und um ſo mehr,
da eine von Elßler gefertigte Partitur den Datum 9. 7ber $\overline{795}$
trägt. Eines beſſern aber, wenn auch nicht vollſtändig, belehren
uns die geſchriebenen Auflagſtimmen im Stift Göttweig, nach
welchen die Meſſe am 19. April 1778 zum erſtenmale aufgeführt
und dann oft wiederholt wurde (ſiehe S. 86).

Nr. VII, C-dur, die reich beſetzte ſogenannte „Cäcilienmeſſe"
iſt auch Haydn's längſte [17]. In keiner ſeiner ſpäteren Meſſen hat
er ſich derart ausgebreitet; eine Maſſe Material liegt hier vor,
hinreichend für mehrere Werke. Wie dies ſpäter namentlich Che=
rubini gethan, hat auch Haydn die erſten Abſchnitte der Meſſe
zu umfangreichen, ſelbſtſtändigen Sätzen ausgearbeitet. Bei Her=
ausgabe der Partitur hat man es daher vorgezogen, Kürzungen
vorzunehmen; dieſelben betreffen jedoch nur ganze Abſätze des
Kyrie und *Gloria*. Schon das *Kyrie* (236 Takte) hat Haydn
nach kurzer Einleitung in 3 ſelbſtſtändige Sätze getheilt. Hier
wurde das rauſchende Allegro auf die Worte *Kyrie eleison* ent=
fernt und folgt nun unmittelbar nach der Einleitung das mild
gehaltene *Christe eleison* (Tenorſolo und Chor, A-moll ³/₄) [18] und
die kräftige Schlußfuge:

Ky - ri - e e - le - i - son e - lei - son e - lei - - - son

welche noch heutzutage mit untergelegtem Text (*Dominus surrexit*)
als Graduale benutzt wird. Das aus 7 Sätzen beſtehende über=
mäßig ausgedehnte *Gloria* (821 Takte!) wurde um die Hälfte in
der Art zuſammengedrängt, daß man die ſelbſtſtändigen Theile,
Laudamus te (ein aufdringliches Coloratur=Sopranſolo mit ver=
alteten Violinfiguren), *Gratias* (Chor, eine hübſche, ruhig gehal=
tene Fuge, die ſich ſehr gut als Offertorium verwerthen ließe):

---

16 In ſeiner Art etwa an die Seite der kleinen B-Meſſe von Mozart
(Köchel 275) zu ſtellen.

17 Vergl. S. 191. Partitur Breitkopf & Härtel Nr. 5. Geſang=Part. mit
Orgel nach dieſer Partitur, Novello Nr. 5.

18 Bei den ohnedies ſeltenen Aufführungen wird das *Kyrie* auch noch
weiterhin durch Weglaſſung des ganzen *Christe eleison* gekürzt.

Gra-ti - as   a - gi - mus ti - bi   propter mag - nam

und *Domine Deus* (Terzett, C-dur ³/₈ für Alt, Tenor und Baß)
ausschied und den dadurch entfallenen Text, so gut es eben ging,
in die erste Abtheilung des *Gloria* (die ursprünglich nur bis *Et
in terra pax hominibus* reichte) unterbrachte. Das nun folgende
Qui tollis[19], wie auch die Schlußfuge, zeichnet sich durch ernste
Haltung aus. Merkwürdigerweise nimmt das gefürchtete *Credo*
an Umfang nicht die Hälfte des ursprünglichen *Gloria* ein. Hier
überrascht ein hübscher Zug: der zwischen den Chorsätzen immer
und in stets veränderter Phrase wiederkehrende *Credo*-Ausruf
des Sopransolo[20]. Von ergreifender Wirkung ist das *Et incarnatus est* (Largo, C-moll), ein nur von den Streichinstrumenten
in charakteristischer Weise begleitetes Tenorsolo; beim *Crucifixus*
übernehmen dann Alt und Baß das Solo. Eine klare, bündige
Fuge beschließt das interessante *Credo*. Dem feierlichen *Sanctus*
folgt das weich gehaltene *Benedictus*, diesmal in Moll und mit
Fagottsolo; längere Instrumentalsätze verbinden hier die würdig
gehaltenen Soli (zu 3 Stimmen) und Tutti. Angemessener Ernst
spricht auch aus dem *Agnus Dei* (Largo, A-moll), ein Baßsolo,
das noch die Worte *Dona nobis pacem* aufnimmt. Unmittelbar
folgt dann die glänzende Schlußfuge und auch hier wie in der
4. Messe fordern die Stimmen in lebhaftestem Tempo (Presto) ge-
bieterisch den Frieden und schleudern sogar gegen Ende mitten in
den Wirbel noch ein *Agnus Dei!* hinein!

Nr. VIII, C-dur, die sogenannte „Mariazellermesse"[21] bildet
gewissermaßen den Übergang zu den bedeutenderen großen Messen,
obwohl zu diesen hin ein Zwischenraum von 14 Jahren liegt.
Sie hat Glanz, Schwung und Frische und wird deshalb häufig
an kirchlichen Festtagen zur Aufführung gewählt. Nach drei-
maligem feierlichen Anruf *Kyrie eleison* geht es gleich in die
Feststimmung über (Vivace, abwechselnd Solo und Chor). Sieht

---

19 In der gedruckten Partitur ist das wiederholte *miserere nostris* in
nobis zu corrigiren.

20 In ähnlicher Weise hat Mozart in einer Messe (Köchel 257) das Wort
Credo wiederholt (O. Jahn, I. 248).

21 Vergl. S. 196. Partitur & Härtel Nr. 7; Gesang-Part. mit Orgel,
Novello Nr. 15.

man davon ab, daß wir uns das „Herr, erbarme dich!" anders
zum Ausdruck gebracht vorstellen, ist der Satz von bestrickender
Frische und energischer Factur. Stellen wie:

greifen wahrhaftig wuchtig ein. Im Jubelchor schallt nun das
begeisterte:

dem sich das anmuthige *Gratias* (Sopransolo) anschließt. Wie
mit ehernem Tritt begleiten dann die Streichinstrumente das vom
Chor ernst angestimmte *Qui tollis*. Nach Eintritt des freudigen
Quoniam tu solus sanctus schließt eine freie Fuge mit *Amen*
ab. Weniger bedeutend als sonst ist das *Credo*-Motiv; tief
empfunden dagegen das Tenorsolo *Et incarnatus est* (Largo,
A-moll) und das vom Chor gebrachte, Stimme um Stimme
eintretende *Crucifixus*. Bei Wiederkehr des ersten Tempo zwängen
die Stimmen wieder den Text in der oben bezeichneten Weise zusammen und folgt zum Schlusse eine kräftige, mäßig lange Fuge.

Das *Sanctus* fügt sich dem Ganzen würdig an. Einen imposanten Eindruck macht das *Benedictus*, G-moll, ein rhythmisch
fest gegliederter, scharf accentuirter Satz, der schon mit seinem

Eingangsmotiv: energisch auftritt, um

aber bald einem sanften Gegensatz in der Parallel=Tonart mit
Solostimmen zu weichen, in dem sich auch, den Jahren weit vorausgreifend, ein Motiv aus der österreichischen Volkshymne
ankündigt.

Haydn hat hier, wie schon S. 283 erwähnt, eine Arie aus seiner
Oper *Il mondo della luna* (Atto II, Scena 4. »*Qualche volta*

non fa male«) herübergerettet wie in ähnlicher Weise Bach, Hän=
del [22] und Andere vor ihm. Feierlich ernst stimmt nun der volle
Chor das *Agnus Dei* dreimal an; dann folgt, wie es der Ritus
vorschreibt, nach dem letzten *Qui tollis peccata mundi* das *Dona
nobis* in Fugenform, abermals ein Satz, der an sich imponirt
durch die sichere, klare Durchführung, welche den einzelnen Stim=
men trotz aller Verschlingungen stets eine imposante Klangfülle
zu bewahren weiß.

Soweit über Haydn's Messen aus dieser Zeit. Manche
allgemeine Bemerkungen seien auf jenen Zeitpunkt aufgespart, wo
seine vollendetsten Werke dieser Art uns vorliegen werden.

.

Den schon früher componirten Kleineren Kirchenmusik=
stücken (Bd. I. S. 362 ff.) reihen sich weitere in unserer mitt=
leren Periode an. Wie schon erwähnt (S. 49), fallen 6 solcher
Stücke (m. 5—10) nachweisbar in die Zeit vor den 70er Jahren.
Wie sie aufzufassen sind, wurde bereits angedeutet; sie sind nur
insofern der Beachtung werth, als sich an ihnen Haydn's Fort=
schritt auch in dieser Richtung verfolgen läßt.

Nr. 5, *Salve Regina* [1], besteht aus einem concertirenden,
meistens mit altem Figurenwerk überladenen Sopransolo, gegen
das sich der Chorsatz kräftig und in der Einleitung des 4. Satzes
sogar in Händel'schem Geiste bewegt.

Nr. 6, *Salve Regina*, aus einem einzigen Satze bestehend,
ist ein wirkungsvoller Chorsatz, der im Stifte Gottweig an be=
stimmten Festtagen häufig aufgeführt wurde.

Nr. 7, *Ave Regina*, ist eine Gelegenheitsarbeit besserer Art.

Nr. 8, *Cantilena pro Adventu* [2] ist ein einfacher, kindlich
frommer Sologesang, etwa für eine Dorfkirche geschrieben; des=
gleichen wohl auch Nr. 9, *Aria pro Adventu* für 2 Singstimmen,
die sich meistens in Terzen bewegen; Nr. 10, *Aria de venera-
bili* ist ein leicht ausführbares Altsolo.

Die in die 70er Jahre fallenden größeren und bedeutenderen

---

22 Bach im Weihnachtsoratorium, Händel im Messias 2c.

1 Über ein früheres *Salve Regina* siehe Bd. I. S. 363.

2 In Haydn's Entwurf=Katalog ist noch eine zweite Cantilene, D-dur
⁶/₈ notirt; im Hauptkatalog sind wenigstens Nr. 5 und 8 angegeben.

Stücke wurden schon (S. 174) in ihrer Gesammtheit besprochen. Sie sind meistens glänzend gehalten; Trompeten und Pauken fehlen nirgends. Nr. 16, *Motette de tempore*, Rec., Arie und Chor (Allelujah) hat lebhaften Charakter; Nr. 17, *Offertorium* in einem Satz für Chor ist besonders glänzend und klangvoll; Nr. 18, *Regina coeli*, umfangreich und frisch, giebt den beiden concertirenden Sopranstimmen und dem obl. Violoncell reichlich Gelegenheit, durch Fertigkeit zu glänzen. Nr. 19, *Motette* für Chor ist etwas einfacher gehalten als die obige; ein zweites *Offertorium* Nr. 20 in einem Satz ist frisch und festlich, die *Hymne* Nr. 21 kommt dem Offertorium Nr. 17 an Glanz und Klangfülle gleich.[3] Diese 2 letzten Nummern werden noch heute als Einlagen in großen Messen aufgeführt; letztere wird auch in Concerten mit deutschem Text („Walte Gott, o ew'ge Liebe") gesungen[4]. Diesen mehr festlich gehaltenen Stücken stellt sich als Gegensatz ein viertes im Jahre 1771 componirtes größeres, schon früher (S. 48) besprochenes *Salve Regina* entgegen[5]. Innig und fromm und stets den Wohllaut wahrend bietet das Werk in seinen 3 Sätzen den Sängern eine sehr dankbare Aufgabe. Die Orgel tritt hauptsächlich in der ersten Hälfte des ersten Satzes obligat auf, weiterhin nur in kurzen Stellen; die Violinen schmiegen sich vorzugsweise den Singstimmen an und diese wieder sind durchaus sehr sangbar gesetzt; die thematische Arbeit ist höchst sorgfältig. Der 2. Satz ist lebhafter und weiter ausgesponnen. Der 3. Satz ist durch ein kurzes Largo mit Tenorsolo eingeleitet. Nach einem Ausruf der 4 Singstimmen, analog dem eigentlichen Eintritt im 1. Satz (6. Stufe mit übermäßiger Sext), tritt der letzte Satz mit Allegretto $^3/_4$ in die Haupttonart G-moll und beschließt in würdiger Weise dieses fein gearbeitete, zur Andacht stimmende Werk.[6]

---

[3] Beide Nummern, 17 und 21, sind in Haydn's Katalog (b. h. nur im Baß angegeben).

[4] Partitur, Clavierauszug und Singstimmen Breitkopf & Härtel.

[5] In Leipzig wurde das Werk in den Jahren 1808 und 1816 mit verändertem Titel (*Salve Redemptor*) aufgeführt.

[6] Im Nachlaß des musikalisch tüchtig gebildeten Canonicus Andreas Spizel in Bruck a. b. Leitha befand sich diese Composition mit folgendem hübschen Chronogramm, auf die Zeit der Entstehung (1771) hinweisend:

Oro te, o pIa, o DVLCIs VIrgo!
Vt assIstas CoMposItorI.

Nr. 12. Haydn's im J. 1773 entstandenes *Stabat mater*[7],
das seinen Namen zuerst auch als Gesangscomponist in Deutsch=
land, Frankreich und England bekannt machte und über welches
schon berichtet wurde[8], besteht aus 13 Nummern (1 Solo für
Tenor mit Chor, 6 Solo=Nummern, 1 Duett, 1 Quartett mit
Chor, 3 Chören und der Schlußnummer mit Fuge). Die Be=
setzung des Orchesters ist höchst einfach; zum Streichquartett
treten nur 2 Oboen hinzu, in Nr. 2 u. 10 ersetzt durch Engl.
Horn. Gesanglich wird man manche Stellen, selbst mehrere ganze
Nummern, als im Geschmack jener Zeit geschrieben schon recht ver=
altet finden, dagegen zeigen andere noch heute eine unbedingte
Lebensfähigkeit. Das Orchester begleitet zunächst die Singstimme
oder unterstützt sie in freier angemessener Verwebung, und auch
dort, wo es einleitend oder verbindend auftritt, hält es einen
ernsten Charakter fest. Ein Largo (abwechselnd Tenorsolo und
Chor) bereitet in würdiger Weise die richtige Stimmung vor.
Von den beiden Alt=Soli, Nr. 2, *O quam tristis* (mit gedämpf=
ten Saiteninstrumenten und Engl. Horn)[9] und Nr. 9, *Fac me
vere tecum flere*, zeichnet sich besonders letzteres durch gefühl=
vollen Ausdruck aus. Die beiden Tenorsoli, Nr. 6, *Vidit suum
dulcem natum* und Nr. 12, *Fac me cruce sublevari* finden ebenso
den treffenden Gefühlsausdruck des Schmerzes. Nr. 12 ist zudem
dankbar für den Sänger und in ihrer Art noch dankbarer die
feurige Baßarie Nr. 5, *Pro peccatis suae gentis*[10]. Auch das
Duett für Sopran und Tenor, Nr. 8, *Sancta mater, istud agas*
tritt durch warme Empfindung vor. Den Arien gegenüber hat
die Zeit den Chören kaum etwas anhaben können. Sie zeichnen
sich aus durch Kraft und Fülle, Ernst und Würde. Nebst der
erwähnten Eingangsnummer sind von besonders würdevoller Hal=

---

7 Partitur, Clavierauszug und Chorstimmen, lat. u. deutsch, Breitkopf &
Härtel; Clavierauszug und Chorst. Simrock; Clavierauszug von Schletterer,
Holle, Nr. 9 der Kirchenmusik.

8 Vergl. S. 65 f. Einer Aufführung in Breslau, Febr. 1788 unter
J. A. Hiller, mit deutscher Parodie sei hier nachträglich erwähnt. Siehe C. J.
A. Hoffmann's „Die Tonkünstler Schlesiens", S. 208.

9 Erschien einzeln mit Clavierbegleitung, Ausgabe A. Gumprecht, Klass.
Gesänge Nr. 59.

10 Einzeln erschienen in *Cantica sacra* von Fr. Commer, Tom. II.
Nr. 4.

tung Nr. 3, *Quis est homo,* Nr. 10 das Soloquartett mit Chor, *Virgo virginum praeclara*[11]; von schlagender Wirkung aber Nr. 11, *Flammis orci ne succenda* (Bässe unisono). Mit einem einleitenden Sopran= und Altsolo, *Quando corpus moriatur,* mit Chor und darauf folgender Fuge in Allabreve=Takt, *Paradisi gloria ut animae donetur — Amen,* wobei man nur eine zwei= mal eingeschobene veraltete Sopran-Solostelle wegwünscht, schließt das Werk in kräftiger Weise ab.

Von den drei noch zu besprechenden größeren Werken folgt nun der Zeitentstehung nach der im J. 1768 componirte, S. 39 erwähnte *Applausus* (geistl. Festcantate) in lateinischer Sprache. Das umfangreiche Werk, gegen die frühere, 1764 componirte Festcantate (I. S. 243) wesentliche Fortschritte bezeugend, besteht aus 13 Nummern: Introduction und Recitativ, Quartett, 5 Arien, 1 Duett, ein längeres Recitativ für alle Solstimmen und Schlußchor. Das Streich=Orchester ist verstärkt durch Oboen, Hörner, Trompeten und Pauken. Bei der Tenorarie tritt das Clavier, bei der Sopranarie der Fagott obligat auf. Die Reci= tative sind theils mit dem Baß, theils mit dem Streichquartett und auch mit Oboen und Hörnern begleitet und häufig mit langen Zwischenspielen unterbrochen. Das Clavier ist in der Weise wie die obligate Orgel in der Es-Messe mit veralteten Läufen über= laden, die Solostimmen brillant und mit langen Passagen ver= sehen. Die Arien bestehen aus zwei Theilen, von denen der zweite der längere, nach welchem der erste wiederholt wird. Sehr vortheilhaft tritt (ein auffallender Zug bei Haydn) die Baßarie *Si obtrudet ultimam* hervor; sie hat wahren, ungekünstelten Baß= charakter in der Art wie jene im Stabat mater. Die mehrstim= migen Nummern sind nicht contrapunktisch gearbeitet, nur im frischen und kräftigen Schlußchor treten die Stimmen ab und zu imitatorisch auf; überhaupt zeigt sich Haydn auch hier den Arien gegenüber, deren eingebürgerten Aufputzes er sich nicht erwehren konnte, bei den Chorsätzen wie vom Banne erlöst. Wie sich aus der früheren Cantate (1764) 2 Nummern als Offertorien mit

---

11 Dient auch als Einlage zum Oratorium „Tobias".

angepaßtem Texte in die Kirche hinüber retteten[1], so hier sogar
4 Nummern (Nr. 1—4): die Introduction sammt Quartett (Nr. 1),
die erste Baßarie (2), das Duett (3), mit Allelujah abschließend
(3), namentlich aber der Schlußchor (4)[2].

Im Jahre 1775 fällt die Aufführung des Oratoriums *Il
ritorno di Tobia* (S. 68). Wie das Werk ursprünglich aus=
sah, läßt sich nicht mehr nachweisen, denn die Partitur, welche
die Kaiserin Marie Therese im J. 1797 von der Tonkünstler=
Societät zur Durchsicht verlangte, war schon damals nebst ande=
ren Musikalien „ausgemustert worden"[1]. Im „Tobias" hält sich
Haydn noch an den Zuschnitt des italiänischen Concert=Orato=
riums. Auffassung und Behandlung ist die damals allgemein
übliche; als Muster hierin konnten Haydn namentlich die bedeu=
tenderen Werke Hasse's gelten. Er übertraf ihn wohl in der
Behandlung des Orchesters, stand aber in jener des Sologesanges
gegen ihn weit zurück. Zahlreiche, langgestreckte, mit Coloratur=
Tiraden überladene Arien wechseln mit gedehnten, wenn auch
sorgfältig declamirten Recitativen und das einzige Duett in der
2. Abtheilung steht an Werth noch unter den Arien, von denen
allenfalls als die besseren zu nennen sind: Nr. 2 die schwung=
volle Arie der Anna, (Alt) D-dur »*Sudò il guerriero*«; Nr. 4
Arie des Raphael (Sopran) A-dur »*Anna m'ascolta; quel figlio,
a te si caro*«, bis zum hohen c reichend und mit großen Inter=

vall=Sprüngen versehen, wie z. B. ; in der

2. Abtheilung Nr. 4, Arie der Anna, F-moll, »*Come in sogno
un stuol m'appare*« mit reicher Besetzung (2 Ob., 2 H., 2 Engl.

---

1 Bd. I. S. 244 und 364.

2 Breitkopf & Härtel, Partitur, Clavierauszug und Chorstimmen als
Hymne Nr. 2; Simrock, Clavierauszug und Chorstimmen, als Hymne Nr. 1,
beide lat. und deutsch („Allmächtiger, Preis Dir- und Ehre!"). In Haydn's
Katalog steht der Chor unter den Offertorien, Nr. 2 nur mit dem Baß an=
gegeben.

1 Der Secretär der Gesellschaft, Paul Wranitzky, sagte damals in der
Sitzung: „Es zeigt dies eine gewisse Geringschätzung gegen den noch lebenden
Componisten, der vielleicht mit Grund ein Wohlthäter unserer Gesellschaft ge=
nannt zu werden verdient". Dies war schon vor der „Schöpfung". (Pohl, Denk=
schrift aus Anlaß d. 100jähr. Bestehens der Tonk. Soc. 1871. S. 45).

Horn, Alt= und Tenorposaune). Anfangs düster gefärbt, geht die
Arie dann in milden Ausdruck über; die äußerst liebliche Melodie:

nimmt dann der darauffolgende Chor als zweites Thema auf. —
In den Chören greift Haydn seinen Zeitgenossen abermals weit
voraus. In ihnen zeigt sich wieder Kraft und selbst Tiefe, Har=
moniefülle, kunstvolle und zugleich freiere Behandlung des Contra=
punkts und jene modernere Instrumentation, die wir Haydn ver=
danken und die er hier zum erstenmale auf das Oratorium über=
trug. Mit diesen Chören betrat er jene Wege, die ihn später
den großen Messen, der „Schöpfung" und den „Jahreszeiten" zu=
führten. Gleich der erste Chor der Hebräer, Es-dur mit Soli der
Anna und des Tobias), »*Pietà d'un infelice*«, der die Bitte um
Rückkehr des Sohnes Tobias ausdrückt, ist in jeder Beziehung
des späteren Haydn's würdig. Der Chor überrascht durch Würde
im Ausdruck, Sicherheit in der Stimmführung und namentlich
durch eine für die damalige Zeit ungewöhnlich glänzende Or=
chestrirung und Handhabung einer an sich doch mäßigen Be=
setzung (Oboen, Hörner, 2 Engl. Horn und Fagotte). — Auch
der zweite Chor »*Ah gran Dio*«, der sich der Arie der Anna an=
schließt, ist von guter Wirkung, wird aber weit überstrahlt vom
Schlußchor der 1. Abtheilung »*Odi le nostri voci*«, D-dur; im
Vordersatz sind auch die 5 Solostimmen beschäftigt; als eigent=
licher Abschluß beginnt dann die Fuge »*Rendi a Tobit la luce*«,
ein kräftiger, blühender, an kunstvoller und doch zugleich auch
freier thematischer Durchführung reicher Satz, der noch durch eine
effectvolle Instrumentirung (mit Trompeten und Pauken) gehoben
wird. In der zweiten Abtheilung finden wir den im J. 1784
neu hinzucomponirten sogenannten „Sturmchor", »*Svanisce in un
momento*«, von dem sich das Autograph noch erhalten hat. Der
Sinn der Worte: Die Seele droht der Feinde Wuth zu unter=
liegen, doch das Vertrauen auf Gott hält uns aufrecht — ist

---

2 Nicht zu verwechseln mit dem später in London componirten Chor
„Der Sturm", D-moll ³/₄.

hier trefflich wiedergegeben. Dieser Chor ist reich instrumentirt
(Fl., Ob., Fag., Hörner, Trompeten, Alt= und Tenorposaune,
Pauken). Während im Vordersatz alles in kühnem Fluge vor=
wärts stürmt, finden wir im Nachsatz als versöhnenden Engels=
zuruf jene liebliche Melodie aus der Arie der Anna. Es erübrigt
noch, der Schlußnummer zu gedenken. Nachdem sich der Erz=
engel als solcher zu erkennen gegeben und, von einer Wolke ver=
hüllt, der Erde entschwebt, singen die vom Glanz geblendeten
Paare Gottes Preis in warm gefühlten Tönen. Mit Beginn
des Chores treten nun in voller Pracht alle Instrumente hinzu;
nach dem Halt auf der Dominant beginnt sofort der Baß mit
dem kräftigen Jugenthema (⁶/₈) auf die Worte »*Metterem gloria
maggiore e maggior felicità*«, das nun in immer mächtigerer
Steigerung (die Soprane bis ins hohe c) und reicher contra=
punktischer Entfaltung das Werk zu Ende führt. Die 3 letzten
Chöre bilden, wie schon erwähnt (S. 71), mit lateinischem Text
noch heute eine willkommene Einlage als Offertorien (m. 13. 14.
15) und werden auch in Concerten als Motetten verwendet.[3]

Wir haben früher gesehen (S. 70), daß man wiederholt ver=
suchte, den Mängeln dieses Oratoriums durch Kürzungen und
Zugaben nachzuhelfen. Abgesehen aber von dem Grundübel des=
selben, dem verfehlten Textbuch, wird jede bessere Zugabe stets
die Hauptgebrechen des Werkes nur noch mehr hervorheben. Ganz
verloren war ja die Arbeit doch nicht: Haydn gab es Gelegen=
heit, in ausgedehntem Maße seine Kräfte zu üben und zu prüfen;
uns aber bleiben jedenfalls die trefflichen Chöre. Auf jeden der=
selben läßt sich auch heute noch jener Ausspruch anwenden, mit
dem das Erscheinen der Partitur des Sturmchores begleitet war[4],
daß nämlich solche Arbeit „dem studirenden Tonkünstler zum Bei=
spiel und Muster dienen könne, wie man eine im Ganzen schön
und bestimmt aufgefaßte musikalische Idee durch Reichthum und
Mannigfaltigkeit bei größter Einheit zur besten Wirkung durch=
führen könne. Überall herrscht Ordnung, richtiges Ebenmaß der

---

3 Nr. 14 erschien bei Breitkopf & Härtel, Partitur, Clavierauszug und
Chorstimmen; Simrock, Clavierauszug und Chorst.; Spina, Chor= und Or=
chesterstimmen. Der Ouverture, (b. 8), Auflagstimmen bei Simrock, wurde
schon S. 195 und 284 gedacht.

4 Allg. Mus. Ztg. 1810, Bd. XII. S. 740.

Theile und ein so schönes Verhältniß derselben untereinander, wie dies nur ein wahrhaft großer Meister treffen und festhalten kann." —

Die im J. 1785 entstandene Composition „Die sieben Worte des Erlösers am Kreuze"[1] hatte Haydn, wie wir gesehen (S. 214 f.), ursprünglich dem Auftrage gemäß als instrumentales Werk behandelt und den letzten Ausrufen Christi entsprechend auf sieben selbstständige Sätze (jeder Satz von Haydn „Sonate" genannt) vertheilt, denen er noch eine Einleitung und eine Schlußnummer, „das Erdbeben" schildernd, hinzufügte. In dieser ursprünglichen Bearbeitung ist jeder „Sonate" ein Baßsolo vorgesetzt, das den jeweiligen Ausruf recitativisch in deutscher Sprache (für die beabsichtigte Aufführung in Cadix doch wohl in die Landessprache übersetzt) mit Begleitung des Orchesters vorträgt, wie z. B.:

Bei der Herausgabe des Werkes blieben die Recitative weg und wurde dafür der Text aus der lateinischen Vulgata den ersten Takten jeder Sonate untergelegt. Als Haydn die Umarbeitung des Werkes für Singstimmen vornahm, ließ er sich die alte Instrumental-Partitur abschreiben und setzte nun die Chor- und Singstimmen hinzu, nachdem er sich vorerst den früher (S. 218) erwähnten Text unter die letzte Zeile der Partitur vornotirt, nach Bedarf umgeändert, radirt, überklebt hatte, bis er mit sich im Reinen war. Es war dies eine schwierige Aufgabe, die nur Flickarbeit bleiben konnte und häufig den an sich schon wenig poetischen Text wenigstens nicht verbesserte. Jeder Sonate setzte er dann einen kurzen, vierstimmigen choralmäßigen Chorsatz auf

---

1 Breitkopf & Härtel, Part. u. Clavierauszug und Chorst., deutsch und ital.; Simrock, Clav. und Chorst.; C. F. Peters, Clav., deutsch und ital. Nr. 6 der Kirchenmusik. Der Auflagen in verschiedener Form bei Artaria (erste Bearbeitung) wurde schon S. 217 gedacht.

einen der Ausrufe in deutscher Sprache voraus, dem bei der Herausgabe auch der lateinische Text beigefügt wurde. Dem Orchester fügte er Klarinetten und Posaunen hinzu und änderte so
manches. Und gerade hier ist es interessant zu sehen, wie er
als erfahrener Meister mit richtigem Blicke vorging, in der Instrumentation hier zugab, dort dämpfte und so den durch Hinzutritt der Menschenstimme nun reicheren und klangvolleren Nummern Licht und Schatten verlieh. Es bleibt immerhin zu verwundern, daß Haydn diese Arbeit so überraschend günstig gelang,
da er doch namentlich in der Führung der Singstimmen überall
gehemmt war. Daher auch der vorwaltend homophone Stil;
meistens bringt die Oberstimme die Melodie, während die übrigen
Stimmen, auf Chor und Soli vertheilt, nur ab und zu eine
vorsichtige Imitation erzwingen. Bei dieser Neugestaltung hat
Haydn die ernste, würdig vorbereitende Introduction unverändert
beibehalten, nur hat er die Flöte weggelassen. Die erste Nummer
bringt mit glücklich gewähltem Ausdruck des Heilands Bitte:
„Vater! vergieb ihnen“. Mild und tröstend klingt mit Nr. 2
Jesus' Verheißung „Heute noch wirst du mit mir im Paradiese
sein“. Wie früher in der 8. Messe finden wir hier abermals vorgreifend ein Anklingen an Haydn's Kaiserlied:

Tief zum Gemüthe sprechend schildert uns die 3. Nummer des
Heilands an seine trostlose Mutter gerichtete Worte: „Frau! Sieh'
deinen Sohn!“ und zum Jünger: „Sieh' deine Mutter!“ fortan deine Vermittlerin vor Gott. — Doch der Schmerz wird über-
mächtig: „Mein Gott! mein Gott! warum hast Du mich verlassen!“ Er selber, der eben noch Trost zugesprochen, ringt nun
nach Kraft und Stärkung! Mit gesteigertem Ausdruck ist dieser
Moment in der 4. Nummer wiedergegeben, in der wir Takt 56
bis 62 folgende höchst merkwürdige Stelle finden:

Nach dieser Nummer hat Haydn in dieser neuen Bearbeitung, das Werk damit in zwei Abtheilungen scheidend um der Einförmigkeit vorzubeugen, einen Instrumentalsatz nur für Blasinstrumente neu hinzucomponirt. Schon die Wahl der Instrumente (Flöte, je 2 Oboen, Klarinetten, Hörner, Posaunen, Fagotte und ein Contrafagott) zeigt, daß Haydn hier einen besonderen Eindruck beabsichtigte. Mit ausgesucht feinem Takt hat er die einzelnen Instrumente je nach ihrer Klangfarbe verwendet; hier in Gruppen zusammengestellt, dort einzeln hervorgehoben. So zeigt auch die thematische Anlage eine erstaunliche Sorgfalt, der Ausdruck eine tiefe und doch männlich ernste Trauer. Man sieht: er war der Fesseln ledig, die ihn in den übrigen Nummern hemmten; frei konnte er nun walten und sich in den erhabenen Gegenstand seiner Aufgabe vertiefen. Nur in dem Eingang der „Schöpfung“ hat Haydn einen ähnlichen vom Adel höchster Vollendung getragenen Tonsatz geschrieben.

Die 5. Nummer, die sich diesem Instrumentalsatz unmittelbar, ohne vorangehenden Choralsatz, anschließt, giebt in einfach rührender Weise die Worte „Mich dürstet“, Jesus' Ruf nach Labung, sein Flehen um Erbarmen, als man ihm, dem Sterbenden, unter Hohn und Spott Wein mit Galle gemischt reicht. In den zwei letzten Nummern vollzieht sich die Katastrophe. „Es ist vollbracht!“ ruft der Heiland in die Nacht hinaus; seine Mission ist erfüllt, sein Leiden steigt nun höher nicht. Der Tod tritt an ihn heran und in Ergebung und Vertrauen haucht er seine Seele mit den Worten aus: „Vater! In deine Hände empfehl' ich meinen Geist!“

Es ist zu beklagen, daß gerade in diesen letzten Nummern statt einer Steigerung des Ausdrucks das Gegentheil eintritt. Daran leidet namentlich die 6. Nummer, die überdies zwei an diesem Orte das Gefühl geradezu beleidigende Motive enthält. Es ist unfaßlich, daß sie Haydn nicht wenigstens nachträglich bei

Gelegenheit der häufigen Aufführungen des Werkes abgeändert hat.
Die 7. Nummer ist wohl würdiger gehalten, doch entspricht auch
hier vieles nicht dem natürlichen Taktgefühl. Als Schlußnummer
wird nun „das Erdbeben" geschildert, ebenfalls mit hinzugefügtem
Chor und leider nicht nach dem Originaltext.[2] Es ist schon bemerkt worden (S. 218), daß dieser viel richtiger vorgeht, indem
er das Ganze, statt mit grellen Farben, versöhnend abschließt.

Faßt man das Werk als Ganzes zusammen, so bietet es
trotz so mancher Schwächen doch so viel einfach Schönes, es
spricht aus diesen Tönen so wahrhaft Haydn's frommer Sinn,
sein reines kindliches Gemüth, daß es noch überall, wo es als
kirchliche Feier zur Aufführung kam, eine religiös andächtige
Stimmung hervorrief, wie dies zahlreiche Urtheile zu verschiedenen Zeiten bezeugen. So schreibt man (um nur Eines anzuführen) aus Leipzig: „Die Wirkung auf alle Anwesenden war
tief und innig, wir haben seit zwei Jahren kaum jemals eine so
allgemeine, feierliche Stimmung, bis zum letzten Moment dauernd,
bemerken können".[3]

Indem wir uns nunmehr an Haydn als Operncomponist
wenden, haben wir uns vor Allem ins Gedächtniß zu rufen,
wie er selbst sich über seine Stellung der Oper gegenüber aussprach. Wir sahen, daß der jedem deutschen Componisten eigenthümliche Zug Italien zu besuchen, schon bei dem Jüngling durch
Gluck angefacht, durch seine Beziehung zu Metastasio, Porpora und Hasse und durch den täglichen Umgang mit den
italiänischen Sängern der fürstlichen Kapelle fortwährend genährt
wurde und daß er selbst seiner Sehnsucht, dieses damalige Eldo-
rado der Musiker zu besuchen, nicht nur Worte verlieh, sondern
auch ernstlich Versuche machte, vom Fürsten aber jedesmal in
zarter Weise beschwichtigt wurde. Gewiß hielt er sich für
fähig genug, auch in dieser Richtung den Anforderungen der

2 Im Originaltext ist der Ideengang der 6. und 7. Nummer ein viel
richtigerer; der Ausruf kommt beidemal bei Haydn zu voreilig. Haydn's Schlußnummer (als Instrumentalsatz) wurde in Mailand im J. 1813 bei einer Aufführung des Ballets „Prometheus", von Vigano neu in Scene gesetzt, mit
theilweiser Musik von Beethoven, als Einlage benutzt.
3 Allg. Muf. Ztg. 1808, Nr. 31, S. 487.

Kunst zu entsprechen, wie wir dies aus seinem eigenen Munde
am Ziel seiner Laufbahn vernehmen, wenn er sich gegen Grie=
singer äußert „er hätte anstatt der vielen Quartette, Sonaten
und Symphonien mehr Musik für den Gesang schreiben sollen,
denn er hätte können einer der ersten Opernschreiber werden und
es sei auch weit leichter nach Anleitung eines Textes als ohne
denselben zu componiren". Und an anderer Stelle: „Er glaubte
selbst, daß er bei seinen guten Fundamenten im Gesang und in
der Instrumental=Begleitung ein vorzüglicher Operncompositeur
geworden wäre, wenn er das Glück gehabt hätte, nach Italien
zu kommen". Haydn schlug auch den Werth seiner dramatischen
Werke, den gleichzeitigen Operncomponisten gegenüber, nicht ge=
ring an. Wir lasen, daß er an Artaria schrieb (S. 174), in=
dem er zwei seiner letztverfaßten Opern erwähnt: „ich versichere,
daß dergleichen arbeith in Paris noch nicht ist gehört worden
und vielleicht eben so wenig in Wienn, mein unglück ist nur
mein aufenthalt auf dem Lande". Und weiterhin (S. 200),
daß seine *Armida* „mit allgemeinen Beyfall aufgeführt wurde;
man sagt es seye bishero mein bestes Werk".

Dennoch war er nicht blind gegen die geringe Haltbarkeit
seiner Opern, indem er, wie abermals Griesinger mittheilt, wohl
einsah, „daß sie in ihrer ursprünglichen Gestalt in der neuen
Epoche (zu Anfang unseres Jahrhunderts) schwerlich mit Glück
aufgeführt werden könnten". Auch früher schon gab er dafür
einen triftigen Grund an in jenem Brief an Roth in Prag
(S. 225), in dem er dessen Anerbieten, ihm eine Oper nach Prag
zu schicken, mit den Worten ablehnt: „weil alle meine Opern
zu viel an unser Personale gebunden sind, und außerdem nie
die Wirkung hervorbringen würden, die ich nach der Lokalität
berechnet habe," wobei er mit wahrhaft hochherziger Selbstver=
leugnung, auf seinen jüngeren Freund hinweisend, noch hinzu=
fügt: „Ganz was anders wäre es, wenn ich das unschätzbare
Glück hätte, ein ganz neues Buch für das dasige Theater zu
komponiren. Aber auch da hätte ich noch viel zu wagen, indem
der große Mozart schwerlich jemanden andern zur Seite haben
kann". Haydn schrieb dieses drei Jahre nach Aufführung seiner
Armida, mit der er (seine später in London verfaßte und un=
vollendet gebliebene Oper *Orfeo* abgerechnet) seine Wirksamkeit
auf diesem Gebiet abgeschlossen hatte und damit, dieselbe ruhiger

überblickend, sein früheres Urtheil in richtigem Maße modificirte,
indem er sich selbst sagen mußte, daß er seine sämmtlichen Werke
für die Bühne eigentlich doch nur den begrenzten Verhältnissen
seines Kreises, dem Geschmack und Privatvergnügen des Fürsten
anpassen mußte.

Daß trotzdem seine letzten Opern, wie wir sahen, in deutscher Uebersetzung auch auf fremden Bühnen bis noch zu Anfang
unseres Jahrhunderts Eingang fanden, darf uns nicht irre führen.
Es blieb doch nur ein Scheinleben, denn abgesehen von dem,
durch Zeit und Umstände bedingten, unseren heutigen Bedürfnissen
gegenüber aber längst überlebten musikalischen Zuschnitt, tragen
sie schon fast ausnahmslos in ihren unsäglich trostlosen Librettos
den Todeskeim in sich. Und wenn der deutsche Uebersetzer der
Oper *Orlando Paladino* den Don Pasquale die Worte singen
läßt: „Gäben nur die Herren Dichter bessere Worte zur Musik"
und weiterhin „Ach ihr Herren Dichter! habt Erbarmen mit der
Tonkunst!" so hat er, die Handlung mit inbegriffen, nur zu wahr
gesprochen, wie wir ja selbst gesehen haben.

Bei alledem kann man es zum Wohle der Entwickelung der
deutschen Musik, dem Umstand nur Dank wissen, daß Haydn die
italiänische Oper gleichsam nur streifte und daß sein Wunsch,
nach Italien zu kommen, wie bereits gesagt, unerfüllt blieb, denn
er wäre dort im günstigsten Fall ein glücklicher Nachahmer, doch
schwerlich ein bahnbrechender Führer geworden; es fehlte ihm
dazu im höheren Sinn jene dramatische Conception, scharfe Charakteristik und Objectivität, Eigenschaften, die dem Bühnen=Ton-
dichter unentbehrlich sind. Von Vortheil war ihm die Beschäfti=
gung mit der Oper dennoch, denn sie machte seine Technik nur
noch flüssiger und erhöhte seinen melodischen Schönheitssinn.

Haydn folgt in seinen italiänischen Opern ganz und gar der
alten Tradition; willig fügt er sich den überlieferten, conventio=
nellen Forderungen derselben und glaubt seine Aufgabe erfüllt
zu haben, wenn er seinen Sängern zu Dank schreibt, indem
er ihnen Gelegenheit bietet, ihre Gesangskunst geltend zu machen.
Treu dem vorgelegten Textbuch reiht sich in ermüdender Weise
Arie an Arie in der üblichen Form, von übrigens hübschen Ri=
tornellen eingeleitet, nur selten unterbrochen von 2= oder 3stimmigen
Gesangstücken, aber wahrhaft überwuchert von meistens langge=
streckten, wenn auch sorgfältig gearbeiteten Recitativen. Vor=

herrschend ist das Secco=Recitativ (begleitender Baß), bei erhöhtem
Ausdruck in das durchcomponirte (mit Instrumentalbegleitung und
im Zeitmaß) Recitativ übergehend. Mehrstimmige Ensemblesätze
bilden das Finale, das bei größerer Ausdehnung aus einer zu=
sammenhängenden Folge dramatischer Scenen besteht und durch
häufigen Tempowechsel die nöthige Beweglichkeit und Steigerung
erhält. Der Chor ist fast ganz ausgeschlossen; wo ein solcher
im Textbuch angegeben ist, sind es eben nur die handelnden
Personen — ein Hauptmangel, denn gerade hier hätte Haydn
gewiß sein Bestes geliefert. In den Motiven zu den Arien zeigt
sich Haydn wieder unerschöpflich in Erfindung; sie sind durch=
weg gefällig, oft wahrhaft reizend und stets leicht singbar und
faßlich. Der Charakter der einzelnen Arien ist übrigens ein
wesentlich verschiedener, bedingt durch die jeweiligen Sänger, ent=
weder solche, die direct aus Italien kamen, so namentlich die
Sängerinnen Bologna, Ripamonti, Valdesturla und
die Sänger Speccioli, Negri, Bianchi, Moretti, Totti,
Mandini, oder solche, die nie über Eisenstadt und Esterház
hinauskamen, obwohl auch diese sich rasch die Gesangsmanier
ihrer Collegen zu eigen machten, so die Ehepaare Friberth und
Dichtler, die Sängerin Weigl, der Bassist Specht. Der
Tenorist Dichtler war das in Haydn's Opern am meisten be=
schäftigte Mitglied (er sang in 10 Opern); der intelligente Tenorist
Friberth war, wie wir sahen (I. 270), aus Nieder=Oesterreich
gebürtig, wurde von Bonno und später von Gaßmann gebildet
und sang vordem in den italiänischen Opern=Vorstellungen bei
Hof. So verrathen denn deren Gesangsfertigkeiten schon die für
sie gesetzten Arien, in denen entweder mehr der getragene Gesang
oder die Bravour vorherrscht. Und an Passagenflitter ist kein
Mangel, es wimmelt von Läufen bis ins hohe h, c, d (aller=
dings nach damaliger Stimmung einen Ton tiefer) und von
großen Intervallsprüngen (auf Sicherheit im Treffen deutend).

Im Orchester verwendet Haydn an Blasinstrumenten fast
ausnahmslos Oboen und Hörner paarweise, häufig mit Hinzu=
fügung von Flöte, Fagott, Englisch Horn; nur einigemal greift
er zu Trompeten und Pauken; die Klarinette kommt nur in den
zwei letzten Opern vor. Die Finales haben meistens die volle
Besetzung: Flöte, Oboen, Fagotte, Hörner (nur selten auch
Pauken). Solos für Flöte, Oboe, dann auch Violoncell, sind

selten. Es ist wohl selbstverständlich, daß Haydn mit Aufmerksamkeit die Werke italiänischer Componisten verfolgte, die sowohl
in Esterház als auch in Wien zur Aufführung kamen. Die in
Esterház nachweisbar aufgeführten Werke wurden schon genannt
(S. 8), doch fällt nur ein kleiner Theil in jene Zeit, da Haydn
selbst für die Bühne schrieb. Die Opern des Wiener Repertoires
sind aus der Beilage III. ersichtlich.

Bei dem Umstande, daß Haydn's sämmtliche Opern nach
ohnedies kurzer Lebensfrist längst verschollen sind und an ihre
etwaige vereinzelte Wiedererweckung in ihrer vollen Integrität
kaum gedacht werden kann, die Partituren aber nur den Wenigsten zugänglich sind, wäre es eitel Bemühen, sich in weitläufige
Zergliederungen einzulassen; deren Licht- und Schattenseiten aber
ohne die nöthigen, uns hier zu weit führenden Belege zu bringen,
würde zu nichts frommen und ohnedies die gestellte Aufgabe
nicht fördern. Einige zu dem bereits Gesagten ergänzende Andeutungen über die einzelnen Arien werden genügen, uns auch
in dieser Richtung der Haydn'schen Muse orientiren zu können.

Beim Überblick dieser Reihenfolge dramatischer Werke besagen
in vorhinein deren bezeichnende Beiworte, wie wir sie aufzufassen
haben. Während das erste Werk »Acide« (I. 223 f.) *Festa
teatrale* (theatralisches Festspiel) betitelt ist, finden wir nun (wie
früher vereinzelt angegeben) folgende Bezeichnungen: *Intermezzo*
(Zwischen- oder Singspiel, kleine komische Oper) — »*La Canterina*«; *Dramma giocoso per musica* (heitere Oper) — »*Lo
Speciale*«, »*Le Pescatrici*«, »*L'incontro improvviso*«,
»*Il mondo della| luna*«, »*La vera costanza*«, »*La
fedeltà premiata*«; *Burletta* (kleines Lustspiel) — »*L'infedeltà delusa*«; *Azione teatrale* (theatralische Handlung)
— »*L'isola disabitata*«; *Dramma eroicomico* (heroisch-
komische Oper) — »*Orlando Paladino*«; *Dramma eroico*
(heroische Oper) — »*Armida*«.

Wenn Haydn im komischen und heiteren Theil dieser Opern
die entsprechende Saite anschlägt, so ist es keineswegs jener Scherz
und Frohsinn, den wir aus seinen instrumentalen Werken kennen,
es ist ein ganz aparter Ton der Heiterkeit, der eben nur für die
Bühne paßt. Ganz besonders glücken ihm unter den Arien die
Buffopartien, die in kecken, gesunden Zügen durchgeführt sind.
Soll aber irgendwo die Gemüthstiefe vorwalten, kommt er seiner

auch hier unnachahmlichen Compositionsweise noch am nächsten. Und auffallend genug wird er gerade von den ernsteren Situationen gehoben und scheint dann zu vergessen, daß er, wie oben gesagt, doch nur dem Moment, dem stabilen kleinen Kreis unterhaltungsbedürftiger Zuhörer zu genügen angewiesen war.

Wir gehen nun zu den einzelnen Opern über.

La Canterina (S. 37) hat eine leicht geschürzte, heitere Handlung, der die Musik glücklich angepaßt ist. Wir haben nur 2 Soprane und 2 Tenöre, denen allein also, ohne den geringsten scenischen Wechsel, die Aufgabe der Unterhaltung zufällt. Die vier Arien sind kurz gehalten, doch haben zwei, Arie des Don Pelaggio (»*Jo sposar l'empio tiranno*«) und der Gasparina (»*Non vè chi mi ajuta*«) einen ganz hübschen Schwung. Der erste Akt schließt mit einem längeren Quartett, der zweite mit „Coro“, d. h. mit einem mit Recitativen untermischten Ensemblesatz. Secco- und durchcomponirte Recitative wechseln ab; von den Blasinstrumenten sind nur Oboen und Hörner, Flöte und Englisch Horn verwendet.

Lo Speciale (S. 39), durchaus bedeutender und auch umfangreicher, ist ebenfalls nur mit 2 Sopranen und 2 Tenören besetzt. Das gut gegliederte Textbuch, das noch heute als nicht zu verachtender Stoff zu einem unterhaltenden Lustspiel dienen könnte, bietet dem Componisten schon mannigfaltigere Anhaltspunkte, die von Haydn auch geschickt ausgenutzt sind. Die ganze Oper, auffallend durch detaillirte Charakteristik, ist vielleicht Haydn's abgerundetste und in allen Theilen mit sichtlicher Liebe ausgearbeitet. Wir haben 8 Arien, 1 Terzett und 2 Quartette als Finales; Secco-Recitative (nur ein Recitativ ist mit Streichquartettbegleitung) verbinden das Ganze. Von den einzelnen Nummern sind hervorzuheben eine Coloraturarie des Sempronio, eine weich gehaltene Sopranarie der Griletta [1] und 2 Arien des Volpino, die eine empfindungsvoll, die andere mit türkischem Anstrich (Volpino als Türke verkleidet). Die Perle der Oper ist das 2. Finale, ein Quartett, das in seiner weichen Haltung lebhaft an das reizende Quintett in *Così fan tutte* erinnert. Das

---

[1] Haydn hat die Arie » *Caro Volpino amabile* « noch ein zweitesmal componirt mit Coloratur bis hoch c.

Orchester hat dieselbe leichte Behandlung wie vordem; von den Blasinstrumenten fehlt diesmal Englisch Horn.

Mit der Oper *Le Pescatrici* (S. 46) treten wir, die Hausräume verlassend, hinaus in die freie Natur; alles wird farbiger, lebendiger und auch die Besetzung ist reicher (2 Sopr., 1. Alt, 2 Ten., 2 Bässe). Ein heiterer, einfach ländlicher Chor leitet die Oper ein; 3 weitere Chöre (immer nur die handelnden Personen) folgen später, alles frisch, gefällig und leicht in der Ausführung. Von den 16 Arien nähern sich einige mehr der Ariette; die Motive sind meistens ansprechend und ungezwungen;[2] eine große Scena mit allen 7 Personen ist voll Leben, kräftig und namentlich auf energischen Baß gebaut. Die Finales erheben sich nicht zu besonderer Bedeutung. Von den vielen Recitativen ist nur eines durchcomponirt; im Orchester greift Haydn neben Flöte, Oboen, Fagott, Hörner wieder zu Englisch Horn.

L'infedeltà delusa (S. 60) ist als *Burletta* von mäßigerem Umfang; dennoch zählt die Partitur nebst Einleitung (alle 5 Personen) 11 Arien, 1 Duett und 2 Finale. Einige Arien sind wieder stark gewürzt mit Coloratur bis h und cis, andere sind mehr breit gehalten. Die erste Arie des Filippo »*Quando viene a far l'amore*« ist die bis dahin am reichsten instrumentirte und deutet wieder auf die ungewöhnliche Fertigkeit des Sängers Friberth. Die einzige Baßarie des Nanni bewegt sich im Umfang von 2 Octaven bis f̄; bei dieser und einer zweiten Arie, wie auch bei der Einleitung tritt zum erstenmale das Violoncell obligat auf; in zwei Nummern führt Haydn ebenfalls zum erstenmal auch die Pauken ein.

L'incontro improvviso (S. 74) ist die bisher bedeutendste Oper größeren Genres. Friberth hatte das französische Original (von Dancourt) ins italiänische übersetzt, aber durchweg umgearbeitet; zwei Personen, Vertigo und Amina, fehlen bei Haydn und die Reihenfolge der Scenen und Arien weicht ganz ab vom Original. Wir zählen 13 Arien, 3 Canzonetten, 3 Duette, 1 Terzett, 1 Chor (Bässe unisono), 3 breit angelegte Finale und 1 kurzes Orchesterstück. Die Partitur enthält eine Fülle von Schön-

---

2 Auch hier ist eine Arie (»*Voglio amar*«) ein zweitesmal componirt und zwar mit Coloratur bis hoch d; die erste Violine geht fast durchaus mit der Singstimme.

heiten und ist reich an Abwechselung. Wir nehmen hier von dem Ehepaar F r i b e r t h Abschied, das zum letztenmal auftritt, um bald darauf nach Wien zu übersiedeln (I. S. 270). Dem vortrefflichen Sänger fallen 3 Arien zu, in denen er seine umfangreiche Stimme, Bravour und warmen Vortrag zeigen kann; eine derselben »*Il guerrier con armi avvolto*« hat kriegerischen Charakter und ist daher auch mit Trompeten und Pauken aufgeputzt. Seiner Frau sind 2 empfindungsvolle Canzonetten und 2 Arien zugewiesen, in denen es an hochgehenden Passagen und großen Intervallsprüngen nicht fehlt.[3] In einem hübschen Duett »*Son quest'occhi un stral d'amore*« vereinigen sich Beide zu liebeglühendem Gesang.[4]

In den 3 Arien des Calandro konnte Haydn seinem humoristischen Drang vollauf Genüge thun; sie sind im lebhaften Buffoton, kräftig und hochkomisch gehalten, originell instrumentirt und schon im Rhythmus eigenartig. Eine derselben »*Non pariamo santarelli*« verlangt vom Baß das $\bar{g}$.[5]

Eine frappantes Beispiel von Tonmalerei bietet eine Arie des Osmin, in welcher das Reisen zu Land und zu Meer (*per terra correre, per mare vogheremo*) musikalisch illustrirt ist, das erstemal die Streichinstrumente in 32tel Läufen gegen einander, die Singstimme in gebrochenem Accord auf und nieder, das zweitemal die Streichinstrumente in gebrochenen gleichsam wie vom Winde gepeitschten Accorden gegen einander, die Singstimme in auf- und niederwogendem Septaccord. Eine der schönsten Nummern ist das zarte Terzett für 3 Sopranstimmen »*Mi sembra un sogno*« mit 2 Hörner, 2 Engl. Horn, die Violinen mit Sordinen. Die Schlußnummer der Oper, Soli und Chor abwechselnd, ist verstärkt mit Trompeten, Tamburin und Cinellen, so hat auch ein kurzes Orchesterstück nur Oboen, Hörner, Triangel, Cinellen und Pauken. Trotz der überwiegend größeren Anzahl interessanter Nummern kam die Oper über die Geburtsstunde nicht hinaus und es ging ihr daher noch schlechter als Gluck's Oper,

---

3 Die zweite eingelegte Arie »*Or vicina a te mio cuore*« mit entschiedenem, kräftigem Charakter erschien in Partitur bei Artaria.

4 Auch bei Gluck als Duett »*Vois-je, o ciel, c'est l'âme de ma vie*«.

5 Bei Gluck »*Les hommes pieusement pour Catons nous tiennent*« (in deutscher Übersetzung „Unser dummer Pöbel meint", zu welchem Thema Mozart sehr beliebte Variationen schrieb, Köchel Nr. 455).

die in der deutschen Übersetzung („Die unvermuthete Zusammen=
kunft oder: die Pilgrimme von Mekka") bei einer Reprise im
Jahre 1807 nicht mehr aufkam.

Il mondo della luna (S. 80) übertrifft alle bisher genann=
ten Opern an gehaltloser Handlung; die Oper zählt zu den
Spektakelstücken, wo die Schaulust die erste Rolle spielt. So
ist denn auch der Musik zu dem umfangreichen Libretto mit
wenigen Ausnahmen nur für den Augenblick Rechnung getragen.
Die Partitur enthält, langgestreckte Secco=Recitative ungerechnet,
17 Arien, 2 Duette, 2 Chöre, 3 Finale, 5 Instrumentalnummern
und 1 Balletto (bei letzterem tritt die Piccolaflöte oder Piffero
hinzu). Zu den wirklich schönen Nummern zählt die Ouverture
(Symphonie Nr. 31), die Einleitung zum 3. Akt (Ouverture Nr. 2)
und die in der Mariazeller Messe als *Benedictus* verwendete
Arie des Ernesto (S. 333).

La vera costanza (S. 87), die ursprünglich für Wien be=
stimmte Oper, ist wesentlich von ihren Vorgängern verschieden;
sie ist mehr dem damals im Hoftheater herrschenden Geschmack
und gewiß auch jenen Sängern, die Haydn bei der Ausführung
im Sinne hatte, angepaßt. Von den bisherigen Opern ist sie
auch die erste, die in deutscher Übersetzung auf anderen Bühnen
Eingang fand. Im Gesangspersonal treffen wir nunmehr, den
Tenoristen Dichtler ausgenommen, auf neue Namen, sämmtlich
dem Lande Italien angehörig, und als die bedeutendste Sängerin
die vordem (S. 19) erwähnte Ripamonti. Die Oper zählt 11
Arien, 2 Duette, 1 Quintett, 3 Finales und 1 Instrumentalsatz.
Im Clavierauszug mit Gesang erschienen bei Artaria 4 Arien
und 1 Duett. Eine Arie des Ernesto »*Per pietà vezzosirai*«
hat wieder ein Übermaß an Verzierungen; eine Arie des Conte
»*A trionfar t'invita*« mit kriegerischem Charakter hat ebenfalls
ihre Rouladen, wechselt in Tempo= und Tonart und ist voll
Leben; die kleine Baßarie ist wiederum dieser Stimmlage vor=
theilhaft angemessen; die übrigen nähern sich mehr der Ariette
leichtester Art. Das 2. Finale hat reichen Tempo= und Tonart=
wechsel; die Schlußnummer „Coro" bewegt sich in der gewöhn=
lichen Rondoform. Über die Ouverture (siehe dort Nr. 6) wurde
schon S. 284 gesprochen; die Besetzung ist die gewöhnliche: 2
Oboen (auch Flöte), 2 Fagotte, 2 Hörner. Die Lebensfähig=
keit dieser Oper kam nicht über das Jahrhundert hinaus, was

nicht zu verwundern ist, da ihr das nöthige Mark fehlt; sie hat zuviel landläufigen schablonenhaften Charakter und steht an eigentlichem Gehalt gegen die Oper vom Jahre 1775 weit zurück.

Ganz isolirt von allen anderen Haydn'schen dramatischen Werken steht *L'isola disabitata* (S. 99). Ernst wie die Handlung ist auch die Musik. Ob Haydn beauftragt war, gerade dieses Libretto zu bearbeiten oder ob es ihn selbst drängte, endlich einmal aus dem ewigen Einerlei von Getändel heraus zu kommen, steht dahin. Der Grundstock der Partitur sind die Recitative, die sämmtlich durchcomponirt sind und zwar mit erstaunlicher Sorgfalt und wählerischer Gewissenhaftigkeit, wahrhaft überraschend durch ihren charakteristischen, edlen Ausdruck. Haydn durfte sich hier in Wahrheit mit den Anfangsworten der Costanza rühmen: »*Qual contrasto non vince l'indefesso sudor*«! Diesmal standen ihm ausschließlich nur italiänische Sänger zu Gebote und unter ihnen seine Angebetete als Silvia, neben der ernsten Costanza (gleich Agathe und Ännchen) das einzige heitere Element der Handlung. Außer der Ouverture (siehe dort Nr. 3 und S. 284 erwähnt) und den ausführlichen Recitativen zählen wir hier nur 6 Arien (eine siebente ist nur die Wiederholung der vorhergehenden, von Sopran auf Tenor übertragen und in Recitativ übergehend) und 1 Quartett als Schlußnummer. Die Arien entsprechen dem Dialog, alle sind gehaltvoll und edel gehalten. Die Instrumentation, nebst dem Streichquartett Flöte, Fagott, je 2 Oboen und Hörner (nur gegen Schluß reiht sich die Pauke an) ist maßvoll und die Situation hebend; in der letzten Nummer sind Flöte, Fagott, Violine und Violoncell obligat eingeführt. Nach dem Ausdruck der Trauer und Sorge erquickt um so mehr das Finale, in dem sich die Liebenden, Costanza und Fernando, Silvia und Enrico, dem freudigen Gefühl ihrer Vereinigung in warmgefühltem Doppelgesang hingeben.

Mit der Oper *La fedeltà premiata* (S. 167) begrüßen wir das nach dem Brande neuerbaute Schauspielhaus. Wiederum haben wir es mit einem unruhigen, lose zusammengehaltenen Opernstoff zu thun, unter dem auch die Musik leidet. Auf den Zusammenhang mit der hie und da erwähnten Oper „Der Freybrief" wurde schon hingewiesen (S. 168 f.) In diese Partitur sind 4 Nummern von Haydn aufgenommen, so die Arie der Fillide »*Deh soccorri un infelice*« (nun Lenchen's Arie „Ach, der

Liebe Glück empfinden"); die von Haydn zweimal componirte Arie
des Perruchetto und »Salva ajuto« (nun Arie des Klaus „Ja, ja
Hans Klaus"); der Eingangschor »*Bella Dea*« (als Finale be=
nutzt). Die nicht mehr vollständige Partitur zählt nach dem Text=
buch 11 Arien, 2 Chöre, 3 Finale; als Schlußnummer dient ein
kurzer, von Soli unterbrochener Chor in Rondoform »*Quanto
più diletto*«.[6] Daß Haydn die Ouverture als letzten Satz der
„Jagdsymphonie" (siehe dort Nr. 40) benutzte, wurde schon er=
wähnt (S. 269). Einige hübsche Arien abgerechnet, darunter die
Baßarie des Melibeo »*Mi dica il mio signore*« (mit Trompeten)
und die Sopranarie der Amaranta »*Vanne, fugge, traditore*«,
erhebt sich die Musik nicht über das Niveau einer Gelegenheits=
arbeit. Und mit Recht: wer hätte auch auf solcher Unterlage
sein Bestes verwenden wollen. Im Beginn der Oper, einem ge=
fälligen Chor, unterbrochen von durchcomponirtem Recitativ, nahm
Haydn wohl einen ernsten Anlauf, hat aber nachträglich die
Hälfte der Nummer gestrichen. Eine der besten Sängerinnen,
Sgra Valdesturla, die hier zum erstenmale und in zwei Rollen
auftrat, finden wir auch in den zwei letzten Opern.

Orlando Paladino (S. 194), jene Oper, die bestimmt war,
als Festvorstellung bei dem erwarteten Besuch des russischen Groß=
fürsten Paul und Gemahlin zu dienen, war vortrefflich besetzt
(es wirkten die zwei besten Sängerinnen, Valdesturla und Bo=
logna mit) und glänzend ausgestattet. Es ist die einzige von
Haydn bearbeitete Oper, in der das heroische und komische Ele=
ment vermengt ist. Sie zählt 18 Arien, 2 Duette, 3 Finale und
1 kurzes Instrumentalstück für Blasinstrumente (Flöten, Oboen,
und Fagotte). In 3 Nummern ist nun wieder die Klarinette
angewendet. Der Ouverture (siehe dort Nr. 10) wurde schon
S. 285 gedacht. Unter den Arien zeichnen sich auch hier die im
Buffoton geschriebenen aus, welche dem drolligen Schildknappen
Don Pasquale zufallen. Eine derselben, die er zu Pferde sitzend
singt, wurde schon erwähnt; die zweite »*Ho viaggato in Fran-
cia*« appellirt an die Zungenfertigkeit und verlangt das hohe h
und c im Falsett; die dritte »*Ecco spiano, ecco il mio trillo*«,

---

6 Herr Musikprofessor F. W. Jähns in Berlin hatte die Güte, mir eine
Copie dieses Chores (nach einer angeblich von Elßler gefertigten Abschrift) zu=
zusenden.

in der er seinen Triller, sein Staccato und seine Arpeggien an=
preist, steigt in 16^{tel} Bewegung durch 2 Octaven bis e. Mit
einer kurzen aber höchst ausdrucksvollen Arie beginnt der 3. Akt:
Charon, am Flusse Lethe, in seinem Kahne Wache haltend und
den unbegrabenen Schatten Halt gebietend (*»Ombre insepolte di
quà partite«*). Den feierlich gemessenen Baßgesang begleiten die
Blasinstrumente in Octaven, zuerst die Flöte, dann auch Oboen,
Fagott und Hörner; Violinen und Cello führen dazu in gebro=
chenen Accorden eine Wellenfigur aus — eine Scene von wunder=
barer Wirkung. Von den beiden gefälligen Duetten wurde das
erste *»Qual tuo visetto amabile«* während Haydn's Anwesenheit
in London als Einlage in der Oper *Il Burbero di buon cuore*
(von Martin) gesungen. Die 2 Finale sind weitläufig ausge=
führt, das dritte ist kurz und in der früheren Rondoform.

Armida (S. 199), deren Stoff Tasso's *»Gerusalemme libe-
rata«* entnommen ist und seit Lulli (1686) von unzähligen Com=
ponisten bearbeitet wurde, weicht merklich ab von allen früheren
Opern Haydn's. Alles ist gedrungener, kräftiger, flüssiger und
dem Durchschnittscharakter der zur Zeit das Repertoire beherr=
schenden italiänischen Opern sich nähernd, daher aber auch weniger
eigenthümlich und tiefgehend. Schon die Ouverture (siehe dort
Nr. 11), der S. 285 gedacht wurde, deutet auf den Charakter
der ganzen Oper. Wir haben 14 Arien, 1 Duett, 1 Terzett,
1 Ensemblesatz als 3. Finale und als kurzes Instrumentalstück
einen Marsch für Blasinstrumente (2 Klarinetten, 2 Fagotte,
2 Hörner). Die Arien sind frisch und kräftig und der italiäni=
schen Singweise angemessen; an Läufen in die oberen Regionen
ist wiederum kein Mangel. Die Instrumentation ist bei einigen
sehr üppig gehalten (Flöte, Fagott, Oboen und Hörner) und
lebendig durchgeführt; eine Arie des Rinaldo (*»Vado, a pugnar«*)
hat sogar Trompeten und Pauken; eine zweite des Ubaldo (*»Prence
amato in quest' amplesso«*) mit kriegerischem Charakter ebenfalls
Trompeten. Eine dritte des Ubaldo (*»Valorosi compagni«*) er=
schien in Clavierauszug bei Artaria; ebenso eine ein zweitesmal
componirte Arie der Armida (*»Odio, furor, dispetto«*) von kräf=
tigem Ausdruck und Anläufen bis c. Ein langes mit Passagen
und Terzengängen (Sopran wieder bis c) geschmücktes Duett
zwischen Armida und Rinaldo beschließt den ersten, ein Terzett
den zweiten Akt. Secco=Recitative und solche mit Instrumental=

begleitung wechseln ab.   Zu den gelungensten Partien zählen
die Scenen im Zauberhain; im übrigen verläuft alles zu gleich=
förmig, es fehlt ein eigentlicher Höhepunkt.   Diese und die vor=
hergehende Oper waren, wie wir gesehen (S. 195 und 201), so
ziemlich die letzten Haydn'schen Opern, die noch zu Anfang unseres
Jahrhunderts (1805) zur Aufführung kamen, erstere in Hamburg,
letztere in Turin.

Im Rückblick auf die genannten Opern kommen wir noch=
mals auf die zweite, *Lo Speciale*, zurück, als der wohl einzigen,
die, nach Bedürfniß eingerichtet, zum Versuch einer Wieder=
belebung zu empfehlen wäre.   Haydn konnte hier noch unbe=
fangen arbeiten und mag ihn die einfach natürliche Handlung,
namentlich aber bei seiner schalkhaften Natur die Art und Weise,
wie der alte Narr Sempronio von seinen jugendlichen Neben=
buhlern gefoppt wird, angezogen haben, während all' der gleiß=
nerische Flitter, der den meisten späteren Opern mehr oder minder
anhaftet, seiner ehrlichen Natur widerstrebt haben mußte.   *Lo
Speciale* nimmt als Ganzes neben ihren Schwestern etwa die
Stellung der kleineren Orgelmesse (S. 329) zu den späteren
großen Messen (deren Bekanntschaft wir noch zu machen haben)
ein, die aber allerdings gleich Riesen den sämmtlichen Opern
Haydn's gegenüber stehen.

Einige Zeilen seien noch dem M a r i o n e t t e n = T h e a t e r
gewidmet, obwohl sich von der Musik, die Haydn für diese „Welt
im Kleinen" schrieb, nur zwei Stücke erhalten haben.   In seinem
Katalog führt Haydn unter „Deutsche Marionetten=Opern" auf:
„Genovefens 4. Theil"; „Philemon und Baucis"; „Dido"; „Die
bestrafte Rachgier oder: das abgebrannte Haus"; „Der krumme
Teufel" in Wien aufgeführt.   Letztere war, wie wir wissen, das
erste Theaterstück, zu dem Haydn die Musik schrieb (I. 153 ff.)
Das vorgenannte Stück war ein damals oft gegebenes Lustspiel,
zu dem Haydn die Orchesterstücke lieferte; „Dido" eine Mario=
nettenoper, wurde 1777 in Esterház und dann im Schönbrunner
Lustschloß vor der Kaiserin gespielt (S. 79); Genoveva's 4. Theil,
ebenfalls Marionettenoper, von der noch das umfangreiche Text=
buch existirt, wurde 1777 in Esterház aufgeführt (S. 80 f.).   So=
mit bleibt uns noch „Philemon und Baucis" — „ein kleines
Schauspiel mit Gesang" (wie das Textbuch besagt), zur Feier des
Besuches der Kaiserin 1773 in Esterház aufgeführt (S. 63 f.).

Haydn hatte, wie wir sahen, für dieses Fest keine neue italiänische Oper geschrieben. Um so mehr darf man annehmen, daß er sich wird bemüht haben, das kleine Schauspiel mit seiner Musik zu schmücken; dies zeigt schon die Ouverture (b. 1.) und die kleine Canzonette, die oben erwähnten zwei Nummern; obendrein mußte ihn aber auch das gemüthvolle Textbuch angeregt haben. Es ist bedauerlich daß die Musik, wahrscheinlich beim Theater= brand, verloren ging; immerhin aber wäre es möglich, daß sie sich anderwärts erhalten hat, da das Stück ja auch im Auslande gegeben wurde (S. 65). Als Anhaltspunkte bei etwaiger Auf= findung können dienen: das Personen=Register — Jupiter und Merkur (als Wanderer); Philemon und Baucis (ein altes armes Ehepaar); Aret (ihr Sohn); Narcissa (seine Braut): Chor der Nachbarn und Nachbarinnen. Die Textanfänge der Gesänge: Chor („In Wolken hoch emporgetragen"); Arie des Philemon („Mehr als zwanzig Jahr Vermählte"); Canzonette des Philemon („Ein Tag der Allen Freude bringt"); Arie der Baucis („Heut' fühl' ich der Armuth Schwere"); Arie des Aret („Wenn am weiten Firmamente"); Duett, Aret und Narcissa („Entflohn ist nun der Schlummer"); Chor („Triumph, dem Gott der Götter") vor dem Beginn des Finale. Der Anfang der Canzonetta lautet:

Die erste der 3 Cantaten für eine Sopran=Solostimme »*Ah, come il coure mi palpita nel seno*« (n. 1) erschien wie früher er= wähnt (S. 196) zuerst bei Artaria.[1] Die Orchesterbegleitung besteht nebst dem Streichquartett aus Flöte, 2 Oboen, Fagott und 2 Hörnern und greift mächtig ein in diese (nach unseren heu= tigen Ansichten so zu benennende) „Concertarie". Mit Angst und Zittern hat Phillis so eben einen Brief erbrochen, aus dem sie erfährt, daß Philen, ihr Geliebter, für sie, die Ungetreue, ge= storben ist. — In dem einleitenden durchcomponirten Recitativ klagt sie sich heftig an; doch der wilde Affect legt sich und geht im Arioso (»*Ombra del caro bene*«) in eine ruhige, zärtliche Stim-

---

1 Nebst der Ausgabe bei Artaria (siehe S. 196) ist die Cantate angezeigt in Hofmeister's Musikalien=Katalog (1802); dito J. C. F. Rellstab in Berlin (1792) als »*Scena pel Sop. a 11 con* Harmonica (o *Fortepiano*) oblig.“; dito bei Longman & Broderip als »*A favorite Italian Cantata with accom= paniments for a Band.*«

mung über. Wiederum gewinnt der Schmerz die Oberhand;
Phillis glaubt ihren Geliebten zu hören, der vom Ufer des Lethe
aus ihr Vorwürfe macht und ihr die Schuld an seinem Tode
beimißt. Mit den Worten »*Tiranno a te mi rese una pietà
fedele*« hebt in raschem Tempo die Arie an, in der die Schuld=
bewußte abwechselnd ihre treue Liebe betheuert und in heftigen
Klagen über das Unglück ihrer Liebe aufflammt. Die Recitative
in dieser leidenschaftlichen opernhaften Scene sind voll Ausdruck
und Schwung und finden sich weiterhin Stellen von melodischem
Reiz und zauberhafter Klangwirkung, so der Eintritt des Arioso
mit Flöte und Horn = Solo unisono und im Allegro die Stelle
bei den Worten »*Fida ti amai, e fida verrò l'ombre ancor*«, bei
der man unwillkürlich an Beethoven's „Glücklich allein ist die
Seele die liebt" gemahnt wird. Für eine Sängerin mit großer
Stimme wäre diese Arie, die nirgends durch alten Zierrat ver=
unstaltet ist, sondern einen dramatischen, gluthvollen Vortrag
verlangt, noch heute eine schätzenswerthe Wahl.

Von der Trauercantate „Deutschlands Klage auf den Tod
Friedrich des Großen" (n. 4ª) hat sich zwar nur der Singpart
mit Baß = Unterlage erhalten (S. 221), allein er genügt, um
daraus den Werth der Cantate, die „als ein Meisterstück" und
wiederum als „erhabenes Produkt seiner Muse" geschildert wird,[1]
zu ersehen, die aber in keinem Verhältniß zu dieser Lobeserhebung
steht. Sie besteht aus 3 Sätzen, 1. und 3. Satz Es-dur $^3/_4$ in
gleichem Charakter, Mittelsatz As-dur $^2/_4$ Andantino, etwas be=
wegter. Der Ausdruck und die Führung der Singstimme ist
lahm und die Declamation schwunglos und ungenügend. Die
Cantate wurde, wie schon erwähnt (I. 267) von dem Baryton=
Virtuosen Karl Franz, für den sie geschrieben, in Nürnberg
öffentlich vorgetragen; in Leipzig sang sie Mad. Schicht geb.
Baldesturla, von Franz begleitet, in einem Gewandhausconcert
(S. 222).

Haydn tritt vielleicht in keiner seiner Compositionen so ganz
aus sich heraus als in der Cantate »*Arianna a Naxos*« (n. 9),
seiner „lieben Arianne", wie er selbst sie nennt (S. 237). Es ist
geradezu eine große Opernscene, die uns hier vorliegt, wechselnd
mit durchcomponirten Recitativen und Sätzen im Arienstil. Alles

---

1 Meusel, Museum f. Künstler ?c. 1788. — Musikal. Realztg. 1788.

ist tiefempfunden, hochdramatisch und wahr im Ausdruck und läßt einzig nur die Orchesterbegleitung vermissen, für die das Werk wie geschaffen ist und die, wie früher erwähnt, auch schon von fremder Hand versucht wurde. Diese Cantate wurde zuerst im Februar 1791 in London öffentlich von Pacchierotti in einem der *Ladies*-Concerte gesungen und Haydn selbst begleitete am Clavier.[1] Sie wurde mit größtem Beifall aufgenommen und wurde das „musikalische *desideratum*" der Saison. In der Ausgabe von J. Bland, dem Haydn das Autograph geschenkt hatte (S. 235), war sie damals, mit Haydn's Monogramm ver- sehen, auch in seiner Wohnung zu kaufen.[2] Wenn auch unsere heutige dramatische Empfindung tiefer greift, so bleibt die ohne- dies mit stetem Beifall aufgenommene „Arianna" noch immer eine würdige und zudem dankbare Aufgabe für eine große Sängerin (Mezzosopranistin). Die ziemlich umfangreiche Cantate enthält einige besonders auffallende geniale Stellen; so u. a. die den Worten angepaßte Nachbildung, wo Arianna die Klippe er- klimmt, um Theseus zu entdecken; der enharmonische Ruck (Sept- accord auf g mit darauffolgendem As-moll-Accord) mit dem ge- steigerten Ausrufe »*Teseo! m'ascolta!*«; der entsprechend düstere Baßgang zu den Worten »*Già più non reggo il pie vacille*«; der frappante Eintritt des Des-dur-Sextaccordes nach C-moll bei dem Rufe »*l'alma tremante!*« Ein Presto mit gesteigertem Ausdruck auf die verzweifelten Worte »*Misera abbandonata! non hò chi mi consola*« beschließt dieses so merkwürdige interessante Werk.[3]

Haydn's Einlagsarien zu Opern bieten kaum Veranlassung zu näherer Bekanntschaft. Sie sind, wie sich wohl erwarten läßt, den Sängern angepaßt, ohne tieferen Gehalt, aber von natür- lichem gesundem Fluß und ihrem Eintagszweck entsprechend.

---

1 Pohl, Haydn in London, S. 117. Daß Haydn nur ein einzigesmal in London öffentlich (im Concert der Mara) spielte (siehe S. 23) ist somit zu berichtigen.

2 Das Autograph wurde 1872 in einer Auction von Puttik & Simpson verkauft; die Bemerkung, daß das Werk nicht im Druck erschienen sei, wider- legen außer Bland die Ausgaben von Artaria und Simrock (letztere mit ital., deutschem und franz. Text).

3 Paisiello soll sich über dasselbe mit den Worten *Che porcheria te- desca!* geäußert haben. (Fröhlich, in Ersch und Gruber's Allg. Encyclopädie.)

Nr. 2 ist die nachcomponirte Arie in Haydn's eigener Oper *L'incontro improvviso* (n. 2. S. 196 u. 351). Nr. 3 (bei Breitkopf und Härtel mit italiänischem und deutschem Text erschienen) ist eine gefällige Ariette; dem Andante folgt Presto $^6/_8$ und diesem die Wiederholung der ersten acht Takte, gleichsam als Moralspruch. Nr. 4, dem durchcomponirten Recitativ, reich instrumentirt und voll kecker Züge, folgt F-moll voll Schwung und Leidenschaft. Nr. 5 eine Baßarie im kleineren Stil, aber frisch und, wie bei Haydn immer dem Baßcharakter gemäß. Nr. 6 im heiteren, leichteren Genre ist ohne Zweifel dem Sänger auf den Leib geschnitten; ebenso Nr. 7, das in Presto in $^6/_8$ übergeht. Nr. 8 ist reich instrumentirt; das Ritornell bringen Fagott und Primgeige in Octaven; die Singstimme ist mit leichter Coloratur bedacht. Nr. 10 hat Pathos, Instrumentation reich ausgestattet mit anziehenden Baßgängen; dem Andante folgt Allegro, alles in größeren Zügen. Nr. 11, in $^6/_8$ übergehend, hat frischen Zug, vom Orchester lebhaft unterstützt.

In die Zeit der 80er Jahre fallen auch Haydn's erste Lieder. Wien stand damals auf diesem Gebiete der Musik gegen den Norden Deutschlands weit zurück, wo die beschränkte Arienform der Operette oder des Singspiels unleugbar Einfluß auf die Ausbildung des Liedes hatte. Der Norden hatte nicht nur seine Dichter, Goethe, Gleim, Hagedorn, Gellert, Jacobi, Weiße, Claudius, Hölty, Uz, sondern auch die richtigen Componisten zur Hand, C. Ph. Em. Bach, Benda, J. A. Hiller, Kirnberger, Neefe, Krebs, B. Th. Breitkopf (von dem 1770 die ersten gedruckten Lieder Goethe's, ohne dessen Namen, in Leipzig erschienen), J. André, namentlich aber J. F. Reichardt und J. A. Peter Schulz, welche das Lied in seiner volksthümlich einfachen Weise mit künstlerischem Sinn auszubilden bestrebt waren. In Wien finden wir zu gleicher Zeit die bei Artaria, Kurzböck, Joh. Traeg, Rud. Gräffer, Gottfried Friedrich, Löschenkohl im Druck erschienenen Lieder von Jos. Ant. Steffan, Koželuch, Friberth, Beecke, Sterkel, J. A. Hoffmeister, Hackel, Schenk, Stabler (der Name Mozart erschien erst 1790; Gluck's Oden, dem rhetorischen Standpunkt zugehörig, kommen hier nicht in Betracht).

Über Haydn's Lieder dieser Periode können wir uns kurz fassen; ein vollgültiges Urtheil wird erst dann zulässig sein, wenn uns seine späteren und ungleich besseren Arbeiten dieser Gattung vorliegen werden, obwohl auch diese eine für Haydn selbst, sowie für die Entwicklung des Liedes untergeordnete Stellung einnehmen.

Haydn kannte die neueren Dichter seiner Periode nur wenig und gestand es gerne zu, daß er sich in deren Ideenkreis nicht mehr einzuleben vermochte. Da sein Hauptaugenmerk auf das Strophenlied gerichtet war, hatte er bei der ihm ohnedies spärlich zu Gebot stehenden Wahl von Gedichten seine liebe Noth, denn, wie er klagte, eine Melodie, welche für die erste Strophe passe, füge sich selten zu den folgenden; oft sei der Sinn in einer Zeile geschlossen, aber nicht in der, welche ihr correspondiren sollte; man sei auch nicht sorgfältig genug in der Wahl der Vokale. Der Mangel litterarischer Kenntnisse machte sich ihm gleich in den ersten 24 Liedern fühlbar; er überließ sich daher, wie wir sahen, gänzlich der Wahl und Einsicht seines Gönners und Freundes, v. Greiner, an dessen sein gebildetem Taktgefühl man völlig irre wird, wenn man die Haydn zur Composition empfohlenen oder von ihm gebilligten Gedichte überblickt. Mit wenigen Ausnahmen überbieten sie sich an Abgeschmacktheit und kann es nicht überraschen, wenn Körner, der vielleicht nur von den ersten Serien Lieder von Haydn Kenntniß hatte, dem Herausgeber der „Erholungen" (?), der Schiller's „Sehnsucht" in Musik gesetzt haben wollte und im Begriff stand, sich deshalb an Haydn zu wenden, von Dresden aus an Schiller schreibt (29. März 1802): „Ich zweifle nur ob er ein gutes Gedicht versteht, da er immer in sehr schlechter Gesellschaft gelebt hat, er habe daher Zelter oder Hurka vorgeschlagen".[1] Darauf componirte Hurka das Lied. In England war Haydn dann schon wählerischer, sowie auch später bei seinen drei- und vierstimmigen Gesängen.

Es muß auffallen, daß Haydn, der doch sonst, wie wir oft genug sahen, in seinen Compositionen den Volkston so richtig traf, in seinen Liedern, wie es scheint, dies nicht einmal beabsichtigte; waren sie ja doch nur als kleine, dem Augenblick zur Zer-

---

1 Schiller's Briefwechsel mit Körner. S. 277.

streuung singluſtiger Dilettanten dienende Kleinigkeiten gedacht.
Man ſollte meinen, daß er bei ſeinem einfach menſchlichen natur=
wahren Empfinden gerade im kleinen Liede Hervorragendes hätte
leiſten müſſen. Offenbar fehlte ihm dazu der rechte Anſtoß von
Außen. In ſeiner Umgebung, nur auf das inſtrumentale Ge=
biet und die italiäniſche Oper angewieſen, lag dieſer Zweig der
Tonkunſt völlig außer ſeinem Bereich; wohl leuchtet auch hier
ab und zu ein ſchwacher höherer Zug auf, allein die Gluth
kommt nicht zum Durchbruch. Wie ſehr Haydn von ſeinen erſten
Liedern eingenommen war, bezeugt ſein heftiger Ausfall gegen
den ihm verhaßten Kapellmeiſter Hofmann, [2] der ihn „bey einer
gewiſſen großen weld in allen fällen zu unterdrucken ſuchte“ und
aus deſſen „Gaſſenliedern“, in denen „weder Jdee, noch ausdruck,
und noch viel weniger geſang herrſchet“, er eigens drei Texte [3]
wählte und neu componirte „um der nemblichen groß ſeyn wol=
lenden weld den unterſchied zu zeigen“. Haydn meinte ſogar,
daß ſeine damaligen Lieder „durch den mannigfaltigen, natürlich
ſchönen und leichten Geſang vielleicht alle bisherigen übertreffen
werden“ (S. 189). Wer weiß, ob nicht dabei eine (wie man er=
zählt) mehr als freundſchaftliche Zuneigung zur genannten Fran=
cisca, der die Lieder gewidmet waren, im Spiele war, die ihm
dann auch die Lieder in roſigerem Lichte erſcheinen ließen. Artaria
trug er eigens auf, „dem Hrn. v. Liebe (dem Vater der genann=
ten Schönen) ein in rothem Taffet eingebundenes Exemplar deren
liedern“ zu überſchicken.

Haydn liebte es auch, ſeine Lieder ſelbſt in „critiſchen Häu=
ſern“ zu ſingen, denn (wie er ſagt) „durch die gegenwart und den
wahren Ausdruck muß der Meiſter ſein Recht behaupten“.

Die zwei erſten Sammlungen ſind noch in der alten Manier
auf nur 2 Syſtemen geſchrieben, Singſtimme und Partie der
rechten Hand auf dem oberen Syſtem mit Anwendung des da=
mals noch immer gebräuchlichen Sopranſchlüſſels. Die Lieder

---

2 Leopold Hofmann hatte zu bem 1780 bei Kurzböck erſchienenen 3. Heft
Deutſcher Lieder für Clavier, herausgegeben von J. Ant. Steffan, 6 Lieder
beigeſteuert; die erſten 24 waren von Karl Friberth und Nr. 14 derſelben
Goethe's „Veilchen“, das auch Steffan in ſeiner 1. Sammlung (1778) bear=
beitet hatte.

3 Siehe themat. Verz. o. Nr. 8. 9. 10. S. 189 ſind irrthümlich die
Zahlen 4. 8. 9 angegeben.

haben in der Regel ihre Vor=, Nach= und zerstückelnden Zwi=
schenspiele; doch nicht alle, bei einigen beginnt gleich der Ge=
sang (Nr. 7, 10, 20, 24); anderen fehlen die Zwischenspiele
(6, 23). Das melodische Hauptmotiv liegt im ersten Verspaar.
Es sind meistens Strophenlieder, die uns vorliegen; nur wenige
Lieder sind durchcomponirt und auch dann nur scheinbar, indem
bei der Wiederholung nur die Begleitung variirt oder das me=
lodische Motiv der einen Strophe dem der anderen verwandt ist,
wie dies in späteren Liedern noch ersichtbarer ist, von denen
einige die Mitte zwischen dem kleinen Strophenlied und der aus=
geführten Arie halten; andere wieder sind im gewöhnlichen Ro=
manzenton geschrieben, so Nr. 4 und 25.

Von den 24 Nummern[4]) sind wohl die Hälfte für unsere
Zeit geradezu ungenießbar oder doch zum mindesten bedenklich
und ohne irgend welches Interesse. In der Reihenfolge treten
als die besseren Nr. 4—6 hervor; Nr. 4 durch den schelmischen
Charakter, Nr. 5 durch seinen hübschen Schluß, Nr. 6 durch einige
hübsche harmonische Wendungen. Nr. 8—10 sind jene, mit deren
Texte Haydn mit Hofmann in die Schranken trat. Letztere sind
allerdings lahm und matt; von den Haydn'schen ist Nr. 8 leicht
tändelnd, Nr. 10 das unschuldige Liedchen eines sorgenlosen
Burschen; Nr. 9 dagegen ist gekünstelt und schwerfällig.[5]) Nr. 12
ist jenes Lied, bei dem Haydn nicht mit Unrecht fürchtete, daß
es bei der Censur beanstandet werden könnte, was ihm leid sein
würde, da er eine „ausnehmend gut passende Aria" darauf ge=
macht habe (S. 188). Das Liebespaar Rosilis und Hyles
pflegen hier am Bach unter blühenden Äſten der Ruhe. Die
Mutter kam, die Tochter rief: „Es ist geschehen; Ihr könnt nun
wieder gehen"!. Dies war das letzte jener der „Freulen Fran=
cisca Liebe Edle v. Kreutznern aus besonderer Hochachtung
und Freundschaft gewidmeten" Lieder.

---

4 Die in der Peters'schen Ausgabe (Heft 1351) enthaltenen Lieder sind
S. 188, Anm. 1 und S. 206, Anm. 18 erwähnt. Bei der letzteren Angabe
deuten die Nrn. 1. 2. 3 ꝛc. auf das 2. Dutzend des them. Verz. also Nr. 13.
14. 15 ꝛc.

5 Nr. 9 ist im „Bazar", Beilage 12 (1871, 26. Juni) als „eine bisher
unbekannte Composition Haydn's" mitgetheilt und zwar mit ungarischem Text
(»Mat búsulsz árva szivem«) und der deutschen Übersetzung („Was trauerst
du verwaistes Herz").

Mit Nr. 16 hat Haydn endlich sich selbst gefunden; hier finden wir wieder eine seiner bestrickenden volksthümlichen Melodien. Und er hat die Nummer nicht umsonst geschrieben, denn er benutzte sie, Note für Note, zum Andante seiner „Jagd-Symphonie" (Nr. 40).[6] — Das genannte Liedchen wird aber weit überragt von Nr. 22, einem Muster musikalischer Komik. Lessing's Epigramm, ein Loblied auf die Faulheit, traf bei Haydn ins Schwarze. Er, der sein Lebelang der Fleiß selbst war, soll nun die Faulheit besingen. Das war die rechte Aufgabe für eine Natur, die zu Zeiten auch die Kehrseite von Einfalt und Gemüth zu zeigen wußte. Guten Muthes beginnt das Loblied; doch schon nach wenigen Takten sucht ein, gleich einem Bleigewicht abwärts sich schleppender chromatischer Gang ihm den Weg zu vertreten und so sucht auch der von Gähnen unterbrochene Gesang die Tiefe. Energisch rafft sich derselbe Gang wieder aufwärts, die Trägheit zu überwinden; die Harmonie nimmt verzweifelte Anläufe, reckt und streckt sich und wird fast feierlich. Vergebens: sie sinkt in sich selbst zusammen und erstirbt im eigenen Pfuhl.

Eine gleichzeitige Kritik sagt über die ersten 12 Lieder:

„Eines Haydn sind diese Lieder nicht würdig. Vermuthlich hat er aber nicht die Absicht gehabt, seinen Ruhm dadurch zu vergrößern, sondern nur den Liebhabern und Liebhaberinnen von einer gewissen Klasse ein Vergnügen damit zu machen. Niemand wird daher daran zweifeln, daß Herr H. diese Lieder hätte besser machen können, wenn er gewollt hätte. Ob er es nicht gesollt hätte, ist eine andere Frage."[7]

---

6 Hat Haydn hier ein Lied instrumental benutzt, so ließen sich im umgekehrten Fall zu so manchen langsamen Sätzen seiner Symphonien Worte schreiben, so zu den Themen S. 266 A-dur, 268 und namentlich S. 274 F-dur, das einem gemüthvollen Dichter ganz besonders empfohlen sei. Der Text von Nr. 16 findet sich auch in Beethoven's „Seufzer eines Ungeliebten" (Nottebohm, themat. Verz. S. 185 f.).

7 C. F. Cramer's Magazin d. Musik, 1783, I. S. 456. Musikal. Almanach für Deutschland auf das J. 1783 [J. N. Forkel], S. 17.

Beilagen.

I.

Verzeichniß
der Opern, Academien, Marionetten und Schauspiele,
welche vom 23. Jan. bis 22. Dec. 1778
auf der Hochfürstl. Bühne
in Esterház
gegeben worden sind.[1]

Januar.

25. „Die Grenabiere", eine Comedie. „Polyphemus".
27. „Arlequin der Hausbieb", eine Pantomime, von Mr. Biensait und Hrn. Christl.
28. „Arlequin als Tobtengerippe", eine Pantomime, von denselben.

30. Academie: Sinfonia; Aria von Mme. Poschwa; Concert von Mr. Hirsch (Flöte); Aria von Mr. Dichtler; Sonate von Mr. Luigi (Violinist Tomasini); Sinfonia von Vanhal; Aria von Mme. Prandtner: dito von Mr. Bianchi; Sinfonia.

Februar.

1. »Il finto pazzo« (Oper von Piccini).
3. »Academia musica«.
5. »Il finto pazzo«.
10. „Die Grenabiere", eine Comedie. „Bellandra".
11. Academie: Sinfonia; Aria von Mr. Bianchi; Concert von Mr. Rosetti (Violinist); Di-

vert. von Pichl; Aria von Mr. Dichtler; Concertino von Pichl; Aria von Bianchi; Sinfonia von Mr. Hayden.
22. »Academia musica nell' Appartamento«.
24. detto.
26. detto.

März.

10. Fing die Pauli'sche Truppe an mit den „Falschen Vertraulichkeiten" in 3 Aufzügen.

11. „Arnaub", ein Drama in 2 A.; „Der Graf Althaus", ein Lustspiel in 3 A. Darinnen treten auf Mr. Ulrich und Bachmeyer.

---

1 Siehe S. 14. — Die Opernvorstellungen fallen fast alle auf Sonntag und Donnerstag.

12. »*Il Barone di Rocca antica*«
(Oper von Salieri).
13. „Trau, schau, wem". Es traten
auf die Schwarzwaldischen.
14. „William Buttler", in 5 Aufz.
16. „Die verstellte Kranke" (Lustspiel
von Molière?)
17. „Emilia Galotti", in 5 A.
18. „Der Edelknabe" und „Jenny oder
die Uneigennützigkeit".
21. Bei der Zurückkunft Sr. Durchlaucht: „Henriette" oder „Sie ist
schon verheirathet" (Lustspiel in
5 A. von Großmann).

22. »*Il Barone di Rocca antica*».
23. „Der Gläubiger", ein rührendes
Lustspiel in 3 A.
24. „Die Haushaltung nach der Mode",
eine Farce in 5 A.
26. „Der Postzug" in 2 A. und „Wilhelmine".
27. u. 28. (Wegen dem Winde nichts.)
29. »*La buona figliuola*« (Oper von
Piccini). Trat auf M. Lam-
berti.
30. „Die Schule der Freigeister" und
„Das doppelte Hinderniß".
31. „Die Subordination".

April.

1. „Die drei Zwillingsbrüder".
2. „Das Soldatenglück".
3. „Der Jurist und der Bauer" (Lustspiel von Rautenstrauch) und
„Der Nachtwächter".
4. „Die Feuersbrunst".
5. »*Il finto pazzo*« (siehe 1. Febr.).
6. „Das Duell" und „Die Wind-
mühle".
7. „Der zu gefällige Ehemann".
8. „Der Kühehirt" und „Der dankbare Sohn".
9. »*Arcifanfano*« (Oper von Gaßmann).
10. „Miß Fannis" in 5 A.
11. „Der Schneider und sein Sohn".
12. „Die Mütter".
20. „Montrose und Surrey", in 5 A.
Trat auf Hr. Meyer.

21. „Der Schubkarren des Essighänd-
lers".
22. „Elfriede". Trat auf Hrn. Meyer's
Schwester, nachmalige Dittel-
meyer.
23. »*Arcifanfano*« (siehe 9. Apr.).
24. „Der Todte ein Bräutigam" und
„Der Bettelstudent".
25. „Miß Jenny Warton".
26. „Der Tambour zahlt alles" und
„Crispius Liebesstreiche".
27. „Sophie" oder: „der gerechte Fürst".
Trat auf Hr. Meyer.
28. „Der Zerstreute".
29. „Der Graf von Sonnenthal" und
„Der Bettler".
30. »*Arcifanfano*« (siehe 9. April).

Mai.

1. „Burlie, Diener, Vater und
Schwiegervater".
2. „Die Zwillingsbrüder".
3. »*La sposa fedele*« (Oper von
Guglielmi). Trat auf Mme. Ripamonti.
4. „Der Deserteur" und „Der Ka-
paun", eine Burleske.
5. „Clementine", in 5 A.
6. „Die unähnlichen Brüder".

7. »*La buona figliuola*« (siehe
29. März).
8. „Emilie Walbegrau".
9. „Die neue Weiberschule".
10. »*La buona figliuola*«.
11. „Die Gunst des Fürsten", in 5 A.
12. „Nicht alles ist Gold, was glänzt".
13. „Der Stolze", oder: der „Majo-
ratsherr".
14. »*La buona figliuola*«.

15. „Der Hausvater", in 5 a. (a. d.
     Franz. des Diderot).
16. „Das ländliche Hochzeitsfest". Ma-
     rionette (v. Pauersbach).
17. „Der Teufel steckt in ihm" und
     „Herkules in der Hölle".
18. »La sposa fedele« (siehe 3. Mai).
     Trat auf Mr. Totti.
19. „Das ländliche Hochzeitsfest", Ma-
     rionette.
20. „Die drei Zwillinge".
21. »La sposa fedele«.
22. „Der Westindier" (a. d. Engl.)

23. „Gabriele von Monte Vecchio".
24. »Arcifanfano«.
25. „Der Spleen", in 5 A.
26. „Emilie", oder: „die Treue" und
     „Lipperl der Weiberfeind".
27. „Pamelen's" 1. Theil.
28. »La sposa fedele«.
29. „Der Deserteur aus Kindesliebe"
     (Schausp. v. Stephani).
30. „Stella" in 5 A. von Goethe.
31. »La Frascatana« (Oper von Pai-
     siello).

Juni.

1. „Minna von Barnhelm" Lustsp.
    in 5 A. (von Lessing).
2. „Das ländliche Hochzeitsfest", Ma-
    rionette.
3. „Der Furchtsame".
4. »Arcifanfano«.
5. „Die drei Zwillingsbrüder".
6. „Tobel" (?) in 5 A.
7. »La sposa fedele« (war am
    Pfingstsonntag).
8. „Der verlorene Sohn".
9. „Dürümel", oder: „der Deserteur".
10. „Der Ungar in Wien".
11. »La Frascatana«.
12. „Darf man seine Frau lieben".
13. „Tankred und Sigismunda".
14. »Arcifanfano«.
15. „Der Bediente, Nebenbuhler sei-
     nes Herrn" und „Sind Manns-
     oder Weibspersonen standhafter
     in der Liebe".

16. „Henriette" oder: „Sie ist schon
     verheirathet".
17. „Der Minister".
18. »La sposa fedele«.
19. „Der Zerstreute".
20. „Die seltsame Eifersucht".
21. »La sposa fedele«.
22. „Medon", oder: „die Rache des
     Weisen".
23. „Der Edelknabe und Jenny".
24. „Die Stimme der Natur" und
     „Der Herr Vetter".
25. »La Frascatana«.
26. „Der Galeerensclave".
27. „Julie und Romeo".
28. „Die unsichtbare Dame" und ein
     Nachspiel.
29. „Der Schuster und sein Freund".
30. „Die verliebten Zänker".

Juli.

1. „Der englische Waise" und „Die
    Batterie".
2. »Arcifanfano«.
3. „Pamelen's" 2. Theil.
4. „Adelson und Salvini".
5. »La sposa fedele«.
6. „Der unvermuthete Zufall".
7. „Die dankbare Tochter" und „Die
    Parodie".
8. „Der Graf von Hohenwald".

9. »La sposa fedele«.
10. „Der zu gefällige Ehemann".
11. „Der Bürger" ein Trauerspiel.
12. »L'Astratto« (Oper von Piccini).
13. „Die Wahl" und „Die Nacht".
14. „Das ländliche Hochzeitsfest", Mar.
15. „Sidny u. Sylly" (Drama in 5 A.).
16. „Der gerechte Fürst".
17. „Der Krieg", oder: „die Soldaten-
     liebe."

August.

Bei der Zurückkunft Sr. Durchlaucht.

26. „Maria Wallburg".
27. »La sposa fedele«.
28. „Der Barbier von Sevilien" (oder: „Die unnüße Vorsicht", Lustspiel von Beaumarchais.)
29. „Geschwinde, ehe man es erfährt".
30. »L'Astratto«.
31. „Pamelen's" 3. Theil.

September.

Bei der Zurückkunft Sr. Durchlaucht von Wien.

8. „Die Wohlthaten unter Anver= wandten".
9. „Wie man die Hand umkehrt".
10. »Il geloso in cimento« (Oper v. Anfossi).
11. „Arist, oder der ehrliche Mann".
12. „Der Graf von Olsbach".
13. »Il geloso in cimento«.
14. „Der Schneider und sein Sohn", und ein Nachspiel.
15. „Dido", Marionette.
16. „Die falschen Vertraulichkeiten".
17. »L'Astratto«.
18. „Die Poeten nach der Mode"
19. „Der Hochzeitstag", ein Trauer= spiel in 5 A.
20. »La sposa fedele«.
21. „Die Wirthschafterin" und „Der Kühehirte".
22. „Die verliebten Zänker".
23. „Der Bettler" und „Der Bettel= student" (oder: „Das Donnerwet= ter", Lustsp. in 2 A.)
24. »La Frascatana«.
25. „Verwirrung über Verwirrung".
26. „Stella", von Goethe.
27. »Frascatana«.
28. „Die Grafen von Sonnenfels" u. „Der Herr Gevatter".
29. „Minna von Barnhelm".
30. „Wie man eine Hand umkehrt".

Oktober.

1. »La buona figliuola«.
2. „Miß Burton, oder das Land= mädchen".
3. „Fanny, oder der Schiffbruch".
4. „Der Gläubiger".
5. „Die ungleichen Mütter".
6. „Der Diener Nebenbuhler" und „Der ungegründete Verdacht".
7. „Der gute Ehemann".
8. »La Frascatana«.
9. „Die Unbekannte".
10. „Abelson und Salvini".
11. »La Frascatana«.
12. „Trau, schau, wem".
13. „Der Ungar in Wien".
14. „Der Postzug" und „Der Selbst= morb".
15. „Der Schubkarren des Essighänd= lers" (Drama von Mercier).
16. „Die seltsame Probe" und „Die Feldmühle".
17. „Derby", ein Trauerspiel.
18. »Il geloso in cimento«.
19. „Nicht alles ist Gold was glänzt".
20. „Clementine" (Trauersp. a. b. Frz.)
21. „Der verlorene Sohn".
22. »La buona figliuola«.
23. „Der Todte ein Bräutigam" und „Der Herr Gevatter".
24. „Emilia Walbegrau".
25. »La sposa fedele«.
26. „Das Findelkind" (Lustsp. v. Brühl).
27. „Der Schuster und sein Freund" und „Die Stimme der Natur".
28. „Das gerettete Venedig".
Hiermit schloß die Pauli und Mayerische Truppe ihre Schau= spiele in Esterház.

29. »*L'Astratto*«.
30. Fing die Dimalbische Truppe an mit „Amalie oder die Leiden= schaften". Es traten auf Mlle. Knapp und die Messrs. Bart= ly, Schilling, Durst und Weiß.

31. „Die Wildpretschützen" und „Der Tempel der Venus". Traten auf Hr. Menniger, Mad. Soli= man und Mlle. Bimald.

November.

1. „Der Hausregent".
2. „d'Arnaud" und „Pygmalion".
3. „Der Schwätzer".
4. „Die schöne Wienerin" (Lustspiel von Weidmann).
5. »*La Frascatana*«.
6. „Eugenie".
7. „Die Bekanntschaft im Bade".
8. „Der Deserteur aus Kindesliebe".
9. „So muß man mir nicht kommen".
10. „Der Entsatz von Wien".
11. „Der Geschmack der Nation".
12. »*L'Astratto*«.
13. „Die schöne Wienerin".
14. „Die Kindesmörderin".
15. »*L'Astratto*«.
16. „Der Westindier".

17. „Die Frau als Courier" und „Das Gespenst auf dem Lande".
18. „Die Bekanntschaft auf der Re= doute", und „Der unbekannte Wohlthätige".
19. „Die verstellte Kranke".
20. „Montrose und Surrey". Trat auf Mr. Morocz.
21. „Die Batterie" und „Der Gewürz= krämer".
22. »*La Locanda*« (Oper von Gaz= zaniga).
25. „Emilia Galotti".
26. »*La Locanda*«.
27. „Der Graf Waltron".
28. „Der betrogene Vormund".
29. „Amalie, oder die Leidenschaften".
30. „Richard der Dritte".

Dezember.

1. »*La Locanda*«.
2. „Der Kobold" und „Der Soldat".
3. „Der Schwätzer".
4. „Der Geschmack der Nation."
5. „Louise, oder der Sieg der Un= schuld".
6. »*Il geloso in cimento*«.
7. „Alle irren sich".
8. »*Il geloso in cimento*«.
9. „Alle haben recht".
10. „Nancy, oder die Schule der Ehe= leute".
11. „Die Gunst des Fürsten".
12. „Die reisenden Comödianten" und „Odoardo".

13. „Der Bettelstudent" und „Der todte Herr Bruder".
14. „Der Graf von Olsbach".
15. „Der Teufel an allen Ecken".
16. „Die reiche Frau".
17. „Es ist nicht alles Gold was glänzt."
18. „Der Gefühlvolle".
19. „Der Schein betrügt, oder der gute Mann".
20. „Die Wildpretschützen".
21. „Der Jurist und der Bauer" und „Der Einsiedler".
22. „Olivie", ein Trauerspiel (von Brandes.

II.

Verzeichniss der Mitglieder der fürstl. Esterhazy'schen Musikkapelle
(nach der Zeit ihres Eintritts).
1761—1790.

————

Abkürzungen: V. = Violine; Vcll. = Violoncell; Contrab. = Contrabaß; Fl. = Flöte; Ob. = Oboe; Fag. = Fagott; W. = Waldhorn; Tr. = Trompete; Org. = Orgel. — Op. = Oper; K. = Kirchenchor; S. = Sopran; T. = Tenor; B. = Baß.

a. Orchester.

Novotny, Jos. [1] (B., siehe K.) 1736 —65, † 1765.

Sturm, Joh. Adam [2] (B., Pauke) 1737—71, † 1771.

Kühnel, Anton (Contr., siehe K.) 1744—65.

Nigst, Franz [3] (B., siehe K.) 1760 —72.

Grießler, Melchior (B., siehe Op. und K.) 1761—90, † 1792.

Weigl, Jos. [4] (Vcll.) 1761—69.

Heger, Joh. G., (B.) 1762—66.

Guarnier, Franz (B.) 1762—65.

Tomasini, Aloys [5] (B.) 1762—90, † 1808.

Burgsteiner, Jos. (B., siehe K.) 1766—90.

Küffel, Ignaz (Vcll.) 1768—72.

Blaschek, Jos. (B.) 1769—72.

Süssig, Christoph (B., Vcll.) 1769 —70, † 1770.

Libl, Andreas [6] (Baryton) 1769—74.

Marteau, (recte Hammer) Xav. [7] (Vcll.) 1771—78.

Krumpholz, Joh. Bapt. [8] (Harfe) 1773—76.

Ernst, Joh. Mich. [9] (B., siehe K.) 1776—90.

Hoffmann, Jos. (B.) 1776—81.

Rosetti, Antonio [10] (B.) 1776—81.

Dietzl, Joh. (Contrab.) 1776—90.

Ripamonti, Francisc. (B.) 1778 —80.

Kraft, Anton [11] (Vcll.) 1778—90.

————

1 Zugleich Organist und Buchhalterei-Kanzlist, siehe I. S. 261.

2 Siehe Bd. I. S. 214.

3 Notiz vom J. 1760: „Muß den Chor frequentiren; bei der Tafelmusique und zum Notencopiren sich gebrauchen lassen"; wurde dann Eisenstädter Kastner und später Rentmeister.

4 Wurde Mitglied des Hoftheater-Orchesters und der Hofkapelle in Wien, starb 1820; Haydn war sein Taufpathe (vergl. I. S. 264 f.)

5 Siehe Bd. I. S. 261 f.; II. S. 17.

6 Siehe S. 18. 7 Siehe S. 18. 8 Siehe S. 101.

9 Ernst war bis 1813 in der Kapelle; seine zahlreichen Kirchencompositionen sind im Eisenstädter Musik-Archiv aufbewahrt.

10 Siehe S. 104. 11 Siehe S. 104.

Polzelli, Antonio[12] (B.) 1779—90.
Bertoja, Val. (B.) 1780—88.
Mestrino, Nicolò[13] (B.) 1780—85.
Menzl, Franz (B.) 1781—82.
Fux, Peter[14] (B.) 1781—82.
Tost, Johann[15] (B.) 1783—89.
Mraw, Franz[16] (B.) 1784—86.
Grifi, Attilio (B.) 1786—90.
Hirsch, Leop. (B.) 1786—90.
Fuchs, Joh. Nep.[17] (B.) 1788—90.
Weber, Fridolin[18] (B.) 1. Apr. bis
   Ende Sept. 1788.
Tauber, Clemens (Bell.) 1788—90.

Harmonie.

Kapfer, Joh. G. (Ob.) 1761—69.
Kapfer, Joh. Mich. (Ob.) 1761—69.
Schwenda, Georg (Fag., Contrab.)
   1761—65.
Hinterberger, Joh. (Fag.) 1761
   —78.
Siegl, Franz (Fl.) 1762—69.
Knoblauch, Joh. (B.) 1762—65,
   † 1765.
Steinmüller, Thabb.[1] (B.) 1762
   —72.
Reiner, Franz (B.) 1763.
Franz, Karl[2] (B., Baryt.) 1763
   —76.
Diezl, Jos. (B., Contrab.) 1776—90.
May, Johann (B.) 1765—72.
Stamitz, Franz (B.) 1765.

Schieringer, Karl (Fag., Contrab.)
   1767—90, † 1791.
Colombazzo, Vitt.[3] (Ob.) 1768—69.
Pohl, Zacharias (Ob.) 1769—81,
   † 1781.
Oliva, Jos. (W., B.) 1769—90.
Pauer, Franz (W., B.) 1769—90.
Chorus, Karl (Ob.) 1771—76.
Peczival, Caspar (Fag.) 1771—90.
Hirsch, Zacharias (Fl.) 1776—90.
Drobney, Jg. (Fag.) 1776—78.
Griesbacher, Ant. (Klar.) 1776—78.
Griesbacher, Raimund (Klar.) 1776
   —78.
Poschwa, Ant. (Ob.) 1776—79.
Schanbig, Albr. (Ob.) 1776—82.
Hollerieder, Joh. (W., B.) 1776
   —80.
Rupp, Martin (W.) 1777—81.
Peschko, Joh. (Tr.) 1780—81.
Eckhardt, Ant. (W.) 1780—81.
Markl, Lorenz (Tr.) 1780.
Mayer, Ant. (Ob.) 1781—90.
Steiner, Jos. (Fag.) 1781—90.
Makovecz, Joh. (W.) 1781—82.
Chiesa, Natale (N.) 1782—87.
Hörmann, Joh. (W.) 1782—86,
   † 1786.
Scolari, Dom. (Ob.) 1783.
Czerwenka, Franz (Fag.) 1783—89.
Nickl, Matth. (W.) 1786—90.
Lendway, N. Gabr. (W.) 1787—90.

b. Oper.

Die mit * bezeichneten Mitglieder sangen in Haydn's Opern.

*Friberth, Karl[1] (T.) 1759—76.
*Grießler, Melchior (B. auch K.)
   1761—90, † 1792.

*Dichtler, L.[2] (T.) 1763—90, † 1799.
*Specht, Christian[3] (B. auch Brat-
   sche, siehe K.) 1768—90.

---

12 Siehe S. 89.   13 Siehe S. 18.
14 Seit 1787 in der kaiserl. Hofkapelle, gest. 1831 (siehe S. 18).
15 Siehe S. 71 und 77.   16 Siehe S. 18.
17 Seit 1802 fürstl. Vice-Kapellmeister, nach Haydn's Tod Kapellmeister, starb
am 29. Oct. 1839 und liegt mit Haydn in einem und demselben Gruftgewölbe.
18 Siehe S. 203.   1 Siehe I. S. 266.   2 Siehe I. S. 267.
3 Trat ins Hofopern-Orchester in Wien, starb 1792.
1 Siehe I. S. 270.   2 Siehe I. S. 271.
3 Hatte auch die Claviere zu stimmen und die Kunstuhren aufzuziehen.

*Lambertini, Giac. (B. *Virtuosa di canto*) 1769—80.

*Bianchi, Benedetto (T.) 1776—90.

*Gherardi, Pietro (Alt) 1776—78.

*Ungricht, Vitus (T.) 1776—89.

*Jermoli, Gugl. (T.) 1777—81.

*Totti, Andreas (B.) 1778—82.

Totti, Giuseppe 1778—90.

*Peschi, Antonio (B.) 1779—82.

Rossi, Luigi (B.) 1779—81.

Morelli, Bartholom. 1780—90.

Crinazzi, N. 1781.

*Braghetti, Prospero 1781—90.

Pasquale, di Giovanni 1781.

*Moratti, Vincenzo 1781—90.

*Speccioli, Antonio 1782—85.

*Negri 1782—84.

*Mandini, Paulus 1783—84.

Benedict, 1784—86.

Nencini, Santi (B.) 1785—90.

Paoli, Gaetano de 1788—90.

Prizzi, Aloysius 1788—90.

Amici, Giuseppe, März 1790.

Majeroni, Pietro, März 1790.

Martinelli, Philippo, Aug. 1790.

---

*Jäger, Eleonore (A. siehe K.) 1755 —76, † 1793.

*Fux, Barbara, sp. verehl. Dichtler[1] (S., siehe K.) 1775—76, † 1776.

*Scheffstoß, A. M., sp. verehl. Weigl[2] (S.) 1760—69.

*Spangler, M. Magdl., sp. verehl. Friberth[3] (S.) 1768—76.

*Cellini, Gertr., *Virtuosa di canto* (A.) 1769—72.

*Puttler, Marianna (S) 1776—78.

Trever, Marie Elis. (S.) 1776—78.

*Prandtner, Marie El. (S.) 1776 —80, † 1780.

*Poschwa, Kath. (S.) 1777—79.

Tauber, M. Anna[4] sp. verehl. Pauersbach (S.) 1778.

*Zannini, Anna (S.) 1778—79.

*Jermoli, Anna (S.) 1777—81.

*Ripamonti, Barbara[5] (S.) 1778 —86.

*Polzelli, Luigia[6] (S.) 1779—90.

*Valdesturla, Constanza[7] (S.) 1779 —85.

*Tavecchia, Amal. Ther. (S.) verm. mit dem Waldh. Eckhardt 1780 —81.

*Bologna, Maria[8] d. ä. (S.) 1781—84, † 1784, 17. Mai in Esterház.

*Bologna, Metilbe (S.) 1781—90.

Raimondi, Anna (S.) 1781—82.

*Speccioli, Mar. Ant. (S.) 1782—85.

Delicati, Margherita (S.) 1785 —87.

Saffi, Barbara (S.) verm. mit Nencini 1786—89.

Benvenuti, Barbara (S.) 1788 —89.

Bianchi, Theresia (S.) verm. mit Al. Prizzi 1788—90.

Zecchielli, Maria 1789.

Melo, Theresia, Juli 1790.

c. Kirchenchor (in der Schloßkirche).

Diezl, Jos., Schulmeister (T.) 1753 —77, † 1777.

Grießler, Melchior (B.) 1761—90.

Haybn, Johann[1] (T.) 1765—90.

Specht, Christian (B.) 1777—90.

---

1 Siehe I. S. 271.　　2 Siehe I. S. 265.　　3 Siehe I. S. 271.
4 Siehe S. 9 und 19.　　5 Siehe S. 19.　　6 Siehe S. 89 ff.
7 Siehe S. 20.　　8 Siehe S. 20.
1 Siehe I. S. 245.

Jäger, Eleonore (A.) 1755—76.

Fuß, Barbara (S.) f. Op. 1757—76.

Scheffstoß, A. Mar. siehe Op. 1760—69.

Ullmann, Franziska (A.) 1768—69.

Grießler, Elis. (A.) sp. verehel. Wutkovátz 1769—82.

Grießler, Josepha (A.) 1782—90.

Pilhofer, Barbara (S.) 1782—88.

Burghardt, Clara (S.) 1782—87.

Novotny, Joh., Org., siehe Orch. 1736—65.

Novotny, Franz, Org. 1765—73, † 1773.

Diezl, Jos. (siehe oben), Org. 1773—77, † 1777.

Haydn, Jos., als qua Organista[2] 1773—90.

Fuchs, Joh. Georg, Schloß-Schulmeister 1779—90, † 1810.

Kühnel, Anton (Contrb.) siehe Orch. 1744—65.

Nigst, Franz (B.) siehe Orch. 1760—72.

Burgsteiner, Jos. (B.) 1766—90.

Ernst, Michael (B.) 1774—90.

Koschwitz, Jos. (B.) 1774—77.

Der Stadt-Thurnermeister und seine Gesellen.

III.

Verzeichniss der in den Jahren 1767—1790 auf den Theatern nächst der Burg, nächst dem Kärnthnerthor und in Schönbrunn (Lustschloß) zum erstenmale aufgeführten Opern und Singspiele.

(B. = Burgtheater; K. = Kärnthnerthortheater.)

1767.

25. Febr. (B.) **L'Albagia smascherata** —?

9. Sept. (B.) **Partenope**, *Festa teatrale* (Metastasio) — Hasse.
(Zur Verlobung Ferdinand IV., Königs beider Sicilien, mit Marie Josephine Gabriele, Erzherzogin von Oesterreich, † als Braut 1767 zu Schönbrunn).

12. Sept. (Schönbrunn) **Il Marchese villano** (zu derselben Feier) — Galuppi.

5. Oct. (B.) **Amor und Psyche** — Gaßmann.

26. Dec. (B.) **Alceste**, *tragedia per musica* (Calzabigi) — Gluck.
(Wegen Richtigstellung des Datums siehe S. 119, Anm. 4.)

1768.

5. Jan. (B.) **La notte critica** — Gaßmann.

(B.) **La moglie padrona** — Giuf. Scarlatti.

(B.) **La Cecchina, ossia La buona figliuola** (Goldoni) — Piccini.

(B.) **La Cascina** (Pasticcio).

---

2 Siehe S. 61.

1769.

23. Jan. (K.) **La Pescatrice** — Piccini.

(B.) **I viaggatori ridicoli** — Gaßmann.

(B.) **Piramo e Tisbe,** *Intermezzo tragico a 3 voci* — Hasse.

1770.

(B.) **Il villano geloso** — Galuppi.

(B.) **Le donne letterate** (Boccherini) — Salieri.

(B.) **L'amore innocente,** *Pastorale* — Salieri.

(B.) **L'amore artigiano** (Golboni) — Gaßmann.

3. Nov. (B.) **Paride ed Elena,** *dramma per musica* — Gluck.

1771.

(B.) **La moda ossia i scompigli domestici** (Pasticcio).

» **Il filosofo inamorato** — Gaßmann.

» **Il finto pazzo per amore** — Piccini.

» **Don Chisciotte della Manica** — Paisiello.

» **La contadina fedele,** *burletta* — Sarti.

» **Don Chisciotte alla nozze di Gamazzo,** *festa teatrale* (Boc=
cherini) — Salieri.

» **Il tutore e la pupilla** — ?

» **Il Ciarlone,** *op. bernasca* (Giuf. Avos) — ?

» **La Pescatrice** (Golboni) — Gaßmann.

» **La Contessina** (Calzabigi) — Gaßmann.

» **Lo sposo burlato** — Piccini.

» **L'impresa d'opera** — Guglielmi.

» **L'Incognita perseguitata** — Piccini.

» **Armida** — Salieri („Schüler Gaßmann's, ein Versuch").

» **Il maestro di capella** — Floriano Giov. Deller.

» **Il pazzo Don Narcisso: Il fanfarone: Il buon marito,** Zwi=
schenspiele.

1772.

Abwechselnd in beiden Theatern:

29. Jan. **La Fiera di Venezia** (Boccherini) — Salieri.

21. Apr. **Le finte gemelle** — Piccini.

12. Mai. **Il Barone di rocca antica,** *Intermezzo* (Abbé Petroselini) —
Salieri.

23. Juni. **I Rovinati** (Boccherini) — Gaßmann.

18. Juli. **La Diavolessa** — Bartha.

12. Aug. **L'Americano** — Piccini.

22. Sept. **La Locanda** — Gazzaniga.

21. Oct. **La vecchia rapita** *dr. eroi-comico* (Parodie, Boccherini) — Salieri.

1773.

3. Febr. **La casa di campagna** — Gaßmann.

12. Apr. **Il Conte baggiano,** *Intermezzo* (Pasticcio).

11. Mai. **L'Amore soldato** (Taſſis) — Felici.
8. Juni. **La locandiera** (Poggi) — Salieri.
20. Juli. **Il puntiglio amoroso** (Gozzi) — Galuppi.
31. Aug. **Methilde ritrovata** (Cellini) — Anfoſſi.
9. Dec. **L'isola disabitata** (Golboni) — Joſ. Scarlatti (zuerſt 1757).

1774.

1. Jan. **La calamità de'cuori** (Gamorra) — Salieri.
4. Apr. **L'isola d'Alcina** (Bertati) — Gazzaniga.
17. Mai. **Il tamburro notturno**, *dr. gioc.* — Paiſiello.
25. Mai. **Il geloso in cimento** (Bertati) — Anfoſſi.
    La donna soldato — Gazzaniga.
1. Juni. **L'Astratto, ossia il giuocator fortunato** (Petroſelini) — Piccini.
19. Juni. **L'amore in campagna**, *Interm. past.* — Borghi.
3. Aug. **La Schiava amorosa**, *Interm.* — Borghi.

1775.

17. Jan. **L'inimico delle donne** — ?
29. Apr. **La Frascatana** (Devigni) — Paiſiello.
13. Juni. **La finta giardiniera** — Anfoſſi.
15. Juli. **Il duello** (Lorenzi) — Paiſiello.
9. Sept. **La finta scena** (Gamara) — Salieri.
26. Oct. **L'innocente fortunata** — Paiſiello.
12. Dec. **Don Anchise di Campanone** — Paiſiello.

1776.

Im Kärnthnerthor=Theater Vorſtellungen der Geſellſchaft Böhm und Noverre 17. April bis 17. Juni. Singſpiele: Anton und Antoinette — Goſſec; Der Deſerteur, Der Faßbinder — Monſigny; Der Freund des Hauſes, Der Huron, Lucile, Der Prächtige, Das redende Bild, Walder, Zemire und Azor, Die zween Geizigen — Grétry; Der Hufſchmied, Der verſtellte Gärtner — Philidor; Das Roſenmädchen von Salency — Duny; Robert und Kalliſte — Guglielmi; Der Ärndtekranz, Die Jagd, Die·Meſſe — Hiller; Der Dorfdeputirte — Wolf; Die Pilgrimme von Mekka — Gluck; Das Schnupftuch — Bichler; Der Sklavenhändler von Smyrna — Holly; Zemire und Azor — Baumgartner.

   Italiäniſche Opern an beiden Theatern:
    Le nozze deluse — Tozzi.
    La sposa fedele — Guglielmi.
29. Juli. **Daliso e Delmita** — Salieri.
    L'avaro — Anfoſſi.
17. Nov. **Le due contesse** — Paiſiello.
14. Dec. **La donna istabile** — Anfoſſi.
31. Dec. **Piramo e Tisbe** — Rauzzini.

1777.

12. Jan. (K.) **La vera costanza** — Anfossi.
9. Apr. (B.) **La buona figliuola** (siehe 1768) — Piccini.
19. Juni (K.) **Orlando Paladino** — Anfossi (?).
10. Juli (K.) **La contadina ingentilita** —(?)
7. Aug. (K.) **Il Marchese carbonaro** — Gazzaniga.
21. Aug. (K.) **Il convitato di pietra** — Righini.
8. Oct. (K.) **Le gelosie villane** — Sarti.
15. Oct. (K.) **Armida** — Naumann.
? (K.) **Isabella e Rodrigo** (Bertati) — Anfossi.

1778.

Deutsches National=Singspiel im Burgtheater (Hof= und National=
theater) seit 17. Febr.: Die Bergknappen, Die Apotheke — Umlauf; Diesmal
hat der Mann den Willen — d'Orbonez; Röschen und Colas — Monsig=
ny; Der Hausfreund, Lucile, Die abgeredete Zauberei, Sylvain — Grétry;
Die Kinder der Natur — Aspelmayer; Da ist nicht gut zu rathen — Bar=
tha; Frühling und Liebe — Ulbrich; Robert und Kalliste — Guglielmi;
Medea (Melodram) — Benda; Der Liebhaber von 15 Jahren — Martini.

1779.

Anton und Antoinette — Gossec; Der verstellte Narr aus Liebe —
Sacchini; Der Jahrmarkt — Benda; Die beiden Geizigen, Zemire und
Azor — Grétry; Die Puce=farbenen Schuhe oder die schöne Müllerin — Um=
lauf; Julie — Dezède; Die Liebe unter den Handwerksleuten — Gaß=
mann; Der Deserteur — Monsigny.

1780.

Ariadne auf Naxos (Melodram) — Benda; Der prächtige Freigebige,
Der eifersüchtige Liebhaber — Grétry; Der adelige Tagelöhner — Bartha;
Was erhält die Männer treu? — Ruprecht; Die Kolonie — Sacchini;
Claudine von Villabella — v. Becke; Der Faßbinder — Philibor; Die
Pilgrimme von Mekka — Gluck; Die verfolgte Unbekannte (a. d. ital.) —
Anfossi.

1781.

Die Freundschaft auf der Probe, Die unvermutheten Zufälle — Grétry;
Die Wildschützen —?; Der Sklavenhändler von Smyrna — Holly; Andro=
meda und Perseus (Schauspiel mit Musik) — Zimmermann; Abrast und Isidore
oder: die Nachtmusik, Die Rauchfanglehrer — Salieri; Die eingebildeten
Philosophen (a. d. ital.) — Paisiello; Die Wäschermädchen — Zanetti;
Die Sklavin und der großmüthige Seefahrer (a. d. ital.) — Piccini; Pyrrhus
und Polixene — Winter; Iphigenie auf Tauris (23. Oct. erste Wiener
Aufführung in deutscher Spr., 6 mal wiederholt) — Gluck; Die Pil=
grimme von Mekka; *Alceste, Orpheus u. Euridice*, beide in ital. Spr. von
deutschen Sängern ges.) — Gluck.

1782.

Alle 4 Opern von Gluck im Jan. und Febr. mehreremal wiederholt.

Das Irrlicht oder: Endlich fand er sie — Umlauf; Der blaue Schmetterling — Ulbrich; *La contadina in corte* — Sacchini; *La Locandiera* — Salieri; **Die Entführung aus dem Serail** (16. Juli, erste Aufführung und 11 Mal wiederholt) — Mozart.

1783.

Die unruhige Nacht (*La notte critica*, siehe 1768) — Gaßmann; Rose, oder: Pflicht und Liebe im Streit — Gallus; Die betrogene Arglist — Weigl (4. März letzte Vorstellung). Italiänische Buffo-Opern-Gesellschaft, ebenfalls im Burgtheater:

22. Apr. **La scuola de' gelosi** — Salieri.
2. Mai. **L'Italiana in Londra** — Cimarosa.
28. Mai. **Frà i due litiganti, il terzo gode** — Sarti.
30. Juni. **Il curioso indiscreto** (mit 2 eingelegten Arien von Mozart) — Anfossi.
25. Juli. **Il Falegname** — Cimarosa.
13. Aug. **Il Barbiere di Seviglia** — Paisiello.
8. Oct. **I filosofi immaginari** (1781 deutsch) — Paisiello.
14. Nov. **La finta principessa** — Romano.
29. Dec. **I viaggatori felici** — Anfossi.

1784.

25. Jan. **Il mercato di malmantile** — Bartha.
11. Febr. **La dama incognita** — Gazzaniga.
26. Apr. **I contratempi** — Sarti.
7. Mai. **Il vecchio geloso** — Felice Alessandri.
16. Juni. **Le vicende d'amore** — Guglielmi.
7. Juli. **La finta amante** — Paisiello.
23. Aug. **Il Rè Teodoro in Venezia** — Paisiello.
24. Sept. **Giannina e Bernardone** — Cimarosa.
25. Oct. **Il marito indolente** — Rust.
6. Dec. **Il ricco d'un giorno** — Salieri.

Im Kärnthnerthor-Theater gab die Gesellschaft Schikaneder-Kumpf eine Reihe Vorstellungen (5. Nov. 1784 — 6. Febr. 1785). Unter den Opern und Singspielen, meistens schon genannte Stücke, war „Die Belohnte Treue" — „Haiden" (18. und 20. Dec.).

1785.

Fortsetzung der ital. Opern im Burgtheater:

6. Apr. **La contadina di spirito** — Paisiello.
27. Apr. **L'incontro inaspettato** — Righini.
18. Mai. **Il pittore parigino** — Cimarosa.
1. Juni. **Gli sposi malcontenti** — Storace.
6. Juli. **La discordia fortunata** — Paisiello.

12. Oct. **La grotta di Trofonio** — Salieri.

25. Nov. **La villanella rapita** — Bianchi (mit eingelegten Nummern von
  Mozart).

Wiedereröffnung des Kärnthnerthor-Theaters:

4. Aug. **Giulio Sabino**, *opera seria* — Sarti (6 mal mit Luigi Marchesi in der Titelrolle.

Das deutsche Singspiel begann am 16. Oct. und schloß Ende Febr.
1788. Bisher noch nicht gegebene Stücke waren:

Felix oder der Findling, Die schöne Arsene — Monsigny; Die drei
Pächter — W. G. Becker; Die Dorfhändel, Das müthende Heer — Ruprecht; Die Dorfdeputirten — Teyber; **Der Schauspieldirector** (1786,
11. Febr., am 7. in Schönbrunn) — Mozart; Die glücklichen Jäger, Der
Ring der Liebe — Umlauf; Der lächerliche Zweikampf (a. d. ital.) — Paisiello; Der Alchymist — Schuster; Der Apotheker und der Doctor (1786,
11. Juli), Betrug durch Aberglaube, Die Liebe im Narrenhause — Dittersdorf; Robert und Hannchen — Hauke; Im Trüben ist gut fischen (a. d.
ital.) — Sarti; Im Finstern ist nicht gut tappen — Schenk; Die Illumination — Kürzinger; Richard Löwenherz — Grétry.

1786.

4. Jan. **Il burbero di buon cuore** — Vinc. Martin.

11. Febr. **Prima la musica e poi le parole** (am 7. Febr. in Schönbrunn)
  — Salieri.

20. Febr. **Il finto cieco** — Gazzaniga.

1. Mai. **Le nozze di Figaro**, *opera buffa* (da Ponte) — Mozart.

15. Mai. **Il trionfo delle donne** — Anfossi.

12. Juli. **Il Demogorgone, ovvero: il filosofo confuso** — Righini.

1 Sept. **Le gare generose** — Paisiello.

17. Nov. **Una cosa rara**, *ossia: Belezza ed onestà* (da Ponte) — Martin.

27. Dec. **Gli equivoci**, *dr. buffo* — Storace.

1787.

24. Jan. **Democrito corretto** — Dittersdorf.

9. Apr. **L'Inganno amoroso** — Guglielmi.

7. Mai. **Le trame deluse** — Cimarosa.

25. Mai. **Lo stravagante inglese** — Bianchi.

1. Oct. **L'arbore di Diana** (da Ponte) — Martin.

16. Nov. **L'amore costante** — Cimarosa.

1788.

8. Jan. **Axur rè d'Ormus** (Umarbeitung d. Oper Tarare) — Salieri.

26. März. **L'amore costante** — Cimarosa.

23. Apr. **La modista raggiratrice** — Paisiello.

7. Mai. **Il dissoluto punito, ossia: Il Don Giovanni**, *op. buffa* (da Ponte)
  — Mozart (erste Aufführung in Prag 1787, 29. Oct.)

2. Juni. **Le gelosie fortunate** — Anfossi.
15. Juli. **Gli amanti canuti** — Anfossi.
10. Aug. **Il fanatico burlato** — Cimarosa.
10. Sept. **Il talismano** (Golboni) — Salieri.
14. Nov. **Il pazzo per forza** — Weigl.

1789.

11. Febr. **Il pastor fido** (da Ponte) — Salieri.
 4. März. **L'ape musicale** —?
12. Mai. **I due supposti conti** — Cimarosa.
15. Juni. **Il falegname** (mit vielen Verbesserungen) — Cimarosa.
 6. Sept. **I due Baroni** — Cimarosa.
11. Dec. **La cifra** — Salieri.

1790.

26. Jan. **Così fan tutte ossia: La scuola degli amanti,** *op. buffa* (da Ponte)
        — Mozart.
13. Apr. **Nina, ossia: La pazza per amore** — Paisiello.
24. Mai. **La pastorella nobile** — Guglielmi.
13. Aug. **La quacquero spiritosa** — Guglielmi.
15. Sept. **La caffettiera bizzarra** — Weigl.
13. Nov. **La Molinara** — Paisiello.

Berichtigungen und Zusätze.

Band I (resp. I., erster Halbband):

Seite 3, Anm. 4, Zeile 2, lies: Picha.

„ 33, Anm. 10, Zeile 10, lies: Bücher.

„ 48, Zeile 12, lies: 1697.

„ 85, Zeile 22, lies: 16. Mai 1767.
Zeile 23, lies: Afflisio (dito S. 146).

„ 86, Zeile 17, lies: 1767.

„ 114, Zeile 23, lies: von **Sachsen** Hilbburghausen.

„ 116, Zeile 19, lies: (**1759**, Nr. 23.)

„ 136, Anm. 4: Seit 1881 in Besitz der „Wiener Versicherungsgesellschaft".

„ 144, Zeile 8, lies: machte i**h**n.

„ 191, Anm. 19, Zeile 6, lies: (Graf Rudolph, geb. 1801, ge st. 22. S e p t. 1881.)

„ 204, Anm. 5, Zeile 3, lies: 1783.

„ 206, Zeile 28, lies: 1711.

„ 208, Zeile 16, lies: In Ermangelung eines m ä n n l i ch en Erben.

„ 232, Zeile 17, lies: K a l o c s a.
Zeile 28, lies: prangte.

„ 244, Zeile 27, lies: *Accurrite* (dito S. 245, Anm. 38).

„ 259, Zeile 31, lies: d r e i s ä tz ig.

261, über Luigi Tomasini (Vater) siehe Bd. II. S. 17.

„ 263, Zeile 28, lies: sein Sohn Aloysius. Zeile 31, lies: Luigi (Aloysius) Tomasini. Die beiden Söhne Tomasini's, Luigi (Aloysius)
und Anton sind hier irrthümlich verwechselt und ineinander ver-
kettet. Luigi d. ä. heirathete ohne des Fürsten Wissen die Sängerin
Sophie Groll (Croll); beide wurden sofort entlassen und traten in
die herzogl. Mecklenb.-Strel. Kapelle, L. als Concertmeister. 1812
gaben sie in Berlin ein Concert, in dem Luigi Beethoven's Concert
„mit vieler Fertigkeit und Kraft" spielte; seine Frau, eine Schülerin
Righini's wird sehr gelobt. 1814 gab L. in Wien im Kärnthnerthor-Theater ein Concert, fand aber keinen Beifall. Von da an ist
er verschollen. Beide Söhne wurden 1796 in die fürstl. Esterh.
Kapelle aufgenommen. Anton wurde 1811 Dirigent bei der 2.,
1820 bei der 1. Violine und starb 1824. Hiernach ist der Absatz
Luigi Tomasini zu berichtigen. Haydn's Votum aber (S. 264,
Zeile 20) bezieht sich auf Luigi.